Euclides da Cunha

Uma biografia

Luís Cláudio Villafañe
G. Santos

Euclides da Cunha

Uma biografia

todavia

Para Sabrina.
Amiga, cúmplice, amor da vida toda

Apresentação 9

1. O incidente do sabre 16
2. Positivista hesitante, ardente republicano 31
3. Floriano Peixoto 47
4. A Troia de Taipa 74
5. Chefe de operários e homem de letras 104
6. *Os sertões* 121
7. Dormiu desconhecido para no dia seguinte acordar famoso 151
8. Rio Branco 195
9. Conflito inevitável 212
10. A odisseia do Purus 229
11. No Itamaraty 262
12. A tragédia da Piedade 295

Misto de celta, de tapuia e grego 315

Notas 337
Fontes e bibliografia 375
Cronologia 383
Lista de pessoas 388
Índice remissivo 411
Créditos das imagens 429

Apresentação

Naquela manhã nublada de domingo, depois de uma noite insone, ele saiu de casa, percorreu ruas ainda encharcadas pelo temporal da véspera e tomou um trem para o subúrbio da cidade com a ideia fixa de matar ou morrer. O assassino ou suicida em potencial já era considerado um dos grandes nomes da literatura brasileira. Ao descer do trem, perguntou pelo endereço que lhe haviam indicado. Ali pernoitara sua mulher. Deixou o guarda-chuva e a capa pendurados no portão do jardim da casa. Entrou com a arma oculta no bolso. Minutos depois se consumaria o incidente que se transformou em um dos maiores escândalos do princípio do século XX no Brasil e que continua a repercutir mais de cem anos depois.

A vida e a obra de Euclides da Cunha despertam grande interesse, e não apenas dos estudiosos de literatura e de outras áreas do conhecimento, como história, antropologia, sociologia, geografia e geologia. Também seguem atraindo a curiosidade do público em geral. Euclides viveu relativamente pouco. No entanto, os seus 43 anos de existência física foram repletos de aventuras, como nos meses que passou na Bahia, durante a última campanha do Exército contra Antônio Conselheiro e seus seguidores, e o pouco mais de um ano em que liderou uma expedição na Amazônia até as nascentes do rio Purus, já adentrando o que hoje é reconhecido como território peruano. Ergueu fortificações militares e pontes civis. Conviveu estreitamente com muitos dos nomes mais importantes da política e da cultura brasileira na primeira década do século passado. Participou de uma conspiração para a derrubada de um presidente e defendeu outro de armas na mão. Foi militar, engenheiro, cientista, jornalista, literato e cartógrafo. Escreveu um livro que figura indiscutivelmente entre os mais importantes já publicados por um brasileiro, uma das obras-primas da literatura em língua portuguesa. É dono de um acervo literário que, se não chega a ser extenso, de modo nenhum se reduz a *Os sertões*. Tentou matar e acabou sendo morto.

Ainda assim, mesmo com essa variedade de experiências, apenas dois temas dominam as discussões sobre Euclides. A existência torturada, repleta de quedas e recomeços, tornou-se célebre pelo final violento, no episódio que ficou conhecido como a "tragédia da Piedade". A memória daquela vida complexa e cheia de reviravoltas acabou praticamente reduzida ao desenlace a tiros em uma pequena casa de um subúrbio do Rio de Janeiro. A obra, por sua vez, tem sido quase que invariavelmente resumida à publicação de *Os sertões*.

A narrativa que se segue vai muito além desses dois temas e visa proporcionar ao leitor ou à leitora uma imagem ao mesmo tempo mais ampla e mais detalhada da vida de Euclides Rodrigues Pimenta da Cunha, com suas contradições, hesitações, erros e acertos. Do mesmo modo, dando-se a ele a centralidade que o livro merece, *Os sertões* será visto dentro do conjunto da obra do jornalista e escritor.

Pela voz do heterônimo Alberto Caeiro, o poeta Fernando Pessoa delimitou a enormidade do desafio de escrever uma biografia: "Se, depois de eu morrer, quiserem escrever a minha biografia,/ Não há nada mais simples./ Tem só duas datas — a da minha nascença e a da minha morte./ Entre uma e outra coisa todos os dias são meus". Os ensaios biográficos serão sempre imperfeitos e limitados. Nem de longe a totalidade da experiência pessoal ou o mundo vivido pelo biografado cabem nas páginas de qualquer livro.

E, no entanto, biografias continuam sendo escritas, publicadas e lidas. Discutir o percurso de uma vida pode servir como extraordinário ponto de partida para examinar o passado e melhorar a compreensão do presente. Conhecer a vida do "outro" nos enriquece pela empatia que isso pode despertar em nós e pela identidade ou pela estranheza que nos causam as experiências, as decisões tomadas e as emoções vividas por pessoas que habitaram um mundo sempre distinto do nosso, em uma infinidade de aspectos. Em um sentido mais amplo, o de entender o processo histórico, cada indivíduo, para além da vida íntima, representa uma perspectiva singular de sua época — do tempo e do espaço que foram os seus, sempre de modo único, do nascimento até a morte — e da sociedade na qual viveu, pensou, amou, sofreu e sonhou.

O fim do Império e as décadas iniciais da República podem ser examinados com muito proveito a partir da trajetória pessoal de Euclides da Cunha. Ele foi militar, engenheiro, jornalista, cientista e literato. Habitou na capital do país quando a cidade entrava em sua belle époque; viveu em uma São Paulo que começava a se tornar metrópole; conheceu o interior dos estados do Rio, de São Paulo e de Minas, o sertão da Bahia e a Amazônia profunda. Não somente com a publicação de *Os sertões*, deixou uma importante obra de interpretação da realidade brasileira — e também de aspectos das relações internacionais. Posicionou-se como cientista e como artista. Foi um intelectual e um homem de ação.

A produção jornalística e literária de Euclides será examinada dentro da chave biográfica, em que a ênfase está no teor das ideias expressas e nas questões extraliterárias e apenas marginalmente na análise textual ou estética. Não se vai lidar diretamente com as questões de estilo e linguagem dos textos de Euclides. Prevalecerá o enfoque histórico-biográfico, menos explorado, em contraste com a ampla bibliografia e acesas discussões entre especialistas sobre os diferentes aspectos literários e estéticos da sua produção intelectual. Para os interessados por essa perspectiva, uma primeira abordagem dentro do universo da crítica literária pode ser encontrada no prefácio de Leopoldo M. Bernucci à edição de *Os sertões* referenciada na bibliografia — inclusive porque serve de introdução à mais bem cuidada e didática reedição da obra-prima de Euclides. No campo da análise literária, não faltam vozes autorizadas. A obra do autor tem sido objeto de inúmeros estudos por acadêmicos de excepcional qualidade: como o próprio Leopoldo Bernucci, Oswaldo Galotti, Walnice Nogueira Galvão e Roberto Ventura, entre outros.

Há um número menor, mas razoável, de biografias; delas, as principais seriam: *A vida dramática de Euclides da Cunha* (1938), de Eloy Pontes; *A glória de Euclides da Cunha* (1940), de Francisco Venâncio Filho; *Euclides da Cunha, uma vida gloriosa* (1946), de Moisés Gicovate; *Euclides da Cunha* (1948), de Sílvio Rabelo; *História e interpretação de* Os sertões (1960), de Olímpio de Sousa Andrade; *Paraíso perdido: Euclides da Cunha, vida e obra* (1997), de Adelino Brandão; *Euclides da Cunha, esboço biográfico* (2003), de Roberto Ventura (esta uma obra inacabada em vista da morte prematura do autor); e *Euclides da Cunha: Uma odisseia nos trópicos* (2009), de Frederic Amory.[1]

Em uma análise histórico-biográfica como a que se segue não há como escapar, contudo, da discussão sobre as qualidades — e os graves problemas — das interpretações científicas e históricas formuladas por Euclides, cuja longeva influência sobre o estudo da comunidade fundada por Antônio Conselheiro não pode ser subestimada. Essa localidade, esmagada pelas forças republicanas, deve ser referida por seu nome: Belo Monte, pois assim foi batizada por seus fundadores e assim era conhecida por seus moradores. Houve, anteriormente, um pequeno arraial naquele lugar, nos arredores da fazenda Canudos. Quando o Conselheiro fundou Belo Monte havia no local "a igreja velha e duas casas de negócio".[2] Os governos federal e do estado da Bahia, os jornais da época e os autores que escreveram sobre o episódio — entre os quais se destaca o próprio Euclides da Cunha — contribuíram para consolidar a nomenclatura "Canudos" ao referir-se à comunidade liderada por Antônio Conselheiro. Depois de a cidade ter sido destruída e seus habitantes exterminados, a própria memória do nome da cidade — um patrimônio das pessoas que a fundaram e lá viveram e morreram — foi também roubada. Neste livro, salvo quando se trate de citações ou de outros casos especiais, utilizo a denominação que seus fundadores e habitantes usavam para se referir à localidade. Em 1910, ergueu-se outra cidade, batizada como "Canudos", sobre as ruínas do arraial. A nova povoação acabou afogada pelas águas da represa de Cocorobó, em 1968. Aqui, trataremos de Belo Monte.

Eximindo-me de examinar a prosa euclidiana em termos estéticos, muito menos analisarei sua produção poética — esparsa e de qualidade bastante variável. Abrigo-me no juízo autorizado de Manuel Bandeira sobre a poesia do escritor:

> O próprio Euclides teria cedo reconhecido que o verso não seria nunca o seu apto instrumento de expressão literária. Tudo o que em sua alma havia de "belo, forte e ardente", de poder transfigurador poético, está é na sua prosa máscula, um tanto bárbara, às vezes, mas sempre magnífica — na prosa de *Os sertões* sobretudo.[3]

Os interessados na poesia de Euclides estão bem servidos pelo trabalho relativamente recente de Leopoldo Bernucci e Francisco Hardman (2009).

Graças às sucessivas gerações de estudiosos da obra euclidiana, há uma relativa abundância de fontes documentais disponível em publicações de fácil acesso e até mesmo na internet. Do mesmo modo, a obra publicada de Euclides pode ser consultada sem maiores problemas, inclusive porque, depois de cair em domínio público, tem sido objeto de sucessivas reimpressões e divulgação pela rede internacional de computadores.

A despeito dessa abundância de fontes, alguns episódios da vida do autor foram menos estudados ou mesmo mal compreendidos. Encontram-se entre essas lacunas a expedição do escritor à Amazônia e a relativamente longa passagem pelo Itamaraty. Frutos de cuidadosa pesquisa, novos elementos foram aportados na descrição e interpretação dos últimos anos da vida do escritor, com uma visão fresca e inovadora. As circunstâncias e as peripécias da viagem de Euclides pelo rio Purus e o período que passou trabalhando sob as ordens do barão do Rio Branco estão relatados em um grau de detalhe e profundidade certamente inédito.

Do mesmo modo, foi feito um esforço para situar determinados temas, em especial a vida familiar e conjugal, em um contexto mais amplo e mais equilibrado. Busquei ainda, quando cabível, formular novas interpretações para eventos já conhecidos, sublinhando contradições entre o discurso e os fatos, a autoimagem e a realidade, nunca no sentido de diminuir o personagem, mas — ao contrário — tratando de realçar sua humanidade e aproximá-lo do leitor e da leitora contemporâneos.

O texto apresenta um número significativo de notas, cuja leitura pode ser dispensada sem prejuízo da compreensão do argumento desenvolvido. Elas se dirigem aos especialistas, e apenas nesse contexto se fazem necessárias, por registrar os muitos debates sobre a cronologia dos fatos e interpretações contraditórias sobre diversos episódios. Ainda que tratem de discussões relevantes para a crítica euclidiana, em geral as alternativas não alteram a narrativa adotada ou os argumentos defendidos. Outras notas trazem comentários ou citações mais extensos que, mesmo que não essenciais, enriquecem o argumento desenvolvido diretamente no texto. A estratégia serve ao duplo objetivo de oferecer uma narrativa fluida e, ao mesmo tempo, aportar elementos a quem se interessar em aprofundar discussões que são laterais no caso da narrativa biográfica propriamente dita, ainda que sempre importantes entre especialistas nas matérias abordadas.

Como eventual apoio à leitura, incluí no fim do livro uma cronologia que permite uma rápida recapitulação da ordem dos eventos da trajetória do biografado e seu enquadramento em relação aos fatos mais marcantes da evolução política brasileira. Ademais, a lista de pessoas traz pequenas notas biográficas sobre as personagens mencionadas no texto (com exceção dos acadêmicos que posteriormente estudaram a vida e a obra de Euclides, cujos livros e artigos vão listados como fontes e na bibliografia). O objetivo dessas minibiografias é tornar inequívoca a identificação das pessoas citadas, sempre no âmbito do universo da vida ou da obra do biografado.

Agradeço a acolhida da Todavia e a leitura atenta do manuscrito pelo editor Flávio Moura, que fez sugestões importantes em termos de estrutura. A versão final do texto foi trabalhada com a ajuda inestimável de minha amiga Heloisa Jahn, cujo aporte na melhoria da fluidez e da legibilidade da narrativa nunca será demais realçar. Minha gratidão também para Luís Paulo e Sabrina, que leram a versão inicial e contribuíram com sugestões e estímulo.

1.
O incidente do sabre

Era um domingo, 4 de novembro de 1888. Sopravam ventos de mudança. A escravidão fora abolida havia menos de seis meses. A monarquia, estremecida, ainda resistiria por um ano e alguns poucos dias.

Reinava um ambiente tenso na Escola Militar da Praia Vermelha, naquela manhã carioca. A visita do ministro da Guerra, agendada para o sábado, fora transferida em cima da hora para o dia seguinte, gerando o cancelamento da folga semanal dos cadetes. Os alunos permaneceram retidos na Escola para homenagear a autoridade máxima do Exército.

Estava prevista para a tardinha do sábado, o que não ocorrera, ou para aquela manhã de domingo a chegada ao porto do Rio de Janeiro do navio *Ville de Santos*, vindo da Europa. Dele desembarcaria o agitador Lopes Trovão, um dos signatários do Manifesto Republicano de 1870. Prenunciando a chegada do inimigo da monarquia, ouviram-se na Escola vivas a Lopes Trovão... vivas à República! Para piorar, havia a notícia de que os alunos planejavam ir em caravana receber o feroz adversário da Coroa no desembarque no cais Pharoux — hoje praça XV de Novembro. Seria um claro sinal da insatisfação da juventude militar com a monarquia, uma insubordinação.

O adiamento da visita do ministro manteve os alunos aquartelados na tarde de sábado e na manhã seguinte; contornava-se a possibilidade de uma embaraçosa homenagem pública dos cadetes do Exército imperial ao prócer republicano. O comandante da instituição, brigadeiro José Clarindo de Queirós, sabia que o antecessor no comando da Escola perdera o cargo por menos que isso. A notícia do cancelamento da licença dominical foi — como seria de esperar — recebida com indignação. Alguns alunos discutiram a possibilidade de convocar um ato de indisciplina coletivo. Outros iam além e sonharam "revoltar toda a Escola, aí prender o ministro da Guerra lá [na Escola] e bater em marcha depois para São Cristóvão, onde prenderíamos também o imperador".[1]

Além do fervor republicano, havia motivos mais concretos para o descontentamento que impulsava a rebeldia dos cadetes: queixas sobre a qualidade da comida, o atraso na promoção dos alunos do terceiro ano ao grau de alferes-aluno e a percepção de que alguns cadetes, os raros rebentos de famílias importantes que cursavam a Escola, recebiam um tratamento favorecido. A última reclamação casava com os sonhos republicanos; o fim da monarquia sepultaria aquela sociedade hierárquica de barões, condes e marqueses. Na República, imaginavam, todos seriam igualmente cidadãos e se extirparia de uma vez por todas o nepotismo e o favorecimento aos bem-nascidos. O ascenso na política e na vida pública passaria a depender unicamente do mérito.

O domingo começara com uma missa. Anunciou-se a chegada do ministro da Guerra, conselheiro Tomás Coelho de Almeida, que veio acompanhado do senador Gaspar da Silveira Martins, pai de um dos cadetes da Escola. A notícia da presença do ministro foi recebida com um coro de pancadas das coronhas dos rifles dos cadetes contra o piso da capela até que o assoalho afundasse. Ainda assim, os cadetes foram convocados a desfilar perante o ministro. A apresentação começou disciplinadamente. As companhias prestavam continência ao chefe do Exército ao passar perante a autoridade. Porém, durante a passagem da 1ª Companhia, o líder de um dos pelotões, o cadete 188,[2] abandonou a formação e pôs-se cara a cara com o ministro.

Na coreografia que o cadete rebelde planejara para exprimir a ruptura com o regime, ele quebraria o sabre sobre a perna e atiraria os restos da arma partida ao solo. Com o gesto ousado, desataria uma rebelião. O rapaz, de estatura modesta e franzino, bem que tentou: uma, duas, três vezes... A teatralidade do gesto ficou bastante prejudicada pelo fato de a lâmina de aço não ter se despedaçado, ficando apenas um pouco torta. O fracasso dos repetidos intentos de quebrar o sabre conferiu um tom levemente cômico ao protesto.

Para acentuar o fiasco, os demais cadetes prosseguiam o desfile sem se abalar pela ousadia do colega, que lhes teria gritado: "Infames! A mocidade livre cortejando um ministro da monarquia!". A indignação foi em vão. A tropa continuou a desfilar, indiferente ao chamado à indisciplina. Frustrado, o rebelde jogou a arma levemente retorcida aos pés de Tomás Coelho e, após um curto diálogo com o ministro, acabou detido.[3]

A prisão parece ter despertado os brios dos demais cadetes. O ministro da Guerra e o comandante da Escola ouviram os alunos ainda em formação gritar vivas a Lopes Trovão e saudações à República. Ficou-se, entretanto, bem longe da rebelião imaginada nas conversas agitadas dos estudantes no dia anterior. Em todo caso, a recepção à autoridade máxima do Exército espelhou a animosidade contra a monarquia que prevalecia entre os cadetes. O brigadeiro Clarindo ainda tentou, sem sucesso, identificar os autores dos vivas à República, aquelas "manifestações inconvenientes" que depois atribuiu aos "poucos que, repelidos do seio da família por seus maus precedentes, são infelizmente alistados nas fileiras do Exército para se corrigirem pelo que erroneamente pensam que seja um dos fins de tão nobre instituição".

O cadete 188, Euclides Rodrigues Pimenta da Cunha, acabou recolhido à enfermaria — segundo a versão oficial, por ordem direta do ministro da Guerra. Mais provável, contudo, é a variante em que o médico da Escola, dr. Lino de Andrade, interferira na prisão e o internara com a desculpa de que o gesto de rebeldia fora produto de uma crise nervosa: superexcitação por excesso de trabalho mental. Para corroborar o diagnóstico, de fato se tratava de um aluno estudioso. Seria uma maneira de proteger o rapaz: o código militar determinava tratamento rigoroso para a insubordinação; em casos graves, ela seria punida com longas sentenças de prisão ou até com a pena de morte por enforcamento.

Abriu-se uma guerra de versões sobre o incidente. Alguns especularam que ali se iniciava mais um episódio do que se convencionou chamar a "Questão Militar", depois apontada como uma das causas da derrocada de d. Pedro II.

Nas décadas finais do Império, os políticos já não tinham a segurança de antes quanto à subordinação dos militares ao poder civil. As agitações militares do Primeiro Reinado tinham sido extintas pela criação, durante as regências, da Guarda Nacional, e pelo progressivo enfraquecimento do Exército. O grosso das tropas passou a ser mantido nas fronteiras, longe dos centros urbanos onde poderiam ameaçar o poder civil. O desprestígio do Exército afastava os jovens da elite da carreira militar, e mesmo nas filas do oficialato da força terrestre predominavam os filhos de militares ou de pequenos funcionários das províncias. Apenas a emergência gerada pela Guerra do Paraguai retiraria o Exército da condição de coadjuvante menor do Estado imperial.

Com a vitória sobre o Paraguai, os militares tiveram a autoestima aumentada, mas a desmobilização, findo o conflito, foi vista como uma tentativa de devolver o Exército à anterior situação de pouca relevância. Surgiu uma tensão latente com a classe política. A partir de 1883 registram-se sucessivos incidentes entre oficiais da ativa e o governo. Naquele ano, a tentativa de impor uma reforma ao montepio militar foi objetada, por meio da imprensa, pelo tenente-coronel Antônio de Sena Madureira, que acabou punido. Por conta da ousadia, as manifestações públicas dos militares foram expressamente proibidas.

Pouco tempo depois, o mesmo oficial recebeu nova repri menda, dessa vez por homenagear um militante abolicionista. Em 1885 o coronel Cunha Matos denunciou irregularidades cometidas por um militar ligado ao Partido Conservador e sofreu fortes ataques na tribuna da Câmara, na presença do ministro da Guerra, Alfredo Chaves, que não se deu ao trabalho de defender o subordinado. Irritado por não ter recebido o apoio do ministro, Cunha Matos reagiu pelos jornais e recebeu moções de solidariedade divulgadas por diversas guarnições. Também Sena Madureira, então no Rio Grande do Sul, se solidarizou com o colega, e os dois acabaram punidos. O incidente se transformou em crise alarmante quando o comandante de armas da província, marechal Deodoro da Fonseca, um dos militares de maior prestígio da ativa, saiu em auxílio aos dois oficiais e criticou abertamente a reação do governo.

A discussão sobre o direito de manifestação pública dos militares chegou ao Supremo Tribunal, e a proibição acabou revogada, mas a agitação nos quartéis prosseguiu. No que foi visto como uma retaliação, Deodoro acabou exonerado do comando no Rio Grande do Sul e transferido para um posto burocrático no Rio de Janeiro; Sena Madureira demitiu-se do comando que exercia. Depois de homenageados pelos colegas de farda em Porto Alegre, os dois militares embarcaram juntos para a Corte.

No início de 1887, foram recepcionados ao desembarcar no Rio pelos alunos da Escola Militar da Praia Vermelha, que compareceram fardados para deixar claro o caráter corporativo da solidariedade aos dois oficiais. A indisciplina dos cadetes custou o cargo ao comandante da Escola Militar, Severiano da Fonseca (irmão de Deodoro), que se demitiu. Depois das manifestações da juventude militar, porém, o governo voltou atrás e tornou sem efeito as punições contra Sena Madureira e Cunha Matos. Desprestigiado no episódio, o ministro da Guerra, Alfredo Chaves, renunciou.

Não era impossível, portanto, que o ato de indisciplina do cadete 188 se tornasse o estopim de nova crise entre os militares e o governo. A imprensa de oposição se apressou em pintar o episódio em cores fortes. A *Gazeta de Notícias* publicou uma longa reportagem já na segunda-feira, que logo repercutiu em outros jornais, inclusive em alguns de fora da capital. *A Província de S. Paulo*, em artigo intitulado "Trovoada... militar", ironizou a tentativa de impedir as homenagens dos cadetes a Lopes Trovão.

A matéria da *Gazeta de Notícias* recebera um título mais contundente — "Indisciplina" — e estampara uma versão sensacionalista do episódio:

> E como os alunos impedidos não estavam de boa maré, em virtude do castigo que sofriam [o cancelamento da folga dominical], à hora em que tinham de, em forma, fazer continência à suprema autoridade militar que ali se achava de visita, como que recusaram-se a fazê-lo, deixando cair pesadamente as armas ao solo. E então, um deles, mais exaltado, tomou da baioneta, quebrou-a de encontro ao joelho, e, atirando os pedaços da arma para o lado do sr. conselheiro Tomás Coelho, que em sua visita era acompanhado pelo sr. senador Silveira Martins, proferiu em altas vozes uma espécie de veemente protesto, acentuando, na mesma ocasião, as suas crenças republicanas.

À oposição convinha magnificar o episódio. O jornal afirmou que o ministro tivera de desviar-se dos fragmentos da arma atirada contra ele, mas "vendo no estado de exaltação do aluno alguma coisa de anormal, lembrou logo que o melhor seria recolhê-lo à enfermaria para que ali fosse submetido a rigoroso exame". A matéria acrescentava que o aluno "Euclides Cunha" parece "sofrer das faculdades mentais", mas que outros cadetes teriam sido presos. Seria aberto um "rigoroso inquérito" para punir os indisciplinados, e o governo estaria até mesmo cogitando extinguir a Escola Militar para substituí-la por outra instituição. O brigadeiro Clarindo seria exonerado do comando da instituição por conta do incidente.

A notícia repercutiu nas duas casas do Parlamento.

Na Câmara dos Deputados, o ministro do Império leu uma carta do colega da pasta da Guerra que reduzia o episódio ao ato de um aluno que "atirou a arma ao chão e tentou quebrar a baioneta, que também arremessara, saindo da forma". Negou que a arma tivesse sido jogada em sua direção e confirmou ter mandado o aluno para a enfermaria, pois estava "atacado visivelmente de um acesso nervoso". No debate que se seguiu, o fervoroso monarquista Joaquim Nabuco, então deputado, discursou para exigir que não se permitisse que a Escola Militar "se torne um foco de agitação revolucionária, contra as instituições legais", mas, de modo geral, houve um esforço para minimizar a questão.

No Senado, Silveira Martins, também conciliador, considerou que o cadete era "antes um enfermo a tratar do que um criminoso a punir", e deu seu testemunho:

> um moço, visivelmente atacado de um ataque histérico, nervoso, atirou a arma ao chão; torceu a baioneta e, [...] sem que em nada perturbasse o exercício, dizendo que aquilo era contra as suas convicções; e, pelo modo por que falava e até pela cor da fisionomia, pelo tremor geral (porque parecia uma pilha elétrica), bem se via que era vítima de um acesso nervoso.

No dia seguinte, terça-feira, a *Gazeta* voltou ao tema e esclareceu que Euclides, de fato, fracassara no intento de quebrar o sabre — e não a baioneta —, que arremessara aos pés do ministro. Acrescentou que havia insatisfação pelo atraso nas promoções para alferes-aluno e descontentamento por conta de um colega (provavelmente o filho de Silveira Martins) que gozaria de "particular proteção". O jornal chegou ao detalhe de narrar o diálogo supostamente travado entre o cadete indisciplinado e o ministro da Guerra:

> — O sr. aluno está muito alterado. Diga-me: o que é que estuda?
> — Não estou alterado; pugno pelos meus direitos; sou aluno do 3º ano do curso superior, e há um ano que tenho direito à minha promoção. Estudo mecânica... e estudo muito; mas creia, estou no pleno gozo de minhas faculdades mentais.
> — Não... o sr. está visivelmente superexcitado... vou fazê-lo baixar à enfermaria.

As promoções a alferes-aluno, concedidas aos cadetes de melhor desempenho acadêmico, estavam suspensas desde 1885 por falta de orçamento. O título, além de representar um reconhecimento, significaria um aumento nos vencimentos — dois pontos certamente importantes para um aluno esforçado e de poucos recursos financeiros.

Fracassada a quimérica rebelião que aparentemente tentou liderar, a versão do desequilíbrio mental, ainda que humilhante, ia ao encontro do interesse objetivo de Euclides de escapar de punição pesada por um ato que, com alguma malícia, poderia até ser interpretado como atentado contra o ministro da Guerra. Um juízo rigoroso poderia resultar inclusive em condenação à forca ou, pelo menos, longa temporada na prisão.

Talvez por conta do fervor republicano, pelo desejo inconfesso de heroica autoimolação em nome das convicções políticas ou, mais provavelmente, por pura teimosia e amor-próprio, Euclides se recusou a confirmar a versão do surto psicótico, que contornaria o problema da forma mais fácil para todos. Insistiu que não fora vítima de desequilíbrio, ainda que passageiro. Da enfermaria da Escola foi conduzido ao Hospital Militar. Não respondia às perguntas, não admitia ser examinado, não aceitava deitar-se no leito hospitalar. Permaneceu de pé, por horas, desafiante. Obstinava-se em afirmar que continuava em plena posse das faculdades mentais. Terminou preso sob a acusação de insubordinação e, no dia 6 de novembro, foi recolhido à cadeia da fortaleza de Santa Cruz.[4]

Nos dias que se seguiram, o pai e o tio do acusado recorreram ao imperador d. Pedro II, que aceitou que o cadete fosse simplesmente desligado da Escola, sem outras consequências. Em meados de dezembro, com base no "parecer do conselho disciplinar a que respondeu o aluno da Escola Militar da Corte",[5] Euclides foi libertado e teve a matrícula na Escola Militar trancada. A despeito da obstinação do protagonista em agravar as próprias dificuldades, o incidente acabou tendo por consequência apenas seu afastamento compulsório do Exército. Em compensação, granjeou-lhe alguma visibilidade como republicano militante.

Euclides Rodrigues Pimenta da Cunha escapou por pouco de completar seus 23 anos na cadeia. Nascera em 20 de janeiro de 1866, na fazenda Saudade, em Santa Rita do Rio Negro, no município de Cantagalo — norte da então província do Rio de Janeiro, região que vivia um período de grande opulência com o cultivo do café.

Teve uma infância atribulada. Seu avô paterno, Manuel da Cunha, nascera em Portugal e se estabelecera em Salvador como traficante de escravos. A despeito de haver leis que proibiam o tráfico desde 1831, o negócio prosperou até a década de 1850, proporcionando uma existência confortável a Manuel e a esposa, a baiana Teresa Maria de Jesus Viana,[6] com frequentes viagens do casal a Portugal. Em uma dessas visitas à terra natal, Manuel faleceu. Teresa Maria voltou à Bahia, onde se casou em segundas núpcias com Joaquim Pereira Barreto. As más relações com o padrasto fizeram com que seus dois filhos mais velhos, Manuel e Antônio Rodrigues Pimenta da Cunha, deixassem a Bahia por volta de 1860. Apenas o caçula, José, permaneceu com a mãe.

Atraído pela prosperidade trazida pelo café, o primogênito Manuel passou a oferecer seus serviços como contador pelas fazendas da província do Rio de Janeiro. Antônio, por sua vez, se estabeleceu na Corte como amanuense em uma empresa da comunidade financeira. Em suas andanças como guarda-livros itinerante, em 1864 Manuel se casou com Eudóxia Alves Moreira,[7] filha de Joaquim Alves Moreira e Carolina Florentina Mendes. Recebeu como dote um pequeno sítio em Santa Rita, distrito do município de Cantagalo, mas continuou a trabalhar como contador em várias fazendas. Em 1866 nasceu Euclides Rodrigues Pimenta da Cunha e dois anos depois, em 9 de agosto, a caçula

Adélia. Os padrinhos de Euclides foram Emerenciana e José Teixeira de Carvalho, donos da fazenda Saudade.[8]

Eudóxia Moreira da Cunha morreu de tuberculose em agosto de 1869, deixando Euclides e Adélia órfãos de mãe ainda na primeira infância. Com apenas três anos de idade, o menino sofreu um golpe traumático. Fez-se necessário afastar à força o pequeno Euclides do enterro, pois a criança se convencera de que estavam tratando de sepultar a mãe ainda viva. Depois do choque inicial, começaria uma interminável peregrinação para os dois irmãos, que vagaram entre casas de parentes até a idade adulta. O pai não voltaria a se casar. Seguiria cuidando dos negócios e visitava os filhos quando podia.

Inicialmente, os irmãos viveram com a tia materna Rosinda e seu marido Urbano Gouveia, em Teresópolis. Pouco mais de um ano depois, em 1871, com a morte de Rosinda, passaram à guarda da outra irmã de Eudóxia, Laura Moreira Garcez, e do tio Antônio Magalhães Garcez, na cidade fluminense de São Fidélis. Apesar de morar na mesma região, o pai deixou os filhos com a família Garcez, embora os encontrasse frequentemente. Os Garcez possuíam uma fazenda próspera e, tal como o pai dos pequenos órfãos, valorizavam a educação. Assim, a partir de 1874, acompanhado dos primos Cândido e Trajano, Euclides aprendeu as primeiras letras no colégio Caldeira, considerado a melhor escola de São Fidélis.

Manuel da Cunha acabou por se mudar para o Rio de Janeiro para trabalhar em um banco; a família se separaria ainda mais em 1877, quando Euclides, aos onze anos, foi residir em Salvador com a avó paterna. Adélia permaneceu em São Fidélis. Na Bahia, durante um ano, o pequeno Euclides estudou no prestigioso Colégio Bahia, do cônego Lobo e do professor Carneiro Ribeiro, onde também estudaram Rui Barbosa e José Joaquim Seabra.

Durou pouco, porém, a estada na Bahia. Na virada de 1878 para 1879, Euclides se reencontrou com o pai no Rio de Janeiro, sem, contudo, passar a morar na casa paterna, ficando com o tio Antônio e a esposa, Carolina da Cunha. Na Corte, peregrinou por vários colégios: o Anglo-Brasileiro, o Vitório da Costa, o Menezes Vieira e, por fim, em 1883, o Aquino, do professor João Pedro de Aquino. O colégio Aquino preparava os alunos para os concursos de ingresso nas instituições de ensino superior.

O renome das escolas frequentadas por Euclides em São Fidélis, Salvador e Rio comprova que, ainda que o menino levasse uma vida de nômade, a família sempre fez questão de proporcionar-lhe uma educação sólida. No colégio Aquino, teve como professores Teófilo das Neves Leão, um entusiasta da Revolução Francesa, e o líder positivista Benjamin Constant. Publicou os primeiros versos e textos de prosa no jornal da escola, *O Democrata*, uma folha abolicionista e liberal. Ali foi estampado seu primeiro artigo, "Em viagem", no dia 4 de abril de 1884. Influenciado pelo professor Neves Leão, o jovem de dezoito anos compôs uma série de poemas em homenagem a alguns heróis da Revolução Francesa: Danton, Marat, Robespierre e Saint-Just. Começara a escrever versos ainda em Salvador e, em 1883, quando estava para sair do Aquino, encheu com sua produção poética até então, 78 poemas que ocuparam 84 páginas de um caderno que intitulou *Ondas*.[9]

A ênfase da família Cunha na educação nem de longe era comum naquela sociedade sustentada pela escravidão e dominada por uma oligarquia pouco afeita ao trabalho. Ainda assim, para os jovens da elite, um título superior era apreciado, mesmo que apenas como afirmação de status. A trajetória dos jovens herdeiros das grandes fortunas passava, em geral, pela Faculdade de Direito de São Paulo ou do Recife ou pelos cursos de medicina.

Estudar essas matérias exigiria recursos que os Cunha não possuíam. Uma opção mais em conta seria a engenharia. Tratava-se de carreira em ascensão, com o recente entusiasmo pela ciência e pelo progresso, o "bando de ideias novas" trazido pela chamada "Geração de 1870": o positivismo, o evolucionismo, o spencerismo e o cientificismo de forma geral.[10] Assim, na escolha da carreira, a escassez de recursos econômicos conjugou-se ao pendor de Euclides para a matemática. O jovem se inclinou pela Escola Politécnica, a faculdade mais conceituada da área de ciências exatas. Os exames de ingresso se estenderam de 1884 até o início do ano seguinte; aprovado em março de 1885, Euclides se matriculou no curso de engenharia. Contudo, mesmo sendo uma opção muito mais em conta que as faculdades de direito e medicina, a Politécnica tampouco era gratuita.

Influenciado pelo primo Urbano de Gouveia — filho da falecida tia Rosinda —, que abraçara a carreira das armas, Euclides decidiu trocar a Politécnica pela Escola Militar, que dispunha de um curso de engenharia também de prestígio e que, além disso, não apenas nada cobrava, como concedia alojamento, alimentação, uniformes e um pequeno soldo aos cadetes. Eram vantagens decisivas para um jovem com recursos limitados.[11]

Transferido para a Escola Militar em fevereiro de 1886, iniciou-se uma nova etapa da sua vida. Entre os colegas de turma estavam Cândido Mariano da Silva Rondon e Augusto Tasso Fragoso, que depois seguiram carreiras de destaque no Exército. Tudo indica, porém, que Euclides se adaptou mal à disciplina e à vida em coletividade da instituição. Tímido, não se integrava bem nas excursões e outras atividades que os colegas promoviam e muito menos nas algazarras e confusões pela cidade. Por ocasião de visita em grupo a um bordel, "revoltou-se com o espetáculo sórdido e mercantil"[12] e acabou por abandonar o prostíbulo às pressas, certamente para espanto e incompreensão dos companheiros.

Para um rapaz franzino, de estatura modesta — media 1,65 metro — e introvertido, a convivência forçada e a rotina de trotes, provocações e vexames impostos pelos alunos mais antigos exigiam autocontenção e paciência, duas qualidades que repetidamente lhe faltariam ao longo dos anos. É significativa a confissão que se encontra nas notas pessoais escritas na Escola:

> Não amanheci bom; amolei-me cedo com um colega — que tem a propriedade de irritar o meu gênio mau e irascível; levantei-me até disposto (valha a verdade) a expandir o mau humor numa tourada; dominei-me, porém, e bem foi que isso se desse, para que nesta dolorosa comédia eu não começasse representando o triste papel de capadócio.[13]

Talvez produto de uma infância passada sempre em casa de parentes, em mudanças constantes de cidade e de escola, Euclides desde cedo se mostrou desconfiado e arredio ao convívio coletivo. Mais que em episódios isolados, a coabitação com os colegas da Escola Militar parece ter sido invariavelmente difícil:

> Dominar-me! Este trabalho de Hércules, que a minha consciência a todo instante impõe-me, constitui aqui — às vezes — o meu único esforço durante dias seguidos; é uma luta cruel que sempre reflete em meus estudos uma perturbação bastante sensível!... Feliz de mim se conseguir acumular no cérebro força bastante para equilibrar a do coração — pois que para mim dominar a violência é mais difícil e mais perigoso que subjugar um touro.[14]

A saúde tampouco ajudava. Além de sofrer cronicamente de dispepsia — com frequentes dores de estômago e má digestão —, já bem jovem ele começou a manifestar a hemoptise (presença de sangue na tosse) que o acompanharia até a morte. Nunca desenvolveu uma tuberculose agressiva como a que custara a vida da mãe, mas teria de conviver com acessos de tosse em que a saliva e o catarro se tingiam de vermelho. Por conta da saúde precária, esteve internado na enfermaria da escola por períodos de dois ou três dias pelo menos cinco vezes nos três anos que passou ali. No início do terceiro ano, em janeiro de 1888, recebeu sessenta dias de licença médica, que gozou em São Fidélis na companhia da irmã Adélia.

Embora se tratasse de uma academia militar e de um curso de engenharia, o currículo da Escola não se limitava ao estudo das ciências exatas e a exercícios militares. A praia Vermelha vibrava como um centro em que as novas ideias eram discutidas com vigor, em especial o positivismo e o evolucionismo spenceriano. A ênfase no ensino de atividades propriamente militares só chegaria anos depois, sob a influência alemã e, mais tarde, francesa. Em contraposição à velha geração dos oficiais "tarimbeiros", experimentados na Guerra do Paraguai e nas intervenções do Império no Prata, surgia um grupo de "bacharéis de farda". Estes eram vistos com reserva pelos primeiros, como se constata pelo comentário de um general da época:

> Raros soldados de escol produziram as escolas militares e raríssimos exemplares deles nos legaram; sobram-nos, entretanto, enraizados burocratas, literatos, publicistas e filósofos, engenheiros e arquitetos notáveis, políticos sôfregos e espertíssimos, eruditos professores de matemáticas, ciências físicas e naturais, como amigos da santa paz universal, do desarmamento geral, inimigos da guerra, adversários dos exércitos permanentes.[15]

Benjamin Constant — o antigo professor de Euclides no colégio Aquino — lecionava na Escola e promovia a doutrina de Auguste Comte entre os cadetes. Para Constant, o soldado deveria ser "o cidadão armado[...], importante cooperador do progresso".[16] Em um futuro não definido, de acordo com o credo positivista, a evolução da humanidade levaria à superação do militarismo e dos exércitos. Mas, na quadra em que viviam, a exacerbação do papel dos militares na sociedade seria inevitável, ainda que como fenômeno temporário. Uma etapa de ditadura militar seria benéfica para que a sociedade alcançasse seu estágio superior, eminentemente pacífico e dominado pela ciência, caracterizado pelo predomínio da religião da humanidade e pela extinção dos exércitos. Ainda que paradoxal, não seria inexato dizer que aqueles "bacharéis de farda" eram essencialmente antimilitaristas.

Discutia-se a Revolução Francesa com paixão. Em uma comparação inevitável, um século depois da França, o Brasil finalmente parecia prestes a romper com o Antigo Regime, e os militares brasileiros estariam destinados a desempenhar o papel de soldados-cidadãos. Na verdade, tratava-se de uma ideia "fora do lugar", pois invertia a equação francesa em que os cidadãos se transformavam no povo em armas. Na adaptação brasileira, os militares se tornavam a voz da cidadania, sem que esta fosse necessariamente consultada.

Em todo caso, o Exército aparece como uma das poucas instituições do Estado brasileiro de então a mostrar-se aberta aos jovens de recursos mais reduzidos e na qual — ao menos dentro do espaço da oficialidade (a realidade da tropa era outra) — predominava o discurso da meritocracia. A campanha abolicionista empolgara a juventude militar e o Treze de Maio fora comemorado com entusiasmo. Libertos os escravos, o fim da monarquia aparecia como o próximo avanço a ser conquistado. O republicanismo predominava entre aqueles cadetes que, paradoxalmente, haviam jurado defender o imperador.

Euclides apreciava essa efervescência intelectual e política. Ingressou na Sociedade Literária da Família Acadêmica, um dos grêmios estudantis da Escola Militar. Contribuiu com poemas e pequenos ensaios para a *Revista da Família Acadêmica*. Em seu primeiro ensaio na *Revista*, de 1887, intitulado "Críticos", Euclides — escritor ainda inédito fora das folhas estudantis — deu sua receita para lidar com os críticos literários, "indivíduos cuja preocupação única é esconder uma profunda esterilidade mental". Para o jovem, as apreciações injustas deveriam ser respondidas a golpes de bengala. E arrematava: "É o que farei, se tiver a desgraça de ser escritor".[17]

2.
Positivista hesitante, ardente republicano

Liberado da cadeia da fortaleza de Santa Cruz, o antigo cadete 188 recebeu baixa do Exército por "incapacidade física". Poucos dias depois, em 20 de dezembro de 1888, viajou a São Paulo, pois queria conhecer as lideranças republicanas locais. Se não chegou a se entrosar nos círculos políticos paulistas, a recém-conquistada fama por conta do "episódio do sabre" despertava curiosidade e lhe valeu um convite de Júlio de Mesquita, editor de *A Província de S. Paulo*, para escrever nas páginas do jornal.

Já em 22 de dezembro de 1888, assinando com as iniciais E. C., publicava um primeiro artigo: "A pátria e a dinastia". O curto período entre a chegada à capital paulista e o aparecimento do texto indica que Euclides já o teria escrito com antecedência, ou mesmo estabelecido contato com o jornal quando ainda estava no Rio. Tencionava usar a publicidade do gesto de rebeldia para consolidar as credenciais republicanas. São Paulo aparecia como um polo de agitação antimonárquica e firmava-se no papel de centro político da região de maior dinamismo econômico do país. O jovem Euclides fazia uma boa escolha de cenário para a tentativa — na verdade fracassada — de se projetar politicamente.

Não chegou a obter maior atenção das lideranças republicanas paulistas. Colheu, contudo, uma relação firme com o principal jornal da cidade e da então província: um saldo apreciável. Estabeleceu boas amizades no grupo de Júlio de Mesquita, entre os quais Reinaldo Porchat, com quem consolidaria uma relação duradoura e estreita. Além da convivência constante nas passagens pela capital paulista, Euclides manteria com Porchat copiosa troca de cartas ao longo dos anos. Além de Porchat e do próprio Júlio de Mesquita, Euclides fez outros amigos no jornal: Plínio Barreto, Henrique Trindade Coelho e Filinto de Almeida.

O governo nomeara Deodoro da Fonseca para comandar as tropas na província de Mato Grosso, alegando aumento da tensão com a Bolívia e o Peru. Era uma desculpa pouco convincente para afastar o marechal da capital do país e uma punição mal disfarçada por conta do ativismo na defesa de Sena Madureira e Cunha Matos. No artigo de estreia na imprensa paulista, Euclides denunciou a manobra e inaugurou o tom determinista que permearia seus comentários nos jornais a partir daí: "Desiluda-se pois, o governo; a evolução se opera na direção do futuro — e quer o governo queira, quer não, embora voltado para o passado, caminhará com ela, para a frente, mas como os covardes — recuando".

O texto de Euclides agradou, e *A Província de S. Paulo* anunciou a incorporação do novo colunista. O anonimato do pseudônimo adotado, Proudhon, ficava obviamente prejudicado pela apresentação que o jornal fez do novo contribuinte: "Se quiséssemos ser indiscretos, diríamos que o seu nome ainda há pouco andou envolvido no grave incidente da Escola Militar do Rio de Janeiro". Proudhon publicou, sobre o tema "Questões sociais", em 29 de dezembro e 4 de janeiro, dois artigos intitulados "Revolucionários". Encantado com a doutrina positivista, o tom determinista e cientificista predominava, na tentativa de convencer os leitores — "pela lógica inquebrantável de uma dedução científica" — de que os republicanos brasileiros deveriam ser revolucionários, no sentido de compartir as ideias da Revolução Francesa. Argumentava que "forma-se um democrata como se faz um geômetra, pela observação e pelo estudo".

Euclides saudou a chegada de 1889 com um texto (de título "89") que traçava um paralelo entre o ano da Revolução Francesa, 1789, e aquele que se iniciava. Fazia votos para que a

República chegasse também ao Brasil, como de fato aconteceu, exatos cem anos depois da queda da Bastilha em Paris. A comparação — evidentemente imperfeita — entre o fim do Antigo Regime francês e a derrocada da monarquia brasileira era comum entre os contemporâneos e se tornou tema recorrente nos textos de Euclides.

Seguiu-se uma série de oito artigos, "Atos e palavras", publicados entre 10 e 24 de janeiro. A explicação inicial do autor sobre a sequência de escritos situa bem o propósito e os contornos dos ensaios publicados na imprensa pelo jovem Euclides:

> Como preâmbulo a esta seção — definamo-nos.
> Não nos destinamos à imprensa.
> Os artigos aqui escritos exprimirão parêntesis abertos em nosso estudo e torná-los-emos reflexos dele.
> Excluímos o estilo campanudo e arrebicado.
> A ideia que nos orienta tem o atributo característico das grandes verdades — é simples.
> Estudá-la — é uma operação que requer mais que as fantasias da imaginação — a frieza do raciocínio.
> Analisá-la, dia a dia, é uma coisa idêntica à análise da luz: é preciso que se tenha no estilo a contextura unida, nítida, rígida e impoluta dos cristais.
> Lutar por ela, desenvolvê-la, fixá-la no seio da nossa nacionalidade é fazer a todo o instante, continuamente — apelo à orientação segura do pensamento. Nessa luta ideal, pois, apaixonar-se — é enfraquecer-se.
> Indignar-se — é tornar-se indigno.

Nessa profissão de fé, Euclides colocava-se não como jornalista ou político, mas como cientista. A influência do positivismo que predominava entre os alunos da Escola Militar[1] fica evidente nos artigos de 1889. Como é comum entre os recém-convertidos a determinada visão de mundo, os textos do ensaísta estreante são invariavelmente dogmáticos, deterministas e vazados em tom professoral. Porém a lição não parece totalmente assimilada; há muitos pontos obscuros, mesmo em temas cruciais. Para ficar em um único exemplo, o entusiasta da República apenas trazia pistas vagas sobre a definição do novo regime, algumas talvez surpreendentes: "O governo republicano — digamo-lo sem temor — é naturalmente aristocrático [...]. É o governo de todos por alguns — mas estes são fornecidos por todos". Fazendo menção a Spencer, influência que já estava presente e que se tornaria dominante depois de superado o positivismo daqueles anos iniciais, o caráter determinista da visão política de Euclides se reafirmava:

> Porque sabemos que a República se fará hoje ou amanhã — fatalmente, como um corolário de nosso desenvolvimento; hoje, calmamente, cientificamente, pela lógica, pela convicção; amanhã...
> ...Amanhã será preciso quebrar a espada do sr. conde d'Eu.

A estada em São Paulo foi curta. A considerável produção jornalística (mais de dez artigos em cerca de um mês) continuaria, ainda que com frequência bastante reduzida, a partir do Rio de Janeiro. Na edição de 27 de janeiro de *A Província de S. Paulo*, os editores expuseram claramente a autoria dos artigos de Proudhon, que a partir daí passaram a sair sob a assinatura de Euclides, enviados da Corte carioca.

Antes de voltar ao Rio, ele visitou a irmã e os tios Antônio e Laura Garcez em São Fidélis. O plano inicial passava por retomar o curso de engenharia na Escola Politécnica, só que para isso fazia-se necessário prestar uma série de exames que validassem as disciplinas tomadas na praia Vermelha. Assim, de volta à capital, Euclides se instalou na pensão da família Silveira Sampaio, à rua de São Januário, no bairro de São Cristóvão. Pouco participava das atividades coletivas da hospedaria — sempre metido no quarto, entre livros, ou lendo em uma cadeira de balanço —, mas se voluntariava para ajudar as crianças e adolescentes que se preparavam para os exames escolares. Um deles, o jovem Raul Pederneiras, tinha aptidão para o desenho de caricaturas; Euclides incentivou o pendor com a edição de uma espécie de jornalzinho doméstico ilustrado por Pederneiras. Beneficiado pelo sentido apurado do professor, Raul depois se tornaria um dos mais célebres caricaturistas da belle époque carioca. Olímpio de Sousa Andrade conta que:

> Por anos a fio não se esqueceu dessa época, e sempre que vinha ao Rio marcava encontros com um dos meninos, Raul, invariavelmente no "Café Cascata", onde saboreava o caldo de cana de que gostava, falando sobre um mundo de coisas sem largar seus "fortes cigarros de palha", que defendia calorosamente, contra a opinião de que o fumo era prejudicial: "o tabaco, dizia, ataca os nervos, mas... para melhor".[2]

A amizade com Raul de fato continuou, como se comprova em pequenos detalhes. Chamando-o por um de seus nomes artísticos, "Luar", anos depois, em 1903, Euclides lhe enviou uma fotografia em troca de uma caricatura: "Manda-me, pelo palafreneiro, portador deste retângulo, o original da minha fealdade favorecida pelo teu lápis zenital".[3]

Euclides só retomou a atividade jornalística em 17 de maio, com a publicação do artigo "Da corte". Em junho saiu "Homens de hoje", em duas partes, e também naquele mês uma crônica sem título em que Euclides comentava um bisonho atentado contra d. Pedro II praticado por um jovem que, da porta de um bar, depois de uma noitada etílica, disparou de grande distância contra a carruagem do imperador, sem causar dano. Euclides, coerente com a própria manifestação de rebeldia de poucos meses antes, solidarizou-se com o desastrado magnicida frustrado.

O projeto de retomar os estudos na Politécnica o absorvia, e as contribuições jornalísticas foram escasseando no decorrer de 1889. O reingresso no curso de engenharia, contudo, ia sendo adiado, fosse por falta de recursos, fosse por falta de clareza sobre o caminho a seguir naquele momento de indefinição pessoal. O jornalista perdia fôlego, o engenheiro não avançava, e o fervor republicano se dissolvia na vida cotidiana. Assim, a despeito da firme crença na inevitabilidade do fim da monarquia, Euclides, como a maior parte dos cariocas, acabou pego de surpresa pelo golpe militar. Ficou sabendo da proclamação da República pelos jornais do dia 16 de novembro.

Uma das causas imediatas[4] para a eclosão do movimento militar que acabaria por derrubar d. Pedro foi a deflagração de uma intensa boataria sobre a iminente prisão de Deodoro da Fonseca e Benjamin Constant. Deodoro deixara o cargo de comandante militar do Mato Grosso em meados do ano, retornara ao Rio e naquele 15 de novembro convalescia em casa de uma crise de dispneia. A notícia — falsa — de que o primeiro-ministro visconde de Ouro Preto decretara sua prisão fez com que saísse, mesmo ainda doente, para reunir alguma tropa e dirigir-se ao Campo da Aclamação, onde exigiu a queda do gabinete de Ouro Preto, que renunciou devido à pressão militar. Surpreendido, o imperador desceu de Petrópolis e se reuniu com o Conselho de Estado para escolher um novo primeiro-ministro. No meio dessa situação tensa transpirou a notícia, esta aparentemente verdadeira, de que o novo primeiro-ministro seria o senador Gaspar da Silveira Martins — forte desafeto de Deodoro. A República foi proclamada.

Um dos principais operadores da campanha de desinformação — hoje diríamos fake news — sobre a intenção de prender Deodoro foi o major Frederico Sólon de Sampaio Ribeiro. Consumado o golpe, coube ao major Sólon a tarefa de informar o imperador de que ele e sua família deveriam partir para o exílio.

Apanhado de surpresa pela notícia da véspera, no dia 16 Euclides se dirigiu ao centro da cidade para se informar quanto aos acontecimentos. Lá encontrou um amigo, Edgar Sampaio, sobrinho do major Sólon. Por intermédio dele, Euclides teve acesso a um militar que parecia destinado a assumir papel importante no governo provisório que se iniciava. Não perdeu tempo e naquele mesmo dia visitou a casa da nova liderança. Além do entusiasmo republicano, o "episódio do sabre" o credenciava a alistar-se entre os vitoriosos naquela reviravolta política. Benjamin Constant, o antigo professor no colégio Aquino e na praia Vermelha, seria o ministro da Guerra. Por intermédio do novo patrono, o major Sólon, concertou-se uma entrevista de Euclides com o ministro.

Aquela visita de 16 de novembro de 1889 à residência de Sólon Ribeiro mudaria a vida de Euclides da Cunha em muitos sentidos. Na ocasião ele conheceu Ana Emília, então com dezessete anos,[5] uma das filhas do major e d. Túlia. Em um instante de arrebatamento, o tímido Euclides — de forma discreta, como convinha — deixou nas mãos de Ana um cartão no qual escrevera: "Entrei aqui com a imagem da República e parto com a sua imagem".

Euclides se entrevistou com o novo ministro da Guerra, Benjamin Constant, no dia 18.[6] Com o apoio do major Sólon e a intercessão de antigos colegas da Escola Militar — Cândido Rondon, Tasso Fragoso e outros —, o antigo professor assinou a portaria que reintegrou Euclides nas fileiras do Exército.

Cumpria agradecer também ao chefe do governo provisório. Assim, no dia seguinte, Euclides visitou o marechal Deodoro, que o admoestou de se apresentar à paisana. A solução foi correr para a Escola Militar e conseguir, por empréstimo de um colega, um uniforme para retomar a entrevista. Na pressa, faz-se o possível. O tom levemente cômico que acompanhará muitos episódios da trajetória de Euclides reapareceu. Voltou fardado, mas como o amigo que lhe cedera o traje era mais alto e forte, o franzino cadete 188 agradeceu ao chefe do governo a reincorporação ao Exército mal-ajambrado em um uniforme alguns números maior do que o que lhe corresponderia.

Em todo caso, a carreira militar de Euclides despontou. Dois dias depois, 21 de novembro, recebeu a tão reivindicada promoção a alferes-aluno, e em fevereiro de 1890 concluiu o curso de artilharia. O ensino militar fora reformulado; no quarto ano os alunos passavam à Escola Superior de Guerra para acompanhar o curso de Estado-Maior.[7] Em abril, recebeu a promoção a segundo-tenente.

A aparentemente rápida ascensão de Euclides nada teve de impressionante. No início da República desatou-se uma chuva de carreiras meteóricas nas Forças Armadas. O major Sólon Ribeiro, por exemplo, alcançara aquela patente oito anos antes, em 1881, e foi promovido a tenente-coronel em 21 de novembro de 1889, a coronel em janeiro do ano seguinte e a general de brigada em 1892.[8] Além de eficiente na propagação de boatos, Sólon era um homem de ação, e no dia 18 de dezembro comandara a repressão a uma tentativa de revolta do 2º Regimento de Artilharia, em São Cristóvão, uma das poucas reações armadas ao golpe republicano. Mesmo assim, a ascensão de Sólon não esteve entre os casos mais escandalosos; chegara-se a ponto de, "em menos de seis meses, um só militar ser promovido duas ou três vezes".[9]

Além de acelerar as promoções, a proclamação da República ocasionou um aumento expressivo do contingente do Exército, que praticamente dobrou, passando dos 13 500 homens em 1888 para mais de 28 mil em 1900. Os vencimentos dos militares também foram reajustados. O soldo de um coronel, que em 1889 era de pouco mais de três contos de réis, passou para quase oito contos em 1895, aumento que se reproduziu nas demais patentes.[10] Derrubada a monarquia, as estruturas dos partidos Conservador e Liberal, que até então dominavam a vida política, foram desarticuladas, e naquele primeiro momento o

Exército se afirmou como uma das poucas forças organizadas de alcance nacional. Em termos de influência, o Partido Republicano Paulista ocupava um distante segundo lugar, inclusive por restringir-se a São Paulo. Havia partidos republicanos em outros estados, mas, com poucas exceções importantes, era uma existência mais nominal do que real. Em 1893 chegou-se a fundar o Partido Republicano Federal (PRF) — que elegeu o primeiro presidente civil —, mas o PRF logo se desintegraria.

Escolha pessoal de Deodoro, o ministro da Fazenda Rui Barbosa afirmou-se como a figura mais influente no início do governo provisório. Rui deu continuidade à política de expansão desenfreada das emissões monetárias e do crédito, já iniciada pelo último gabinete da monarquia. A emissão descontrolada de títulos e instrumentos de crédito sem base real levou à fundação de empresas que, quase sempre, existiam apenas como desculpa para captar recursos. Fortunas eram ganhas e perdidas da noite para o dia. A fantasia, contudo, não se sustentaria por muito tempo. Meses depois, o esquema desmoronou em uma onda de falências; o colapso financeiro só seria superado anos depois. O episódio ficou conhecido como "a crise do Encilhamento".

Famoso pela extrema suscetibilidade, durante o pouco mais de um ano que esteve como ministro, Rui Barbosa ameaçou demitir-se nove vezes. Finalmente, em janeiro de 1891 — a economia já em frangalhos —, em uma queda de braço com o presidente, o gabinete liderado por Rui Barbosa se exonerou para dar lugar a um novo ministério, sob o comando do barão de Lucena. Entre outras denúncias, Rui estava enfraquecido também devido a um escândalo em que era acusado de vender para um particular uma propriedade da União, a "Quinta do Caju", por preço muito inferior a seu valor real. Deixando como legado a ruína das finanças do Estado, foi trabalhar em um dos grupos financeiros beneficiados por suas políticas. Coincidentemente, Benjamin Constant faleceu de morte natural no dia seguinte àquela reforma ministerial. Assim, as duas figuras mais fortes do primeiro ministério republicano saíram de cena, e o gabinete como um todo foi substituído.

As ameaças de demissão e as divergências com o presidente não eram exclusividade de Rui Barbosa. Em certo episódio, durante uma reunião com os ministros, Deodoro chegara a desembainhar a espada contra Benjamin Constant. O desgaste do governo militar foi acontecendo de forma rápida em decorrência da má condução administrativa e das sucessivas acusações de favoritismo e corrupção. Para conquistar apoios graças à vaidade alheia (e alimentar a própria), deslanchou-se uma febre de condecorações a militares e civis; Deodoro e Benjamin Constant concederam-se o título, até então inédito no Brasil (mas tristemente comum nas repúblicas vizinhas), de "generalíssimo". As trapalhadas também se estendiam a assuntos internacionais. O ministro das Relações Exteriores, Quintino Bocaiuva, assinou, com o chanceler argentino Estanislao Zeballos, um tratado desastroso que dividia em partes iguais o território que Brasil e Argentina disputavam na região de Palmas.[11] A reação ao acordo foi tão negativa que o Congresso não o ratificou.

Com o tempo, o governo adotou a atitude de censurar e intimidar a imprensa com o objetivo de conter a enxurrada de críticas que passara a receber. No plano institucional, a despeito das sugestões de positivistas para que se instalasse uma ditadura, logo as pressões internacionais (os credores temiam o eventual repúdio de dívidas e outros compromissos da monarquia) e a rearticulação das oligarquias regionais — em especial a paulista, a mineira e a gaúcha — favoreceram a confirmação da promessa inicial de convocação de uma constituinte e eleição do presidente da República e dos governadores das antigas províncias transformadas em estados.

Na monarquia, os governadores das províncias (que, então, eram chamados de presidentes) eram indicados diretamente pelo imperador. Assim, enquanto não se definiam as novas regras e se elegiam as futuras autoridades, Deodoro promoveu um grande rearranjo político nos estados, com a substituição dos governadores e dos demais dirigentes locais apontados por d. Pedro. O marechal dispunha de ampla latitude porque, com a desarticulação dos partidos Conservador e Liberal e a pouca importância dos republicanos na maioria dos estados, o Exército surgia como a principal força organizada. Assim, o presidente provisório pôde, quase sempre, impor seus candidatos, muitos deles jovens militares, ainda que em processos geralmente confusos e conflituosos.

A eleição dos membros da Constituinte federal e das Constituintes que escreveriam as cartas estaduais oferecia uma oportunidade às oligarquias regionais de se reorganizarem e reacomodarem o sistema político de acordo com os próprios interesses. Em junho de 1890 convocaram-se para setembro as eleições para a Constituinte federal, que iniciaria seus trabalhos em 15 de novembro daquele ano. Circulou um projeto de Constituição preparado por um grupo de juristas comandado por Joaquim Saldanha Marinho. As eleições para as Constituintes estaduais, por sua vez, seriam realizadas no decorrer de 1891.

Ainda que de forma atabalhoada, com base em iniciativas pessoais descoordenadas, os militares também se mobilizaram para influir na Constituinte federal e acabaram por formar uma expressiva bancada, de cerca de 20% dos deputados e igual proporção de senadores. Esses militares, mesmo os da ativa, demonstravam ambições políticas cada vez mais evidentes, e a indisciplina se acentuava. Sobre o futuro sogro de Euclides — que, aliás, se elegeu deputado pelo Mato Grosso —, Deodoro chegou a comentar: "o coronel Sólon, por exemplo, depois que deu para patriota de rua, nem comparece ao quartel".[12] Diante do quadro de insubordinação generalizada, o ministro da Guerra, Benjamin Constant, cogitou, inclusive, a dissolução do Exército.

O ano de 1890, portanto, foi particularmente agitado no Brasil. Em contraste, foi um período de relativa tranquilidade e realizações para a família Cunha. No início daquele ano o pai de Euclides reunira capital suficiente para comprar uma pequena propriedade, a fazenda Trindade, na localidade de Belém do Descalvado (que a partir de 1908 passou a se chamar município de Descalvado), no estado de São Paulo. Ali se estabeleceria até o fim de seus dias, como pequeno fazendeiro de café. Adélia finalmente deixou a casa dos tios Garcez em São Fidélis para morar na casa paterna, em São Paulo.

Além dos estudos e das atividades militares, Euclides continuou frequentando a casa do coronel Sólon, de cuja filha Ana logo estaria noivo, com a aprovação dos futuros sogros. Mesmo depois de deixar a casa dos pais, Ana conservaria o apelido familiar, S'Aninha, Sianinha ou Saninha, derivado aparentemente de sinhá Aninha. O coronel Sólon e d. Túlia tinham ainda outros três filhos: Arnulfo, Adroaldo e Alquimena.[13]

Sem deixar de cultivar suas atividades intelectuais e suas veleidades políticas, Euclides procurou se integrar aos círculos republicanos da capital federal. A partir de março de 1890 começou a contribuir para um jornal editado por Vicente de Souza: *Democracia: Órgão de Orientação Republicana*. O jornal, fundado naquele mês, teve vida curta: durou apenas até o ano seguinte. Vicente de Souza, um mulato, tivera atuação proeminente na campanha abolicionista e era feroz opositor das teorias raciais que proclamavam a inferioridade dos negros e a necessidade de promover a imigração europeia como saída para a escassez de mão de obra. Professor, médico e jornalista, Vicente de Souza abraçou também a causa republicana e, depois, foi um dos pioneiros na promoção das ideias socialistas no Brasil. O jornal, portanto, poderia ser considerado radical e estava na vanguarda das lutas políticas de então.

Pelas páginas do *Democracia*, entre outros temas, Euclides criticou a proposta de concessão de uma pensão para o imperador deposto e aplaudiu as homenagens que se prestavam a Tiradentes. Em um artigo de 18 de março, "Sejamos francos", deixou transparecer certo desapontamento com os rumos da República: "A luta, porém, em que nos empenhamos, luta prodigiosa, subordinada unicamente à ação incruenta da inteligência e na qual é fragilíssima a espada, começa a perder a sua feição entusiástica e a inocular-nos o travor das primeiras desilusões".

A colaboração foi apreciada por Vicente de Souza e, na edição de 31 de março, o jornal anunciou que Euclides passaria a ser responsável por uma coluna semanal, que sairia a cada sábado em espaço nobre, ao pé da primeira página:

> Com o mais vivo prazer, noticiamos que nosso digno amigo e colaborador Euclides da Cunha se encarregou de escrever a "Crônica Semanal" para a *Democracia*.
> Quem conhece o talento, o estudo e o civismo do nosso distinto amigo julgará o que será a "Crônica Semanal" que começaremos a publicar no próximo sábado.

Contudo, a coluna, intitulada "Divagando", não teve a periodicidade anunciada; na verdade durou pouco: foram apenas quatro artigos, publicados espaçadamente.[14] No de 12 de abril, Euclides comemorou a decisão de Benjamin Constant de impor um currículo de corte positivista às escolas militares. "Não é possível avançar melhor para o futuro", sentenciou. A coluna publicada em 2 de junho abordou um assunto espinhoso. O jornal estava em campanha contra a anunciada criação de um partido católico, e Euclides aproveitou para atacar a religião, e o catolicismo em especial, opinião consistente com as ideias positivistas, mas que certamente lhe angariou desafetos.

> Guardamos pela figura lendária do sonhador nazareno a veneração, o amor inextinguível que temos pelas utopias

extintas, companheiras das horas despreocupadas da mocidade e forçadas a perecer mais tarde, dissolvidas no fulgor da própria consciência, mais sólida e racionalmente constituída. [...] E a velha religião de nossos pais, que tem lentamente descido, à proporção que sobe a consciência humana — acelerará a desastrosa descensão...
Cairá.

A religião católica não desmoronou, mas a separação entre Estado e Igreja, instituída por um decreto de janeiro de 1890, meses antes, bem como as diretrizes relativas à religião na Constituição que estava por ser escrita acabaram sendo temas fortemente polêmicos. A hierarquia católica não necessariamente via com maus olhos o fim do patronato que reduzia os padres à condição de funcionários públicos e que, durante a monarquia, fora causa de conflitos. O projeto de Constituição circulado pelo governo trazia, contudo, novidades preocupantes para o clero: reconhecimento e obrigatoriedade do casamento civil, fim das subvenções oficiais a todo culto religioso, secularização dos cemitérios, proibição de instalação de novas comunidades religiosas, inelegibilidade dos clérigos e religiosos. Nem tudo foi aprovado, e a hierarquia católica acabaria por se acomodar aos novos tempos, mas a visão de que haveria incompatibilidade entre o novo regime político e o catolicismo transbordou para muitos movimentos de religiosidade popular, como demonstraria o episódio do aniquilamento de Belo Monte.

O artigo de Euclides, sintonizado com as ideias positivistas sobre a futura superação das religiões, não poderia deixar de ser percebido como um ataque público à fé católica. Aparentemente ele repercutiu mal junto à família da noiva, e as consequências foram imediatas. Em carta ao pai, datada de 14 de junho, Euclides confessou: "A conselho do Sólon desliguei-me inteiramente de algumas ligações políticas que começava a ter;

não escrevo há muito para a *Democracia*". Certamente um exagero — aquele último artigo fora publicado doze dias antes...

O desencanto com a República, naquela quadra em que a crise do Encilhamento apenas começava, já ficava claro nesta missiva ao pai:

> Parece-me que fiz bem; desconfio muito que entramos no desmoralizado regime da especulação mais desinsofrida e que por aí pensa-se em tudo, em tudo se cogita, menos na Pátria. As minhas aspirações acham-se contudo de pé: retraio-me agora; estudarei, tratarei de formar melhor o meu espírito e o meu coração e mais tarde, passada essa febre egoística e ruim que parece alucinar a todos, quando sentir-se necessidade de homens e os que atualmente escalam cegamente as posições, conscientes da própria fraqueza, delas abdicarem voluntariamente — aparecerei então, se puder, se quiserem.

A admiração por Benjamin Constant — "o meu antigo ídolo, o homem pelo qual era capaz de sacrificar-me, sem titubear e sem raciocinar" — ficara no passado com as acusações de favorecimento que pesavam contra o antigo ministro da Guerra, agora deslocado para a pasta de Instrução Pública, Correios e Telégrafos. Em todo caso, Constant faleceria no início de 1891 e, após sua morte, as correntes positivistas do governo perderiam força ainda mais rapidamente, deixando como legado permanente apenas o lema "Ordem e Progresso" na bandeira nacional.

A despeito de todas essas considerações, o que realmente motivara aquela carta de 14 de junho ao pai fora um tema pessoal. Ela anunciava o casamento com Ana Emília Sólon Ribeiro e pedia a presença dele e da irmã na cerimônia. Assim, no dia 10 de setembro de 1890, Euclides e Saninha se casaram no civil e no rito católico (a despeito do agnosticismo militante do noivo), com as bênçãos das duas famílias. Como o soldo de aspirante a oficial era modesto, o pai de Euclides passou a contribuir com um conto de réis mensal para as despesas do novo casal.

Apesar do avanço audacioso no dia em que se conheceram e do namoro relativamente curto, a julgar pela inspiração poética, o arrebatamento de Euclides por Ana não chegava a impressionar. No dia da boda, dedicou à esposa um soneto de amor escrito cinco anos antes — sabe-se lá para quem —, trocando apenas o título da composição, de "Rimas" para "Soneto" e corrigindo uma palavra.[15] Depois desses versos reciclados não voltaria a lhe dedicar poemas.

Em fins de janeiro do ano seguinte, Euclides recebeu uma licença para tratamento de saúde, e o casal se instalou por um mês na propriedade de Manuel da Cunha, em Belém do Descalvado. A partir daí a fazenda Trindade tornou-se o refúgio habitual usado por Euclides para descansar e se recuperar dos recorrentes percalços de saúde. Concluiria o curso de Estado-Maior naquele ano. Em 1891 cursaria o último ano da Escola para ganhar, em dezembro, o grau de bacharel em Matemática e Ciências Físicas e Naturais, bem como o título de engenheiro. Um mês depois receberia o diploma respectivo e seria promovido a primeiro-tenente.

3.
Floriano Peixoto

Naquele início de vida conjugal, a tranquilidade do recolhimento voluntário de Euclides às atividades privadas e a dedicação à conclusão dos estudos na Escola Militar contrastavam com o tumulto que persistiu na política brasileira ao longo de 1891.

A Assembleia Constituinte instalada em 15 de novembro de 1890 funcionou até 24 de fevereiro do ano seguinte para, a partir daí, transformar-se na primeira legislatura republicana. As discussões na Constituinte contrapuseram as diversas alas das Forças Armadas — Exército versus Marinha, jacobinos contra moderados — e os civis, estes liderados pelos constituintes paulistas, mas divididos pelos interesses particulares de cada região. No correr dos trabalhos, o anteprojeto de Constituição apresentado pelo governo sofreu alterações importantes, como a redução dos mandatos presidenciais de seis para quatro anos, confirmando o desgaste crescente de Deodoro, candidato óbvio para assumir a presidência na eleição indireta que se faria por intermédio da Assembleia.

Contra Deodoro lançou-se a candidatura do político paulista Prudente de Morais, tendo como companheiro de chapa o marechal Floriano Peixoto, que fora escolhido ministro da Guerra de Deodoro após a transferência de Benjamin Constant (no momento da Constituinte já falecido) para o Ministério da Instrução Pública, Correios e Telégrafos. Em 25 de fevereiro, Manuel Deodoro da Fonseca foi eleito presidente — inclusive devido ao temor de que houvesse um golpe de Estado caso o generalíssimo não fosse escolhido —, porém a votação recebida por Floriano Vieira Peixoto, da chapa opositora, superou em muito a do candidato a vice de Deodoro, e Floriano então se tornou o vice-presidente.

Promulgada a Constituição de 1891 e com o marechal Deodoro confirmado no cargo, a partir dali como presidente constitucional, seriam realizadas eleições para as assembleias constituintes e para as chefias dos governos estaduais. Enquanto as novas constituições estaduais não estivessem promulgadas e as autoridades ainda a ser eleitas não assumissem, o presidente continuava com as mãos livres para interferir nos estados. Numa dessas reviravoltas, entre 16 de fevereiro e 1º de abril de 1891, o coronel Sólon, até então aliado de Deodoro, chegou a assumir o governo do Mato Grosso.

O Congresso se tornou um polo de poder concorrente com a presidência. O desgaste do governo prosseguia e os conflitos se generalizaram. A classe política, com o apoio de alguns setores militares, buscava retomar as rédeas da situação. Votou-se uma lei para definir os crimes de responsabilidade e diminuir os poderes do Executivo. Sem prática nos embates parlamentares, Deodoro assistiu à aprovação da medida para, vencido no plenário, impor seu veto. O Senado derrubou a rejeição presidencial e enviou o projeto para apreciação da Câmara.

Antecipando-se à derrota anunciada, no dia 3 de novembro de 1891 o velho marechal dissolveu o Congresso e no dia seguinte decretou o estado de sítio no Rio e em Niterói. Rapidamente, contudo, o espectro de uma ditadura militar acabou substituído pela perspectiva de uma sangrenta guerra civil. A cúpula da Marinha, setores do Exército, a classe política em geral e, em especial, as oligarquias de São Paulo e Minas Gerais se opuseram abertamente a Deodoro. Depois de vinte dias de uma conspiração relativamente aberta, a esquadra brasileira se revoltou e o chefe da rebelião, almirante Custódio de Melo, ameaçou bombardear a capital federal. No dia 23 de novembro, para evitar uma guerra civil, Deodoro renunciou e passou a chefia do governo ao vice-presidente Floriano Peixoto.

Euclides descreveu com ironia a ida de Floriano ao Palácio Itamaraty, onde funcionava a presidência da República — o Itamaraty só passaria a ser a sede da diplomacia brasileira em 1899:

> É natural que a trama sediciosa se alastrasse durante vinte dias, inteiramente às claras e imperceptível; e que ao irromper a 23 de novembro o movimento da Armada — simples remate teatral da mais artística das conspirações — o marechal Floriano, imutável na sua placabilidade temerosa, seguisse triunfal e tranquilo para tomar o governo, "obedecendo" a um chamado do Itamaraty, espantosamente disciplinado no fastígio da rebeldia que alevantara — e indo depor o marechal Deodoro vencido, com um abraço, um longo e carinhoso abraço, fraternal e calmo.[1]

O novo governo cancelou o estado de sítio e reabriu o Congresso em 18 de dezembro por meio de uma convocação extraordinária. Ciente, por experiência própria, de que os vice-presidentes muitas vezes conspiram contra o titular do cargo,[2] Floriano se manteve na qualidade de vice em exercício da presidência (sem permitir assim a indicação de um novo vice-presidente) para completar o quatriênio para o qual Deodoro e ele haviam sido eleitos, a concluir-se em 15 de novembro de 1894.

O ano de 1890 fora confuso, o de 1891 complicado, mas no correr de 1892 e no início do ano seguinte a situação política degringolaria de vez. A partir dali, por muitos meses, o Brasil viveria um dos momentos mais difíceis de sua história.

De novembro de 1891 a março do ano seguinte, Floriano promoveu a derrubada dos governadores de estado que haviam apoiado a tentativa de golpe de Deodoro: todos, menos o governador do Pará, Lauro Sodré. Em São Paulo, a deposição de Américo Brasiliense, em 15 de dezembro, acabaria por recolocar o grupo integrado por Júlio de Mesquita no poder estadual. O coronel Sólon foi o escolhido por Floriano para pressionar

Brasiliense a deixar o cargo. Entusiasmado com o sucesso da missão, no dia 17, Sólon telegrafou ao genro: "Triunfei. Minha conduta agradou ambos os lados".³

Em compensação, ocorreu uma série de pequenas revoltas deodoristas e circulou a tese de que deveriam ser convocadas eleições para presidente como estava previsto no artigo 42 da Constituição, pois a renúncia de Deodoro se dera antes de completados dois anos do mandato. Ainda que tal interpretação tivesse uma base muito sólida, as disposições transitórias da Carta abriam margem para um parecer favorável à permanência de Floriano. Assim, no início de 1892 a convocação ou não de uma nova eleição esteve no centro dos debates políticos, com argumentos jurídicos conflitantes.

Em 6 de abril, treze oficiais-generais das duas armas publicaram um manifesto que indicava a realização de novas eleições como única saída para a crise política. Floriano não titubeou: exonerou os generais e almirantes dos cargos e os aposentou compulsoriamente. No dia 10, a oposição convocou uma grande manifestação em homenagem a Deodoro — que, doente, não pôde comparecer. O protesto seria a senha para a deflagração de um golpe de Estado, que se frustrou. Floriano, contudo, aproveitou o pretexto para impor um estado de sítio no Rio de Janeiro e em Niterói e, por decreto de 12 de abril, mandou prender ou desterrar para a Amazônia algumas dezenas de inimigos políticos.

Rui Barbosa impetrou um pedido de habeas corpus junto ao Supremo Tribunal Federal para os afetados pelo decreto de 12 de abril. A iniciativa foi respondida por Floriano com uma advertência clara ao STF: "Se os juízes do tribunal concederem ordens de habeas corpus aos políticos, eu não sei quem amanhã lhes dará o habeas corpus de que, por sua vez, necessitarão". O Tribunal ouviu o conselho do presidente e negou a solicitação. Contudo, com o início dos trabalhos legislativos, em maio, tramitou uma proposta de anistia que acabou por contar com a boa vontade do governo e, aprovada em 8 de junho, beneficiou todos os atingidos pelo decreto de abril.

Depois dessa demonstração de força de Floriano e com a morte de Deodoro da Fonseca em 22 de agosto, houve esperanças de que a situação se acalmasse. Era a bonança. A tempestade estava a caminho.

A violência crônica da política gaúcha transformara-se, em 1892, em uma guerra civil que no início do ano seguinte extrapolou para o âmbito nacional. A Revolução Federalista ameaçou não apenas o governo Floriano como a própria unidade territorial do país. No auge da revolta, os federalistas chegaram a controlar os estados do Rio Grande do Sul, Santa Catarina e Paraná — Curitiba foi tomada em janeiro de 1894 — e ameaçaram atravessar o estado de São Paulo para uma investida contra a capital federal.

A deflagração da Revolução Federalista em fevereiro de 1893 criara uma situação extremamente difícil, mas as coisas sempre podem piorar. Em setembro, a Marinha revoltou-se, outra vez sob o comando do almirante Custódio de Melo, e passou a bloquear o porto do Rio de Janeiro. Os revoltosos ameaçaram bombardear a capital. Ao contrário de Deodoro em 1891, Floriano não renunciou e decidiu resistir. Durante dois meses houve troca de canhonaços entre os navios revoltados e as baterias de artilharia do litoral. Em novembro, com a mediação dos comandantes dos navios estrangeiros que estavam na baía de Guanabara, passou-se a uma espécie de trégua, e Custódio tomou o rumo do Sul com o objetivo de unir-se aos federalistas. Em dezembro, o almirante Saldanha da Gama aderiu à revolta, e os bombardeios recobraram força momentaneamente; afinal, o bloqueio do porto do Rio de Janeiro foi rompido por navios estadunidenses a pedido do governo brasileiro. Uma intervenção estrangeira decidiu os rumos da República.

Derrotados, em março de 1894 os revoltosos se asilaram nos navios portugueses que estavam na baía, e a insurgência terminou com a vitória do governo. A Revolta da Armada durara pouco mais de seis meses. No Sul, a Revolução Federalista também recuava. Em abril, Santa Catarina foi retomada e, em maio, o Paraná. Contudo, o fim da guerra civil só se daria em agosto de 1895, bem depois de encerrado o governo Floriano. Nos dois anos e meio do conflito morreram mais de 10 mil brasileiros e, de lado a lado, imperaram atitudes bárbaras, como a degola sistemática dos prisioneiros.

Paradoxalmente, em meio àquela longa crise dos primeiros anos da República, a figura austera, autoritária e determinada de Floriano Peixoto atraiu a simpatia de grande parte da população. A defesa da capital contra a Armada e medidas de controle de preços dos aluguéis e dos gêneros de primeira necessidade deram-lhe popularidade entre as camadas mais pobres, ao menos no Rio de Janeiro e arredores. A aura de legalista e salvador da República em meio a uma guerra civil que assumiu contornos separatistas e de tentativa de restauração monárquica garantiu-lhe o apoio dos positivistas, da maioria do Exército e das classes médias urbanas. Também as oligarquias paulista e mineira e, em grau variável, as dos demais estados, passaram a sustentar o governo no contexto da guerra civil que se prolongava.

Com maior ênfase, os setores mais radicais de militares e civis, que constituíam uma corrente apelidada de "jacobinos", passaram a dar apoio incondicional ao presidente. Espelhando os jacobinos da Revolução Francesa, os radicais brasileiros pregavam a regeneração da República pelo centralismo e o autoritarismo de um governo forte. A liderança de Floriano Peixoto ajustava-se perfeitamente a esses anseios. Tomava corpo um "florianismo" que, inclusive, sobreviveria ao marechal.

Entre os admiradores do Marechal de Ferro está, desde o início, Euclides da Cunha, que como jovem tenente participara da conspiração[4] para derrubar Deodoro depois do golpe de 3 de novembro de 1891 e, inclusive, na ocasião, terá frequentado a casa de Floriano, cujo interior descreve com detalhes em uma crônica. Além de lhe admirar a sagacidade, Euclides se deslumbrava com a atitude enigmática, mas determinada e serena, do marechal, mesmo no auge das crises mais graves — qualidades que claramente sempre faltariam a Euclides. Sua descrição do momento em que Floriano tomou conhecimento do início da Revolta da Armada é ilustrativa:

> Impassível naquele estonteamento, superpôs ao tumulto o seu meio sorriso mecânico e o seu impressionador mutismo.
> Num dado momento, porém, abeirou-se de uma das janelas do palácio abertas na direção aproximada do mar; e ali quedou um minuto, meditativo, na atitude habitual da sua apatia, enganosa e falsa...
> Depois alevantou vagarosamente a mão direita, espalmada, vertical e de chapa para o ponto onde se adivinhavam os navios revoltosos, no gesto trivial e dúbio de quem atira de longe uma esperança ou uma ameaça... Traçou naquele momento o molde da sua estátua. Nenhum escultor de gênio o imaginará melhor, a um tempo ameaçador e plácido, sem expansões violentas e sem um tremor no rosto impenetrável, desdobrando silenciosamente, diante do assalto das paixões tumultuárias e ruidosas, a sua tenacidade incoercível, tranquila e formidável.[5]

Em fevereiro de 1892, já graduado engenheiro e primeiro-tenente, Euclides fora nomeado secretário da Escola Prática do Rio Grande do Sul, posição que escolheu não assumir. Preferia continuar no Rio de Janeiro e, depois de algumas démarches, conseguiu ser nomeado, em julho, coadjuvante de ensino na Escola Militar da Praia Vermelha.

Sobrava-lhe tempo para retomar a colaboração com *O Estado de S. Paulo*, novo nome do jornal de Júlio de Mesquita. Entre 15 de março e 6 de julho, estampou mais de trinta textos no diário paulista. Os três primeiros, com o título sugestivo "Da penumbra" e publicados sob o pseudônimo de José D'ávila, saíram em 15, 17 e 19 de março. A partir daí, a coluna "Dia a dia" sairia com as iniciais E.C. em 26 artigos que foram aparecendo de forma irregular, mas em alguns momentos com frequência diária. Saíram, também, em 24 de maio e 1º de junho, dois artigos com o título "Instituto Politécnico" que falavam da proposta de criação de uma Escola Politécnica em São Paulo e que seriam, depois, fonte de problemas e frustrações para Euclides.

O apoio incondicional de Euclides a Floriano, na presidência havia menos de seis meses, ficou claro em sua primeira contribuição, em março de 1892: "Já fomos oposicionistas; já realizamos diuturnamente a tarefa inglória de Sísifo, tentando sobrepor à imensa mole monárquica o ideal republicano". No seu entender, naquele momento, porém, opor-se ao governo não fazia sentido:

> Mas, hoje? Que faz toda essa gente que por aí reage contra não sei o que e perdendo pouco a pouco a postura magnífica dos valentes, descamba para os lugares-comuns de um gongorismo retumbante ou agita doidamente os guizos da troça, numa alegria incompreensível de bugios satisfeitos?[6]

Sempre imprimindo aos textos um verniz cientificista, desde a primeira série de três artigos assinadas como José D'ávila crescia a influência do evolucionismo aplicado às ciências sociais, calcado explicitamente nas ideias de Spencer — "ilustre mestre", "eminente evolucionista", "bom filósofo crente na perfectibilidade humana". Embora continuasse declaradamente subordinado "ao método filosófico do eminente instituidor da *Síntese subjetiva*, o mais admirável livro do século XIX",[7] Euclides se afastava do positivismo mais dogmático dos escritos anteriores. Já predominava uma visão spencerista:

As sociedades, como os indivíduos da vasta série animal, obedecem a uma grandiosa seleção, para o estudo da qual já se faz preciso que apareça um Darwin ou um Haeckel.

As duas leis fundamentais da adaptação e da hereditariedade atuam sobre elas numa escala maior, mais difícil de perceber-se, e o progresso, resultante inevitável das ações simultâneas desses dois fatores, nem sempre, em princípio — se manifesta de modo a satisfazer a mórbida afetividade de quem quer que seja.

Presos, vinculados ainda pela hereditariedade ao passado regime, toda essa agitação que por aí vai, toda essa luta entre o que éramos ontem e somos hoje — é a luta pela adaptação aos novos princípios, princípios que atingiremos lenta mas fatalmente...

Sejamos otimistas, pois.[8]

Euclides pressentia as ameaças contra o governo Floriano, e no dia 6 de abril, quando foi divulgado o manifesto dos treze generais pedindo eleições para completar o mandato atribuído a Deodoro, em artigo no jornal *O Estado de S. Paulo*, ainda sem saber do ultimato dos militares, Euclides afirmava que a "República brasileira tem também a sua Vendeia perigosa".[9] Traçava, pela primeira vez, um paralelo entre a situação política brasileira e a revolta pró-monarquista de camponeses na Bretanha (1793-1796) contra a Primeira República francesa. Invocar o fantasma de um movimento de restauração monárquica se tornou um expediente usual no discurso dos jacobinos em defesa do governo Floriano. A comparação era facilitada pela popularidade do romance de Victor Hugo, *O noventa e três* (publicado originalmente em 1874), que tratava da revolta francesa. Ecos do livro de Hugo podem ser percebidos com clareza até mesmo em algumas passagens de *Os sertões*.

No dia seguinte, Euclides criticou explicitamente o manifesto dos treze generais, lamentando que a agitação "que até pouco tempo se desmoralizava, pelos próprios agitadores, tenha agora o apoio de nomes conhecidos de homens, que já tiveram prestígio". Não ficou por aí e pediu de parte do governo "a repreensão mais enérgica".[10] Na coluna do dia 8, voltou a atacar o protesto dos generais e almirantes e o pedido de realização de eleições, que, no seu entender, interromperia a "missão reconstrutora" do governo em prol da "nossa inteira regeneração política e social".

Euclides chegou a ponto de aplaudir a prisão e o desterro de dezenas de oposicionistas, conforme determinação de Floriano em 12 de abril. "A situação é esta: de um lado, um grupo de indivíduos que intenta a subversão da ordem, e de outro, um governo que se faz respeitar". Sua conclusão não poderia ser mais clara: "Que o afastamento temporário dos agitadores faculte a consolidação da ordem e o alevantamento desta pátria digna de melhores dias".[11] Coerente no apoio irrestrito a Floriano, também se opôs ao pedido de habeas corpus para os atingidos pelo decreto de 12 de abril: "O pedido de habeas corpus, formulado agora, às portas do desterro, pelos degredados — degrada-os".[12]

O que Euclides não podia antecipar é que o sogro seria acusado de participar do movimento contra Floriano.

No Rio Grande do Sul, a crise política se agudizava. O antigo governador Júlio de Castilhos apoiara o golpe de Deodoro e, por isso, fora deposto por Floriano. Gaspar da Silveira Martins — o mesmo que testemunhara o "episódio do sabre" e cuja possível nomeação como primeiro-ministro levara Deodoro a destronar d. Pedro — voltara do exílio para fundar o Partido Federalista do Rio Grande do Sul. Castilhos convenceu Floriano de que Silveira Martins planejava restaurar a monarquia e, assim, passou a receber o apoio do governo federal. Em junho de 1892, Júlio de Castilhos estava de volta ao poder, liderando um movimento armado. Vitorioso, entregou o governo a Vitorino Monteiro e reassumiu sua cadeira na Câmara dos

Deputados. Em janeiro de 1893, recuperou o cargo de governador do estado. Como reação, em fevereiro teve início a Revolução Federalista.

Euclides, pela antipatia pessoal que nutria por Silveira Martins e pela sintonia com Júlio de Castilhos — até por ser este um positivista ferrenho —, não tinha dúvidas quanto a que partido tomar. Em seu artigo de 22 de junho, comentou a evolução da política gaúcha na direção do fortalecimento de Castilhos e arriscou uma previsão sobre a pacificação do estado que logo se revelaria totalmente errônea:

> A vitória de Júlio de Castilhos, vitória que com a maior sinceridade aplaudimos, não só está muito longe de traduzir uma reação vitoriosa contra o atual estado de coisas, como é uma sólida garantia da paz. [...] Para qualquer, rudimentarmente conhecedor da política do Sul, sua vitória exprime, sobretudo, a derrota de um partido que, nas condições atuais de nosso país, pode ser considerado o inimigo comum — o *gasparismo*. Sob este ponto de vista, o advento dos castilhistas é o maior benefício que se poderia fazer às instituições republicanas, levantando-as, vitoriosas, no mesmo lugar em que parece terem-se asilado os últimos restos de esperança na restauração monárquica.[13]

Merece também menção o artigo publicado em 1º de maio de 1892, que usa a efeméride como título. Nele, Euclides prevê a vitória do "socialismo bem entendido". Considera que "o maior colaborador da história, o Povo" deve ocupar as ruas naquela data, e que a ele pertence o futuro, pois "para abalar a terra inteira basta-lhe um ato simplíssimo — cruzar os braços". A conclusão do artigo, contudo, é menos a de socialista militante e mais a de quem acredita na inevitabilidade do advento de uma era em que a humanidade alcançaria o estado científico da doutrina positivista — que ele equacionou ao socialismo.

A diferença ficava por conta do fato de ele, como positivista, rejeitar a ideia da luta de classes como motor da história. Assim, opinou que o socialismo "não precisa de se desempenhar nas revoltas desmoralizadas da anarquia".

A partir do início de julho, prestigiado pelos artigos situacionistas na imprensa, Euclides iniciou o trabalho na Escola Militar como coadjuvante de ensino, assumindo na posição de substituto interino, e interrompeu a colaboração com *O Estado de S. Paulo*, que só seria retomada quase cinco anos depois. Após forte crise de nevralgia que o manteve afastado por mais de uma semana, em agosto passou a lecionar química, física e astronomia para os oficiais do Estado-Maior. Como se faria costume, logo começou a reclamar da nova rotina profissional: "Continuo na missão inglória, na triste e monótona e profundamente insípida missão de pedagogo".[14]

Antes disso, em um par de artigos, de 24 de maio e 1º de junho, abordara a proposta de criação de uma Escola Politécnica em São Paulo, a ser financiada pelo governo estadual. O engenheiro recém-formado aprovou a ideia, mas fez duras críticas ao currículo apresentado pelo idealizador da instituição, Antônio Francisco de Paula Souza — profissional renomado na engenharia e político de destaque. Considerou o projeto "vazio de orientação, incorretíssimo na forma, e filosoficamente deficiente". Apesar da acidez do ataque, ao detalhar suas restrições, apontou apenas questões de nomenclatura e outras objeções menores. A crítica de fundo, ainda que oculta na argumentação mais genérica, era que o projeto não previa uma cadeira de astronomia, matéria à qual, dizia Euclides na época, "me tenho aplicado muitíssimo ultimamente, frequentando assiduamente o Observatório Astronômico".[15]

Paula Souza, então presidente da Assembleia Legislativa do estado, ignorou as queixas do impertinente comentador. Com isso, Euclides se considerou vencedor de um debate que não existiu por falta de réplica. A lei nº 191, de 24 de agosto de 1893, aprovou o regulamento da Escola Politécnica de São Paulo sem que as restrições do articulista fossem levadas em conta. A questão ficaria por aí, se Euclides, a despeito das reclamações sobre a vida acadêmica, não passasse a buscar ser admitido no quadro de docentes da instituição já a partir de sua fundação, em 1893. Daí até 1904 fez recorrentes tentativas frustradas de se tornar professor da Politécnica.[16] Paula Souza — diretor da Escola de 1893 até 1917, quando faleceu —, silenciosamente, contribuiu para o malogro das várias postulações, mesmo depois de Euclides se tornar um escritor reconhecido em âmbito nacional.[17] Nunca reclamou publicamente, mas parece que tampouco esqueceu as críticas que lhe foram feitas pelo jovem tenente Euclides da Cunha. Criticar publicamente e de forma arrogante Paula Souza, cujo currículo na engenharia e cujo poder político eram muito superiores aos de seu crítico, provou-se uma opção absolutamente insensata. Não é de espantar que o resultado tenha sido desastroso.

Na vida familiar, o pesar pela morte da filha Eudóxia, em fins de 1891, pouco depois de nascer, foi parcialmente compensado pela esperança trazida pela nova gravidez de Saninha, conhecida por volta de maio do ano seguinte. Entre agosto e fins de outubro Ana sofreu com uma gestação difícil, que veio a bom termo com o nascimento do primeiro filho varão do casal, em 11 de novembro de 1892. A bebê falecida recebera o nome da mãe de Euclides e o novo rebento foi batizado Sólon, em homenagem ao avô materno. Sobre a escolha do nome, o pai comentou irônico com o amigo Porchat: "Assim satisfaz à Saninha que desejava ele tivesse o nome do avô e a mim, que com certeza não lhe darei o nome de um general, mas o de um filósofo...".[18]

A família crescia, e a relação entre Euclides e Ana parecia seguir o roteiro dos casamentos burgueses daquele fim de século XIX, com muitos filhos e a esposa subordinada ao marido.

Com o pai e a única irmã de Euclides vivendo em outro estado, a vida familiar mais ampla dos Cunha tendia a se fazer em torno dos pais e irmãos de Ana. De fato, mesmo com dificuldades eventuais, Euclides demonstrava grande apreço e respeito pelo sogro e, aparentemente, mantinha também com d. Túlia uma relação afável. Mas logo começariam os problemas com os contraparentes, e o casal se distanciaria também da família de Ana.

Sólon fora promovido a general de brigada em 10 de abril daquele ano, em uma das vagas abertas pela exoneração dos generais afastados por Floriano. Contudo, circularam boatos de que ele fizera parte do movimento que pretendia dar um golpe contra Floriano no dia 10. Teria traído os inimigos do presidente na última hora e se apropriado do dinheiro destinado a levantar os quartéis contra o governo.

Sólon foi diretamente a Floriano pedir permissão para publicar um artigo em defesa própria. O marechal-presidente o dissuadiu de dar continuidade à polêmica, mas, fiel a seu lema "confiar, desconfiando", mandou abrir uma investigação sobre a participação do sogro de Euclides na conspiração de 10 de abril. Ao descobrir que era investigado, em 29 de junho Sólon publicou, sem permissão do governo, um artigo em que se defendia e solicitava que se convocasse um conselho de guerra para dirimir a questão: até podia admitir que o tomassem como golpista, mas se indignava com a acusação de ter roubado os recursos que seriam usados para revoltar os quartéis. A solicitação foi aceita, e em janeiro de 1893 o conselho concluiu pela inocência do general quanto às faltas que lhe imputavam. Euclides ficou solidário com o sogro, que julgava vítima de uma calúnia, sem atribuir o problema ao presidente. Sólon, contudo, não perdoou Floriano e adotou uma atitude de oposição aberta ao marechal-presidente. Elegeu-se deputado pelo Mato Grosso e nessa qualidade, com o objetivo de barrar uma possível candidatura de Floriano nas eleições presidenciais de 1894, apresentou um projeto de lei tornando os militares inelegíveis.

Em contraste com o progressivo distanciamento entre o general Sólon e o marechal-presidente, os artigos de Euclides em *O Estado de S. Paulo* certamente agradaram Floriano. Em fins de janeiro de 1893, a rotina do tenente enquanto professor da Escola Militar foi interrompida por um convite para se entrevistar com o presidente. Como contou anos depois,[19] em carta a Lúcio de Mendonça, o encontro poderia ter lhe rendido uma posição de destaque no governo, mas devido ao idealismo e à rigidez de suas posições (que atribuiu ao fato de estar, na época, dominado pela doutrina positivista), desperdiçou a abertura dada por Floriano — para sua satisfação pessoal na ocasião e posterior arrependimento.

> O grande doador de posições, referindo-se à minha recente formatura e ao meu entusiasmo pela República, declarou-me que tendo eu direito a escolher por mim mesmo uma posição, não se julgava competente para indicá-la... Que perspectiva! Basta dizer-lhe que estávamos em pleno despencar dos governadores estaduais!... E eu (nesta época estava sob o domínio cativante de Auguste Comte, e que isto vá como recurso absolutório) — declarei-lhe ingenuamente que desejava o que previa a lei para os engenheiros recém-formados: um ano de prática na E. F. C. do Brasil! Não lhe conto o resto. Quando me despedi pareceu-me que no olhar mortiço do interlocutor estava escrito: nada vales. E tive ainda a inexplicável satisfação de descer orgulhosamente as escadas do Itamaraty, atravessar alegremente o saguão, em baixo, e sair agitando não sei quantos sonhos de futuro... um futuro que desastradamente eu tinha destruído.

Com as atribuições do início da Revolução Federalista, a formalização do estágio na Estrada de Ferro Central do Brasil demorou para se concretizar: saiu apenas em agosto. Euclides foi designado para supervisionar a construção de um trecho de ferrovia entre as cidades de São Paulo e Caçapava. Deixou Saninha morando perto da estação de Palmeiras (hoje, Palmeira da Serra, no município de Paulo de Frontin). Saninha contou que só via o marido "de oito em oito dias, devido a estar em viagem na Estrada, cumprindo os deveres de seu cargo".[20] Essa situação duraria pouco, mas o distanciamento físico do casal ainda aumentaria, e a ausência do marido — já pouco afetivo com a esposa — se tornaria uma constante. Mesmo espaçado, o convívio era difícil, pois o temperamento nervoso e explosivo de Euclides não contribuía para a harmonia conjugal.

A deflagração da Revolta da Armada, em setembro, criara a necessidade de levantar defesas e instalar peças de artilharia no litoral da capital para combater os bombardeios da esquadra insurrecta; os trabalhos do engenheiro seriam mais úteis ao governo na capital. Saninha, acompanhada do pequeno Sólon, foi enviada para a fazenda do sogro, em Descalvado. Euclides, entretanto, não suportou a solidão e em dezembro, depois de uma carta em que reclamava longamente do próprio estado de saúde, foi buscá-los em São Paulo. Chegou a dizer ao pai que se eles não retornassem a seu convívio, "talvez não veja mais o filhinho e ela",[21] pois temia morrer em breve. Acabou por instalar de novo a família em Palmeiras, localidade ainda no estado do Rio de Janeiro e, portanto, relativamente próxima e acessível em poucas horas por trem, mas preservada do perigo dos bombardeios contra a capital. Com os padecimentos da situação de guerra, a tuberculose crônica de Euclides avançou e seu estado de saúde preocupava.

Euclides seguia fiel à República e se opunha à revolta da Marinha, mas já não era um admirador incondicional de Floriano. Sua mudança de opinião em relação ao governo não foi bem recebida por Júlio de Mesquita, e Euclides, que já havia meses não publicava no jornal, passou a ter as contribuições ao *Estado* recusadas. Só voltaria às páginas do diário em 1897.[22] Entretanto, a situação do sogro era muito pior. O general Sólon caíra em desgraça com o presidente. Fora preso logo no início da revolta e recolhido primeiro na Escola Militar, de setembro a novembro de 1893, e em seguida no quartel no morro da Conceição, onde ficaria até agosto do ano seguinte. O genro, legalista, não visitou nem se correspondeu com o patriarca da família da esposa, acusado de rebeldia. A situação não poderia deixar de causar um estremecimento com os contraparentes. Sólon passou a se queixar a d. Túlia do genro "imprestável".

Em dezembro de 1893, Euclides fora designado para servir na Diretoria de Obras Militares. No início do ano seguinte, dedicou-se a supervisionar os trabalhos de fortificação do morro da Saúde e instalação de peças de artilharia para atacar os navios revoltosos na baía de Guanabara. Em seguida, foi encarregado de preparar as defesas contra um possível desembarque inimigo na área das docas. Segundo conta, aproveitava as horas vagas para ler Carlyle — forma de penitenciar-se pelo "uso desta espada inútil, deste heroísmo à força e desta engenharia mal-estreada...".[23] Conforme registrou no artigo "A esfinge", de fevereiro de 1894, depois publicado no livro *Contrastes e confrontos*, certa noite recebeu, nas trincheiras que construía para abrigar um canhão Withworth 70, a visita inesperada do presidente, à paisana, acompanhado somente de outro militar. Ele reconheceu Floriano:

> À meia penumbra da claridade em bruxuleios, lobriguei um rosto imóvel, rígido e embaciado, de bronze: o olhar sem brilho e fixo, coado com serenidade tremenda, e a boca ligeiramente refegada num ríctus indefinível — um busto de duende em relevo na imprimidura da noite, e diluindo-se no escuro feito a visão de um pesadelo.[24]

Respeitou o anonimato do presidente e nada disse. Floriano encarnava a esfinge: um personagem inescrutável. Ademais, o tenente acreditava nos preceitos de Carlyle sobre os grandes homens que guiariam a História. Ainda que já abalada e em alguns momentos ambígua, a admiração pelo marechal era sincera. Quando soube da morte de Floriano, em 1895, Euclides confessou que se comovera "e bastante". Resumiu a trajetória do ex-presidente com uma imagem erudita: "Quem lucrou e muito foi a nossa história: tem agora uma figura original e admirável que recorda Luís XI envolto na couraça guerreira de Turenne".[25]

Se chegou a ter dúvidas íntimas sobre a Revolução Federalista,[26] Euclides assumiu de forma sincera, como era seu estilo, o apoio ao governo contra a Armada revoltada. Em carta a Porchat, diria:

> Parece que a revolta da Armada, na falta de um princípio orientador e sério, enlouquece, vibrando numa epilepsia sinistra, estortegando-se através de bombardeios contínuos.
> No meio de tudo isto eu tive felizmente bastante lucidez para descobrir a estrada do dever, e nela estou e nela prosseguirei. Coloquei-me naturalmente, espontaneamente ao lado da entidade abstrata — governo — porque repilo a perspectiva desmoralizadora dos *pronunciamentos* e porque entendo que a *salvação própria* sendo um direito para os indivíduos é um dever para os governos.
> Além disto a nossa pobre Pátria, tão exausta já — não pode suportar reações armadas, não pode mais emprestar sangue para movimentos políticos... que sejam afinal movimentos de tropas!
> Há ainda uma razão poderosa que fixa a minha posição: pressinto através da feição dúbia de alguns caracteres, através da simpatia suspeita pela revolta, por parte da esquadra estrangeira — o fantasma do 3º Império. Deves convir que isto não é um sonho — a história está cheia de tais prestidigitações e eu não creio que a sua larga porta esteja já fechada à entrada dos prestimosos políticos.[27]

Em paralelo, a tensão familiar causada pela prisão do sogro crescia. Era natural que os contraparentes exigissem alguma atitude de Euclides em prol do patriarca preso pelo governo Floriano. As relações com o cunhado, Adroaldo, estavam péssimas, e naquele mês de janeiro de 1894, ele chegou a escrever para a sogra, d. Túlia: "Depois da triste desilusão que sofri, só tenho uma ambição; afastar-me, perder-me na obscuridade a mais profunda e fazer todo o possível para que os que me magoam esqueçam-me, como eu os esqueço".[28] Chegou a ponto de pedir que não mais mencionassem seu nome na casa dos sogros. Nem mesmo a notícia, pouco depois, de nova gravidez de Saninha pôde amenizar aquele momento de dissenso familiar.

Correu o boato de que o general Sólon ia ser fuzilado. Depois da notícia, Euclides decidiu interferir em favor do preso, pois "reputava impossível viver, mais uma hora sob a pressão daquele horror". Dirigiu-se ao Palácio Itamaraty e pediu uma audiência com o presidente. Floriano o recebeu "com aquele olhar frio e descansado, que todos sabiam de cor". O tenente ainda tentou ser diplomático: "Não pense, marechal, que me apresento aqui como um vil postulante da vida de um sogro". Começara bem, porém a desastrada explicação que se seguiu tinha tudo para despertar a ira do marechal-presidente:

> Devo ser franco. Para que se não iluda a meu respeito, declaro desassombradamente que não o acompanho como homem, não sou seu partidário, mas o sigo, porque defende esta República, que eu também defendo. Por honra sua não quero acreditar, não devo acreditar no que se anda propalando: compreende, porém, que, momentos há, em que de tudo posso duvidar: o desvario.

A insinuação de que o presidente — cujos poderes discricionários eram ampliados pelo estado de guerra civil e pelo sítio da capital — poderia agir de forma desonrosa e desvairada, acompanhada da declaração espontânea de que seu apoio a Floriano era meramente circunstancial (algo até então insuspeito), parecia a fórmula ideal para uma catástrofe. Euclides deu-se conta da própria inabilidade: "A minha ansiedade era tamanha que, se encontrasse um revólver à mão, eu seria um eliminado".

Floriano, certamente desgostoso, reagiu de forma dura e seca: "Quando seu pai ainda não cogitava em montar sua mãe eu já era amigo do Sólon. Pode retirar-se".[29] A grosseria pode ser considerada, certamente, um mal menor. A irritação do presidente — naquele momento — ficou nisso, e o sogro, tempos depois, acabaria transferido para prisão domiciliar, situação que perdurou de agosto a dezembro de 1894, para depois — findo o governo Floriano — ser liberado.

O desgaste de Euclides junto aos florianistas continuaria em outro episódio daquele início de 1894. Em fevereiro ele se envolveu em uma polêmica pela imprensa com o senador João Cordeiro, fervoroso adepto do presidente, por conta de explosivos que haviam sido deixados nas instalações do jornal governista *O Tempo*. O atentado foi frustrado, mas não se identificaram os autores. O senador exigia que, caso a autoria não fosse desvendada, se punissem os oponentes que já se encontravam na prisão (e, portanto, inocentes do atentado), fuzilando-os ou explodindo-os na cadeia. A proposta, claramente absurda, foi respondida por Euclides em carta publicada com destaque na *Gazeta de Notícias*, na qual ele reiterava o apoio ao governo, mas insistia na necessidade de "evitar a revivescência do barbarismo antigo". Posição sensata, mas em tempos de polarização política a ponderação se torna uma qualidade pouco apreciada. A polêmica prosseguiu em novas cartas, para extinguir-se em seguida[30] sem maiores consequências, mas se traduziu em um rompimento público de Euclides com os jacobinos e aprofundou sua desilusão com a República.

A Revolta da Armada foi derrotada em março de 1894, tornando desnecessária a continuidade do trabalho de fortificar o litoral carioca. Com o encerramento do bloqueio do porto do Rio de Janeiro, o clima político também se tornou menos tenso na capital federal. Floriano, porém, não se esquecera de Euclides: em 28 daquele mesmo mês, o tenente foi transferido para a cidade mineira de Campanha para reformar o prédio da antiga Santa Casa de Misericórdia e transformá-lo em quartel. Um suave exílio.

Em fins de abril, Euclides, Saninha e Sólon, então com dois anos, mudaram-se para Campanha. Naquela cidade, em 18 de julho de 1894, nasceu Euclides Ribeiro da Cunha Filho, logo apelidado de Quidinho. Moraram em Minas Gerais de abril de 1894 a maio de 1895. Com o aumento da família, os Cunha passaram a empregar dois jovens pobres de origem italiana — Artur e Regina — para auxiliar nos cuidados da casa. Naquela sociedade recém-saída da escravidão, o trabalho doméstico muitas vezes era realizado apenas em troca de casa, comida e pequenos benefícios. Em 1896, em busca de remuneração, Artur acabaria "fugindo" para se empregar em outra casa.[31]

Segundo Júlio Bueno Brandão,[32] que conviveu com o casal naquele período, a relação dos dois era visivelmente desequilibrada: Euclides submeteria Ana a um estado de verdadeiro "abandono moral". Ela, por sua vez, o envolvia "de carinho, de zelo, de dedicação, o aconselhava, o advertia, o arredava dos perigos, procurando cercá-lo de uma atmosfera de calma e de repouso". Sem dúvida, o fato de Euclides estar virtualmente rompido com a família da esposa tampouco contribuía para a harmonia conjugal.

Além de insistir que Euclides não retribuía o carinho da esposa, para ilustrar o gênio difícil do escritor, Brandão contou ainda que ele não se conformava em perder nem mesmo nas partidas de gamão que jogavam quase diariamente. Revoltado por ter Brandão prendido suas peças, Euclides exigiu que a regra sobre a situação que mantém as peças do adversário imobilizadas — um preceito básico do gamão — fosse derrogada: "Eu não sou escravo de regrinhas de jogo, ouviu? Isto é mera convenção. Fica para nós estabelecido que não se deve bloquear o adversário, inutilizando-o, deixando-o na atitude vexatória de um inativo". A contragosto, Brandão concordou e acabaria por perder a partida. Euclides, feliz, tripudiou: "Você vai aprender, para jogar comigo. Fique sabendo que eu sou invencível no gamão".

Desgostoso com as reviravoltas da carreira militar, Euclides investia na engenharia e trabalhava com afinco na adaptação do antigo hospital em quartel, mas continuava a alimentar a esperança de lecionar na Escola Politécnica de São Paulo, que começara a funcionar no ano anterior. Mantinha-se a par das contratações e anúncios de abertura de concursos para docentes na instituição por meio de correspondência com os amigos de São Paulo, especialmente Reinaldo Porchat. Em Campanha, Euclides ficou amigo de João Luís Alves (que após a partida da família Cunha seria eleito prefeito da cidade, seguindo exitosa carreira política), a quem depois confessou ser seu "grande sonho, a única aspiração constante que há muito tenho: tirar, por concurso, uma cadeira na Escola de Engenharia".[33]

Dentre as vagas que poderiam se abrir, Euclides estava interessado prioritariamente na cadeira de "Mineralogia e Geologia: Jazidas de adubos químicos no Brasil". Assim, ao lado das leituras sobre engenharia, debruçou-se, a partir daí, sobre os temas relacionados a geologia e geografia física — conhecimentos que, sem que pudesse prever, teriam farto aproveitamento na redação de *Os sertões*, anos depois. Euclides chegou a fazer um (não solicitado) levantamento geológico da região ao redor da cidade. O trabalho, contudo, ficou longe de ser uma investigação acurada; foi apenas uma "aplicação de conhecimentos não necessariamente aprofundados mas inicialmente obtidos pelo contato com matérias curriculares quando estudante da Escola Militar".[34] O real domínio de Euclides dos temas técnicos de que se utiliza fartamente na produção literária será objeto de muitas contestações.

***

Com o término da Revolta da Armada e o arrefecimento da Revolução Federalista, o general Sólon passara da cadeia para o regime de prisão domiciliar. Em 15 de novembro o governo Floriano chegou ao fim. Assim, no Natal de 1894, já liberado, ele foi nomeado comandante do 3º Distrito Militar, com sede em Salvador. Tratava-se de comissão prestigiosa, que sinalizava a reabilitação. Insatisfeito, contudo, com o silêncio oficial em torno da injustiça sofrida — afinal, passara mais de um ano preso e nada se provara contra ele —, publicou no *Jornal do Commercio*, em 26 e 27 de dezembro, artigos nos quais reiterava sua inocência. Com a queixa pública, violara os regulamentos militares e recebeu uma repreensão. Ao mesmo tempo, a nomeação para a Bahia foi cancelada e transformada em transferência para o Mato Grosso.

Euclides considerou a ida de Sólon para a fronteira um exílio disfarçado e hipócrita. Ainda que não conste que àquela altura já estivesse em melhores termos com os contraparentes, escreveu para o sogro recomendando que o militar recusasse a movimentação, ainda que isso lhe custasse a carreira militar. De forma absolutamente impertinente, pontificou: "Há uma coisa que para a nossa família e para nossa Pátria vale mais que a vossa espada de general, é o vosso caráter de homem".[35]

Sem responder à carta do genro, cujo conselho não solicitado ignorou completamente, o general foi postergando a partida o quanto pôde, ganhando tempo para reverter a punição. Sólon só viajaria para o Mato Grosso no início de março de 1895, mas quando estava em Montevidéu, em agosto, teve ordens de retornar ao Rio de Janeiro.[36] A transferência para a Bahia foi reconsiderada, e em dezembro de 1895 ele assumiu o cargo de comandante do 3º Distrito Militar, que englobava os estados da Bahia, Alagoas e Sergipe.

Enquanto a vida do sogro se decidia, no início daquele 1895 a reforma do novo quartel em Campanha fora entregue;

a cidade batizou um logradouro como "Praça Engenheiro Euclides da Cunha" em homenagem ao construtor da obra. Sentindo-se infeliz na vida militar, já em março o futuro escritor adiantava ao amigo Porchat, em São Paulo: "Mui breve creio estar aí: dei parte de doente — considerando-me incapaz para a vida militar, incapaz fisicamente porque moralmente creio-me incompatível de há muito com ela".[37] A licença demorou a sair, e Euclides apelou ao amigo Porchat que fizesse pressão política em favor do pedido.[38] Funcionou. Em maio ele conseguiu uma licença, e a partir de junho passou à condição de agregado ao corpo do Estado-Maior, um afastamento remunerado, ainda que com vencimentos reduzidos. Com isso, entre maio e agosto de 1895 desfrutou de longas férias na fazenda de café do pai, durante as quais chegou à conclusão de que "não poderia suportar a vida na roça e, com a aprovação do meu velho, resolvi abraçar a minha profissão de engenheiro".[39]

Passou o largo período em que esteve afastado do serviço no Exército (até meados do ano seguinte) entre Descalvado e São Paulo. Nesse tempo, dedicou-se à engenharia. Em setembro estava empregado de forma temporária como engenheiro ajudante na Superintendência de Obras Públicas do estado de São Paulo. Depois ele próprio diria: "Tenho trabalhado muito e lucrei muito como engenheiro nestes seis meses de aplicação — não dou por perdido, portanto, todo este tempo". Mas preocupava-se em obter um trabalho estável. Chegou a apelar ao sogro, general Sólon, para que lhe conseguisse, "com alguma influência política daí", uma comissão como engenheiro na Bahia "que me faculte reformar-me sem medo".[40]

Por essa época, conheceu Teodoro Sampaio,[41] de quem se tornou amigo. Sampaio trabalhava na Comissão Geográfica e Geológica de São Paulo e também era colega na Superintendência de Obras Públicas do estado. Filho de uma escrava e de um padre, foi um dos maiores engenheiros brasileiros de seu tempo, com notável erudição nos campos da geologia, geografia, arqueologia, antropologia e história. Seria uma das mais fortes e duradouras influências de Euclides da Cunha nos temas relacionados à geografia física e à geologia do Brasil.

Naquele momento, Euclides parecia verdadeiramente motivado pela profissão de engenheiro, a ponto de relegar temporariamente as leituras mais metafísicas:

> A vida ativa de engenheiro, mas de engenheiro a braços com questões sérias e não cuidando de emboços e reboços em velhos pardieiros — veio convencer-me que tinha muito ainda a aprender e que não estava sequer no primeiro degrau de minha profissão. Por aí já vês que a minha atividade intelectual agora converge toda para os livros práticos — deixando provisoriamente de lado os filósofos, o Comte, o Spencer, o Huxley etc. — magníficos amigos por certo mas que afinal não nos ajudam eficazmente a atravessar esta vida cheia de tropeços e dominada quase que inteiramente pelo mais ferrenho empirismo. Infelizmente é uma verdade: as páginas ásperas dos *Aide-Mémoires* ou dos *Engineer's Pocket Books* são mais eloquentes, neste fim de século, do que a mais luminosa página do nosso mais admirado pensador. Imagina, se podes, a imensa tristeza que sinto ao escrever isto.[42]

Em contraste, Euclides não se sentia confortável com a perspectiva de voltar à carreira militar, da qual se queixava amargamente — como depois reclamaria da engenharia e, mais adiante, dos trabalhos cartográficos no Itamaraty. Naquele momento, contudo, ele debatia consigo mesmo quanto à conveniência de abandonar o Exército definitivamente; afinal, tratava-se de um emprego seguro e estável.

O governo Floriano acabara em novembro de 1894. O marechal faleceria menos de um ano depois, em 29 de junho. Os jacobinos estavam órfãos, em busca de novas lideranças. O pensamento positivista era cada vez menos influente, e o próprio

Euclides já não se deixava seduzir pelas ideias de Auguste Comte. No plano político, a polêmica pelos jornais com o senador João Cordeiro o tornara suspeito perante os jacobinos.

O primeiro presidente escolhido por eleição direta, Prudente de Morais, assumiu a despeito da ideia generalizada de que Floriano se perpetuaria no poder graças a um golpe de Estado — que acabou por não ocorrer. O país seguia em crise, as finanças públicas em estado deplorável, mas a guerra civil terminaria em junho de 1895. Esboçava-se a "Política dos Governadores", com predomínio das oligarquias regionais, tendo à frente os políticos de São Paulo e Minas Gerais. Assim, os militares iam sendo afastados do poder. Contudo, a estabilização da nova estrutura política só se daria com Campos Sales, sucessor de Prudente de Morais.

No início de janeiro de 1896,[43] Euclides escreveu ao sogro para se aconselhar quanto a seu futuro profissional e adiantou a intenção de deixar o Exército. A resposta chegou por carta de 20 de março. Depois de dar muitos exemplos de parentes e conhecidos que haviam deixado a carreira das armas e "estão hoje mendigando, com humilhação, pequenos empregos", o general Sólon opinou que "será um desastre abandonar a melhor profissão que existe no país".[44]

Os argumentos de Euclides sobre sua inadaptação à vida militar não convenceram o sogro, que, além de recomendar que o genro continuasse no Exército, se absteve de dar resposta a seu pedido de que interferisse politicamente no sentido de conseguir para ele um trabalho como engenheiro na Bahia. Em paralelo, Saninha pressionava para que a família deixasse São Paulo. Em abril, Euclides escreveu aos amigos em Campanha candidatando-se a um emprego como professor no ginásio que, segundo soube, estava por ser fundado na cidade. Soava desesperado: "Em qualquer lugar e posição que esteja estarei pronto a seguir para aí".[45] Além da preocupação com a saúde da esposa, que aparentemente não se adaptava bem à capital paulista, o tempo de sua agregação ao Estado-Maior, com a respectiva licença, estava por se esgotar.

Em contradição com o argumento da inadaptação da esposa ao clima de São Paulo, Euclides não abandonara o projeto de lecionar na Escola Politécnica. Naquele mesmo mês fora aberto um concurso para a ambicionada cadeira de Mineralogia e Geologia. A confiança de Euclides não demorou a ficar abalada pelos boatos que corriam sobre o preenchimento da vaga. Segundo alguns, o concurso seria uma farsa, e nomeariam alguém afim ao governo paulista. Outra fonte dizia que havia prevenção contra os positivistas e "fazia alusão à minha seita positivista (eu, positivista!)", reclamou Euclides. Lembravam-se também dos artigos que ele publicara em 1892, com críticas à organização da Escola e a seu diretor. Finalmente, corria o boato de que Francisco de Paula Oliveira, um eminente geólogo, discípulo de Claude-Henri Gorceix, ex-diretor da Escola de Minas de Ouro Preto, se candidataria ao cargo.[46]

Descobre-se que Euclides já não se considerava positivista, mas, inseguro diante das informações que recebia, acabou por não se inscrever no certame, que ficou sem candidatos. O concurso foi declarado deserto, e a direção da Escola preencheu a vaga com a nomeação do tenente reformado da Marinha Antônio de Barros Barreto, que assumiu em outubro.

Não obstante o conselho do sogro e a indefinição na vida profissional, em julho Euclides obteve reforma do Exército por "problemas de saúde", passando a receber uma pensão correspondente à terça parte do soldo. Ele seguia confiante em obter rapidamente uma nova colocação e em dar outro rumo à sua vida profissional. Sonhava em deixar de ser funcionário público e passar a construir ferrovias ou, pelo menos, tornar-se professor da Politécnica. Não foi bem assim: continuaria na Superintendência de Obras Públicas por alguns anos; mas, pelo menos, seria efetivado no cargo.

4.
A Troia de Taipa

Em julho de 1896, Euclides assumiu oficialmente o cargo de engenheiro ajudante de primeira classe na Superintendência de Obras Públicas do Estado de São Paulo. Formalmente estava lotado no 5º Distrito, cuja sede ficava em São Carlos do Pinhal (simplesmente São Carlos desde 1908), bastante próximo da fazenda do pai, no município vizinho de Descalvado. A despeito da alegada inadaptação de Saninha ao "clima deprimente"[1] da cidade, continuaram morando na capital paulista. Recebia um salário modesto, 720 mil-réis, que complementava com as diárias recebidas por conta das muitas viagens pelo interior do estado e com a pequena pensão paga pelo Exército.

O trabalho de Euclides o obrigava a passar largas temporadas fora de casa, pois exigia constantes e longos deslocamentos pelo interior para acompanhar obras e preparar estudos, projetos e orçamentos. Segundo pesquisa feita por Olímpio de Sousa Andrade, no período de um ano se deslocou "entre vinte cidades diversas, a solucionar problemas diferentes e redigir relatórios intermináveis".[2] Fez viagens desgastantes, como em novembro de 1896, quando explorou o rio Grande, no extremo norte do estado, para estudar a construção de uma ponte. Houve, contudo, missões mais prosaicas. Em fins de dezembro, por exemplo, fez parte da comissão que investigou o suposto surgimento de um vulcão perto da cidade de Santos. Fora um alarme falso. A coluna de fogo de vários metros de altura que surgira durante uma escavação, causando pânico na população, foi, na verdade, produto da combustão espontânea de um depósito subterrâneo de gás butano.

A despeito dos eventuais casos curiosos, a rotina do trabalho era fatigante. Em muitos relatos da época, Euclides se queixa dos problemas de saúde que a vida nômade lhe ocasionava. Assim, como "engenheiro errante", conheceu muitas cidades do interior — mas logo se cansou da rotina e passou a exibir "um ar de tédio a trair-lhe uma repugnância invencível".[3]

Mesmo assim, o engenheiro parecia rendido à perspectiva de ficar indefinidamente preso àquela rotina. Desde o início de 1894, encerrado o episódio da discussão pelos jornais com o senador João Cordeiro, estava alienado da política nacional. Afastou-se das correntes florianistas que sobreviviam à morte do marechal e se opunham ao primeiro governo civil. A fé na doutrina positivista murchara. Ainda que decepcionado com os rumos da política brasileira, mantinha-se fiel ao ideal republicano, conforme reiterou ao amigo de Campanha, Júlio Bueno Brandão:

> Não sei — e lamento — o que dizer acerca das coisas da república — o que vos afirmo é que continuo o mesmo crente, intransigentemente filho da nossa República. Na existência trabalhosa que atravesso, não votando em eleições, mas fazendo projetos e orçamentos, não lendo artigos de fundo de jornais mas folheando as páginas dos *Aide-Mémoire* da engenharia — continuo a fazer por ela, calmamente agora, serenamente e com mais heroísmo, a mesma propaganda que fiz ruidosamente, violentamente — na mocidade.
>
> Dispondo de uma farda deslumbrante de botões dourados e nada mais, sinto-me cada vez melhor dentro da minha blusa obscura de operário. Sem estrépito embora, tenho todos os dias a íntima satisfação de haver trabalhado um pouco para o meu país — e é isto, meu ilustre amigo, para mim hoje o maior prêmio — e não desejo outro, do meu esforço.[4]

A eleição para presidente ocorrera em 1º de março de 1894, quando Euclides e a família estavam no processo de mudança para Campanha. A votação ocorreu em todo o país, menos nos estados do Rio Grande do Sul, Santa Catarina e Paraná, onde o conflito com os federalistas persistia. Na primeira eleição direta para presidente no Brasil, foram eleitos Prudente de Morais, com cerca de 291 mil votos, e Manuel Vitorino, vice-presidente, com 266 mil votos. Os dois foram empossados no dia 15 de novembro daquele ano, em cerimônia que não contou com a presença de Floriano, que se retirara para sua fazenda no município fluminense de Barra Mansa.

Prudente de Morais logo conseguiria pôr fim à Revolução Federalista, mas o governo continuava a sofrer forte pressão dos jacobinos, que nem a morte de Floriano, em junho de 1895, reduziu. A ideia de que apenas um governo forte, centralizado e moralizador, liderado pelos militares, poderia consolidar a República e afastar a ameaça da volta da monarquia ou o desmembramento territorial do Brasil seguia na ordem do dia. O presidente civil, que havia anistiado os derrotados nas revoltas contra Floriano, era pintado como um governante fraco e indeciso; "prudente demais", na imagem que os florianistas tentavam lhe impingir.[5]

Enfermo, Prudente de Morais entrou em licença de saúde em 10 de novembro de 1896. Assumiu o vice-presidente, mais afinado com o florianismo. Fosse pela condição de saúde do presidente, fosse pelos esforços de Vitorino de permanecer no comando — com o apoio dos jacobinos —, prevalecia a convicção de que Prudente não reassumiria. No mês em que o presidente se afastou do cargo, o movimento liderado por Antônio Conselheiro começou a ganhar as manchetes da imprensa nacional e teve início o envolvimento do governo federal na guerra contra Belo Monte.

Antônio Vicente Mendes Maciel nascera no Ceará, em 1830. A morte da mãe quando ele contava apenas quatro anos deixou órfãos o menino e duas irmãs. O pai queria que Antônio se tornasse padre e, por conta desse desejo, a educação do filho foi complementada por aulas particulares de português, francês e latim. Como o pai se afundasse cada vez mais no alcoolismo, Antônio foi progressivamente tomando conta dos negócios da família. O velho Maciel morreu em 1855. Sem muito talento para os negócios, Antônio levou o armazém da família à falência no ano seguinte. Ainda assim, em 1857 casou-se com uma prima, Brasiliana Laurentina de Lima, e percorreu a província do Ceará tentando diversos ofícios: caixeiro de loja em Sobral, escrivão de cartório em Campo Grande, rábula em Ipu, professor no Crato.

Brasiliana abandonou o lar para ir viver com um policial e Antônio iniciou nova relação com outra mulher, com quem teve um filho. Essa segunda companheira era conhecida como "Joana Imaginária", porque se dedicava a modelar em barro imagens de santos. Antônio retomou a atividade no comércio como caixeiro-viajante, mas logo voltou a afundar-se em dívidas. Em 1871 estava com os poucos bens penhorados: duas éguas, dois potros, um novilho, um bezerro e artigos de uso pessoal. Foi declarado insolvente e perdeu tudo. A relação com a segunda mulher também se desfez.

A partir daí, tornou-se andarilho e passou a vagar pelo interior de Pernambuco, Alagoas, Sergipe e Bahia como um dos muitos beatos que levavam vida itinerante pregando o Evangelho e vivendo de esmolas. A relação da Igreja católica com esses pastores leigos era ambígua — desde que não se arrogassem atividades reservadas ao clero, como oficiar sacramentos, eram geralmente tolerados e, em alguns casos, até apoiados. Antônio Vicente passou a ser conhecido como Antônio Conselheiro e começou a reunir adeptos. Preso por uma denúncia falsa de homicídio, foi libertado em seguida.

Em troca da boa acolhida pelas comunidades, Antônio Conselheiro e seus seguidores restauravam igrejas e cemitérios por onde passavam. Consta que, cumprindo uma promessa, teriam erguido 25 igrejas e fundado o arraial do Bom Jesus, hoje a cidade de Crisópolis, no nordeste da Bahia. Entre 1886 e 1887, o beato começou a ter diferenças com o clero. O bispo da Bahia determinou aos párocos do estado que proibissem os fiéis de assistir às suas prédicas. Atendendo a um pedido do arcebispo, o governador solicitou ao governo federal que Conselheiro fosse internado em um hospício no Rio de Janeiro, mas, por falta de vaga, isso não aconteceu.

Em 1893, o governo central autorizou os municípios a criarem taxas, e Antônio Conselheiro começou a pregar contra a imposição dos novos tributos. Mandou arrancar e queimar os editais que anunciavam a imposição de impostos municipais de diversas índoles nas cidades por onde passava com sua gente. Como retaliação, o grupo, então de aproximadamente duzentos seguidores, começou a ser perseguido pela polícia. Uma tentativa de prender Antônio Conselheiro feita por um destacamento de trinta policiais na localidade de Masseté acabou em conflito armado. Os conselheiristas derrotaram os policiais e se embrenharam no sertão baiano. Na beira do rio Vaza-Barris, no local onde havia um pequeno arraial semiabandonado, na fazenda Canudos, Antônio Conselheiro fundou a cidade de Belo Monte. A mensagem religiosa e a perspectiva de uma vida melhor, com acesso à terra e longe da opressão dos fazendeiros, passaram a atrair os sertanejos da Bahia e dos estados vizinhos, e nos anos que se seguiram a população de Belo Monte se multiplicou, a ponto de causar escassez de mão de obra nas fazendas do sertão.

Em novembro de 1896, um destacamento militar com três oficiais e pouco mais de uma centena de praças que pretendia aprisionar Antônio Conselheiro foi repelido pelos seguidores do beato, com dez mortos — "um alferes, um sargento, seis praças e dois guias"[6] — e dezesseis feridos entre os atacantes. Na ocasião, o incidente passou relativamente despercebido no Rio de Janeiro, mas a derrota de uma segunda tropa, muito mais robusta, com 560 militares e mais de duzentos policiais,[7] comandada pelo major Febrônio de Brito, em janeiro do ano seguinte, serviu de desculpa para que os jacobinos criassem um clima de comoção nacional. Por mais inverossímil que soasse à primeira vista, a notícia de uma rebelião antirrepublicana no interior da Bahia surgiria como o pretexto para ressuscitar o fantasma da restauração monárquica e das conspirações contra a República.

Vale destacar que no planejamento da fracassada Segunda Expedição contra Belo Monte, o comandante militar do 3º Distrito, o sogro de Euclides, general Sólon, não subestimara o adversário. Para reforçar a tropa do major Febrônio, "telegrafou para Sergipe ordenando que embarcasse, com a possível urgência, toda a força disponível naquele estado e requisitou também, por telegrama mais cem praças do batalhão estacionado em Alagoas".[8] Sólon por duas vezes tentou impedir que a expedição partisse antes de receber os reforços solicitados; por duas vezes foi desautorizado pelo governador da Bahia, Luís Viana, que entendeu que o militar estava interferindo na autonomia estadual.[9] O governador queixou-se da atuação de Sólon ao presidente em exercício, também baiano e com ele alinhado politicamente, e o general acabou exonerado do comando ainda em dezembro, antes da derrota das tropas do major Febrônio.[10] Como os fatos demonstrariam, Sólon estava certo, mas nem sempre ter a razão resolve, e o general se viu transferido para Belém do Pará.

Apesar de estar exercendo a presidência de forma apenas interina, o vice-presidente Manuel Vitorino, afinado politicamente com os jacobinos, substituiu os ministros indicados por Prudente de Morais, tomou medidas econômicas polêmicas, como o arrendamento de estradas de ferro estatais por companhias estrangeiras, e até comprou uma nova sede para abrigar a presidência da República: o Palácio do Catete. Contudo, a mudança efetiva da presidência para o novo endereço não foi imediata. O Palácio Itamaraty, onde funcionava a presidência desde a proclamação da República, somente se tornaria sede da diplomacia brasileira a partir de março de 1899.

Desde o início, as duas facções em luta pelo poder na Bahia — "vianistas" e "gonçalvistas"[11] — buscaram tirar proveito do movimento conselheirista para enfraquecer o adversário na política local. No entanto, apenas após a derrota da Segunda Expedição, o movimento de Antônio Conselheiro passou também ao plano nacional, vendido como grave ameaça à República; o beato e seus seguidores foram apresentados como um grupo de fanáticos manipulados por saudosistas do imperador derrocado. Em sua coluna na *Gazeta de Notícias*,[12] o poeta Olavo Bilac advertia:

> Não se trata, pois, de uma simples rebelião, facilmente dominável. A guerra civil de Canudos é muito mais grave do que a do Rio Grande do Sul e a da revolta naval, porque é uma guerra feita por fanáticos, por malucos furiosos que o delírio religioso exalta — gente que vem morrer agarrada à boca das peças, tentando tomá-las a pulso.

Em meio à histeria que se criou, Machado de Assis foi uma das poucas vozes que desde cedo — a primeira crônica[13] em que ele menciona os conselheiristas é de julho de 1894 — manifestaram, se não simpatia, pelo menos saudável dúvida sobre a real ameaça que Antônio Conselheiro e a fundação de Belo Monte representariam.

Nem mesmo a vitória dos conselheiristas sobre a Segunda Expedição arrancou o bruxo do Cosme Velho do ceticismo: "Nenhum jornal mandou ninguém aos Canudos. Um repórter paciente e sagaz, meio fotógrafo ou desenhista, para trazer as feições do Conselheiro e dos principais subchefes, podia ir ao centro da seita nova e colher a verdade inteira sobre ela". Naquela coluna de 31 de janeiro de 1897, Machado não poderia ser mais claro: "Protesto contra a perseguição que se está fazendo contra a gente de Antônio Conselheiro". Opinião diametralmente oposta à linha dos principais jornais, inclusive da própria *Gazeta de Notícias* na qual ele estampava seu desacordo.

Para o presidente em exercício, apresentar a questão como um movimento antirrepublicano conduzido por um grupo de fanáticos criava a oportunidade perfeita para que se consolidasse o apoio popular à nova gestão. Esmagar uma revolta monarquista e manter viva a chama florianista seria, para Vitorino, uma prova de força e um belo cartão de apresentação no plano nacional para o governo que estava iniciando, além de agradar a sua facção política no estado natal. Assim, ele rapidamente organizou a Terceira Expedição contra Belo Monte e entregou o comando ao coronel Moreira César, considerado o provável herdeiro de Floriano Peixoto no meio militar. A escolha não poderia ter sido mais bem recebida pelos jacobinos. Moreira César fora comandante das tropas de Floriano no processo de reconquista do estado de Santa Catarina e, vencidos os federalistas, governou o estado em 1894.

A Terceira Expedição — "quase 1300 combatentes, fartamente municiados, com 15 milhões de cartuchos e setenta tiros de artilharia" — foi vencida em 3 de março de 1897, e o coronel Moreira César, morto em combate. A espantosa notícia tardou alguns dias para chegar ao Rio de Janeiro e ao resto do país. Não seria a única surpresa daquelas jornadas. Pouco antes de a novidade ser conhecida, no dia 4 de março, sem aviso algum, Prudente de Morais se apresentou no Palácio Itamaraty e reassumiu a presidência, para perplexidade de Vitorino e seus aliados.

No sábado, dia 6, chegaram os primeiros rumores sobre o fracasso das tropas de Moreira César. No domingo, o *Jornal do Brasil* comentou que "Na cidade [do Rio de Janeiro], a respeito dos movimentos em Canudos, os boatos eram persistentes".[14] Naquele dia, a confirmação foi chegando em telegramas que causaram espanto e deflagraram a fúria popular contra os monarquistas. As redações dos jornais considerados simpáticos ao antigo regime, *Gazeta da Tarde*, *Liberdade* e *O Apostolo* foram depredadas. Monarquistas foram assassinados, outros tiveram de se esconder. Também na capital paulista a indignação traduziu-se em violência: empastelaram as instalações do jornal *O Commercio de São Paulo*, de Eduardo Prado. Naquele domingo, o Rio testemunhou uma grande manifestação popular e houve comícios só dissolvidos pelo forte temporal que desabou no fim da tarde.

Na segunda-feira, o fiasco militar apareceu estampado em todos os jornais. A *Gazeta de Notícias* acreditava que os "saudosos do império" eram os responsáveis: "Esses tomam agora armas para impedir a felicidade do país, minar a ruína do seu crédito e a honra do seu nome".[15] O *Jornal do Brasil* ocupou a toda a primeira página com a matéria, ilustrada por um mapa da região do conflito. O texto abria com a chamada "O desastre da Bahia". O jornal *O Paiz* trouxe na primeira página um longo necrológio ilustrado com uma imagem de Moreira César. O artigo "A catástrofe" prosseguiu pelas páginas internas, com os detalhes do fracasso.[16]

A República estava em risco: essa era a mensagem que se queria afirmar. Por um breve momento, os jacobinos — que seguiam surpresos com a reassunção de Prudente de Morais — e as correntes republicanas que apoiavam o presidente se uniam contra o fantasma da restauração monárquica.

O triunfo dos conselheiristas parecia inexplicável. As vitórias anteriores podiam ter sido eventos acidentais, atribuíveis ao pequeno número e ao despreparo das forças militares que antecederam Moreira César. Mas como entender a vitória dos fanáticos de Antônio Conselheiro sobre um expressivo contingente de tropas, chefiadas por um dos melhores comandantes do Exército, com soldados disciplinados e armamento moderno?

As teorias começaram a surgir, algumas razoáveis e outras delirantes. Antônio Conselheiro seria apenas a ponta do iceberg de uma vasta conspiração monarquista, os conselheiristas contariam com apoio internacional, cuidadoso preparo militar e armas sofisticadas. Chegou-se a noticiar a apreensão, em Minas Gerais, de carregamentos de armas e munição destinadas a Belo Monte. A família real estaria envolvida. Haveria técnicos estrangeiros assessorando os jagunços. Os jornais chegaram a noticiar que "os fanáticos do Conselheiro, com armamento moderníssimo e abundante munição, comandados pelo conde d'Eu, pretendiam restaurar a monarquia"![17] Deu-se rédea solta à paranoia.

Desencadeou-se intensa campanha de desinformação. Belo Monte teria sido fortificada por competentes engenheiros europeus e os sertanejos armados e treinados por militares estrangeiros. A revolta no interior da Bahia representaria apenas o começo de uma longa campanha cuidadosamente planejada: haveria grupos de fanáticos monarquistas por todo o Brasil, prontos para atacar as capitais estaduais e marchar em direção ao Rio de Janeiro. O jornal *A Notícia* chegou a publicar uma proclamação falsa atribuída a Antônio Conselheiro conclamando todos os sertanejos da Bahia a lutar contra a República. Hoje parece risível que se tenha dado credibilidade à ameaça que um arraial paupérrimo no interior do Nordeste poderia representar contra o regime, mas em tempos de polarização política, muitas vezes ideias absurdas e indefensáveis são vocalizadas e, pior, passam a parecer razoáveis. Esmagar Belo Monte e exterminar aquelas pessoas passou a se confundir com a ideia de defender a República.

A polêmica trouxe Euclides de volta do retiro voluntário e lhe deu a oportunidade de realizar um desejo que já alimentava desde, pelo menos, 1892: "Uma vida mais movimentada, numa comissão qualquer arriscada, aí por estes sertões desertos e vastos de nossa terra".[18] Em 14 de março o engenheiro voltava às páginas de *O Estado de S. Paulo* com um artigo intitulado "A nossa Vendeia". Comprara a ideia — corrente e absolutamente simplista — de o movimento messiânico em torno de Antônio Conselheiro estar sendo dirigido pelos monarquistas e ser dotado de um sentido eminentemente antirrepublicano. No artigo, retomava a comparação — tampouco original — com a guerra da Vendeia, entre camponeses do vale do Loire e a Primeira República francesa.

De modo mais elaborado, porém, centrou a explicação para a derrota das três expedições contra Belo Monte nas condições físicas do terreno da luta e na inadaptação das tropas legalistas às condições e exigências do tipo de guerra que se estava travando. Para ele, as condições físicas do sertão eram "talvez mais do que a horda dos fanatizados sequazes de Antônio Conselheiro, o mais sério inimigo das forças republicanas". As dificuldades encontradas para superar o "homem e o solo", no caso francês como no interior da Bahia, justificavam "a aproximação histórica expressa no título deste artigo ['A nossa Vendeia']". No texto, Euclides antecipava, de forma embrionária, o esquema *A terra/O homem/A luta* que usaria em *Os sertões*. Terminou o artigo expressando sua fé republicana e sua confiança na vitória: "Este paralelo [entre França e Brasil] será, porém, levado às últimas consequências. A República sairá triunfante desta última prova".

Euclides aproveitou bem as leituras que vinha fazendo por ter a esperança de lecionar geologia na Politécnica e deu sustentação ao artigo com um arsenal de dados técnicos sobre o interior da Bahia. Além de consultar Teodoro Sampaio, que estivera pessoalmente na região, utilizou, entre outras fontes, o relatório da expedição que levara até o Rio de Janeiro o meteorito de Bendegó que caíra no sertão depois de uma viagem de milhões de anos pelo espaço. A rocha resistira ao impacto contra o planeta Terra e, em 2018, seria um dos poucos itens que sobreviveriam ao incêndio do Museu Nacional. Em todo caso, o verniz cientificista da explicação fornecida para o fracasso das armas republicanas — com a grande carga de erudição e tecnicismo sobre a geologia, a geografia e a botânica do interior da Bahia, temperada por pitadas de antropologia — impressionava.

Ao receber a notícia da derrota da Terceira Expedição, o ministro da Guerra, marechal Francisco de Paula Argolo (indicado por Manuel Vitorino e que logo perderia o cargo) nomeou o general Artur Oscar de Andrade Guimarães, então comandante do 2º Distrito Militar, com sede no Recife, responsável pela continuidade do esforço de desbaratar o que era visto como perigosa rebelião contra a República.

O general planejou o ataque contra os conselheiristas em duas frentes. Da localidade de Monte Santo — nas proximidades de Belo Monte — sairia a primeira coluna, sob o comando direto do general João da Silva Barbosa. De Aracaju partiria um segundo grupo pelo caminho que passava por Jeremoabo, sob o comando do general Cláudio do Amaral Savaget. O encontro das duas forças em Belo Monte foi marcado para 27 de junho.

O ataque começou ao raiar do dia 28. O resultado foi desastroso. A primeira coluna ficou sob o fogo cruzado dos conselheiristas, mais bem protegidos, sofreu muitas baixas e viu-se impossibilitada de investir contra Belo Monte. Acabou estancada no morro da Favela, defronte ao arraial. Para chegar no dia acordado, as tropas de Artur Oscar haviam deixado para trás o comboio de suprimentos, que foi atacado, com o resultado de que grande parte da munição fora capturada pelo inimigo. Surpreendidos pelos conselheiristas, mais bem abrigados em trincheiras preparadas antecipadamente, os assaltantes atiravam a esmo, esgotando rápido a munição que traziam. Estiveram a ponto de ser dizimados. A coluna do general Silva Barbosa (na qual vinha também o comandante-geral, Artur Oscar) precisou ser salva pela chegada das tropas do general Savaget. Entre mortos e feridos, as tropas do governo perderam 926 combatentes apenas para conseguir se instalar na frente de batalha.

A tática do ataque por duas colunas separadas falhara. As tropas se reagruparam sob o comando do general Artur Oscar. Savaget fora ferido ainda no caminho para Belo Monte e, na primeira oportunidade, partiu para Salvador para dar prosseguimento ao tratamento médico. Artur Oscar decidiu que as tropas permaneceriam onde estavam até a chegada de novos suprimentos vindos de Monte Santo e interrompeu a investida contra o arraial. Com pouca munição e sem mantimentos, os soldados passaram fome e sede por muitos dias até a chegada dos novos suprimentos, no dia 13 de julho. Não fora organizado um sistema eficiente para o abastecimento das tropas na frente de combate e tampouco havia arranjos para a remessa seguinte de alimentos e munição. Os que acabavam de receber durariam pouco. Urgia vencer rapidamente para evitar novo período de fome e desmoralização.

Assim, em 18 de julho realizou-se nova tentativa de tomar Belo Monte. Uma vez mais as tropas legalistas avançaram sob fogo intenso, com muitos mortos e feridos, com a diferença de que nessa oportunidade pelo menos elas lograram chegar ao objetivo e ocupar cerca de um quinto do povoado. Contudo, como as tropas já não tinham condições de continuar avançando, criou-se um impasse. O grande número de baixas — 947 militares fora de combate —, o pouco progresso na conquista do povoado e as dificuldades de reabastecimento levaram o general Artur Oscar a telegrafar no dia seguinte ao novo ministro da Guerra, marechal Carlos Machado de Bittencourt (que em meados de maio substituíra o marechal Argolo), solicitando um reforço de 5 mil homens. Enquanto isso Belo Monte continuaria parcialmente sitiada sem que nova ofensiva fosse tentada. As tropas governistas voltaram a passar graves dificuldades, com abastecimento irregular e insuficiente e, de novo, houve momentos em que simplesmente faltava comida para os sitiantes.

Os eventos no interior da Bahia refletiam-se diretamente na política nacional. Passada a surpresa, os jacobinos retomaram a pressão para substituir definitivamente o presidente pelo vice: "Agora era o *governo* o responsável por todos os reveses". Se vitorioso, o general Artur Oscar se credenciaria para ocupar a liderança do Exército, vaga com a morte de Floriano. A oposição "trabalhava abertamente pela deposição do presidente e o dr. Manuel Vitorino era o seu homem — pois a oposição, note-se bem, falava muito em Constituição e queria tudo cumprir *constitucionalmente*".[19]

Aparentemente alheio à disputa de poder entre Prudente e Vitorino, o entusiasmo republicano revivido e o desejo de aventura moveram Euclides a combinar com Júlio de Mesquita — este sim com interesse direto na sustentação do presidente — uma ida ao teatro de operações como correspondente de *O Estado de S. Paulo*. O projeto datava de antes do impasse militar formado. Teodoro Sampaio comentou que por aquela época Euclides aparecera "mais animado". Via-se uma mudança de ânimo: "Era outro e tinha como que um vago pressentimento de que o seu destino ia mudar". Buscou ler tudo que podia sobre o interior da Bahia e consultou-se regularmente com Teodoro, que explorara a região em 1878. Levou também notas coligidas pelo amigo e cópia de um mapa ainda inédito que Teodoro esboçara sobre a área onde acontecia o conflito, com a condição de que o mesmo não fosse divulgado. Euclides, contudo, tornou pública a existência do mapa, o que levou o governador de São Paulo, Campos Sales, a convocar Teodoro para uma conversa algo constrangedora que terminou com a entrega de cópia do mapa ao governo de São Paulo, que o repassou ao Exército.[20]

Em sintonia com as notícias das dificuldades enfrentadas no interior da Bahia, em 17 de julho Euclides publicou em *O Estado de S. Paulo* o artigo "A nossa Vendeia II". No texto, voltava a fazer longas descrições do terreno e relembrava as então recentes guerras de guerrilhas: os ingleses contra os afegãos e os zulus, os italianos contra os abissínios, os franceses em

Madagascar. Aventurou-se em uma fantasiosa análise psicológica-antropológica do adversário: "O jagunço é uma tradução justalinear quase do *iluminado* da Idade Média. O mesmo desprendimento pela vida e a mesma indiferença pela morte, dão-lhe o mesmo heroísmo mórbido e inconsciente de hipnotizado e impulsivo".

As dificuldades impostas pelo meio e a constituição peculiar do inimigo justificariam, portanto, a necessidade de uma preparação cuidadosa e a demora — que angustiava a opinião pública — do assalto final contra Belo Monte: "A marcha do exército nacional, a partir de Jeremoabo e Monte Santo até Canudos, já constitui por isto um fato proeminente na nossa história militar. [...] As tropas da República seguem lentamente, mas com segurança, para a vitória. Fora um absurdo exigir-lhes mais presteza". No dia seguinte à publicação desse segundo artigo deu-se a batalha de 18 de julho, e a situação continuou em um impasse. A notícia do novo fracasso parcial e o pedido de reforços chegariam no dia 19.

A campanha se estendia. As tropas sofriam com dificuldades de abastecimento e fazia-se urgente um novo esforço em termos de logística para evitar, pelo menos, que os soldados continuassem a passar fome. A arremetida decisiva contra Belo Monte ia sendo adiada. Parte da imprensa — liderada pelo respeitado *Jornal do Commercio* — começava a criticar a condução da campanha.[21] Com as linhas de telégrafo desde Monte Santo controladas pelo Exército, as matérias que saíam da frente de combate eram censuradas, mas mesmo assim, por cartas que evadiam os controles, os relatos sobre os erros da campanha começavam a se multiplicar. Por criticar os militares, o correspondente do *Jornal do Commercio*, Manuel Benício, acabou expulso de volta a Salvador por ordem do general Artur Oscar.

Junto com os reforços solicitados, o ministro da Guerra, marechal Bittencourt, militar da confiança de Prudente de Morais, iria em pessoa assistir ao desfecho da campanha. Era uma forma de roubar do general Artur Oscar, ligado ao grupo que apoiava Vitorino, os louros da vitória. O alinhamento de Júlio de Mesquita com o presidente criava a oportunidade para que *O Estado de S. Paulo* enviasse um correspondente em condições privilegiadas.[22] Euclides foi nomeado adido ao Estado-Maior do ministro. Outros jornalistas não tiveram essa sinecura (o escritor chegou a dispor de um ajudante de ordens),[23] que garantia acesso direto às lideranças militares.

Tanto o jornal como o jornalista inspiravam confiança. Júlio de Mesquita apoiava Prudente de Morais, a quem pediu que o correspondente ficasse adido ao Estado-Maior. Euclides, ex-militar, dera provas de renovada fé na causa republicana e condescendência com as dificuldades da campanha nos dois artigos que publicara. Para o presidente, garantir uma cobertura que lhe fosse positiva mostrava-se importante diante das adversidades na frente de combate e crucial na luta política no Rio de Janeiro. Assim, Euclides voltou a envergar a farda de tenente e a portar armas como os demais militares, só que no papel de jornalista.

Saninha e os meninos foram para a fazenda do pai de Euclides em Descalvado.[24] O novo correspondente de guerra deixou a capital paulista em 29 de julho e no dia seguinte *O Estado de S. Paulo* publicou:

> [...] nomeado [ontem] para o Estado-Maior de s. exa. o Ministro da Guerra, o engenheiro militar dr. Euclides da Cunha. O ilustre moço, que é um dos nossos mais distintos colaboradores, partirá para o Rio no vapor em que embarcar o 1º Batalhão. Por contrato firmado com esta empresa, o dr. Euclides da Cunha nos enviará correspondências do teatro das operações e, além disso, tomará notas e fará estudos para escrever um trabalho de fôlego sobre Canudos e Antônio Conselheiro. Este trabalho será por nós publicado em volume. O dr. Euclides da Cunha é, como todos os nossos leitores sabem, um escritor brilhante e perfeitamente versado

nos assuntos que vai desenvolver. O seu trabalho, por conseguinte, será interessante e constituirá valioso documento para a história nacional.

Em 3 de agosto, Euclides partiu do Rio de Janeiro para Salvador a bordo do navio *Espírito Santo*. Ia confiante. Já no primeiro relato, datado do dia 7, quando aportou na capital da Bahia, vaticinou: "Em breve pisaremos o solo onde a República vai dar com segurança o último embate aos que a perturbam". E concluiu: "A República é imortal!".

No mesmo dia em que Euclides partia, o *Jornal do Commercio* publicava uma longa reportagem em que o correspondente Manuel Benício criticava acidamente a condução das operações por parte do general Artur Oscar. O texto fora entregue antes, mas com o pedido de só ser publicado depois que o autor chegasse a Salvador. O correspondente estava ameaçado de morte.[25] De 3 a 19 de agosto, o *Jornal do Commercio* publicou oito reportagens de Benício sobre a guerra. As críticas à liderança e à capacidade do comandante das tropas que atacavam Belo Monte continuaram. E não apenas da imprensa. Mesmo oficiais da ativa, como o general Savaget e o coronel Carlos Teles, feridos em combate e retirados para Salvador, criticavam Artur Oscar. Como publicado no jornal *O Paiz* em 23 de agosto, o coronel Teles teria afirmado que "só por descaso, imprevidência, ou coisa que nome tenha, o arraial não está definitivamente ocupado".

A campanha de extermínio de Belo Monte gerou a primeira grande cobertura jornalística no Brasil para um evento fora das grandes cidades do Sul do país. Na frente de batalha houve presença de cerca de uma dúzia de jornalistas, alguns de Salvador, como Lélis Piedade, do *Jornal de Notícias*, mas também do Rio e de São Paulo. O telégrafo, ainda que controlado pelo Exército, permitia o envio de um fluxo contínuo de novidades. O trabalho de reportagem chegou a cobrar a vida de um jornalista: o correspondente de *A Notícia*, Francisco de Paula Cisneiros Cavalcanti, foi morto em 18 de julho e sucedido por Manuel de Figueiredo, que logo se retirou por motivos de saúde, sendo substituído por Alfredo Silva. A cobertura fotográfica ficou por conta de Flávio de Barros, contratado pelo Exército. Outro fotógrafo, o espanhol Juan Gutiérrez, faleceu em 28 de julho e suas imagens se perderam. A despeito da atitude mais crítica de Manuel Benício, em geral a cobertura se pautava pelo apoio ao governo, como no caso do representante da *Gazeta de Notícias*, Júlio Procópio Fávila Nunes, florianista convicto.

Ainda assim, mesmo censurada e facciosa em favor da atuação do Exército, a mera descrição dos combates e do massacre dos conselheiristas foi o suficiente para abalar a crença na justiça da repressão que desabou sobre os habitantes de Belo Monte. Veja-se, por exemplo, a descrição de Fávila Nunes sobre a situação no terreno, no dia 8 de outubro, já vencida a guerra e arrasada a cidade:

> Pretendo seguir hoje para Monte Santo, porque a permanência aqui é insuportável em vista da situação de Canudos, transformado em um vastíssimo cemitério, com milhares de cadáveres sepultados, outros milhares apenas mal cobertos com terra e, o pior de tudo, outros milhares completamente insepultos.
>
> Não se pode dar um passo sem se tropeçar em uma perna, um braço, um crânio, um corpo inteiro, outro mutilado, um monte de cadáveres, aqui meio queimado, outro ali ainda fumaçando, outro adiante completamente putrefato, disforme, e no meio de tudo, o incêndio, uma atmosfera cálida e impregnada de miasmas pútridos. Por toda a parte o cheiro horripilante de carne humana assada nos braseiros das casas incendiadas, cinco mil e duzentas casas em labaredas!
>
> Já não se ouvem as lamentações das mulheres e das crianças, nem as ameaças canalhas dos bandidos. A morte

pela fome, pela bala, pela sede e pelo incêndio emudeceu a todos, substituindo as lamúrias do banditismo pelos alegres sons dos hinos de vitória!

Canudos não existe mais! Para nossa infelicidade, basta a sua eterna memória, que mais parece um pesadelo.[26]

A imprensa, de modo geral, festejou sem remorsos o holocausto. Na edição de 7 de outubro de *O Paiz*, o comentário "A vitória" não poderia ser mais maniqueísta:

> Está, enfim, ocupado pelas forças republicanas o reduto de Antônio Conselheiro. Está, enfim, conquistado o arraial sinistro onde, sob a inspiração restauradora, os sectários do bandido profeta fizeram frente a quatro expedições militares, transformando aquele canto de sertão, de alegre paisagem, numa necrópole de bravos!

As críticas ao massacre dos sertanejos, contudo, logo começaram a aparecer. Já em 3 de novembro um grupo de estudantes de direito da Bahia lançou um "Manifesto à nação", que denunciava o assassinato em massa dos prisioneiros do sexo masculino como uma "aberração monstruosa". As mulheres e crianças aprisionadas foram distribuídas entre os militares como butim de guerra. O Comitê Patriótico da Bahia procurou recolher as crianças, muitas já prostituídas.

Como correspondente, Euclides atendeu plenamente às expectativas do jornal e do governo e produziu — por convicção pessoal ou por autocensura — uma cobertura francamente favorável ao esforço da guerra contra Belo Monte. Adotou um tom em geral otimista em relação ao avanço governista, com previsões sucessivamente fracassadas, e em seguida reiteradas, de vitória iminente. Divulgou também muitas notícias, que se comprovaram falsas, sobre o pequeno número e a suposta desmoralização do inimigo e, mesmo, insinuações de apoio externo aos conselheiristas. A versão de que Euclides, horrorizado com a experiência na frente de batalha, teria mudado radicalmente de opinião sobre as causas do conflito ainda durante a estada na Bahia tem pouca sustentação.[27] Sousa Andrade chega a ponto de afirmar — com razão — que naquele momento ele não reformulara nem mesmo a tese, então já bem contestada, da conspiração monárquica: "Nada existe que autorize aceitar a afirmação corrente de que Euclides, no final das suas reportagens de guerra, estava firmemente convencido de que em Canudos não havia influência do monarquismo derrubado".[28]

O Estado de S. Paulo publicou 34 artigos, sempre na primeira página, com a assinatura de Euclides da Cunha, que também enviou 57 telegramas. Tendo chegado a Salvador em 7 de agosto, ele se hospedou na casa do tio paterno José Pimenta da Cunha e de sua esposa Honória. Compartiu quarto com os primos mais jovens, Arnaldo e Álvaro. Notícias sobre as peculiaridades do hóspede precederam sua chegada. A família soube que Euclides sofria ataques de sonambulismo e para se proteger, à noite, escondia as armas do visitante no oratório da casa. Era notório que o visitante era um livre-pensador, ateu ou agnóstico, e a aposta era de que nem adormecido ele procuraria as armas junto a imagens de santos.

No tempo em que esteve na capital baiana, Euclides enviava as notícias de segunda mão que obtinha da frente de combate. Comentava a chegada de feridos — "uma procissão dantesca de duendes"[29] — e a passagem dos novos batalhões que se dirigiam ao campo de batalhas. Aproveitou para fazer extensa pesquisa nos arquivos da capital baiana sobre a vida pregressa de Antônio Conselheiro, personagem que procurou analisar em chave sociológica:

> Porque, realmente, este incidente de Canudos é apenas sintomático; erramos se o considerarmos resumido numa aldeia perdida nos sertões. Antônio Conselheiro, espécie

bizarra de grande homem pelo avesso, tem o grande valor de sintetizar admiravelmente todos os elementos negativos, todos os agentes de redução do nosso povo.

Vem de longe — repelido aqui, convencendo mais adiante, num rude peregrinar por estradas aspérrimas — e não mente quando diz que é um ressuscitado porque é um notável exemplo de retroatividade atávica e no seu misticismo interessante de doente grave ressurgem, intactos, todos os erros e superstições dos que o precederam, deixando-lhe o espantoso legado.

Acredita que não morre porque pressente, por uma intuição instintiva, que em seu corpo fragílimo de evangelizador exausto dos sertões se concentram as almas de toda uma sociedade obscura, que tem representantes em todos os pontos da nossa terra.

Arrasta a multidão, contrita e dominada, não porque a domine, mas porque é o seu produto natural mais completo.

É inimigo da República não porque lhe explorem a imaginação mórbida e extravagante de grande transviado, mas porque o encalçam o fanatismo e o erro.

E surge agora; — permaneceu em vida latente longo tempo e devia aparecer naturalmente, logicamente quase, ante uma situação social mais elevada e brilhante, definida pela nova forma política como essas sementes guardadas há quatro mil anos no seio sombrio das pirâmides, desde os tempos faraônicos, e germinando espontaneamente agora, quando expostas à luz."[30]

Como decorrência lógica desse raciocínio, a destruição de Belo Monte adquiria um significado mais amplo, de afirmação da modernidade:

Porque — consideremos o fato sob o seu aspecto real — o que se está destruindo neste momento não é o arraial sinistro de Canudos: — é a nossa apatia enervante, a nossa indiferença mórbida pelo futuro, a nossa religiosidade indefinível difundida em superstições estranhas, a nossa compreensão estreita da pátria, mal esboçada na inconsistência de uma população espalhada em país vasto e mal conhecido; são os restos de uma sociedade velha de retardatários, tendo como capital a cidade de taipa dos jagunços.[31]

O ministro da Guerra demorou a se deslocar com o Estado-Maior para Monte Santo, onde instalaria o quartel-general a uma distância prudente da frente de combate. Assim, apenas em 23 de agosto Euclides escreveu a última carta de Salvador, antes da partida para Monte Santo, de onde pediria permissão para se deslocar até Belo Monte, desligando-se da comitiva do marechal. Naquela carta confessou que na capital baiana, "involuntariamente, fiquei retido, lutando com uma falta de assunto extraordinária, que já deve ter sido percebida". Impaciente, Euclides jamais se entusiasmou com a atuação do marechal Bittencourt — comandante pouco carismático, mas que soube resolver, com a compra de grande quantidade de burros de carga, a questão até então insolúvel de construir linhas de abastecimento regulares e seguras para as tropas na frente de batalha. Bittencourt acabaria, com justiça, sagrado patrono da arma de intendência do Exército Brasileiro. Euclides lhe daria razão em *Os sertões* ao assinalar: "Mil burros mansos valiam na emergência por 10 mil heróis".

Ainda assim, o retrato que fez do militar fica longe de ser um elogio: "Não era um bravo e não era um pusilânime". Aflorando sentimentos ainda florianistas, Euclides recorreu ao ex-presidente para traçar um perfil do então ministro da Guerra:

O marechal Floriano Peixoto — profundo conhecedor dos homens do seu tempo — nos períodos críticos de seu governo, em que a índole pessoal de adeptos ou adversários influía, deixou-o sempre, sistematicamente, de parte. Não o chamou; não o afastou; não o prendeu. Era-lhe por igual desvalioso como adversário ou partidário. Sabia que o homem, cuja carreira se desatava numa linha reta, seca, inexpressiva e intorcível, não daria um passo a favor ou contra no travamento dos estados de sítio.

Mas onde uns veem defeitos, outros encontram qualidades. A falta de carisma e o caráter cauteloso e moderado de Bittencourt fizeram dele uma escolha perfeita para o cargo de ministro da Guerra na gestão do presidente Prudente de Morais, cuja maior prioridade na área militar era debelar o jacobinismo. E Bittencourt acabaria — literalmente — por dar a vida no cumprimento dessa missão.

Durante o trajeto para Monte Santo e nas paradas pelo caminho, acompanhando o ministro da Guerra e seu Estado-Maior, Euclides dedicou-se a explorar o sertão e a contrastar o que via com o que estudara nos livros. Enviou para os leitores extensas descrições da geologia, geografia e botânica da região e comentários de caráter antropológico sobre os sertanejos, na linha que adotará nas primeiras partes de *Os sertões*. Ao chegar a Queimadas, explorou a "vereda estreita e sinistra" para Monte Santo: "Percorri-a, hoje, pela manhã, até certa distância, a cavalo, e entrei pela primeira vez nas caatingas, satisfazendo uma curiosidade ardente, longamente alimentada".[32] Nesse comentário do dia 1º de setembro, Euclides também adiantou dois temas que iria retomar no livro a ser escrito depois: o sertanejo como "cerne" da nacionalidade e a necessidade de incorporá-lo à civilização: "Depois da nossa vitória, inevitável e próxima, resta-nos o dever de incorporar à civilização estes rudes patrícios que — digamos com segurança — constituem o cerne da nossa nacionalidade".

Em 5 de setembro, em Cansanção, pequena localidade já perto de Monte Santo, o agnóstico militante Euclides da Cunha viu-se na contingência de acompanhar o ministro da Guerra em uma missa oficiada em um casebre do povoado. Na intimidade de sua *Caderneta de campo* justificou-se brevemente: "E por que não satisfazer a crença ingênua dos rudes moradores?".[33] Já para os leitores de *O Estado de S. Paulo,* relatou o episódio com mais detalhe, até pela necessidade de justificar sua presença em um ato religioso sem abalar a fama de livre-pensador:

> Há quantos anos tenho eu passado indiferente, nas cidades ricas, pelas opulentas catedrais da cruz?...
> E assisti à missa numa saleta modesta, tendo aos cantos espingardas, cinturões e cantis e um selim suspenso no teto — servindo uma mesa tosca de altar e estando nove décimos dos crentes fora, na rua, ajoelhados. E ajoelhei-me quando todos se ajoelharam e bati, como todos, no peito, murmurando com os crentes o mea-culpa consagrado.
> Não me apedrejeis, companheiros de impiedade; poupai-me, livres-pensadores, iconoclastas ferozes! Violento e inamolgável na luta franca das ideias, firmemente abroquelado na única filosofia que merece tal nome, eu não menti às minhas crenças e não traí a nossa fé, transigindo com a rude sinceridade do filho do sertão...[34]

Finalmente, no dia seguinte, chegaram a Monte Santo, base de operações onde o marechal Bittencourt se instalaria. Encontrou antigos companheiros da Escola Militar e os outros jornalistas. "O representante da *Notícia*, Alfredo Silva, assombrou-me: está num descambar irresistível para o tipo geral predominante — barba crescida, chapelão de palha, paletó de brim de cor inclassificável, bombachas monstruosas".[35] Uma transformação rápida, o correspondente do jornal concorrente fora companheiro de viagem no navio que transportara Euclides do Rio para Salvador.

Mais espanto, contudo, terá causado o fato de o correspondente de *O Estado de S. Paulo* se apresentar para subir o morro até a igreja de Santa Cruz na companhia de Alfredo Silva e quatro militares em "vistosas botas de verniz, calça branca, camisa de fina seda e chapéu de fina palha". A incongruente elegância de Euclides não terá resistido incólume à poeira e ao calor intenso dos dois quilômetros de subida íngreme da via-sacra, salpicado no caminho por 25 capelinhas. O colega da *Notícia* foi impiedoso: "Bons tempos o esperam neste canto da Bahia, em que um banho constitui o X do mais complicado dos problemas". A inadequação de Euclides no vestir foi constante, ainda que normalmente ele errasse pelo desleixo.

Em Monte Santo, já bem próximo da frente de combate, as avaliações compartidas com Euclides eram menos otimistas. O cerco poderia prolongar-se por muito tempo, e um assalto direto custaria muitas vidas aos atacantes. Ao menos, o marechal Bittencourt — ao contrário dos anteriores chefes da campanha — construíra uma rede de abastecimento adequada e já não faltavam suprimentos e munições. Euclides começou a transmitir aos leitores um quadro mais realista da situação no terreno: "Não exagero perigos; mas o otimismo seria um crime nesta quadra. Além disto a maioria republicana da nossa terra precisa conhecer toda a verdade desta situação dolorosa, pela voz ao menos sincera dos que aqui estão prontos para compartirem do sacrifício nobilitador pela República".[36]

Aliás, Euclides, ainda sem ter chegado à zona de combates, já se assustava com as condições da guerra: "Situado num dos lugares mais belos e interessantes do nosso país, Monte Santo é simplesmente repugnante". Prosseguia em sua queixa:

> Custa a admitir a possibilidade da vida em tal meio — estreito, exíguo, miserável — em que se comprimem agora dois mil soldados, excluído o pessoal de outras repartições, e uma multidão rebarbativa de megeras esquálidas e feias

na maioria — fúrias que encalçam o exército. E todo esse acervo incoerente começa, cedo, a agitar-se, fervilhando na única praça, largamente batida pelo sol. Confundem-se todas as posições, acotovelam-se seres de todos os graus antropológicos.[37]

No dia 13 de setembro, "acompanhando a segunda brigada da divisão auxiliar",[38] Euclides deixou Monte Santo. Confiou ao marechal Bittencourt o anel de grau com pedras preciosas para que o ministro da Guerra o entregasse a Saninha caso não voltasse da frente de batalha. O apelo teatral do gesto não comoveu o general; o militar, burocraticamente, indicou que recebia o anel já com algumas gemas faltando. No dia 16, Euclides finalmente chegou a Belo Monte: "... E vingando a última encosta divisamos subitamente, adiante, o arraial imenso de Canudos".[39] Fez uma longa descrição do povoado, que comparou a uma aldeia africana: "Canudos, como um vastíssimo *Kraal* africano, pode durar mil anos, se o bombardeio e os incêndios não o destruírem breve".[40]

À espera do assalto final, os dias se passavam. Euclides enviava relatos dos interrogatórios feitos aos prisioneiros e comentava a rotina de tiroteios entre sitiantes e sitiados. A despeito das muitas evidências e dos depoimentos em contrário, recorrentemente voltava às teorias conspiratórias de que os conselheiristas teriam apoio externo, como evidência de uma elaborada conspiração antirrepublicana:

> Não é possível que a munição de guerra daquela gente seja só devida à deixada pelas expedições anteriores. A nossa esgota-se todos os dias; todos os dias entram comboios carregados e, no entanto, já nos falta, às vezes.
> Como explicar essa prodigalidade enorme dos jagunços?
> Não nos iludamos. Há em toda esta luta uma feição misteriosa que deve ser desvendada.[41]

O general Artur Oscar, interessado em exagerar as dificuldades, contribuía para a paranoia de Euclides e lhe mostrou cápsulas disparadas pelos conselheiristas, algumas "completamente desconhecidas. São inegavelmente projéteis de armas modernas que não possuímos".[42] O correspondente de guerra conversava seguidamente com o comandante das operações militares. Ao contrário da relação fria que estabelecera com o marechal Bittencourt, com Artur Oscar criou alguma intimidade, a ponto de fazerem apostas sobre o futuro da campanha: "O general Artur apostou comigo dez caixas de charutos em como Canudos se renderá no dia 27. Não creio. Veremos. No dia 30, talvez".[43] Nenhum dos dois acertou, mas Euclides ganhou os charutos, se é que a aposta foi paga.

No dia 29, o correspondente passeou pela área ocupada pelo Exército dentro de Belo Monte, onde se trocavam tiros a pouca distância. Anotou em sua caderneta: "Não posso definir a comoção ao entrar no arraial". Não era para menos, pois, conforme descreveu aos leitores do jornal, passeou "com os jagunços a dois passos apenas, nas casas contíguas".

Em outubro começou a arremetida derradeira contra o povoado de Belo Monte. Euclides escreveu sua última reportagem, datada de 1º daquele mês, do local dos combates, e depois se retirou para Monte Santo, de onde enviou telegramas para *O Estado de S. Paulo* até o dia 14 de outubro. Segundo outras versões, teria permanecido em Belo Monte até o dia 3; mas, muito doente a partir do dia 1º, já sem condições de testemunhar os acontecimentos. Ainda em Salvador, sofrera uma forte crise de hemoptise tuberculosa e as dificuldades da frente de combate lhe reavivaram os problemas gástricos. Assim, apesar de muito próximo, não assistiu pessoalmente ao assalto final à Troia de Taipa, ao extermínio dos últimos habitantes e ao incêndio proposital das ruínas do povoado. A ordem do próprio presidente Prudente de Morais fora de não deixar "pedra sobre pedra, para que não mais possa se reproduzir aquela cidadela maldita".

A pouca empatia que, em geral, demonstrou pelos habitantes de Belo Monte, pelo movimento conselheirista e pelo próprio Antônio Conselheiro nas reportagens que enviava a São Paulo foi finalmente matizada em um trecho daquela carta derradeira ao jornal:

> Sejamos justos — há alguma coisa de grande e solene nessa coragem estoica e incoercível, no heroísmo soberano e forte dos nossos rudes patrícios transviados, e cada vez mais acredito que a mais bela vitória, a conquista real consistirá no incorporá-los, amanhã, em breve, definitivamente, à nossa existência política.[44]

Já praticamente esgotada a resistência, Belo Monte foi inteiramente ocupada em 5 de outubro de 1897, quando foram liquidados os últimos habitantes. O que restava do povoado — que, no auge, teria chegado a ser a segunda cidade da Bahia em termos de população[45] — foi destruído e incendiado. A Guerra de Canudos, como acabou conhecida por conta do relato dos vencedores, causou a morte de cerca de 5 mil militares e, talvez, 20 mil civis, números que somados representam mais que o dobro das mortes registradas durante a Revolução Federalista. Entre outras barbaridades, nos dois conflitos os prisioneiros foram rotineiramente degolados.

A República brasileira, que nascera em uma incruenta passeata militar, estava outra vez banhada de sangue.

Ainda doente, o correspondente do jornal *O Estado de S. Paulo* permaneceu em Monte Santo até o dia 13 de outubro, quando voltou a Salvador e de lá retornou ao Rio de Janeiro, tomando em seguida o trem para São Paulo. Cumprira a missão que lhe fora atribuída. Tampouco se descuidara de seus interesses políticos. Além das comunicações ao jornal, enviara telegramas diretamente ao governador do estado, Campos Sales, com notícias em primeira mão sobre o conflito. Em 29 de setembro, por exemplo, adiantou a quem não deixava de ser seu chefe, pois continuava funcionário da Superintendência de Obras Públicas: "Dentro de poucas horas Canudos estará em poder das tropas republicanas. Os fanáticos estão todos concentrados no santuário da igreja nova. Viva a República!".

Euclides passou por São Paulo sem reassumir o cargo na Superintendência. Chegara enfermo. As privações e a má qualidade da água[46] e da comida na frente de batalha haviam acentuado sua dispepsia. O estado precário de seus pulmões tampouco ajudava. Obteve uma licença de quatro meses para tratamento de saúde e foi reencontrar a família na fazenda paterna, em Belém do Descalvado, para lá descansar e convalescer. Encontrou tempo para publicar, em 26 de outubro, um último artigo no jornal de Júlio de Mesquita, com elogios à atuação do batalhão de São Paulo na recente campanha militar.

Além de um saco com amostras de rochas da região, trouxera consigo um órfão de Belo Monte, um "jaguncinho que me foi dado pelo general".[47] O menino de sete anos estava doente, e Euclides chegou a prever que talvez não resistisse à viagem para Monte Santo, mas o "jaguncinho" foi bem mais longe — Euclides o levou consigo de volta a São Paulo e o deixou sob a proteção de Gabriel Prestes, diretor da Escola Normal. O menino passou a se chamar Ludgero Prestes. A *Gazeta de Notícias* registrou: "O jaguncinho não tem pai nem mãe, é muito vivo e narra com precisão admirável todos os episódios sangrentos dos últimos combates nos quais ele perdeu os pais".[48] Ludgero formou-se professor em 1908 e, na ocasião, chegou a se corresponder com o então já escritor consagrado.

Em todo caso, depois da volta da Bahia a vida pessoal de Euclides entrou em um momento de relativa tranquilidade.

O fim de 1897 seria um ponto de inflexão também para a política brasileira. Prudente de Morais, que antes encerrara a Revolução Federalista, vencera a guerra contra Belo Monte sem que nenhuma nova liderança florianista se afirmasse, mas os jacobinos continuavam favorecendo sua substituição por Manuel Vitorino. Em um momento em que já se apresentavam as candidaturas para o período presidencial seguinte, Prudente de Morais aparecia como a voz mais influente para definir o próprio sucessor. Para evitar que isso acontecesse, restava uma solução radical: assassinar o presidente.

No dia 5 de novembro, em cerimônia de recepção de dois batalhões que retornavam da Bahia, Prudente de Morais sofreu um atentado contra sua vida por parte um militar de baixa patente, Marcelino Bispo de Melo. O presidente saiu ileso, mas o ministro da Guerra, marechal Bittencourt — a quem Euclides acompanhara na campanha —, foi esfaqueado na defesa do chefe e morreu em seguida. Decretou-se o estado de sítio no Rio e em Niterói, e foram presos muitos conspiradores, reais ou supostos. Nada se provou contra o vice-presidente Manuel Vitorino, mas sua carreira política se apagou a partir daí.

O desatino contra Prudente de Morais marcou o enfraquecimento irreversível do jacobinismo, e a cena política brasileira se estabilizou cada vez mais sob o comando das oligarquias paulista e mineira.[49] Poucos meses depois, em 1º de março de 1898, Manuel Ferraz de Campos Sales, que renunciara ao cargo de governador de São Paulo, foi eleito presidente da República com pouco mais de 420 mil votos contra os cerca de 39 mil dados a Lauro Sodré. Campos Sales assumiu a presidência em 15 de novembro daquele ano, tendo como vice Francisco de Assis Rosa e Silva.

5.
Chefe de operários e homem de letras

Euclides não se esquecera do compromisso de Júlio de Mesquita sobre a publicação de um livro em que ele relatasse a campanha contra Antônio Conselheiro e a destruição de Belo Monte. Ainda durante a licença na Superintendência, começou a trabalhar com afinco na obra literária que o consagraria. Como todo autor inédito, decerto já sonhava com o sucesso e a glória.

A despeito de ter passado, na verdade, apenas de quinze a dezoito dias na frente de combate,[1] vivera pessoalmente as dificuldades e os horrores da campanha e, além dos textos que enviara ao jornal, contava com as anotações que fizera com sua letra pequena e espremida nas mais de 150 páginas da *Caderneta de campo*. *Os sertões* não seria apenas o resultado das impressões e do testemunho dos dias passados na Bahia, moldados por seu inegável talento literário; o livro foi produto de longas pesquisas, da leitura atenta dos artigos nos jornais e dos livros que apareciam sobre a guerra, de diálogos com muitos interlocutores, além de cuidadosa reflexão e de um esforço sistemático e continuado. Muitas das fontes, porém, deixaram de receber a devida atribuição.

Euclides não se intimidava na busca de dados para sustentar seu trabalho; sabia respirar "a poeira dos arquivos". Em Salvador, por exemplo, aproveitou os vários dias que lá passou sem muito o que fazer para pesquisar sobre o passado de Antônio Conselheiro:

> A poeira dos arquivos de que muita gente fala sem nunca a ter visto ou sentido, surgindo tenuíssima de páginas que se esfarelam ainda quando delicadamente folheadas, esta

poeira clássica — adjetivemos com firmeza — que cai sobre tenazes investigadores ao investirem contra as longas veredas do passado, levanto-a diariamente. E não tem sido improfícuo o esforço.²

Além disso, tivera acesso aos documentos do Exército — ordens do dia, relatórios etc. — e privara da intimidade de muitos comandantes, inclusive do general Artur Oscar. Pôde conversar com militares de todas as patentes e até mesmo participar ativamente de interrogatórios de prisioneiros. Na Bahia, dialogou com gente do povo, simpáticos ou contrários a Antônio Conselheiro. Havia também os relatos que começaram a ser publicados, de pessoas envolvidas direta ou indiretamente nas operações contra os conselheiristas.

Outra fonte da qual Euclides se serviu foi o relatório do frei João Evangelista de Monte Marciano, que fora a Belo Monte em 1895 com o intuito de submeter o arraial à autoridade da hierarquia católica ou mesmo dissolvê-lo. A missão fracassou totalmente. O relatório, publicado no mesmo ano, descrevia Antônio Conselheiro e seus seguidores como uma "seita político-religiosa". Ia além; dizia que "não é só um foco de superstição e fanatismo e um pequeno cisma na Igreja baiana; é, principalmente, um núcleo, na aparência desprezível, mas um tanto perigoso e funesto, de ousada resistência e hostilidade ao governo constituído no país". O relatório, publicado e circulado na Bahia e no Rio de Janeiro, terminava pedindo a intervenção do poder civil para restabelecer "o prestígio da lei, as garantias do culto católico e os nossos foros de povo civilizado".³

Ainda durante o conflito, o tenente-coronel José Siqueira de Meneses publicou no jornal *O Paiz* duas longas cartas com descrições detalhadas dos acontecimentos militares. As cartas saíram em partes, nas edições de 8, 9, 11, 21, 24 e 26 de setembro de 1897, sob o pseudônimo de Hoche. Em fins de outubro, um jornal de Salvador registrou que Siqueira de Meneses pretendia publicar "um estudo sob o ponto de vista militar, político, social e religioso do grupo conselheirista" e já teria redigido uma "apreciação detida" do "simpático tipo brasileiro do vaqueiro ou sertanejo". A nota concluía com a informação de que o "trabalho foi mostrado ao inteligente dr. Euclides da Cunha".[4]

Euclides aproveitou — até em meras paráfrases do texto original — vários trechos das informações de Hoche/Siqueira de Meneses em *Os sertões*, mas não deixou de registrar em nota de rodapé ter consultado os artigos publicados em *O Paiz*. Em sua atuação como militar, Siqueira de Meneses também foi mencionado diversas vezes em *Os sertões*, sempre de forma muito positiva, tendo inclusive recebido de Euclides a denominação carinhosa de "jagunço alourado".[5]

Um pouco mais tarde — no correr daquele ano de 1898 que se iniciava enquanto Euclides ainda descansava na fazenda paterna — apareceria também um livro com o relato do tenente-coronel Dantas Barreto sobre a Quarta Expedição. O livro traz com riqueza de detalhes os aspectos militares da campanha, em um tom ainda jacobino de exaltação da guerra. Desde o fracassado atentado a Prudente de Morais, o florianismo andava em baixa. Ainda assim, o militar evocou a resistência do ex-presidente à Revolta da Armada para ilustrar a continuidade — naquele momento já ilusória — de um sentimento republicano radicalizado:

> O Exército que no dia 6 de setembro de 93 amparou as instituições da República e reuniu-se em torno do grande marechal Floriano para vingar o princípio da autoridade, foi o mesmo que em 1897 destruiu os elementos subversivos dos longínquos sertões da Bahia e é a impávida sentinela que vigia atentamente os traidores e os inimigos da Pátria.[6]

Em contraste com a avaliação de Dantas Barreto, por essa altura, já se multiplicavam as críticas à destruição de Belo Monte e o extermínio de seus habitantes. Euclides não criaria nenhum precedente nesse sentido. Aliás, nada indicava, naquele começo de 1898, que ele escreveria um "livro vingador" e deixaria de lado as análises laudatórias da atuação do Exército que caracterizam sua cobertura jornalística. O próprio título provisório do livro — *A nossa Vendeia*, como os dois artigos publicados no jornal — dava a entender que ele pintaria a guerra como uma legítima reação em defesa da República contra uma tentativa de restauração da dinastia. Por outro lado, o verniz cientificista e as descrições e análises do meio e do homem como ponto de partida da narrativa e suporte para as conclusões do futuro livro já estavam bem estabelecidos. Ainda em 1897, Euclides anunciou que o livro teria duas partes: "A natureza" e "O homem".

O cientificismo e o tom determinista foram constantes nos textos de Euclides desde o início de sua produção jornalística, mas o conteúdo e as bases desse discurso variaram muito ao longo dos anos. Quando ele começou a escrever *Os sertões*, o positivismo já fora deixado de lado. Recorde-se que em carta a João Luís Alves, em abril de 1896, ele se espantava de que o acusassem de ser ainda discípulo de Auguste Comte: "Positivista, eu!", indignou-se então. Na realidade, como quase todos os egressos da Escola Militar naquela quadra, Euclides certamente — e seus textos até 1896 documentam isso — esteve influenciado pelo positivismo, como também, por um longo período, pode ser visto como um jacobino e até mesmo, em determinado momento, um florianista decidido.

O Brasil se transformava e Euclides mudava também. O predomínio das oligarquias regionais, expresso na chamada "política dos governadores", se consolidava e o jacobinismo se extinguia. A influência do positivismo nos rumos da política nacional quase desapareceu. A visão de mundo de Euclides, por sua vez, se voltava mais e mais para as teorias evolucionistas e raciais — entre muitas outras diferenças, o tema "raça" está ausente das formulações positivistas. A influência determinante do meio ambiente sobre os seres humanos e a pretensa existência de diferentes "raças" humanas, suas supostas características e uma imaginada hierarquia entre elas passariam a dominar as análises de Euclides, que chegou inclusive a aceitar a ideia de que teria surgido nas Américas um ramo autóctone da humanidade,[7] antes da chegada dos europeus e africanos, que também seriam ramos separados, raças humanas de origens diversas.

Os sertões e todos os textos posteriores de Euclides — ou seja, o grosso da obra — foram escritos a partir dessa cosmovisão, muitíssimo mais calcada em Charles Darwin, Herbert Spencer e Ludwig Gumplowicz do que em Auguste Comte ou seus seguidores brasileiros. É, portanto, um erro classificá-lo como escritor positivista.[8] Em contraste, cientificista certamente ele foi. O esforço de embasar sua obra literária em teorias científicas (ainda que muitas depois se revelassem equivocadas) deve ser ressaltado, pois, como assinala Lilia Schwarcz, no ambiente intelectual daquele fim de século prevalecia uma disputa velada entre os "homens de letras" e os "profissionais de Sciencia".[9]

Ainda durante a licença médica, o reencontro com Teodoro Sampaio permitiria reiteradas consultas sobre temas de geologia e sobre a geografia física do interior da Bahia. Sampaio trabalhava na Comissão Geográfica e Geológica de São Paulo, dirigida pelo geólogo Orville Derby, instituição que contava também com o botânico Alberto Löfgren: os três terão servido como fonte de consultas. Sobre esse período, Sampaio contou depois que "[Euclides] trazia-me aos domingos os primeiros capítulos, os referentes à natureza física dos sertões, geologia, aspecto, relevo, e mos lia naquela sua caligrafia minúscula".[10] Teodoro ainda lhe repassou um trabalho inédito, *Apontamentos para a história da geografia brasílica*, que Euclides, "além de não devolvê-lo ao amigo, ainda aproveitou as páginas em branco como rascunho, ou versões preliminares, de trabalhos que iriam depois compor o livro *Contrastes e confrontos*".[11] Encontrado depois, por muito tempo acreditou-se que o caderno era um trabalho conjunto de Teodoro e Euclides.

As discussões com Sampaio não se restringiam ao conteúdo. Por vezes, o amigo reclamava da escolha de "termos desusados", que chamava de "calhaus no meio de uma corrente harmoniosa". Euclides não aceitava bem essa crítica e em determinada ocasião respondeu:

> Por velho ou esquecido, não perde para mim a força de expressão que eu procuro no vocábulo. Que me importa, a mim, que o leitor estaque na leitura corrente, se a impressão que lhe dou com esse termo esquecido é a mais verdadeira, a mais nítida, e, em verdade, a única que eu lhe queria dar?![12]

Euclides "escrevia com grande lentidão",[13] mas naquele momento tinha pressa. A guerra contra Belo Monte despertara enorme interesse, mas a curiosidade pode ser saciada rapidamente, e os relatos sobre o episódio começavam a aparecer em livros. Imaginava que para o sucesso da obra era crucial não desperdiçar o momento favorável. Assim, naqueles dois últimos meses de 1897 e no início do ano subsequente, grande parte do trabalho referente à primeira parte do livro — "A terra" — teria sido pelo menos esboçada ainda na fazenda paterna.[14] No mesmo período Euclides escreveu também um trecho da segunda parte, "O homem". O texto, que compara os vaqueiros do Nordeste a suas contrapartes gaúchas, saiu publicado no dia 19 de janeiro em *O Estado de S. Paulo* sob o título "Excerto de um livro inédito".

Ele marcava posição sobre seu interesse em ver cumprido o acordado com Júlio de Mesquita e ter suas experiências condensadas no livro que o jornal prometera publicar. Por essa época, a tese de que Antônio Conselheiro fora cúmplice de um complô para promover a restauração da monarquia já não se sustentava e, em consequência, o título do futuro livro fora atualizado de *A nossa Vendeia* para *A guerra no sertão*. Vale assinalar que o título *Os sertões* só prevaleceu quando o manuscrito já estava quase terminado, em 1900. No artigo publicado por Euclides na edição de agosto/setembro de 1899 da *Revista Brasileira*, a obra anunciada ainda se chamava *A guerra no sertão*. No início de fevereiro de 1898, Euclides fez uma exposição no Instituto Histórico e Geográfico de São Paulo (IHGSP) a respeito da climatologia da Bahia e discutiu as teorias sobre as secas, temas que também incluiu em *Os sertões*. Euclides fora eleito sócio do IHGSP em abril do ano anterior por proposta do botânico Alberto Löfgren, que tivera um estudo seu sobre a flora de São Paulo resenhado por ele nas páginas de *O Estado de S. Paulo*.

Apesar do mau estado de saúde, Euclides trabalhava com determinação no projeto de livro; continuava a tossir sangue com frequência e seguia com dificuldades em relação à alimentação. Aliás, tornou-se um convidado difícil de agradar à mesa de refeições, "um torturado a quem as iguarias faziam mais medo do que as carabinas da jagunçada revolta na caatinga". Teodoro Sampaio resumiu a situação de forma precisa: "Era um doente, talvez imaginário, mas de fato um doente".[15]

Na madrugada de 22 para 23 de janeiro de 1898 desabou a ponte metálica recém-construída na cidade de São José do Rio Pardo. A obra começara em 1896 e deveria ter sido entregue em 3 de dezembro de 1897, mas os engenheiros do estado encarregados da vistoria encontraram falhas e não aceitaram receber a ponte, que mesmo assim começou a ser utilizada. Pior, no 19 ela foi inaugurada solenemente. No dia seguinte os fiscais encontraram um pilar fissurado e mandaram escorar a ponte. Não resolveu: com menos de dois meses de uso, a estrutura emborcou e caiu no leito do rio Pardo. O engenheiro responsável pela construção, Artur Pio Deschamps de Montmorency, foi processado — e absolvido em 1900.

Antes de partir para a Bahia, Euclides da Cunha fora responsável pela fiscalização do início daquela obra e chegara até a visitar São José do Rio Pardo duas vezes, em agosto e setembro de 1896, para acompanhar a construção como engenheiro fiscal. Em maio do ano seguinte entrara em licença na

Superintendência. Não se pode, portanto, atribuir responsabilidade a ele, mas o incidente atingiu seu sentido de dever. Reapresentou-se na Superintendência de Obras Públicas e solicitou ao diretor, Inácio Wallace da Gama Cochrane, que o designasse responsável pela recuperação da estrutura. No dia 28 de janeiro, acompanhou o diretor das Obras Públicas na visita à cidade para avaliar o estrago e iniciar as providências de resgate das partes reaproveitáveis da ponte. Depois de idas e vindas durante o mês de fevereiro, em março Euclides, Saninha e os dois filhos se mudaram para São José do Rio Pardo.

No trabalho de reconstrução, o engenheiro liderou uma equipe de quinze operários, a maioria imigrantes italianos;[16] para a elaboração de sua futura obra-prima literária, o escritor contou com a amizade e o apoio do dedicado círculo de amigos que logrou formar na cidade. Os Cunha viveriam ali pouco mais de três anos, um período tranquilo e extremamente produtivo para Euclides. Consta, porém, que Saninha abominou a cidade, deixando — injustamente ou não — a imagem de "mulher fútil e namoradeira".[17]

Até as queixas sobre problemas de saúde tornaram-se menos frequentes naquele período, sem cessar de todo. Em carta enviada a Francisco Escobar da fazenda do pai, o refúgio habitual para convalescer das crises, Euclides contou que se recuperava de um percalço, "mas ainda sob a impressão de um grande susto: não se resvala impunemente pelo túmulo!". E acrescentou: "Estou como quem se abeirou da *selva oscura* de Dante — aterrado, e ao mesmo tempo delirando quase pela ânsia de viver".[18]

Apesar da aparente calmaria na vida familiar, de contar com a admiração dos rio-pardenses e — como nunca, antes ou depois — de desfrutar de amizades dedicadas e sintonizadas com seus interesses pessoais e intelectuais, é difícil especular sobre a felicidade pessoal de Euclides. Em uma queixa que será constante daí em diante, ele se angustiava por não poder se dedicar exclusivamente à literatura. O tempo passava, e a campanha contra Belo Monte perdia sua atualidade. De nada adiantara a pressa na elaboração do início do manuscrito, ainda antes da ida para São José. Em maio de 1900, com o manuscrito final sendo passado a limpo, Euclides reclamou com o baiano Egas Moniz, que lhe cobrava a publicação do livro: "Levo a mais inútil das vidas em perene conflito com a minha engenharia obscura, cujas exigências me afastam de outras ocupações mais atraentes às quais somente dedico um ou outro quarto de hora de folga nos meus dias fatigantes de operário".[19]

A família Cunha fora morar em um sobrado na esquina das ruas Floriano Peixoto e 13 de Maio; ali viveria a maior parte de seu tempo na cidade. Na margem esquerda do rio Pardo instalou-se o canteiro de obras para, em primeiro lugar, retirar a estrutura metálica colapsada do leito do rio, e em seguida consertá-la e reaproveitá-la. Depois de estudar o problema, Euclides concluiu que a ponte permaneceria estável se instalada a poucas dezenas de metros do sítio original. À sombra de uma imensa paineira, mandou erguer um pequeno barracão de tábuas coberto com folhas de zinco. Ali instalou seu escritório, de onde dirigiria a reconstrução da ponte. Quando sua intervenção não era necessária, ali mesmo trabalhava no livro.

As duas obras mais conhecidas de Euclides da Cunha seguiriam em paralelo: *Os sertões* e a ponte sobre o rio Pardo. Mas outros trabalhos, nas duas áreas, também o ocuparam naqueles três anos. Na engenharia, elaborou o projeto de reforma da cadeia local e dirigiu os trabalhos da estrada São José-Caconde. Continuou contribuindo para *O Estado de S. Paulo* com artigos esporádicos: "O Brasil mental" (10 a 12 de julho de 1898),[20] "Fronteira sul do Amazonas" (14 de novembro de 1898), "A guerra no sertão" (25 de fevereiro de 1900),[21] "As secas do Norte" (29 e 30 de outubro e 1º de novembro de 1900)[22] e "O Brasil no século XIX" (31 de janeiro de 1901).[23] Publicou, ainda, em 6 de maio de 1900, no jornal de São José, *O Rio Pardo*, o artigo "O IV centenário do Brasil".

Dentre as relações que fez na cidade, Francisco Escobar, então intendente (prefeito), tornou-se certamente a influência e a amizade mais importante: houve uma conexão intelectual profícua e uma afeição profunda e duradoura. Além de emprestar livros, traduzir textos de línguas que Euclides não dominava (como o latim) e debater com ele os temas científicos e literários de *Os sertões*, Escobar ajudou com o mesmo empenho em detalhes práticos, como a busca de um calígrafo que copiasse o manuscrito final, escrito na letra miúda e difícil de Euclides, em letra legível, para que editores e diagramadores pudessem levar adiante o processo editorial sem tropeços devido à má caligrafia do autor.

A amizade com Escobar mostrou-se igualmente útil em episódios do cotidiano. Certa vez, irritado com as contínuas algazarras até tarde da noite em um bar em frente de casa, Euclides — armado e furioso — desabafou com o amigo que contemplava tomar alguma atitude extrema contra o vizinho incômodo. Escobar mandou chamar o dono do botequim, que, ameaçado de alguma forma pelo intendente municipal, em poucos dias "transpassou o negócio...".[24]

Abolicionista e republicano militante, Escobar tinha ainda veleidades socialistas. Além disso, por tradição, a interiorana São José já era campo fértil para ideias políticas avançadas. Na proclamação da República, a cidade se adiantara ao resto do país. Em agosto de 1889, durante uma visita do líder republicano Francisco Glicério, depois de um incidente confuso, as autoridades policiais foram presas, e São José do Rio Pardo declarou-se "cidade livre" e republicana. A situação acabou revertida sem luta poucos dias depois, com a chegada de reforços policiais, mas o incidente não deixou de ser significativo.

São José contava com numerosa presença de colonos italianos por conta da lavoura cafeeira; os imigrantes haviam trazido consigo o amplo espectro das ideias socialistas presentes no Sul da Europa no fim do século XIX, do anarquismo ao comunismo, com predomínio do primeiro. Aos italianos somavam-se os socialistas nativos. Dentre os amigos de Euclides, além de Escobar, também simpatizava com o socialismo o jovem Paschoal Artese. A cidade possuía nada menos que três clubes socialistas: Os Filhos do Trabalho, o Clube Socialista dos Operários e o Clube dos Trabalhadores Agrícolas. Ainda que persistam muitas dúvidas, há indícios de que Euclides teria participado da redação do manifesto dos Filhos do Trabalho lido na festa de 1º de maio de 1901.[25]

À medida que a ponte era reerguida e *Os sertões* escrito, o tempo transcorria entre pequenas e grandes tragédias, ilusões e até experiências místicas. Houve o dia em que um dos operários, Garibaldo Trecoli, morreu afogado quando se banhava no rio Pardo. E, pelo lado tragicômico, as águas também quase tragaram parte do manuscrito de Euclides, cujas folhas haviam sido levadas por uma ventania. Os trabalhos da obra foram paralisados até que o desesperado engenheiro e toda a equipe de operários pescassem todos os papéis antes que a corrente os levasse.

Foi também em São José do Rio Pardo que Euclides se deparou pela primeira vez com a imagem de uma misteriosa "dama de branco", visão que voltaria a atormentá-lo em ocasiões futuras. Nessa ocasião, a ilusão apareceu "em pleno dia, com o sol a pino". A imagem de uma mulher de branco debruçada na cancela de uma casa desabitada dissolveu-se à medida que Euclides foi se aproximando.[26] A falta de religiosidade formal não se traduzia em descrença no sobrenatural. Em 10 de janeiro de 1900, o sogro, general Sólon Ribeiro, morreu em Belém do Pará, mas antes tivera oportunidade de rever a filha e os netos em uma visita feita a São José. Certa noite Euclides se apavorou ao confundir a esposa vestida de luto com o fantasma de Sólon. Após o ocorrido, por via das dúvidas, a família Cunha optou por mudar-se do sobrado que havia hospedado o general.

Em 31 de janeiro de 1901 nasceu Manuel Afonso, o terceiro varão do casal Euclides e Saninha. O engenheiro estava por terminar a ponte; o escritor concluíra seu texto: o manuscrito fora revisado e passado a limpo.²⁷ Em meados do ano anterior, deixara o calhamaço nas mãos de Júlio de Mesquita. Como muitas obras literárias da época, uma possibilidade era que fosse sendo publicada em partes pelo jornal, como folhetim, e depois toda a obra reunida em um volume — como fora prometido nas páginas do próprio *O Estado de S. Paulo* quando o jornal anunciou a ida do correspondente para a frente de batalha.

A retomada do contato com Júlio de Mesquita também resultara no aceno de uma candidatura à Assembleia Legislativa de São Paulo para a legislatura 1901-1903. Durante toda a República Velha, o Partido Republicano Paulista dominou por completo a Assembleia e o Senado do estado, elegendo também todos os governadores. Na prática, a disputa real se dava na etapa da definição dos candidatos do partido. Aquele pleito ganhava importância adicional devido à ideia que circulava na época de uma reforma da Constituição estadual (que só viria a ocorrer em 1905). Sondado, Euclides aceitou com entusiasmo. Relembrou as credenciais de republicano ainda durante o antigo regime e prometeu que na assembleia seria "um trabalhador". Queria, de fato, integrar o rol de candidatos:

> Apesar de uma mocidade revolucionária, sou um tímido. Assusta-me qualquer conceito dúbio ou vacilante. E está nisto explicada mesmo a anomalia de ter permanecido engenheiro obscuro até hoje, num regime cuja propaganda me levou até à revolta e ao sacrifício franco, como sabe. Assim, meu ilustre amigo, já que me desviou, num belo impulso de espírito generoso e forte, do modesto programa da minha vida, reduzido à convivência tranquila de alguns livros, para me apontar destino mais alto, sustente-me.²⁸

Não funcionou. O possível empenho de Júlio de Mesquita não bastou para convencer os próceres do Partido Republicano Paulista a endossar um candidato que, na verdade, era estranho à política paulista. Não fora apenas Euclides que se animara. Reinaldo Porchat, colega em *O Estado de S. Paulo*, também imaginara ser ungido pela cúpula partidária. Conforme comentou Euclides em carta a Porchat,[29] este chegou um pouco mais longe, conseguiu um cargo na estrutura do partido, mas tampouco obteve a indicação. Júlio de Mesquita, em contraste, elegeu-se deputado estadual naquela quinta legislatura, como fora para a primeira (e constituinte), a terceira, a quarta, e seria para a sétima e a oitava.[30]

Com a ponte reconstruída e o manuscrito terminado, estava claro que se fechava um ciclo na vida de Euclides. Era hora de pensar no futuro.

A reinauguração da ponte sobre o rio Pardo ocorreu em 18 de maio. O diretor da Superintendência de Obras Públicas, Gama Cochrane, compareceu à cerimônia e se hospedou na casa dos Cunha. No início da tarde, as autoridades, acompanhadas de parte da população, atravessaram a ponte enfeitada com bandeirolas, em uma festa animada por duas bandas de música — a Filarmônica Italiana e a do Circo Pinho —, fogos de artifício e, naturalmente, discursos. A alameda da qual a ponte faz parte foi renomeada avenida Dr. Euclides da Cunha. A exposição do engenheiro responsável pela obra foi concisa; agradeceu as homenagens e atribuiu o sucesso da empreitada principalmente aos operários de sua equipe. Também havia conseguido que um de seus colaboradores, Mateus Volota, fosse contratado pela prefeitura como guardião da ponte.

À noite, Euclides convidou os amigos para uma mesa de doces em casa e recebeu de presente um taqueômetro. Comemorava também o batizado do filho Manuel Afonso, realizado naquela manhã. Fora um dia movimentado.

Entregue a obra, deixou São José do Rio Pardo. Em janeiro recebera uma promoção, passando a chefe de distrito. Retornou à sede, em São Carlos do Pinhal, para fiscalizar a construção do edifício do Foro local enquanto não se definia o distrito que chefiaria. Parecia conveniente, visto que a fazenda do pai ficava no município vizinho, e já contava com familiares em São Carlos, pois a irmã Adélia se casara com Otaviano Vieira, juiz de direito naquela cidade. Malgrado essas circunstâncias, porém, seguia insatisfeito e explorava outras opções. Fora sondado pelo irmão de um antigo colega da Escola Militar para se postular a um concurso de professor aberto no ginásio da cidade de Campinas; chegou a se inscrever, mas acabou não se apresentando à seleção. A esperança de ser contratado para a Escola Politécnica de São Paulo se reavivou, porém essa novela continuaria se arrastando até 1904.

Ficou pouco em São Carlos, porque em novembro saiu a nomeação para chefe do 2º Distrito, com sede em Guaratinguetá. Decidiu residir com a família na cidade de Lorena, a cerca de vinte quilômetros de distância, mas a instalação em Lorena só se concretizou em dezembro. A preferência por Lorena decorreu da decisão de matricular os filhos Sólon e Quidinho no colégio São Joaquim, escola de muito prestígio acadêmico; os dois cursaram o São Joaquim até 1905.

Antes de se instalar no novo domicílio, convenientemente situado entre o Rio e São Paulo, Euclides foi à capital da República levando o manuscrito do livro.[31] Depois de meses sem notícias sobre o andamento da edição, voltara às instalações de *O Estado de S. Paulo* para conferir pessoalmente como andava o projeto. Não precisou perguntar. Subiu até a redação e encontrou os originais em um canto, apanhando poeira, sem o menor indício de que haviam sido ou seriam lidos. As rejeições assombram os autores inéditos. Para consolo dos muitos colegas de infortúnio — de ontem e hoje —, dessa frustração não escapou nem Euclides da Cunha e nem mesmo *Os sertões*. O escritor recuperou o manuscrito e saiu sem dizer mais nada... era desnecessário.

Como fazem muitos escritores, iniciantes ou não, Euclides acionou seus contatos para conseguir uma apresentação direta a um editor importante. Na redação de *O Estado de S. Paulo* conhecera Garcia Redondo, engenheiro como ele, mas membro fundador da Academia Brasileira de Letras. Com uma carta de apresentação deste, foi ao Rio de Janeiro procurar Lúcio de Mendonça, também acadêmico, com o pedido de o recomendar aos irmãos Laemmert ou ao Garnier. Euclides procurou também José Veríssimo, outro acadêmico e um dos críticos literários mais importantes do país, que endossou a recomendação. Chegou a um acordo com os Laemmert: arcaria com os custos da impressão do livro[32] — o que garantia que os editores não tivessem prejuízo — e dividiria os eventuais lucros pela metade.

O título definitivo ficou sendo *Os sertões (campanha de Canudos)*. Inicialmente o lançamento estava previsto para abril de 1902; as primeiras provas da impressão chegaram às mãos de Euclides já em fins de janeiro. O autor buscou divulgar o futuro livro em artigos que publicou ao longo do ano: "Olhemos para os sertões", em 18 e 19 de março em *O Estado de S. Paulo*, e "A guerra das caatingas", em 6 de agosto no *O Paiz*. A angústia da espera para ver o livro terminado não ajudava a saúde sempre precária. Em meados de abril, Euclides sofreu outra crise, uma "ligeira congestão pulmonar". Diagnóstico suave para o comentário mórbido que revelava o nível da ansiedade: "Passou, deixando um leve arrepio de morte, que também passará".[33]

As agruras com os editores continuaram. Como o "arrepio de morte", a data prevista no contrato para a publicação, abril, também passou sem que o livro ficasse pronto. Os Laemmert, porém — editores inteligentes que eram —, sabiam compreender e animar os autores justamente aflitos. Em agosto, frustradíssimo, Euclides foi ao Rio para "saber o dia que, afinal, ficará pronto o meu encaiporado livro". Eles o receberam "num quase entusiasmo, e, quebrado o antigo desalento, quase preveem um sucesso àquelas páginas despretensiosas".[34] O autor não saiu com nada além de outra data prevista para a publicação, mas regressou a Lorena mais feliz. Fazer com que os livros sejam impressos é apenas uma parte, talvez a mais fácil, do trabalho de um editor talentoso.

Em São José do Rio Pardo, Euclides reerguera a ponte e escrevera a maior parte de *Os sertões*; em Lorena continuou nos trabalhos de engenharia e corrigiu incessantemente as provas do livro. Seguia aborrecido com o trabalho de engenheiro e fazia planos de retomar a tentativa de ser contratado como professor na Escola Politécnica de São Paulo, "onde [...] poderei encontrar os elementos de vida que faltam nesta convivência estúpida com as dezenas de empreiteiros que rodeiam".[35] Garcia Redondo, que o ajudara a encontrar editor para *Os sertões*, era lente da Politécnica e Euclides contava com seu apoio. Enquanto isso, fazia trabalhos variados, entre os quais o de procurar um sítio adequado em uma das ilhas do litoral paulista para construir um presídio. A tarefa era especialmente desagradável para alguém dado a enjoos marítimos como ele, mas Euclides definiu o encargo com ironia e bom humor: "Adorável comissão! Calcula lá, se podes, o enorme prazer com que vou desempenhá-la... e se pudesse escolher também os presidiários...".[36]

Os enjoos foram o de menos na oportunidade em que, na companhia do amigo Vicente de Carvalho, durante uma das viagens, o navio em que iam enfrentou forte temporal, quase naufragando. Passado o susto, com seu senso de humor peculiar, Euclides comentou com o companheiro: "Se eu morresse, tinha uma bela morte, a morte no cumprimento do dever. A sua é que seria estúpida; morrer num passeio".[37]

A vida privada também continuava com suas alegrias e dificuldades. Depois de breve período em uma primeira residência, mudaram-se para uma casa espaçosa, nas proximidades do colégio São Joaquim, onde Sólon e Quidinho passavam o dia. Saninha se dedicava ao caçula Manuel Afonso e frequentava as atividades promovidas na escola dos filhos mais velhos. Euclides, por conta das viagens de trabalho e do envolvimento com a edição do livro, era uma ausência quase permanente. Ainda assim, tornou-se conhecido na cidade por seu lado supersticioso com pequenos episódios, como quando alvoroçou a vizinhança para expulsar um gato preto que se refugiara debaixo da sua cama e se recusava a sair.

Em maio, Quidinho, então com pouco menos de oito anos, feriu-se no rosto com a explosão de fogos de artifício. Houve o temor de que o menino pudesse perder a visão ou ficar com a face deformada, mas ele se recuperou sem maiores sequelas depois de meses de cuidado. A relação entre Euclides e Saninha continuava fria e, aparentemente, pouca comunicação havia entre os dois. Conta o pesquisador Francisco Sodero Toledo que, em determinada ocasião, Euclides recebeu a visita inesperada da dona da casa em que moravam para cobrar um atraso de três meses no aluguel. Surpreendido, ele chamou a esposa e disse à proprietária do imóvel: "Entrego quinhentos mil-réis à Saninha, todo mês, para as despesas da casa. Entenda-se com ela".[38] E saiu...

Na política nacional, o governo Campos Sales terminava, mas o presidente faria seu sucessor. Em 1º de março de 1902, a chapa encabeçada por Rodrigues Alves, tendo Silviano Brandão como vice, fora eleita para o quadriênio que se iniciaria em 15 de novembro. Campos Sales saneara as finanças federais, e o novo governo logo colheria os frutos da reorganização da economia conseguida pelo predecessor. No plano político, Rodrigues Alves consolidaria a chamada "política dos governadores", sob a hegemonia paulista. Mas os tempos ainda eram difíceis. Os preços do café oscilavam e a política interna ainda vivia sobressaltos. Em compensação, na Amazônia a riqueza da borracha despontava com uma elevação contínua no valor do produto e da quantidade produzida. A contrapartida da nova fonte de riqueza era o estremecimento das relações internacionais. Com a valorização da borracha, os confrontos entre brasileiros, bolivianos e peruanos ficavam cada vez mais frequentes e violentos, e pairava o espectro de uma guerra na ausência de um entendimento claro sobre por onde passavam as fronteiras entre os três países naquela região.

6.
Os sertões

Além da intensa cobertura jornalística desde final de 1896 e ao longo do ano seguinte, a destruição de Belo Monte gerara uma série de livros. Já em outubro de 1897 começou a aparecer no jornal monarquista *O Commercio de São Paulo* um folhetim intitulado *Os jagunços*. Vinha assinado por Olívio Barros, pseudônimo de Afonso Arinos,[1] um escritor que já trabalhava no resgate de histórias sobre o sertão, com mais incidência sobre Minas Gerais, de onde era oriundo. Em 1898 os capítulos do folhetim foram reunidos em livro de mesmo nome. Arinos desmentiu a suposta inspiração monárquica da revolta e definiu a destruição de Belo Monte e o extermínio de seus habitantes como um ato criminoso.

Manuel Benício, correspondente do *Jornal do Commercio* que esteve na frente de combate até ser de lá expulso pelo Exército, publicou em 1899, portanto também antes de Euclides, *O rei dos jagunços*, com fortíssimas críticas à condução militar da campanha. Com empatia pelos sitiados, o livro de Benício contou, em tom de romance, o desenrolar dos eventos da perspectiva dos habitantes de Belo Monte. Vale ressaltar que o jornalista buscou, inclusive, desmentir a versão que descrevia Antônio Conselheiro como um desequilibrado ou criminoso: "O conselheiro era simples [...] modesto, sem aspirações no mundo, humilde e bom, ele sabia consolar os desesperados e aconselhar para o bem". Sobre o fundador de Belo Monte, vislumbrou que "seu nome será inolvidável na crônica nacional",[2] mas entendia que não o seria como o vilão que a historiografia — muito influenciada por Euclides — por muito tempo pintaria.

Ainda em 1899, Alvim Martins Horcades, que trabalhara como auxiliar médico no hospital de campo da frente de batalha, publicou o livro *Descrição de uma viagem a Canudos*, também com críticas à condução da guerra e ao massacre dos sertanejos. Naquele mesmo ano, o político baiano César Zama publicou o violentíssimo *Libelo republicano acompanhado de comentários sobre a campanha de Canudos*. Zama culpava o governador da Bahia, Luís Viana, pela deflagração do conflito, cuja gênese atribuiu a interesses eleitorais locais. O então presidente em exercício, Manuel Vitorino, conterrâneo e aliado político do governador, passou a tratar o tema no âmbito federal, e Prudente de Morais, por omissão, deixou que a tragédia seguisse seu curso. Entre outras denúncias, a degola em massa dos prisioneiros — em obediência a ordens superiores, que Zama elevou ao próprio ministro da Guerra — foi exposta sem meios-tons.

Esse *Libelo* está, certamente, entre os textos mais críticos sobre a destruição de Belo Monte, contendo muitas passagens como a que se segue:

> O termo vulgar de jagunços serviu para designar em geral os moradores de Canudos: eles nada tinham dessas entidades, que assim são denominadas nos nossos sertões.
> O correspondente da *Gazeta de Notícias* os qualifica de bandidos. A história dirá mais tarde, com a imparcialidade e justiça que são o seu apanágio, quais os bandidos — se os degoladores, ou os degolados; se os incendiários, ou os incendiados.

Também anterior a *Os sertões* é o estudo do tenente-coronel Emídio Dantas Barreto, de 1898, que narrou em detalhes a campanha militar da Quarta Expedição. Ainda que no livro *Última expedição a Canudos* ele tenha desmentido a possível inspiração, participação ou apoio monarquista ao movimento de Antônio Conselheiro, o relato se pauta pela glorificação da ação do Exército. Aliás, já durante o desenrolar da campanha da Quarta Expedição, a tese da conspiração monarquista foi ficando progressivamente desacreditada e logo após o conflito se tornou muito pouco aceita. Sem citar a fonte, Euclides aproveitaria muitas das informações — até mesmo em paráfrases do texto original — do livro do militar.

Dantas Barreto não foi o único veterano da guerra a dar sua versão sob a forma de livro. Também em 1898 o major Antônio Constantino Néri publicou *A Quarta Expedição contra Canudos*. Néri depois seria senador e sucederia o irmão como governador do estado do Amazonas em 1904. No mesmo ano em que apareceu *Os sertões* — 1902 — também saiu o livro *A Guerra de Canudos*, de autoria do tenente Henrique Duque Estrada Macedo Soares.

Além dos textos em prosa, a guerra mereceu um belo relato em verso: *Tragédia épica — Guerra de Canudos*, do poeta baiano Francisco Mangabeira, publicado em 1900. Mangabeira participou da Quarta Expedição como médico. O autor inicia o livro com uma carta a um colega médico morto aos dezoito anos no conflito e explica que: "Se converso com um morto sobre uma desgraça da nossa Pátria, é porque os vivos parecem não ligar importância a essas futilidades". Na apresentação ele explica que "todos, soldados e fanáticos, foram igualmente vítimas do mais lamentável erro político". O médico e poeta conheceu Euclides na frente de batalha e relata que um dos vinte capítulos que compõem o livro, o canto "O assalto à artilharia", seria "uma espécie de tradução para o verso de uma belíssima carta que o dr. Euclides da Cunha escreveu de Canudos para o *Estado de S. Paulo*, onde este meu saudoso amigo derramou tanta luz em belíssimas e magistrais correspondências, que, publicadas em livro, lhe garantiriam um triunfo literário".

Com o fim da guerra verificou-se a ausência de indícios de haver qualquer tipo de ajuda concreta ou mesmo de inspiração monarquista na fundação de Belo Monte, e ficou evidente que o arraial jamais representara ameaça ao regime republicano ou ao Estado brasileiro. Depois do fracasso do atentado contra Prudente de Morais, a desmoralização das correntes jacobinas que insuflavam aquelas versões contribuiu para a rápida e completa reviravolta da opinião pública em relação ao episódio da destruição de Belo Monte. Ficou claro que a demonização dos sertanejos não passara de um delírio coletivo criado por interesses políticos. Como em muitas outras tragédias da história, pessoas pacatas e quem sabe de bom coração compactuaram — ainda que pela passividade — com a matança de inocentes. Desfeito o devaneio sobre o caráter maligno de Belo Monte, o desconforto com o massacre tornou-se geral.

A despeito da pressa inicial, que levara Euclides a escrever a primeira parte de *Os sertões* e um pedaço da segunda ainda antes de chegar a São José do Rio Pardo, no momento em que a obra finalmente foi publicada — cinco anos depois de terminada a guerra —, o tema deixara de ser novidade. O autor tinha isso claro. No parágrafo que abre *Os sertões*, ele explica aos leitores que trabalhou na obra "nos raros intervalos de folga de uma carreira fatigante" e que, por isso, o assunto perdera "toda a atualidade". Assim, mudara o foco da narrativa, "tomando apenas variante de assunto geral o tema, a princípio dominante, que o sugeriu".

A evolução do título proposto para o livro, de *Nossa Vendeia* para *A guerra no sertão* e finalmente para *Os sertões (campanha de Canudos)*, com o detalhe de a expressão "campanha de Canudos" vir entre parênteses, corrobora a mudança de objeto. O plural de *Os sertões* dá a pista adicional de que a narrativa quer ter um alcance para além do ocorrido no interior da Bahia, episódio que apenas serve como estudo de caso para um propósito maior. Aliás, a ideia de sertão, na tradição portuguesa, contrapõe-se ao litoral de maneira geral. Assim, por exemplo, a Amazônia também era entendida como um sertão, ou um deserto (de pessoas). O que ocorrera no sertão da Bahia seria paradigmático para todo o imenso interior do Brasil. Na época, a população brasileira não indígena, mais do que hoje, se espremia em uma estreita franja litorânea, em contraste com um vasto e desconhecido sertão, ou sertões — onde muitos autores, e não apenas Euclides, iriam situar a "verdadeira" essência da nacionalidade.

A progressiva mudança de título e objeto do livro reflete também o processo gradual de tomada de consciência do escritor sobre o equívoco da interpretação inicial de Belo Monte como movimento antirrepublicano a ser esmagado a todo custo, visão que ele próprio propagara em seus primeiros escritos sobre o tema e também durante o período em que fora correspondente de guerra. A tese de que Euclides, horrorizado com o que vira na frente de combate, acabara logo em seguida por denunciar a campanha como crime não passa de mistificação. Como jornalista, fizera uma cobertura parcializada em favor do Exército. Longe de inaugurar ou liderar a mudança da opinião pública sobre o tema, se conformara — certamente convencido e de boa-fé — à reviravolta interpretativa ocorrida entre fins de 1897 e 1902 (e que, é certo, arremataria com a publicação de *Os sertões*). Na verdade, quando finalmente publicou seu relato na forma de livro, seria quase impossível fugir da constatação, àquela altura já muito clara, de que os sertanejos haviam sido vítimas de um massacre injustificado — um crime já denunciado por muitos. O fato estava amplamente estabelecido, porém ainda faltava uma explicação com a qual todos pudessem concordar.

Em sua obra-prima, Euclides apresentou-se não como literato, mas principalmente como homem de ciência e historiador na linha das ideias de Taine. Anunciou que sua intenção era "esboçar, palidamente embora, ante o olhar de futuros historiadores, os traços atuais mais expressivos das sub-raças sertanejas do Brasil", que estimava estarem à beira da extinção "ante as exigências crescentes da civilização e a concorrência material intensiva das correntes migratórias".

O cerne do argumento de Euclides se apoiava na proposta de Gumplowicz da luta entre as raças como motor da história, com o "esmagamento inevitável das raças fracas pelas raças fortes". Os sertanejos — como os brasileiros em geral — não constituíam uma raça; contudo, segundo Euclides, o isolamento desses mestiços de índios e brancos (com pouca presença de negros) estaria propiciando o surgimento de um grupo racialmente homogêneo. E, por estarem isolados no espaço, os sertanejos teriam permanecido estagnados, distantes dos avanços e das ideias modernas. Viveriam em um "tempo" já superado pela maioria dos compatriotas; distinguiam-se dos demais brasileiros por estarem atrasados no encontro inevitável com a civilização. O isolamento, contudo, seria inexoravelmente rompido antes que o processo de mestiçagem pudesse produzir uma raça bem definida. Assim, concluía Euclides, "Retardatários hoje, amanhã se extinguirão de todo", os sertanejos estariam extintos antes de chegar a formar uma raça bem definida.

Com isso, o livro tinha o propósito de estudar cientificamente aquela sub-raça para "o olhar dos futuros historiadores". O relato da destruição de Belo Monte teria, assim, o valor de mero estudo de caso dentro do processo maior que Euclides buscava descrever, com a frieza do cientista e no espírito do "narrador sincero" de Taine.

> A campanha de Canudos tem por isto a significação inegável de um primeiro assalto, em luta talvez longa. Nem enfraquece o asserto o termo-la realizado nós, filhos do mesmo solo, porque, etnologicamente indefinidos, sem tradições nacionais uniformes, vivendo parasitariamente à beira do Atlântico dos princípios civilizadores elaborados na Europa, e armados pela indústria alemã — tivemos na ação um papel singular de mercenários inconscientes. Além disto, mal

unidos àqueles extraordinários patrícios pelo solo em parte desconhecido, deles de todo nos separa uma coordenada histórica — o tempo.

Aquela campanha lembra um refluxo para o passado.

Havia também, contudo, um sentido moral na narrativa. O extermínio dos seguidores de Antônio Conselheiro fora, "na significação integral da palavra, um crime". Esse propósito de denúncia aparecia como novidade em relação ao trabalho desenvolvido como correspondente de guerra; ao lançar o livro, contudo, Euclides endossava com veemência essa acusação. O objetivo último da obra seria de ordem moral: "Serei um vingador e terei desempenhado um grande papel na vida — o de advogado dos pobres sertanejos assassinados por uma sociedade pulha, covarde e sanguinária...".[3] Verifica-se, portanto, uma "dualidade de propósitos"[4] no texto de Euclides: de um lado, o autor se situa no papel de observador neutro, dotado de olhar científico; de outro, busca fazer uma denúncia cheia de paixão e indignação.

Como objetivo não explicitado, em plena sintonia com as grandes preocupações daquele momento da vida brasileira, Euclides iria discutir a nacionalidade — uma das grandes tarefas dos intelectuais naquela quadra. Como ressaltam muitos autores, entre eles José Murilo de Carvalho, "a busca de uma identidade coletiva para o país, de uma base para a construção da nação, seria tarefa que iria perseguir a geração intelectual da Primeira República".[5]

No regime monárquico, o imperador encarnava a nação e os brasileiros se singularizavam por serem súditos do mesmo monarca, não importando as diferenças que tivessem entre si: senhores e escravos, "selvagens" ou "civilizados", brancos, negros, índios ou mestiços. Não havia cidadãos; havia súditos, e estes poderiam ter em comum apenas o laço vertical que os ligava ao soberano. Os reinos dinásticos reuniam tipicamente povos e culturas muito diversos, em territórios às vezes separados espacialmente até por oceanos. Neles, a desigualdade era a norma: da família real aos súditos mais humildes — inclusive escravos —, todos deveriam manter-se nos papéis a eles destinados pela Divina Providência.

Na República, o quadro se alterava: todos seriam cidadãos. Os brasileiros, sem exceção, compartiriam um sentido de "brasilidade", qualidade de difícil definição. Essa "brasilidade" adviria da raça, da cultura ou da civilização? Existiria uma raça, uma cultura ou uma civilização *brasileira*? Esse traço essencial, a "brasilidade", era algo que ficava por ser definido. Para Euclides, contudo, o elemento de identidade entre os brasileiros adviria muito mais das populações do interior do que dos habitantes do litoral e das grandes cidades, estes corrompidos pela influência contínua — e pelos fluxos populacionais — do estrangeiro.

O esquema explicativo adotado por Euclides nada tinha de original. Em um plano mais amplo, imperava a luta entre as raças, na linha do proposto por Gumplowicz. Assim, a definição da nação passava pela categoria "raça"[6] e, de certa forma, com ela se confundia. Dessa diretriz geral se passava ao caso singular: a discussão da questão racial no Brasil, com base na influência do meio e da história no processo de mestiçagem.

Em primeiro lugar, portanto, cabia discutir o meio físico e as condições naturais que haviam condicionado a evolução racial no país. Na primeira parte do livro — "A terra" —, Euclides faz uma explanação sobre a geologia, a geografia física, o clima, a flora e a fauna dos sertões, com foco no cenário da guerra. O relato obedece aos limites da ciência de seu tempo e, mais ainda, da ciência que chegava ao Brasil naquele fim de século. Contudo, mesmo nesses termos, em alguns pontos suas teses traziam equívocos notáveis, e muitas das ideias de fundo já eram claramente recusadas pela maior parte da comunidade científica do início do século XX.

Em todo caso, tratou-se de um esforço certamente impressionante, em que o escritor soube pontuar o discurso cientificista com imagens de grande valor literário. Um dos exemplos mais conhecidos desse balanço é o trecho em que discute a secura do clima no sertão da Bahia. Em lugar de usar medições objetivas, como estatísticas sobre umidade do ar, por exemplo, lança mão da imagem de higrômetros "inesperados e bizarros". Até esse ponto, inclusive, a narrativa que Euclides vinha desenvolvendo no livro se restringia à descrição física da região; somente nessa passagem o leitor ou a leitora será apresentado(a) — de forma brutal e inesperada — ao fato de que havia uma guerra em curso.

> O sol poente desatava, longa, a sua sombra pelo chão, e protegido por ela — braços largamente abertos, face volvida para os céus, — um soldado descansava.
> Descansava... havia três meses.
> Morrera no assalto de 18 de julho. [...] O destino que o removera do lar desprotegido fizera-lhe afinal uma concessão: livrara-o da promiscuidade lúgubre de um fosso repugnante; e deixara-o ali há três meses — braços largamente abertos, rosto voltado para os céus, para os sóis ardentes, para os luares claros, para as estrelas fulgurantes...
> E estava intacto. Murchara apenas. Mumificara conservando os traços fisionômicos, de modo a incutir a ilusão exata de um lutador cansado, retemperando-se em tranquilo sono, à sombra daquela árvore benfazeja. Nem um verme — o mais vulgar dos trágicos analistas da matéria — lhe maculara os tecidos. Volvia ao turbilhão da vida sem decomposição repugnante, numa exaustão imperceptível. Era um aparelho revelando de modo absoluto, mas sugestivo, a secura extrema dos ares.

A descrição da geologia e da geografia brasileira e, especificamente, do sertão da Bahia feita por Euclides já foi criticada de forma taxativa por muitos especialistas: "recifes" na costa fluminense, erro na delimitação do planalto central, "formações geognósticas" não identificáveis, o sertão como o fundo recém-sublevado de um mar extinto e outras pequenas e algumas nem tão pequenas barbaridades.[7] Inclusive, verifica-se que, em muitos casos, Euclides optou por relatos tecnicamente mais frágeis, mesmo em termos da ciência do seu tempo, para atingir o efeito literário que pretendia. Leopoldo Bernucci conclui, com muita propriedade, que "através da linguagem estonteante e persuasiva de Euclides, a representação da natureza chega a ser tão perfeita e detalhada, a despeito de sua factibilidade, que o que passa a adquirir importância parece já não ser propriamente o que se narra mas como se narra".[8]

A segunda parte de *Os sertões* — "O homem" — abre-se com uma discussão sobre o "problema etnológico" no Brasil. Ou seja, a questão das raças, em confusão com a ideia de nacionalidade.

Acreditando — na contracorrente do consenso científico já daquela época — no poligenismo, ele apresenta os indígenas como representantes de um suposto *Homo americanus*. A essa mítica linhagem humana autóctone do continente americano teriam vindo somar-se os africanos trazidos como escravos, exemplares do *Homo afer*, "filho das paragens adustas e bárbaras, onde a seleção natural, mais que em quaisquer outras, se faz pelo exercício intensivo da ferocidade e da força". Aos dois elementos agregou-se "o português, que nos liga à vibrátil estrutura intelectual do celta". Este último seria o "fator aristocrático de nossa *gens*". E prossegue: "Conhecemos, deste modo, os três elementos essenciais, e, imperfeitamente embora, o meio físico diferenciador — e ainda, sob todas as suas formas, as condições históricas adversas ou favoráveis que sobre eles reagiram".

Argumentou que, por razões históricas, a mestiçagem no Brasil se dera — e continuava com as migrações — de forma desigual e submetida às condições físicas muito diversas do extenso território.⁹ Assim, não acreditava que o cruzamento das três raças já houvesse produzido o "brasileiro, tipo abstrato que se procura", e duvidava que se chegasse alcançar esse resultado: "A realidade daquela formação é altamente duvidosa, senão absurda".

Atacou a ideia de um inevitável "branqueamento" pela força do elemento branco — "mais numeroso e mais forte" — com a progressiva extinção dos indígenas e a diluição do negro. Criticou também a tradição da literatura romântica, que encarnava a nacionalidade nos indígenas — "devaneios a que nem faltam a metrificação e as rimas, porque invadem a ciência na vibração rítmica dos versos de Gonçalves Dias". Reclamou daqueles que, a seu ver, "exageram a influência do africano", e também da ideia do mulato como "o mais característico tipo da nossa subcategoria étnica".

Euclides duvidava que os brasileiros pudessem, mesmo em um futuro distante, alcançar uma homogeneidade racial e concluía:

> Não temos unidade de raça.
> Não a teremos, talvez, nunca.
> Predestinamo-nos à formação de uma raça histórica em futuro remoto, se o permitir dilatado tempo de vida nacional autônoma. Invertemos, sob este aspecto, a ordem natural dos fatos. A nossa evolução biológica reclama a garantia da evolução social.
> Estamos condenados à civilização.
> Ou progredimos, ou desaparecemos.¹⁰

Euclides definiu o sertanejo como o resultado do cruzamento de brancos e índios, isolado nas condições físicas do sertão, e o elevou à condição de "rocha viva de nossa raça", comparando-o com vantagem aos mulatos do litoral. Em resposta aos críticos que apontaram a contradição com a assertiva de que "não temos unidade de raça", a partir da segunda edição de *Os sertões*, o livro passou a trazer uma nota explicativa no final:

> Mas quem segue as considerações que alinhei acerca da nossa gênese, se compreende que de fato não temos unidade de raça, admite também que nos vários caldeamentos operados eu encontrei no tipo sertanejo uma subcategoria étnica já formada liberta pelas condições históricas das exigências de uma civilização de empréstimo que lhe perturbariam a constituição definitiva.
>
> Quer dizer que neste composto indefinível — o brasileiro — encontrei alguma coisa que é estável, um ponto de resistência recordando a molécula integrante das cristalizações iniciadas. E era natural que, admitida a arrojada e animadora conjectura de que estamos destinados à integridade nacional, eu visse naqueles rijos caboclos o núcleo de força da nossa constituição futura, a rocha viva da nossa raça.

O fato é que muito da segunda parte do livro — vista pelo olhar contemporâneo — soa como o manifesto de uma pseudociência que reflete os piores preconceitos raciais daquele início do século XX travestidos em linguagem cientificista, ainda que com certeza colorida e envolvente. Nesse espírito, chama a atenção a seção "Um parêntesis irritante", na qual, entre outros conceitos, Euclides afirma que: "A mistura de raças mui diversas é, na maioria dos casos, prejudicial". E prossegue com o argumento de que a "mestiçagem extremada é um retrocesso". O cruzamento entre as raças, além de "obliterar as qualidades preeminentes do primeiro [o branco], é um estimulante à revivescência dos atributos primitivos dos últimos [o negro e o índio]". Depois conclui que "o mestiço — traço de união entre as raças, breve existência individual em que se comprimem esforços seculares — é, quase sempre, um desequilibrado".

Para Euclides, o isolamento teve, contudo, uma "função benéfica" para a sub-raça sertaneja: "Libertou-os da adaptação penosíssima a um estádio social superior, e, simultaneamente, evitou que descambassem para as aberrações e vícios dos meios adiantados". Essa diferença explicaria sua suposta superioridade em relação aos mulatos do litoral. O sertanejo seria "um retrógrado", e não um "degenerado". Daí sua famosa conclusão, muito citada desde então: "O sertanejo é, antes de tudo, um forte". Em geral, contudo, não se acrescenta a frase que segue: "[O sertanejo] Não tem o raquitismo exaustivo dos mestiços neurastênicos do litoral". Tampouco se recorda que fica subentendido que o sertanejo se situa em patamar inferior ao do branco.

O fato de ele viver, de certo modo, "no passado", isolado dos avanços da civilização, teria consequências também cognitivas. A partir dessa ideia, Euclides começa a esboçar sua explicação para o conselheirismo:

> [O sertanejo] Está na fase religiosa de um monoteísmo incompreendido, eivado de misticismo extravagante, em que se rebate o fetichismo do índio e do africano. É o homem primitivo, audacioso e forte, mas ao mesmo tempo crédulo, deixando-se facilmente arrebatar pelas superstições mais absurdas.

Segue-se um capítulo para tratar da figura de Antônio Conselheiro, "documento vivo do atavismo". Partindo de uma imagem geológica — uma anticlinal que parte das camadas profundas da nossa estratificação étnica —, Euclides fez uma resenha da vida do beato com ênfase em episódios como a traição pela mulher e a lenda de que teria matado a própria mãe por engano, e concluiu que ele acabou "indo para a história como poderia ter ido para o hospício". Euclides lhe atribuiu um extenso rol de desqualificações: paranoico, gnóstico bronco, temperamento vesânico, caso notável de degenerescência intelectual, incompreendido, desequilibrado, retrógrado e monstro. Como síntese, repetiu a definição que lhe dera nas crônicas para *O Estado de S. Paulo* — grande homem pelo avesso.

Segundo Euclides, o fascínio que Antônio Conselheiro exercia sobre o povo sertanejo se explicava "não porque [Conselheiro] o dominasse, mas porque o dominavam as aberrações daquele [o povo sertanejo]". *Os sertões* retrata os habitantes de Belo Monte como uma seita milenarista à espera do apocalipse — do qual se salvariam os eleitos guiados pelo beato que anunciava "o juízo de Deus, a desgraça dos poderosos, o esmagamento do mundo profano, o reino de mil anos e suas delícias".

Contudo, sempre segundo Euclides, as prédicas do Conselheiro seriam toscas e pouco articuladas:

> Ele ali subia e pregava. Era assombroso, afirmam testemunhas existentes. Uma oratória bárbara e arrepiadora, feita de excertos truncados das *Horas Marianas*, desconexa, abstrusa, agravada, às vezes, pela ousadia extrema das citações latinas; transcorrendo em frases sacudidas; misto inextricável e confuso de conselhos dogmáticos, preceitos vulgares da moral cristã e de profecias esdrúxulas...
> Era truanesco e era pavoroso.
> Imagine-se um bufão arrebatado numa visão do Apocalipse...
> Parco de gestos, falava largo tempo, olhos em terra, sem encarar a multidão abatida sob a algaravia, que derivava demoradamente, ao arrepio do bom senso, em melopeia fatigante.

Com base nos escassos elementos que pôde recolher e baseando-se na descrição do escritor francês Ernest Renan de uma comunidade milenarista liderada por Montano na Ásia Menor no século II d.C., Euclides aventurou-se a montar uma colorida descrição da vida diária em Belo Monte. Descreveu o arraial como a Troia de Taipa, a *urbs* monstruosa (regida pela *civitas* sinistra do erro), feição média entre um acampamento de guerreiros e um vasto *Kraal* africano, tapera dentro de uma furna, homizio de famigerados facínoras, entre outros insultos. Agregou que lá "se firmou logo um regime modelado pela religiosidade do apóstolo extravagante". Sugeriu que, sob a liderança do Conselheiro, o "sertanejo simples transmudava-se, penetrando-o, no fanático destemeroso e bruto. Absorvia-o a psicose coletiva. E adotava, ao cabo, o nome até então consagrado aos turbulentos de feira, aos valentões das refregas eleitorais e saqueadores de cidades — *jagunço*".

Na descrição de Euclides, a vida social em Belo Monte era regida pela expectativa de uma "romaria miraculosa para os céus", quando chegasse o iminente fim dos tempos.

> Nada queriam desta vida. Por isto a propriedade tornou-se-lhes uma forma exagerada do coletivismo tribal dos beduínos: apropriação pessoal apenas de objetos móveis e das casas, comunidade absoluta da terra, das pastagens, dos rebanhos e dos escassos produtos das culturas, cujos donos recebiam exígua quota-parte, revertendo o resto para a *companhia*. Os recém-vindos entregavam ao Conselheiro 99% do que traziam, incluindo os santos destinados ao santuário comum. Reputavam-se felizes com a migalha restante. Bastava-lhes de sobra. O profeta ensinara-lhes a temer o pecado mortal do bem-estar mais breve. Voluntários da miséria e da dor, eram venturosos na medida das provações sofridas. Viam-se bem, vendo-se em andrajos. Este desprendimento levado às últimas consequências chegava a despi-los das belas qualidades morais, longamente apuradas na existência patriarcal dos sertões. Para Antônio Conselheiro — e neste ponto ele ainda copia velhos modelos históricos — a virtude era como que o reflexo superior da vaidade. Uma quase impiedade. A tentativa

de enobrecer a existência na terra implicava de certo modo a indiferença pela felicidade sobrenatural iminente, o olvido do *além* maravilhoso anelado.

Baseando-se na interpretação de Renan — que ele transcreveu em nota de rodapé —, de que na comunidade Montano prevalecia a laxidão moral, extrema liberdade sexual e tolerância com as eventuais faltas, pois "a humanidade estava agora nos seus últimos momentos", Euclides afirmou — sem base factual e contrariando o bom senso — que em Belo Monte se vivia "a promiscuidade de um heterismo infrene", que gerava uma legião de bastardos.

E, também, Euclides recuperou — de forma muito matizada — um tema que dominara o debate sobre Belo Monte em 1897 (e sua visão pessoal sobre a questão na época), agora uma ideia já superada: o arraial como centro de uma contrarrevolução monárquica. Realçou que Antônio Conselheiro pregava contra a República, mas argumentou que "o jagunço é tão inapto para apreender a forma republicana como a monárquico-constitucional". Insistiu que "a guerra de Canudos foi um refluxo em nossa história". E prossegue: "Tivemos, inopinadamente, ressurreta e em armas em nossa frente, uma sociedade velha, uma sociedade morta, galvanizada por um doido".[11]

Na terceira parte do livro — "A luta" —, Euclides faz uma resenha das quatro campanhas militares contra Belo Monte. A exposição segue ritmo acelerado, com grande riqueza de detalhes e saborosos perfis de muitos dos militares e até mesmo de alguns conselheiristas. Ao contrário das reportagens enviadas ao *Estado de S. Paulo* em 1897, Euclides não se furtou a criticar os erros táticos da campanha; muito pelo contrário, explicitou as barbaridades cometidas contra os sertanejos.

Escusando-se de comentar "os interesses inconfessáveis de uma falsa política", Euclides situou a origem da guerra em seu contexto imediato, um "incidente desvalioso": a recusa de um fornecedor da cidade de Juazeiro a entregar determinada quantidade de madeira já contratada e paga. A notícia de que os conselheiristas se dirigiam à cidade para fazer valer seus direitos foi respondida com um pedido de auxílio do juiz da cidade ao governador Luís Viana. Uma tropa de pouco mais de uma centena de soldados, chefiada pelo tenente Manuel da Silva Pires Ferreira, foi enviada a Juazeiro e de lá partiu ao encontro do grupo de conselheiristas que vinham cobrar a entrega da madeira. Em 21 de novembro de 1896, na localidade de Uauá, o encontro dos dois bandos se transformou em batalha:

> Mas [os conselheiristas] não tinham, ao primeiro lance de vistas, aparências guerreiras. Guiavam-nos símbolos de paz: a bandeira do Divino e, ladeando-a, nos braços fortes de um crente possante, a grande cruz de madeira, alta como um cruzeiro. Os combatentes armados de velhas espingardas, de chuços de vaqueiros, de foices e varapaus, perdiam-se no grosso dos fiéis que alteavam, inermes, vultos e imagens dos santos prediletos, e palmas ressequidas retiradas dos altares. Alguns, como nas romarias piedosas, tinham à cabeça as pedras dos caminhos, e desfiavam rosários de coco. Equiparavam aos flagelos naturais, que ali descem periódicos, a vinda dos soldados. Seguiam para a batalha rezando, cantando — como se procurassem decisiva prova às suas almas religiosas.

O saldo da refrega foi desigual: do lado da tropa governamental houve dez vítimas fatais e dezesseis feridos, contra 150 sertanejos mortos. Os conselheiristas recuaram para Belo Monte. Mesmo com vantagem, os militares não os perseguiram e também se retiraram de volta a Juazeiro. Euclides censurou o tenente Pires Ferreira:

> Apesar disto [da disparidade no número de vítimas e a fuga dos sertanejos], o comandante, com setenta homens válidos,

renunciou prosseguir na empresa. Assombrara-o o assalto. Vira de perto o arrojo dos matutos. Apavorara-o a própria vitória, se tal nome cabe ao sucedido, pois as suas consequências o desanimavam. O médico da força enlouquecera... Desvairara-o o aspecto da peleja. Quedava-se inútil, ante os feridos, alguns graves.

Por instrução do governador Luís Viana, organizou-se uma segunda expedição com ordens de capturar Antônio Conselheiro e submeter Belo Monte à autoridade do estado. Eram cerca de 750 homens, entre soldados do Exército e polícias estaduais, comandados pelo major Febrônio de Brito. Além da infantaria, seguiu uma pequena divisão de artilharia, com dois canhões e duas metralhadoras. A insistência do chefe do 3º Distrito Militar, general Sólon, em mandar uma força mais robusta custou-lhe o cargo. Luís Viana temia dar margem a uma intervenção federal no estado, como pediam seus adversários políticos.

Ao narrar a Segunda Expedição, Euclides voltou a recorrer à comparação feita nos dois artigos escritos para *O Estado de S. Paulo* antes de se tornar correspondente. Para ele, "Canudos era a nossa Vendeia". A ênfase, contudo, ficou menos na ideia — já desacreditada — de Belo Monte como foco de um movimento antirrepublicano e mais na vantagem que o terreno proporcionava aos sertanejos: "As caatingas são um aliado incorruptível do sertanejo em revolta. Entram também de certo modo na luta. Armam-se para o combate; agridem. Trançam-se, impenetráveis, ante o forasteiro, mas abrem-se em trilhas multívias, para o matuto que ali nasceu e cresceu".

Ademais, ao não reconhecer as particularidades do terreno da luta, a liderança militar mostrava confiança excessiva. Euclides argumentou que "nos sucessos guerreiros entra, como elemento paradoxal embora, a preocupação da derrota". A tropa partiu para Queimadas para estacionar em Monte Santo e de lá arremeter contra Belo Monte. O relato sobre a condução da campanha se caracteriza por um tom fortemente crítico:

> O comandante expedicionário deixara em Queimadas grande parte de munições, para não protelar por mais tempo a marcha e impedir que os inimigos ainda mais se robustecessem. Assim, teve o intento de uma arremetida fulminante. Revoltado com as dificuldades que encontrara, entre as quais se notava quase completa carência de elementos de transporte, dispusera-se a ir celeremente ao couto dos rebeldes, embora levando apenas a munição que as praças pudessem carregar nas patronas. Isto, porém não se realizou. De sorte que a partida rápida de uma localidade condena a demora inconsequente na outra.

Tendo saído de Queimadas rapidamente, com pouca munição e poucos suprimentos, a expedição passou quinze dias em Monte Santo até desistir de esperar pelo reabastecimento. Euclides foi impiedoso:

> Assim a partida da base de operações, do modo por que se fez, foi um erro de ofício. A expedição endireitava para o objetivo da luta como se voltasse de uma campanha. Abandonando novamente parte das munições, seguia como se, pobre de recursos em Queimadas, paupérrima de recursos em Monte Santo, ela fosse abastecer-se — em Canudos... Desarmava-se à medida que se aproximava do inimigo. Afrontava-se com o desconhecido, ao acaso, tendo o amparo único da fragilidade da nossa bravura impulsiva.

Naquelas condições, Euclides concluía que: "A derrota era inevitável". E acusava o comandante de incompetência sem meios-tons: "Porque a tais deslizes se aditaram outros, denunciando a mais completa ignorância da guerra". De fato, a expedição fracassou sem nem mesmo alcançar Belo Monte. Os expedicionários foram atacados pelo caminho, nas localidades de Cambaio e Tabuleirinhos. Outra vez, a superioridade em termos de armamentos se traduziu em enorme desproporção no número de vítimas em favor dos militares. No primeiro encontro, os sertanejos deixaram 115 cadáveres; no segundo teriam morrido outros trezentos conselheiristas. As tropas, de seu lado, haviam perdido apenas quatro homens e contabilizavam algumas dezenas de feridos.

As munições, contudo, se esgotavam, e os soldados não se alimentavam havia dois dias devido à pressa em atacar Belo Monte — sem que houvesse uma linha de abastecimento adequada. Decidiu-se pela retirada, feita sob assédio constante dos sertanejos. O número de mortos e feridos aumentou, dificultando a marcha, feita às pressas e de forma desordenada. Na chegada de volta a Monte Santo, a impressão deixada pelo que restava daquela tropa que saíra embalada pela certeza da vitória não poderia ter sido pior:

> Não havia um homem válido. Aqueles mesmos que carregavam os companheiros sucumbidos claudicavam, a cada passo, com os pés sangrando, varados de espinhos e cortados pelas pedras. Cobertos de chapéus de palha grosseiros, fardas em trapos, alguns tragicamente ridículos mal velando a nudez com os capotes em pedaços, mal alinhando-se em simulacro de formatura, entraram pelo arraial lembrando uma turma de retirantes, batidos dos sóis bravios, fugindo à desolação e à miséria.

Se a crítica à inépcia militar expressa em *Os sertões* foi dura, em carta privada escrita à altura dos acontecimentos, no início de 1897, Euclides ia muito além: "O que me impressiona não são as derrotas — são as derrotas sem combate — em que o chão fica vazio de mortos e o exército se transforma num bando de fugidos!".¹² No livro ele foi mais contido. Porém a descrição da bravura dos sertanejos, avançando destemidos contra uma tropa muito mais bem armada que acaba por fugir, não deixa de sugerir a ideia de acovardamento dos militares.

A destruição de Belo Monte passara a ser a grande prioridade do governo federal. Organizou-se celeremente uma terceira expedição, ainda mais robusta, cujo comando foi confiado ao coronel Moreira César, que liderara a repressão à Revolução Federalista em Santa Catarina com mão de ferro, em episódios de grande violência e crueldade. Em *Os sertões* há toda uma seção para comentar a figura do coronel, cujo caráter impiedoso e impulsivo Euclides atribuía à epilepsia de que padecia o militar. Comentou, sobre sua atuação em Santa Catarina, que "em ponto algum do nosso território pesou tão firme e tão estrangulador o guante dos estados de sítio":

> Os fuzilamentos que ali se fizeram, com triste aparato de imperdoável maldade, dizem-no de sobra. Abalaram tanto a opinião nacional que, ao terminar a revolta, o governo civil, recém-inaugurado, pediu contas de tais sucessos ao principal responsável. A resposta, pelo telégrafo, foi pronta. Um "não", simples, seco, atrevido, cortante, um dardo batendo em cheio a curiosidade imprudente dos poderes constituídos, sem o atavio, sem o rodeio, sem a ressalva da explicação mais breve.

Euclides responsabilizou diretamente Moreira César pelo fracasso da expedição, que contou com uma tropa de 1300 homens e grande superioridade em armamentos. O perfil que traçou do coronel contrastou o físico modesto ("figura diminuta — um tórax desfibrado sobre pernas arcadas em parêntesis — era organicamente inapto para a carreira que abraçara") com sua "energia surpreendedora e temibilidade rara"; era um homem marcado pelo "temperamento desigual e bizarro de um epilético provado". De modo equivocado, equiparava a epilepsia à loucura, usando essa afecção como explicação para a crueldade e a imprevisibilidade do militar: "Daí esses atos inesperados, incompreensíveis ou brutais, em que a vítima procura iludir instintivamente o próprio mal, buscando muitas vezes o crime como um derivativo à loucura".

Como no ataque anterior, a precariedade do abastecimento da tropa na frente de combate — agravada pela impetuosidade de Moreira César — levou à decisão de atacar o arraial tão logo possível. Em 22 de fevereiro, a Terceira Expedição deixou Monte Santo. Em 26, com atraso de algumas horas por conta de um ataque de epilepsia do comandante, os soldados chegaram às proximidades de Cumbe. Em Pitombas houve uma pequena escaramuça, que só serviu para aumentar a autoconfiança de Moreira César. As armas capturadas ao inimigo eram artesanais e de baixo calibre. "Esta gente está desarmada...", concluiu o coronel.

No final da manhã de 3 de março, as tropas chegaram a Belo Monte. Apesar da evidente exaustão depois da longa marcha, Moreira César decidiu pelo ataque imediato: "Vamos almoçar em Canudos!". Para aumentar a fanfarronada, decidiu tomar o arraial "sem disparar um tiro", com um ataque à baioneta. Bastou a tropa se embrenhar no labirinto de casebres para que a superioridade de armamento se dissipasse em um terreno que o inimigo conhecia e dominava.

> O coronel Moreira César, porém, desdenhara essas condições imperiosas e, arrojando à batalha toda a sua gente, parecia contar menos com a bravura do soldado e competência de uma oficialidade leal que com uma hipótese duvidosa: o espanto e o terror dos sertanejos em fuga, colhidos de improviso por centenares de baionetas. Revelou — claro — este pensamento injustificável, em que havia a insciência de princípios rudimentares da sua arte de par com o olvido de

acontecimentos recentes; e cumulou tal deslize planeando a mais desastrosa das disposições assaltantes.

O resultado foi funesto. Como o avanço rapidamente perdia o fôlego, Moreira César decidiu se juntar pessoalmente à luta para "dar brio àquela gente...". Foi abatido a tiros ainda na cavalgada em direção ao arraial e, ferido, posto fora de combate. Confusa com a perda do comandante, a tropa recuou, deixando as posições conquistadas no interior de Belo Monte para se abrigar do outro lado do rio Vaza-Barris.

> Os soldados, transposto o rio, acumularam-se junto à artilharia. Eram uma multidão alvorotada sem coisa alguma recordando a força militar, que se decompusera, restando, como elementos irredutíveis, homens atônitos e inúteis, e tendo agora, como preocupação exclusiva, evitarem o adversário que tão ansiosamente haviam procurado.

Com o comandante em chefe agonizante, os demais oficiais resolveram pela retirada de volta a Monte Santo no dia seguinte. A decisão foi informada a Moreira César que, mesmo moribundo, opôs-se veementemente. Argumentou que dois terços da tropa ainda estavam em condições de combate e havia munições para continuar a luta. Sem poder impor sua vontade, explodiu em um surto de raiva: "não o sacrificassem àquela cobardia imensa". Tendo morrido logo em seguida, foi poupado de testemunhar o vexame da patética debandada que se seguiu:

> Oitocentos homens desapareciam em fuga, abandonando as espingardas; arriando as padiolas, em que se estorciam feridos; jogando fora as peças de equipamento; desarmando-se; desapertando os cinturões, para a carreira desafogada; e [...] correndo para o recesso das caatingas, tontos, apavorados, sem chefes...

A falta de liderança foi patente, fosse para continuar o ataque, fosse mesmo para executar uma retirada minimamente organizada. A julgar pelo que contou Euclides, a orientação dada pelo coronel Tamarindo, que assumira o comando depois da inabilitação de Moreira César, não poderia ser menos indicada à manutenção da disciplina militar: "É tempo de murici/ cada um cuide de si...".

Os fugitivos sofreram pesadas baixas na desordem que se seguiu. Foram caçados pelos sertanejos e contabilizaram mais de uma centena de mortos, inclusive o coronel Tamarindo, cujo cadáver só seria encontrado pela expedição seguinte — decapitado e com o corpo empalado em um arbusto. Tendo recolhido os armamentos e a munição abandonados na debandada, os sertanejos finalmente passaram a dispor de armas modernas: "A expedição Moreira César parecia ter tido um objetivo único: entregar-lhes tudo aquilo, dar-lhes de graça todo aquele armamento moderno e municiá-los largamente".

O espaço dedicado por Euclides em *Os sertões* para descrever a última expedição contra Belo Monte supera o total de páginas das duas primeiras partes do livro — "A terra" e "O homem" — somadas. Foi a única etapa da guerra que presenciou (ainda que por pouco mais de um par de semanas) e aquela em que, finalmente, o arraial foi destruído e a maior parte de seus habitantes exterminada. Foi também a fase do conflito que recebeu a maior cobertura da imprensa, esforço no qual Euclides se engajara mesmo antes de receber a incumbência de testemunhar como jornalista as atividades na frente de combate. Assim, é possível comparar as ideias que exprimiu nos artigos escritos para *O Estado de S. Paulo* antes de partir para a Bahia e durante o trabalho como correspondente de guerra, em 1897, com as que registrou em *Os sertões*.

As contradições entre elas aparecem desde o início. O Euclides que escreveu *Os sertões* analisou com um olhar crítico que não tivera em 1897 o sentimento geral de que os habitantes de Belo Monte faziam parte de um plano articulado para restaurar a monarquia. Ocultando ter também ele alimentado o clima de histeria daquele momento, comentou assim a notícia da derrota da expedição de Moreira César:

> A quarta expedição organizou-se através de grande comoção nacional, que se traduziu em atos contrapostos à própria gravidade dos fatos. Foi a princípio o espanto; depois um desvairamento geral da opinião; um intenso agitar de conjecturas para explicar o inconceptível do acontecimento e induzir uma razão de ser qualquer para aquele esmagamento de uma força numerosa, bem aparelhada e tendo chefe de tal quilate. Na desorientação completa dos espíritos alteou-se logo, primeiro esparsa em vagos comentários, condensada depois em inabalável certeza, a ideia de que não agiam isolados os tabaréus turbulentos. Eram a vanguarda de ignotas falanges prontas a irromperem, de remanente, em toda a parte, convergentes sobre o novo regime. E como nas capitais, federal e estaduais, há muito, meia dúzia de platônicos, revolucionários contemplativos e mansos, se agitavam esterilmente na propaganda da restauração monárquica, fez-se de tal circunstância ponto de partida para a mais contraproducente das reações.

Euclides insistiu na crítica que desenvolvera ainda antes de partir para a Bahia, no artigo "A nossa Vendeia", de 17 de julho de 1897, de que as tropas do governo deveriam adaptar sua estratégia e suas ações táticas para enfrentar uma guerra de guerrilha. Entretanto, o articulista de *O Estado de S. Paulo* fora generoso: "A marcha do exército nacional, a partir de Jeremoabo e Monte Santo até Canudos, já constitui por isto um fato proeminente na nossa história militar". O autor de *Os sertões*, por sua vez, revelou-se um crítico impiedoso: "Em lugar de uma eram duas as massas compactas de soldados que iriam tombar, todos a um tempo, englobadamente, nas armadilhas da guerra sertaneja".

O ataque de 27 de junho foi um fracasso, e a primeira coluna teve de ser salva pela coluna comandada pelo general Savaget. As tropas reunidas ficaram retidas no morro da Favela. O comboio de suprimentos e munições, que ficara para trás, distanciado do grosso da tropa, protegido apenas por uma brigada da polícia da Bahia, era atacado. Reforços foram enviados para "impedir o desbarate do 5º de Polícia e salvar parte dos volumes de 180 cargueiros que, dispersos pelos caminhos, tinham sido grandemente danificados pelos jagunços".

Com grandes baixas, as tropas do governo perderam a disposição de continuar o ataque e viram-se sem condições de recuar. Artur Oscar alardeava vitória por ter conquistado uma posição defronte ao arraial, mas os pretensamente vitoriosos pareciam encurralados. O impasse que se seguiu foi resumido por Euclides: "A noite de 28 de junho iniciara uma batalha crônica".

A expedição, em pleno território rebelde, insulara-se sem a mais ligeira linha estratégica vinculando-a à base de operações em Monte Santo, a não ser que se considerasse tal a perigosa vereda do Rosário, repleta de emboscadas. E como o comboio reconquistado chegara reduzidíssimo, ficando mais de metade das cargas em poder dos sertanejos, ou inutilizada, a tropa perdera munições de inestimável valor na emergência, e ao mesmo tempo os aparelhara com cerca de 450 000 cartuchos, o bastante para prolongarem indefinidamente a resistência. Municiara-os. Completara o destino singular da expedição anterior que lhes dera espingardas. Estas estrondavam agora, a cavalheiro do acampamento. Os vencidos restituíam daquele modo as balas, estadeando provocações ferozes, aos vitoriosos tontos, que não lhes replicavam.

Devendo escolher entre tentar um novo ataque imediatamente ou esperar a chegada de outro comboio de suprimentos, o general Artur Oscar preferiu a segunda opção. Sem contar com uma linha de abastecimento adequada, os sitiantes passaram fome até 13 de julho, quando finalmente chegaram alimentos e mais munição. Euclides se valeu dessa decisão para traçar um perfil — pouco lisonjeiro — do general, com quem, afinal, desenvolvera uma relação de certa intimidade nas semanas que passara na frente de combate:

> Estadeou [Artur Oscar] então a sua única qualidade militar frisante: a tendência a enraizar-se nas posições conquistadas. Este atributo contrasta com qualidades pessoais opostas. Irrequieto e ruidosamente franco; encarando a profissão das armas pelo seu lado cavalheiresco e tumultuoso; quase fanfarrão, embora valente, no relatar façanhas de pasmar; incomparável, no idear surpreendedores recontros; encontrando sempre nas conjunturas mais críticas uma frase explosiva, que as sublinha com traço vigoroso de jovialidade heroica, num calão pitoresco e incisivo e vibrante; patenteando sempre, insofridas, todas as impaciências e todos os arrojos de um temperamento nervoso e forte; — aquele general, numa campanha, no meio de cultura por excelência de tão notáveis requisitos, se transmuda, e, com espanto dos que o conhecem, só tem uma tática — a da imobilidade.

Com a vantagem de escrever um lustro depois dos fatos, em *Os sertões* Euclides esqueceu sua suposição (expressa nas matérias que assinou como correspondente de guerra) de que os sertanejos talvez recebessem munições e outros recursos de fora do arraial; ou que dispusessem de armamento sofisticado, munição explosiva. No livro, lançou uma hipótese científica para explicar o mistério dos supostos projéteis explosivos — que o correspondente não desvendara — e realçou que a soldadesca era "inapta ao apercebimento da lei da física que os explicava".[13]

A tentativa de tomada de Belo Monte do dia 18 de julho foi definida por Euclides como uma "nova vitória desastrosa". Parte da cidade foi ocupada, mas não houve capacidade para avançar mais. Estabeleceu-se um novo impasse. "A cidadela propriamente dita, com a sua feição original e bárbara, não fora a bem dizer atingida." Acrescentou que: "Ali estava, perto, em frente — ameaçadoramente — sem muros, mas inexpugnável, pondo diante da invasão milhares de portas, milhares de entradas abertas para a rede inextricável dos becos tortuosos".

As tropas de Artur Oscar se imobilizaram de novo, e o general pediu reforços, que só começariam a chegar em agosto. Enquanto eles não chegaram, os canhões do Exército seguiram disparando diariamente contra Belo Monte; as duas principais edificações — a Igreja Velha e a Igreja Nova, com suas altas torres — eram o alvo principal. O cerco foi se estreitando, e água e alimentos passaram a faltar dentro do arraial. Nesse ponto da narrativa, Euclides fez as contas: "De 25 de junho, em que trocara os primeiros tiros com o inimigo, até 10 de agosto, tivera a expedição 2049 baixas".

Em meados de setembro, com a chegada progressiva dos reforços e o estabelecimento de uma linha de suprimentos confiável até a frente de batalha, Belo Monte foi totalmente sitiada. Junto com as novas tropas chegara Euclides da Cunha, que deixou registrada em *Os sertões* uma descrição expressiva da cidade fundada por Antônio Conselheiro:

> Canudos tinha naquela ocasião — foram uma a uma contadas depois — 5200 vivendas; e como estas, cobertas de tetos de argila vermelha, mesmo nos pontos em que se erigiam isoladas, mal se destacavam, em relevo, no solo, acontecia que as vistas, acomodadas em princípio ao acervo de pardieiros compactos em torno da praça, se iludiam,

avolumando-a desproporcionalmente. A perspectiva era empolgante. Agravava-a o tom misterioso do lugar. Repugnava admitir-se que houvesse ali embaixo tantas vidas. A observação mais afincada, quando transitório armistício a permitia, não lograva distinguir um vulto único, a sombra fugitiva de um homem; e não se ouvia o rumor mais fugaz. Lembrava uma necrópole antiga ou então, confundidos todos aqueles tetos e paredes no mesmo esboroamento, — uma cata enterroada e enorme, roída de erosões, abrindo-se em voçorocas e pregueando-se em algares.

Sem que os sitiantes soubessem, em 22 de setembro Antônio Conselheiro morreu, de causas naturais, por conta talvez da dureza das condições do assédio a Belo Monte. Dois dias depois, muitos sertanejos começam a se entregar ou a ser capturados. Procedeu-se à degola sistemática dos prisioneiros, que Euclides testemunhou, mas que silenciou tanto nos relatos como correspondente de guerra — informação que, é certo, seria censurada —, quanto em suas notas pessoais. Apenas as mulheres e as crianças pequenas foram poupadas. Só no livro de 1902, Euclides expôs e condenou os atos de violência injustificada contra os defensores de Belo Monte e apontou a responsabilidade última da alta hierarquia militar[14] pelas barbaridades cometidas pelos soldados.

Chegando à primeira canhada encoberta, realizava-se uma cena vulgar. Os soldados impunham invariavelmente à vítima um viva à República, que era poucas vezes satisfeito. Era o prólogo invariável de uma cena cruel. Agarravam-na pelos cabelos, dobrando-lhe a cabeça, esgargalando-lhe o pescoço; e, francamente exposta a garganta, degolavam-na. Não raro a sofreguidão do assassino repulsava esses preparativos lúgubres. O processo era, então, mais expedito: varavam-na, prestes, a facão.

Um golpe único, entrando pelo baixo-ventre. Um destripamento rápido... Tínhamos valentes que ansiavam por essas cobardias repugnantes, tácita e explicitamente sancionadas pelos chefes militares. Apesar de três séculos de atraso, os sertanejos não lhes levavam a palma no estadear idênticas barbaridades.

No último dia de setembro começou o avanço final sobre Belo Monte. Em 5 de outubro foram mortos os últimos sertanejos que defendiam a cidade. Os casebres que seguiam de pé foram dinamitados e incendiados. O corpo de Antônio Conselheiro foi desenterrado e decapitado. A cabeça foi exibida como troféu de guerra para depois ser examinada pelo dr. Nina Rodrigues, na Faculdade de Medicina da Bahia. "Que a ciência dissesse a última palavra. Ali estavam, no relevo de circunvoluções expressivas, as linhas essenciais do crime e da loucura..."

7.
Dormiu desconhecido para no dia seguinte acordar famoso

Em novembro de 1902, a primeira edição daquela que seria a obra-prima de Euclides da Cunha e um dos maiores livros da literatura em língua portuguesa estava pronta para chegar às livrarias. A aflição do autor de primeira viagem se transformou em desespero.

Naquele mês, de posse das provas da impressão, ele continuara a cruzada pessoal de divulgação do livro entre interlocutores de peso no mundo literário. Cultivava contatos especialmente na Academia Brasileira de Letras. Além de Garcia Redondo, Lúcio de Mendonça e José Veríssimo, aproveitando a indicação de um amigo comum, César Bierrembach, visitou outro acadêmico, Coelho Neto, que vivia em Campinas e lecionava no ginásio da cidade, escola para a qual Euclides chegara a apresentar sua candidatura a professor. A impressão inicial do escritor consagrado sobre o aspirante a literato não foi especialmente favorável — ao contrário. Depois se tornariam amigos, mas Coelho Neto descreveria assim a imagem deixada por Euclides naquele primeiro encontro:

> um homenzinho seco, mal enjorcado em andaima de brim escuro, sobraçando um rolo [o manuscrito de *Os sertões*]; rosto moreno, arestoso, como falquejado em vinhático, queixo enérgico, olhar duro, que passara por baixo de meu raio visual e, diante de mim, militarmente aprumado, como em continência, encarava-me hostil.[1]

A reunião, que não começara bem, terminou com um mal-entendido, e o escritor ainda inédito interrompeu a visita irritado sem apresentar o livro. Haviam dito a Euclides que quando queria se livrar de algum visitante incômodo, Coelho Neto tomava um pote de fumo e passava a enrolar um cigarro cuidadosamente, em um processo interminável, até que o importuno se convencesse de que não teria a atenção do autor ilustre. Não era verdade, mas antes de começar a ouvir a leitura do texto, o anfitrião decidiu preparar um cigarro e foi buscar o pote de fumo na mesa de trabalho. Ao voltar, Euclides já estava de pé e "ríspido, em tom soturno", despediu-se e saiu apressado. Bierrembach saiu com Euclides, mas às gargalhadas. Depois retornou e, ainda rindo, explicou a razão da indignação do visitante. Mesmo após desfeita a brincadeira, não houve como convencer Euclides, teimoso e suscetível, a voltar e retomar a entrevista. Bierrembach pediu a Coelho Neto que escrevesse um cartão convidando o visitante fugitivo a voltar no dia seguinte. Acrescentou seu parecer sobre o gênio difícil do amigo: "Essas e que tais rebentinas são-lhe frequentes, mas passam. É agreste. Fruto selvagem, de aparência híspida; descascado, porém, no âmago é um favo".[2] Em novo encontro, agora na casa de Bierrembach, Coelho Neto afinal ouviu a leitura da primeira parte do livro, "das oito da noite às três horas da madrugada".[3] E gostou. Conhecido pelo estilo rebuscado, sem dúvida se encantou com o registro requintado do estreante que buscava sua aprovação. Seria um dos primeiros resenhistas e grande divulgador do trabalho; a amizade entre os dois se estenderia até o fim da vida de Euclides.

Coelho Neto e os outros dois participantes daquele encontro em que a parte inicial de *Os sertões* foi lida — César Bierrembach e Campos Novais — incluíram Euclides como sócio do Centro de Ciências, Letras e Artes de Campinas, instituição que haviam fundado meses antes para "promover entre os sócios o estudo e o desenvolvimento de todos os ramos das ciências, das letras e das artes, com especialidade das ciências naturais".[4]

Inseguro, Euclides também mostrara as provas a Francisco Escobar, que encontrou vários pequenos erros. O perfeccionismo de Euclides exponenciava os problemas. Sua inquietação só aumentava. A carta a Escobar agradecendo a revisão deixava antever o sofrimento do escritor:

> Tenho passado mal. Chamaste-me a atenção para vários descuidos dos meus *Sertões*; fui lê-lo com mais cuidado — e fiquei apavorado! Já não tenho coragem de o abrir mais. Em cada página o meu olhar fisga um erro, um acento importuno, uma vírgula vagabunda, um (;) impertinente... Um horror! Quem sabe se isto não irá destruir todo o valor daquele pobre e estremecido livro?[5]

Ele antevia que o livro seria destroçado pela crítica em decorrência do enxame de problemas que detectava, cujo número e gravidade eram aumentados pela ansiedade provocada pela estreia literária. Tentou convencer os Laemmert a reduzir o tamanho da edição para ter a oportunidade de corrigir os equívocos em uma nova tiragem; já não havia tempo. Martirizava-se, antecipava o pior, flertava com o desalento: "Quer isto dizer que estou à mercê de quanto meninote erudito brune as esquinas; e passível da férula brutal dos terríveis gramatiqueiros que passam por aí os dias a remascar preposições e a disciplinar pronomes!".[6]

Os editores começaram a distribuir os exemplares de divulgação para os jornais e os críticos. O esforço dos Laemmert para promover o livro ultrapassou as fronteiras nacionais. Chegaram a enviar um exemplar para o Japão, onde o diplomata e escritor Manuel de Oliveira Lima servia como chefe da legação brasileira. O pernambucano fora um dos quarenta fundadores da Academia Brasileira de Letras, mas ainda não tomara posse. Em todo caso, era um intelectual influente e seria um bom aliado na divulgação do novo autor, que não conhecia pessoalmente.

Em 29 de novembro, *O Paiz* anunciou o aparecimento do livro e comentou: "Dele conhecemos já alguns profundos e brilhantes capítulos, escritos com admirável superioridade de vistas, num estilo tão brilhante e novo quanto poderoso, claro, pitoresco e vernáculo". No dia seguinte, também o *Jornal do Brasil* adiantou, na primeira página, o próximo lançamento.

Antes disso, Euclides viajara ao Rio de Janeiro para se instalar na tipografia e corrigir pessoalmente, exemplar por exemplar, com canivete, pena e tinta nanquim, toda a tiragem da primeira edição. A fornada foi de 1200 exemplares. Em cada um fez cerca de oitenta correções: o aflitíssimo autor fez, à mão, 96 mil emendas.[7] Além disso, tentara adiar o lançamento do livro, previsto para 2 de dezembro, com a desculpa de que naquele dia chegaria da Europa o barão do Rio Branco para assumir seu lugar no ministério do presidente Rodrigues Alves. O Barão tornara-se uma figura de imensa popularidade com as vitórias que, como advogado do Brasil, obtivera contra a Argentina e a França nas arbitragens sobre os territórios de Palmas e do Amapá. Previa-se que Rio Branco receberia uma recepção apoteótica (como de fato ocorreu), e Euclides argumentou com os Laemmert que a festa ofuscaria o aparecimento do livro. O lamento não convenceu os editores.

Tendo corrigido o que pôde, faltou-lhe coragem para esperar na capital que o livro viesse a público. Voltou a Lorena, mas julgou que a pequena cidade ainda não estava suficientemente distante dos críticos. Na insone madrugada do fatídico dia 2 de dezembro, partiu para uma viagem pelo interior, sem destino certo, para só voltar oito dias depois, quando estimou que tudo já estaria consumado: o desastre ou a consagração.[8]

Em 2 de dezembro de 1902, o barão do Rio Branco retornou ao Brasil e desembarcou nos braços de uma multidão calculada em 10 mil pessoas. No mesmo dia, a obra *Os sertões* foi posta à venda. O autor vagava pelo interior do estado de São Paulo para fugir do espectro do fracasso retumbante. De temperamento difícil, desde cedo Euclides demonstrara pouca tolerância a críticas. Aos 21 anos prometera que se tivesse "a desgraça de ser escritor", trataria os eventuais críticos "a bengaladas".

Chegara a hora da verdade.

Passados oito dias, decidiu voltar para casa. Em Taubaté, tomaria o trem para Lorena. Esperava no restaurante quando passou pela estação um trem vindo do Rio de Janeiro; desembarcaram alguns passageiros. Um deles, "alto, barbado, de guarda-pó", trazia um livro debaixo do braço: *Os sertões*. Emocionado, Euclides pediu para ver o volume e comprovou tratar-se de seu livro: "O seu desejo era atirar-se ao sujeito e abraçá-lo. Mas voltou para a sua mesa".[9]

Em compensação, ao chegar a Lorena, atirou-se à pilha de cartas que o aguardava. Duas eram dos editores. Abriu uma delas e maravilhou-se com a notícia de que em oito dias a edição estava praticamente esgotada: sucesso absoluto! Felizmente, não começara a leitura pela outra carta dos Laemmert — que, na realidade, chegara primeiro. Nela os editores se confessavam arrependidos: teriam vendido um único volume a dez mil-réis e chegaram a oferecer outros pela metade do preço, sem sucesso. "Se eu tivesse lido essa carta em primeiro lugar, parece que morreria...", confessou Euclides em uma entrevista anos depois.

Parte da explicação dessa mudança repentina na recepção do livro fica por conta da crítica de José Veríssimo publicada na primeira página, no "rodapé literário", da edição de 3 de dezembro do *Correio da Manhã*. Considerado o maior crítico da época, Veríssimo retirou o escritor noviço do anonimato com uma resenha consagradora:

> O livro, por tantos títulos notáveis, do sr. Euclides da Cunha, é ao mesmo tempo o livro de um homem de ciência, um geógrafo, um geólogo, um etnólogo; de um homem de pensamento, um filósofo, um sociólogo, um historiador; e de

um homem de sentimento, um poeta, um romancista, um artista, que sabe ver e descrever, que vibra e sente tanto aos aspectos da natureza, como ao contato do homem, e estremece todo, tocado até ao fundo d'alma, comovido até às lágrimas, em face da dor humana, venha ela das condições fatais do mundo físico, as "secas" que assolam os sertões do norte brasileiro, venha da estupidez ou maldade dos homens, como a campanha de Canudos.[10]

O único senão apontado por Veríssimo ficou por conta do que percebeu como um abuso no uso de termos técnicos, arcaísmos, neologismos, expressões obsoletas ou raras responsáveis por criar em seu estilo "um tom de gongorismo, de artificialidade". Ou seja, "o maior defeito do seu estilo e da sua linguagem é a falta de simplicidade". Os demais órgãos de imprensa trataram de incluir *Os sertões* na pauta de seus comentaristas literários, e o tom geral foi de aprovação e, em alguns casos, entusiasmo.

No jornal *A Notícia*, em 12 de dezembro, Medeiros e Albuquerque (sob o pseudônimo J. dos Santos), também um crítico importante, publicou uma breve resenha qualificando a obra como "um livro superior, um livro admirável, um livro de erudito e de escritor, cheio de observação e de vida".

Em artigos de 14 e 18 de dezembro, a *Gazeta de Notícias* publicou o comentário de José da Penha, que também definiu Euclides como "homem de ciência" e "cultor da arte". Comentando com entusiasmo o aspecto científico do texto, fez apenas a "objeção ligeira" de discordar quanto à possibilidade de a evolução social (da raça) preceder a evolução biológica. Reclamou suavemente das censuras de Euclides a algumas decisões táticas da campanha — "relembro ao valente escritor o dito célebre: *em arquitetura tudo é difícil, menos criticar*". Sem fazer a defesa das degolas em si, José da Penha procurou matizar a questão ao considerá-la a política de uma meia dúzia de "tipos lombrosianos", infelizmente consentida no calor da frente de combate, e que receberia a desaprovação geral, "e disso teve o sr. Euclides mais de uma prova, que, desgraçadamente, não lhe pareceram mencionáveis". Realçando o texto como o produto do "consórcio da arte com a ciência", aprovou o uso de termos técnicos, mas também lamentou o abuso de palavras incomuns.

O livro repercutiu também em São Paulo. Na edição de 16 de dezembro do *Diário Popular*, Leopoldo de Freitas publicou uma breve nota com elogios irrestritos à obra: "Livro de um fôlego vigoroso e admirável pela unidade da descrição de episódios épicos".

No primeiro dia de 1903, nas páginas de *O Estado de S. Paulo*, Coelho Neto publicou a primeira parte da resenha sobre o livro do novo amigo. A conclusão do artigo apareceu na edição do dia seguinte, sempre ocupando o rodapé da primeira página do jornal. O texto não poderia ser mais elogioso. Coelho Neto explodiu em aplausos ao conteúdo e ao estilo de Euclides. Mesmo o uso abundante de palavras pouco usuais e termos técnicos foi saudado com entusiasmo: "Não é de hoje o ódio da crítica infecunda e magra contra os escritores possantes que se apresentam com imprevistas imagens rebrilhados com o recamo de uma rica ornamentação verbal". Não era para menos. Além de dono de uma obra copiosa — publicou mais de 120 livros —, Coelho Neto era conhecido pelo estilo prolixo e extravagante. Depois ele se tornaria, por isso mesmo, um dos alvos prediletos das críticas dos modernistas; mas naquele momento estava entre os escritores mais aclamados da literatura brasileira e aparecia como um campeão de vendas. A própria resenha sobre *Os sertões*, da qual vale a pena transcrever um trecho, exemplifica o estilo barroco do autor:

> Euclides da Cunha é, em verdade, senhor de um vocabulário portentoso e novo, adquirido não por influência do insistente conselho de Gautier: *"Liser les dictionnaires"*. Ele entende que o fruto mais sumarento e mais sápido é aquele

que se colhe na árvore e não o que se compra à porta, empilhado no gigo de um vendedor, e foi à colheita percorrendo vagarosamente os pingues pomares clássicos, desde o horto virente e viçoso, mais opimo que o das Hespérides, que é a obra de Camões, até os limoeiros e as oliveiras pálidas do templo pagão desse mestre ático Latino. Visitou essa floresta, reçumante de seiva, onde os frutos tornam as árvores acenosas vergando-lhes pesadamente os galhos fartos, que é a obra de Vieira. Correu a cultura monástica de Lucena e de Luís de Sousa, andou pela almoinha amável de Bernardes; atravessou os frescos e bem regados prados de Rodrigues Lobo passando entre os mansos rebanhos das bucólicas sem interromper os descantes dos pastores; visitou a herdade merencória do solitário de Val-de-Lobos onde crescem sobreiros e carvalhos frondosos e a vinha alastra pampinosa cobrindo velhos muros; trilhou a terra fecunda de Camilo e sentou-se para ouvir o rouxinol nos ramos das acácias do jardim de Eça de Queirós.

Na discussão que se iniciava, sobre a conveniência de um estilo mais sóbrio na literatura, Coelho Neto — já na defensiva nesse debate — reconheceu em Euclides um aliado.

Em 23 de janeiro de 1903 foi a vez de o *Jornal do Brasil* publicar uma resenha do livro, assinada por Múcio Teixeira, prolífero escritor e crítico de literatura do jornal. A segunda parte do comentário só saiu em 24 de março. O resenhista concluía com uma avaliação consagradora: "O volume de *Os sertões* é uma das melhores obras que se tem escrito em língua vernácula nestes últimos trinta anos". Adiantou ainda que Euclides estaria escrevendo um livro sobre as tradições e lendas paulistanas (que nunca passou de projeto), que antecipava como um novo êxito.

Em meados de fevereiro Euclides recebeu um cartão de Araripe Júnior anunciando que o escritor estava por publicar uma resenha de *Os sertões* nas páginas do *Jornal do Commercio*, o mais tradicional órgão da imprensa de então; Euclides respondeu em seguida, falando de sua ansiedade em relação à crítica, e aproveitou para comentar um artigo publicado por Araripe pouco antes, comparando o imperialismo estadunidense com o alemão, com vantagem para o primeiro. Euclides não perdeu a oportunidade para concordar com o futuro resenhista. Declarou-se discípulo de Gumplowicz, "aparadas todas as arestas duras daquele ferocíssimo gênio saxônico", e considerou o imperialismo ianque mais brando. Propôs como resultado da discussão uma polêmica recomendação de política externa: "Subordinados à fatalidade dos acontecimentos, agravados pela nossa fraqueza atual, devemos antes, agindo inteligentemente, acompanhar a nacionalidade triunfante [os Estados Unidos], preferindo o papel voluntário de aliado à situação inevitável de vencidos".[11]

O longo comentário de Araripe Júnior se estendeu por duas edições do *Jornal*, nos dias 6 e 18 de março. Fez críticas aos trabalhos de outros autores sobre Antônio Conselheiro e Belo Monte, que lhe teriam gerado uma "plenitude gástrica", mas confessou ter sido conquistado por *Os sertões*. Escreveu que depois de ler a primeira parte e o início da segunda, "uma revolução havia se operado em minha alma". Daí em diante, continuou, "não li mais, desfilei pelo livro afora dominado pela sensação que se experimenta percorrendo paisagens abruptas, alcandoradas de presepes, de dentro de um comboio, em carreira vertiginosa e sem destino". Seu parecer foi consagrador:

> *Os sertões* são um livro admirável, que encontrará muitos poucos, escritos no Brasil, que o emparelhem — único, no seu gênero, se atender-se a que reúne a forma artística superior e original, uma elevação histórico-filosófica impressionante e um talento épico-dramático, um gênio trágico como muito dificilmente se nos deparará em outro psicologista nacional.

O sr. Euclides da Cunha surge, portanto, conquistando o primeiro lugar entre os prosadores da nova geração.

Araripe Júnior destacou a soma de arte e ciência que encontrava no livro, resultado de "um conjunto de qualidades artísticas e de preparo científico". Quis crer que *Os sertões* compartia sua teoria da "obnubilação brasílica" — uma transformação forçada pelo meio que fazia com que os colonos se diferenciassem rapidamente de seus compatriotas do outro lado do Atlântico. De fato, essa tese realçava a influência do meio físico e sugeria uma diferença significativa entre os habitantes do litoral e do interior, estes últimos os reais representantes da nacionalidade. Até aí havia coincidências, mas a tese de Euclides era, além disso, de que o isolamento do sertão preservara muitas das características trazidas pelos colonos, justamente o contrário da "obnubilação". Na troca de cartas com Araripe, Euclides não viu — ou fingiu não ver — nenhuma discrepância. A única diferença se resumiu à constatação de que "é maior que a sua a minha simpatia pelos nossos extraordinários patrícios sertanejos".

Euclides comentou também o plano de escrever um novo livro sobre a luta contra a Revolta da Armada, de que participara como engenheiro militar, erguendo fortificações contra possíveis ataques dos navios insurretos.[12] E aproveitou para se queixar da vida de engenheiro e da impossibilidade prática de dedicar-se exclusivamente à literatura:

> Quanto à "História da Revolta" — é ainda um plano. Só poderei iniciá-la quando me aparecer o primeiro dia de folga nesta vida trabalhosa. Além disso, levado pelo dever profissional a misteres tão diversos, terei de lutar muito para considerar aquele assunto. Se o artista é sobretudo um indivíduo empolgado por uma impressão dominante, estou nas mais impróprias condições para isto. — Shakespeare não

faria o *Hamleto* se tivesse, em certos dias, de calcular momentos de flexão de uma viga metálica; nem Miguel Ângelo talharia aquele estupendo *Moisés*, tão genialmente disforme, se tivesse de alinhar, de quando em vez, as parcelas aritmeticamente chatas de um orçamento. E eram gênios.[13]

Outro longo comentário foi o de Moreira Guimarães, publicado em quatro partes em 3 e 4 de fevereiro e 4 e 7 de março nas páginas do *Correio da Manhã*. A resenha, entretanto, foi a mais dura escrita até aquele momento sobre *Os sertões*, embora — é verdade — não inteiramente desfavorável. Militar ainda na ativa, Moreira Guimarães se ofendeu com as críticas feitas às decisões táticas da campanha militar e com a menção aos excessos do Exército, que insinuou serem pura fantasia de Euclides: "Esse belo trabalho é mais produto do poeta e do artista que do observador e do filósofo".

Adotando um tom entre irônico e paternal, o resenhista relembrou as raízes militares de Euclides em algumas das formas de tratamento que deu ao autor: "o outrora brilhante oficial do Exército republicano", "o lúcido espírito desse antigo aluno da Escola Militar da Praia Vermelha", "meu ex-companheiro de armas". Acrescentou outras referências, no mesmo tom irônico: "ilustrado chefe do 2º distrito das obras públicas de Lorena", "meu talentoso Euclides".

Euclides escrevera que os soldados haviam agido no papel de "mercenários inconscientes"; Moreira Guimarães reagiu: "Quisera acreditar que ela [a palavra 'mercenários'] não fora escrita pelo antigo militar". Euclides dissera que a República havia sido "uma herança inesperada" — Moreira Guimarães se desesperou: "Não; o talento robusto do colega jogou para bem longe os ensinamentos da ciência social [...]. A Pátria Brasileira nasceu sob o clarão das audácias democráticas". Quanto à campanha militar em si, Moreira da Silva atribuiu a Euclides "fantasias de artista que sabe fazer romance". Depois de tecer várias críticas pontuais ao texto, reiterou seu protesto: "E [Euclides] sempre tem uma frase ou ao menos uma palavra para empanar o brilho das glórias militares!...". Em todo caso, o resenhista não deixou de concluir com um elogio agridoce à obra:

> Tanto se recomenda o notável livro *Os sertões* (*campanha de Canudos*), que não é lícito, braços cruzados ou em meio de palmas, consentir no emaranhado de contradições e exageros que lhe deturpam a beleza da linguagem, do mesmo passo exageros e contradições desfigurando-lhe o grandioso do quadro em que se avulta, em seriação lógica, toda a história da campanha de Canudos.

Em fins de janeiro de 1903 saíra na *Revista do Centro de Ciências, Letras e Artes de Campinas* — instituição na qual Euclides fora recentemente admitido — um ensaio assinado por Campos Novais, um dos participantes da reunião em que Euclides lera parte do manuscrito para Coelho Neto. Euclides já estava preparado para receber críticas de militares sobre o livro.[14] Contudo, ter o caráter técnico da obra considerado um "modelo de ciência popular" e ser acusado de "nefelibatismo" científico e de falta de rigor não somente ofendia seu amor-próprio como — ponto mais importante — punha em questão seu argumento de autoridade como homem de ciência, e não apenas como letrado. Se houve um forte candidato a levar bengaladas de Euclides, este foi José de Campos Novais.

Rememorando o encontro com Euclides em Campinas, o resenhista traçou um rápido perfil do escritor: "O seu espírito ilustrado e observador, com lampejos de um temperamento excitável e naturalmente veemente, impressionou-me desde logo como o de um puro intelectual". A crítica, contudo, começa pondo em dúvida as "belas e arrojadas" generalizações de Euclides: "A preocupação das generalizações prematuras pode redundar talvez em bela retórica; que, porém, fica sempre à espera da sanção e da revisão dos fatos e dos fenômenos". Campos Novais somou-se aos críticos do uso de termos técnicos por Euclides, mas, ao contrário de todos os demais, não pelo excesso, e sim pela imprecisão de alguns conceitos. Apontou equívocos concretos:

> A linguagem científica da introdução e de todas as páginas descritivas tomam uns ares rebarbativos, muito diverso do estilo claro, preciso e técnico. Há mesmo frases evidentemente inexatas por excessivamente imaginosas, como por exemplo quando fala — "na acidez corrosiva dos aguaceiros tempestuosos", ou "nas folhas de estômatos alongados em vilosidades".

O crítico chegou a fazer ironia com a "surpresa" e a "novidade de impressões" do "paulista [sic] entrando num sertão sáfaro, quente e desolado". Acusou Euclides de desconhecer os estudos anteriores sobre a flora da caatinga, em especial o trabalho de Von Martius. A conclusão de Campos Novais sobre os conhecimentos botânicos de Euclides foi demolidora; ele teria mostrado uma "falta absoluta de base científica nas numerosas e insistentes páginas em que se refere à flora local".

A crítica não ficou restrita às imprecisões na área da botânica. Ao analisar o diagnóstico que Euclides fez de Antônio Conselheiro, Campos Novais estimou que não haveria "bases suficientes para uma apreciação científica séria" sobre a personalidade do beato e lançou uma acusação pesadíssima contra Euclides: o autor de *Os sertões* teria plagiado o conhecido escritor francês Ernest Renan ao descrever o chefe dos sertanejos com as características que o francês atribuíra a Montano — um líder religioso cristão da Ásia Menor que viveu no século II d.C. Segundo Campos Novais, Euclides "fez de Antônio Conselheiro uma *décalque*, por assim dizer, do Montano de Renan", e transcreve trecho da obra do francês para sustentar sua acusação. Argumentou ainda, com muita lógica, que dificilmente o clima de liberalidade sexual prevalecente na seita de Montano teria se repetido no arraial de Belo Monte, ao contrário do que afirmou Euclides. A visão que Campos Novais apresentou sobre o líder de Belo Monte foi muito mais generosa que a de Euclides: "Tomai de Montano suas visões apocalíticas, e ajuntai de Maomé o seu prestígio pessoal, menos o gênio político, e tendes o Bom Jesus Conselheiro".

Euclides respondeu aos críticos por meio de um conjunto de notas que incorporou ao livro a partir da segunda edição. Ao mesmo tempo, não deixou de escrever aos que o resenharam favoravelmente, em especial José Veríssimo, em carta em que defendia o uso de termos técnicos, pois seu ideal de literatura era o "consórcio da ciência e da arte".[15] Com Araripe Júnior foram trocadas muitas cartas e desenvolveu-se uma forte amizade.

Na verdade, foram poucas críticas negativas em contraste com uma exaltação generalizada. Euclides da Cunha sentiu-se — com justiça — orgulhoso. Em seu diário íntimo registrou sem modéstia:

> Escrevi este livro para o futuro. [...] Não lhe dei nem prefácio, nem paraninfo, que o apresentasse à minha terra. Quis aparecer só, absolutamente isolado na grande fraqueza do meu nome obscuro diante dos que compartiram aquela luta. E apareci só. Não apareceram porém os protestos. Não podiam aparecer: desafiariam imprudentemente a réplica inflexível dos fatos. Não deviam aparecer; afrontariam inutilmente as energias triunfantes da verdade.[16]

A primeira edição de *Os sertões* se esgotou em pouco mais de dois meses. Em junho de 1903 saiu a segunda, e em abril de 1904, a terceira. No espaço de pouco mais de um ano e meio foram vendidos cerca de 6 mil exemplares, um grande êxito editorial no contexto do reduzido universo de leitores do Brasil do início do século XX. De um momento para outro Euclides da Cunha passou da condição de autor inédito e quase desconhecido nos meios literários para o patamar de escritor de primeira ordem e grande sucesso, tanto em termos de crítica como de vendas.

No que se refere ao lado financeiro, *Os sertões* rendeu razoavelmente, mas muito menos do que o autor esperava. Imaginou que ganharia entre um e dois contos de réis. O resultado bruto até superou essa estimativa: foram cerca dois contos e duzentos mil-réis.[17] Contudo, descontado o conto e quinhentos mil-réis que investira na publicação, Euclides dividiu o lucro de setecentos mil-réis com os editores, cabendo-lhe, afinal, 350 mil-réis: bem menos que seu salário mensal na Superintendência de Obras Públicas. Como homem de palavra que era, cumpriu à risca o contrato verbal feito com o calígrafo que transcrevera o manuscrito em São José do Rio Pardo. Mandou-lhe 220 mil-réis, os 10% acordados sobre a venda da edição, e o calígrafo acabou recebendo mais do que o próprio autor. Mesmo assim, Euclides estava feliz. Escreveu ao pai: "O que sobretudo me satisfaz é o lucro de ordem moral obtido".[18]

Euclides fervilhava em ideias para novos livros. Tinha planos de escrever um romance que se intitularia *Os homens bons*. Afonso Taunay, em conversa casual, perguntou-lhe se gostaria de publicar um romance. Euclides respondeu:

> Muito. Mas muito mesmo. Um pelo menos, romance histórico e brasileiro, entenda-se. Nada de descabelamentos românticos, nem das intermináveis psicologias contemporâneas. Ora, vou contar a você, muito em reserva, que até tenho o cenário escolhido para meu primeiro romance: o Rio de Janeiro seiscentista.[19]

Adiantou a amigos que estava por escrever um livro sobre a Revolta da Armada. Comentou, ainda, que teria recolhido material para uma obra sobre as lendas do interior de São Paulo. Por essa época, pensando em escrever um ensaio sobre a Amazônia, começou também a sonhar com uma viagem ao Acre. Além dos próprios projetos, já desencontrados, logo receberia encomendas: uma memória sobre o duque de Caxias e um ensaio sobre a estada de d. João VI no Brasil.

As ideias abundavam, mas o tempo para escrever se reduzia aos interstícios do trabalho de engenheiro, que cada vez mais o desgostava. Muito mais do que hoje em dia, parecia quase impossível ter a literatura como única fonte de renda. E como produzir outra obra do porte de *Os sertões*? Um estrondoso sucesso com o livro de estreia também pode ser uma maldição. Ainda assim, escreveu em seu diário: "Volto tranquilamente à minha tenda modesta de trabalhador abraçado à minha engenharia fatigante".[20] Nada podia ser mais falso do que a ideia de que o aclamado autor estreante estivesse resignado a não poder se dedicar integralmente à literatura.

Euclides da Cunha em 1876 e, abaixo, em 1878.

Eudóxia Moreira da Cunha, mãe de Euclides.

Manuel Rodrigues Pimenta da Cunha, pai de Euclides.

Adélia Pimenta da Cunha, irmã de Euclides.
Teresa Maria de Jesus Cunha, avó paterna de Euclides.

Euclides da Cunha (1886).

Formação na Escola Militar da Praia Vermelha. Da dir. para a esq., Euclides é o quinto cadete da primeira fila.

Ana Emília Ribeiro da Cunha, esposa de Euclides.

Euclides da Cunha em uniforme de segundo-tenente (1891).

Caricatura de Euclides de autoria de Raul Pederneiras.

Campanha (MG). Euclides (na frente, à dir.)
é o primeiro sentado na fila.

Euclides da Cunha (1896).

Teodoro Fernandes Sampaio.

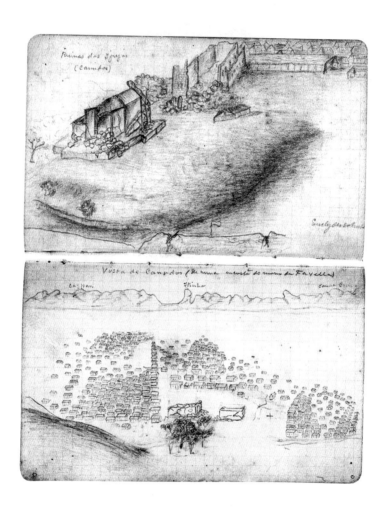

Ruínas das duas igrejas de Belo Monte, e a vista da região desde encosta do morro da Favela, desenhadas por Euclides.

Generais João da Silva Barbosa, Artur Oscar, Carlos Eugênio
(da esq. para a dir., os três primeiros nessa ordem)
e outros militares em Belo Monte já ocupada.

Ruínas da igreja nova.

Mulheres e crianças aprisionadas pelo Exército em Belo Monte.

Ponte metálica sobre o rio Pardo desmoronada e, abaixo, reconstruída.

Manuel Afonso, Sólon e Quidinho, filhos de Euclides e Ana.

Francisco Escobar.

Os Sertões

(Campanha de Canudos)

por

Euclydes da Cunha

LAEMMERT & C. - EDITORES
66, Rua do Ouvidor, 66 — Rio de Janeiro
CASA FILIAL EM S. PAULO
1902

Folha de rosto da primeira edição de *Os sertões* (1902).

Da esq. para a dir.: Domício da Gama, Euclides da Cunha
e Alexandre Argolo Mendes (1904).

Euclides da Cunha (1905).

Membros da seção brasileira da Comissão Mista Brasileiro-
-Peruana de Reconhecimento do Alto Purus. Da esq. para a dir.:
Alferes Francisco Lemos, coronel (r) Rodolfo Nunes, tenente Argolo
Mendes, engenheiro Manuel da Silva Leme, engenheiro Euclides
da Cunha, médico Tomás Catunda, engenheiro Arnaldo Cunha,
fotógrafo Egas Florence e Alferes Antônio Cavalcanti de Carvalho.

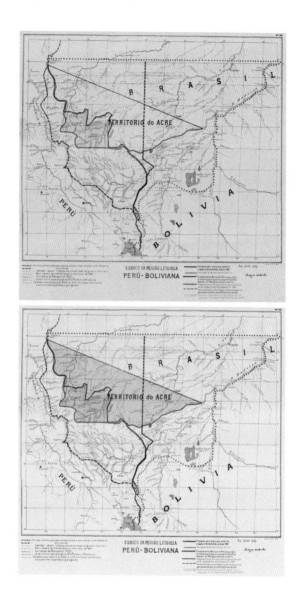

Mapa 1: Mapa do território disputado entre Brasil, Bolívia e Peru, de autoria de Euclides da Cunha (1909).

Mapa 2: Área em disputa entre o Brasil e a Bolívia, assinalada sobre o mapa 1.

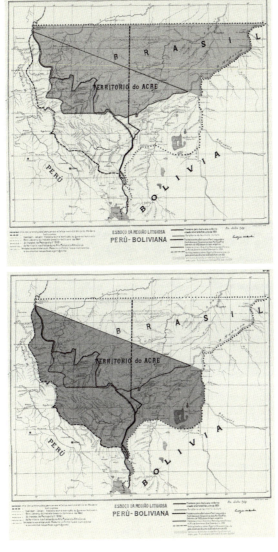

Mapa 3: Área em disputa entre o Brasil e o
Peru, assinalada sobre o mapa 1.

Mapa 4: Área em disputa entre a Bolívia e o Peru, assinalada
sobre o mapa 1. A linha vertical ao centro mostra o laudo
da arbitragem do litígio pelo presidente Argentina.

Flotilha da seção brasileira da Comissão Mista Brasileiro--Peruana de Reconhecimento do Alto Purus. Da esquerda para a direita: batelão *Manuel Urbano* e lanchas *Cunha Gomes* e *nº 4*.

Naufrágio do *Manuel Urbano*. Retirada de mantimentos e equipamento do batelão já afundando nas águas do rio Purus.

Euclides no Itamaraty (1907). Da esq. para a dir., sentados: Afonso Arinos, barão Homem de Melo, barão do Rio Branco e Gastão da Cunha. Em pé (na mesma ordem): Euclides da Cunha, Araújo Jorge, Graça Aranha, Eduardo Vergueira Lorena, César Vergueiro, Pecegueiro do Amaral, Cásper Líbero, Paulo Quartim e César Tapajós.
A imagem foi publicada originalmente na revista *O Malho*, de 26 de outubro de 1907.

Euclides caminhando pelas ruas
do Rio de Janeiro (1908).

Coelho Neto.

Euclides no escritório de sua casa em Copacabana (1909).

Dilermando de Assis.

Reconstituição da troca de tiros entre Euclides e Dilermando, publicada no número 362 da revista *O Malho*.

Último retrato em vida de Euclides da Cunha (1909).

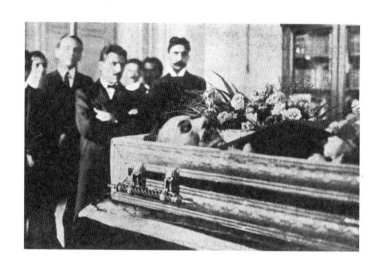

Velório de Euclides da Cunha na Academia Brasileira de Letras.

8.
Rio Branco

Rodrigues Alves assumira a presidência poucas semanas antes do lançamento de *Os sertões* e apenas em alguns sentidos daria continuidade às diretrizes de Campos Sales, patrono da sua candidatura. O país e a cidade do Rio de Janeiro entrariam em uma fase de otimismo e de grandes mudanças, mas também de aumento da tensão social, que explodiria em episódios como a Revolta da Vacina.

No plano nacional, a "Política dos Governadores" disciplinou as lutas partidárias, com a hegemonia dos chefes políticos de São Paulo, secundados por Minas Gerais, com o apoio de líderes de outras oligarquias estaduais, como o senador gaúcho Pinheiro Machado. Ainda que os problemas econômicos trazidos pelas oscilações nos preços do café continuassem, as finanças públicas estavam saneadas e o novo presidente pôde iniciar um ambicioso programa de obras públicas, em especial na capital do país: construção de um novo porto, saneamento e reurbanização da cidade, abertura de grandes avenidas, edificação do Teatro Municipal, do atual prédio da Biblioteca Nacional, do Palácio Monroe e do Instituto Manguinhos.

Com o país relativamente pacificado, Rodrigues Alves montou um ministério de corte técnico: Bulhões Jardim na pasta da Fazenda, José Joaquim Seabra na de Justiça e Negócios Interiores e Lauro Müller na de Indústria, Viação e Obras Públicas. Para ministro da Guerra escolheu o marechal Francisco de Paula Argolo, que ocupara o cargo durante a interinidade de Manuel Vitorino na presidência. A pasta da Marinha foi entregue ao contra-almirante Júlio César de Noronha.

A escolha do barão do Rio Branco — a quem o presidente não conhecia pessoalmente — para comandar o Itamaraty se explica pelo clima de forte tensão entre Brasil, Bolívia e Peru devido à indefinição das fronteiras na Amazônia, naquele momento de grande expansão da demanda por borracha no mercado internacional. As vitórias nas questões de limites contra a Argentina e a França credenciavam o Barão como a pessoa certa para tratar da espinhosa questão do Acre.

Pereira Passos, prefeito da capital escolhido pelo presidente, e Osvaldo Cruz, nomeado diretor-geral de Saúde Pública em 1903, completariam o quadro de estadistas notáveis do governo de Rodrigues Alves.

Entusiasmado com a extraordinária recepção do livro, Euclides cobrou a promessa feita por Egas Moniz de traduzi-lo para o francês. Ofereceu abrir mão de todos os direitos autorais e dos lucros que pudessem advir da empreitada,[1] mas mesmo assim não obteve sucesso. As boas notícias, contudo, continuavam. Soube pelos jornais que fora eleito sócio do Instituto Histórico e Geográfico Brasileiro. Fundado em 1838, sob os auspícios do imperador d. Pedro II, que participou intensamente das atividades da instituição, o IHGB fora o grêmio científico brasileiro mais importante durante o Império. É verdade, contudo, que andava em baixa: com a proclamação da República, perdera prestígio, acusado de ser um reduto de monarquistas.

A aprovação dos novos sócios do IHGB é um processo que se inicia sem uma postulação formal do interessado. Euclides nem fora consultado. A fama recém-conquistada, por um livro que, afinal, acusava o regime republicano e o Exército de ter praticado um massacre, aparecia como um bom motivo para o ingresso do autor, e o caráter cientificista da obra era um trunfo a mais. A proposta partiu de Max Fleiuss, com o apoio de Sousa Pitanga, Rocha Pombo, Castro Carreira, Taumaturgo de Azevedo e Henri Raffard. O parecer que sustentou a admissão foi de ninguém menos que do conde Afonso Celso,[2] monarquista ferrenho e autor de *Porque me ufano de meu país*. A apreciação ressaltou o "alto valor científico, alto valor histórico e alto valor moral, sem falar no inestimável valor literário"[3] da obra. Em 24 de abril de 1903, os confrades do IHGB aclamaram o nome de Euclides. Clube de monarquistas ou não,[4] o republicano Euclides da Cunha ficou radiante com a honraria.

O ofício enviado pelo primeiro-secretário do Instituto, Henri Raffard, se extraviou e não chegou às mãos do novo sócio, que acabou tomando conhecimento oficial da eleição por intermédio de uma carta de Max Fleiuss, que já chegou com um encargo: apresentar uma memória sobre o duque de Caxias.[5] Estava em curso um movimento de ressignificação dos chefes militares da monarquia brasileira, colocando-os acima do regime político então vigente, como heróis atemporais da pátria. A estátua equestre do general Osório fora instalada na praça XV em 1894. Já o monumento em homenagem ao duque de Caixas, na praça batizada com esse nome, fora inaugurado em 1899, com a presença do presidente Campos Sales.

Para o IHGB, a recuperação da memória dos feitos militares da monarquia, mesmo que atrelada a uma releitura feita pelo novo regime, era um avanço auspicioso; Euclides poderia contribuir para o processo de reciclagem do Instituto. A oferta foi aceita. Alegando falta de tempo, porém, o novo sócio se propôs a escrever não uma memória, mas um discurso. Mesmo reduzida, a tarefa ficou pendente por vários meses — e acabaria não sendo entregue. Ainda em 1903 o IHGB abriu um concurso para uma monografia sobre d. João VI. Já que se estava reinterpretando o passado, por que não recuperar a memória daquele que, afinal, governava Portugal no momento da Independência brasileira? Instigado por Max Fleiuss,[6] Euclides chegou a considerar a possibilidade de participar, mas acabou não se inscrevendo. A concorrência era difícil; o certame foi ganho por Oliveira Lima, com um trabalho que serviu de base para o monumental *D. João VI no Brasil (1808-1821)*, publicado em 1908.

Em maio, com o falecimento do escritor Valentim Magalhães, abriu-se uma vaga na Academia Brasileira de Letras. José Veríssimo sugeriu a Euclides que se apresentasse. Ao contrário do IHGB, a eleição para a Academia exigia — como exige até hoje — que o interessado se declarasse formalmente candidato à cadeira desocupada. A partir da aceitação da postulação, tem início um processo, muitas vezes complicado, de busca dos votos dos acadêmicos no sufrágio que escolherá o novo imortal. Mesmo antes que o escritor se decidisse a concorrer, a notícia de sua candidatura já chegara aos jornais.

No início de junho saiu a segunda edição de *Os sertões*, que os Laemmert se dispuseram a comprar inteira por um conto e seiscentos mil-réis, oferta que Euclides aceitou para pagar dívidas e dar entrada em um seguro de vida. Na mesma carta em que contava a novidade ao pai, informou que: "Infelizmente me obrigaram a ser candidato à Academia de Letras". Mostrava-se pessimista. Acreditava que Quintino Bocaiuva também disputaria e o derrotaria "pela certa". Além do próprio peso político, Bocaiuva — segundo Euclides — teria seu pleito apoiado pelo barão do Rio Branco, "o *primus inter pares* da nossa gente".[7]

Na mesma data, escreveu uma carta queixosa a José Veríssimo[8] comunicando que aceitava a candidatura e se lamentando da dificuldade de conciliar a trajetória de escritor com a vida de engenheiro:

> Continuo na minha engenharia fatigada e errante — e, agora, com a sobrecarga de uma monografia sobre o duque de Caxias. Felizmente me habituei a estudar nos trens de ferro, nos *trolys*, e até a cavalo! É o único meio que tenho de levar por diante esta atividade dupla de chefe de operários e de homem de letras [...].

Apesar do pessimismo, tinha boas razões para acreditar na força de sua candidatura. Lançara um livro de imenso sucesso, mesmo em um ano em que saíram obras de grande valor, como *Canaã*, de Graça Aranha, e *A falência*, de Júlia Lopes de Almeida. Graça era membro fundador da Academia, e Júlia, apesar de ter participado ativamente das discussões para a formação da agremiação e de ostentar uma obra já importante, não chegou a fazer parte dela... por ser mulher. Como consolo, o marido da escritora, o poeta Filinto de Almeida (amigo de Euclides), tornou-se membro fundador da mesma. Além do livro muito bem resenhado, o postulante já mantinha relações pessoais, ainda que em alguns casos meramente epistolares, com muitos dos membros da Academia: Filinto de Almeida, Garcia Redondo, Lúcio de Mendonça, Coelho Neto, José Veríssimo, Afonso Celso, Araripe Júnior, João Ribeiro e Medeiros e Albuquerque. Foram conexões importantes para alavancar sua candidatura.

Em busca do empenho dos acadêmicos amigos, Euclides exagerava as dificuldades que via na disputa, para ele uma "derrota inevitável". Em carta a Lúcio de Mendonça,[9] pintou uma imagem divertida da disputa pela cadeira, uma luta que se assemelharia a "uma sanguinolenta comédia vulgar nos anfiteatros romanos, em que o patrício desfibrado e trôpego, vestindo a armadura a armado até os dentes, ia garbosamente se bater com o gaulês desnudo e empunhando uma espada de pau. Serei o gaulês".

Foi na campanha para se eleger para a Academia que Euclides fez o primeiro contato com o barão do Rio Branco. Em carta de 9 de julho, em tom bastante protocolar, pediu o voto do Barão: "Saudando respeitosamente a V. Exa. tenho a honra de solicitar o seu voto na próxima eleição que se realizará na Academia de Letras, para o preenchimento da vaga originada pelo lamentável passamento do nosso distinto compatriota Valentim Magalhães".[10]

Na verdade, a presença de Rio Branco entre os acadêmicos era mais difícil de explicar do que a postulação daquele autor estreante. Quando eleito para a Academia, em 1898, o acervo literário do Barão também se resumia a um único livro (incomparavelmente mais modesto — *Efemérides brasileiras*, de 1892, reunindo as notas sobre personagens históricos que Rio Branco vinha publicando havia anos em diversos jornais) — e à participação em outras duas obras coletivas em 1889, com textos descritivos, um deles parte de um verbete sobre o Brasil para uma enciclopédia francesa. Fora isso, nada além de relatórios e outros textos burocráticos. Contudo, no plano diplomático, ele já aparecia como vitorioso na questão de Palmas com a Argentina e trabalhava na disputa de limites com a França em relação ao Amapá. Como se vê, desde sua fundação a Academia mistura literatura e política.

Não tendo participado do grupo de trinta literatos que concebeu o grêmio nem estando entre os outros dez eleitos para completarem o quadro de quarenta fundadores da Academia Brasileira de Letras em 1897, Rio Branco acabou obtendo uma das primeiras vagas abertas, com a morte de João Manuel Pereira da Silva, no ano seguinte. O Barão, contudo, pouco interesse demostrou nos trabalhos da entidade. Somente em 1902, quando ainda estava em Berlim como chefe da legação brasileira, depois de receber a vista de Rodrigo Otávio, então secretário da instituição, ele escreveu uma carta (que datou como tendo sido escrita em 1898) aceitando a Cadeira 34. Com isso, abria mão da cerimônia de posse. A eleição em que Euclides concorria seria, portanto, a primeira participação efetiva de Rio Branco nos trabalhos da Academia.

Para surpresa de Euclides, a resposta do Barão — com a garantia de seu apoio — chegou em seguida. Em 17 de julho, o candidato agradecia "o honrosíssimo amparo" transmitido por carta pelo chanceler, que considerou a "mais valiosa e digna" recompensa "pelos serviços que tentei prestar à nossa terra, escrevendo *Os sertões*".[11] Na verdade, Quintino Bocaiuva, prócer republicano e primeiro chanceler do governo provisório, não contava com a simpatia de Rio Branco[12] e, afinal, não chegou a se postular: desistiu da candidatura e nunca integraria a Academia.

Apresentaram-se ao pleito Xavier Marques, Domingos Olímpio e Silvino Gurgel do Amaral. Estimava-se que a real competição seria entre Euclides e os dois primeiros. Em 21 de setembro, apurados os resultados, Euclides recebeu 24 dos 31 votos válidos; Domingos Olímpio, 4; Silvino do Amaral, 2, e Xavier Marques, 1. Este último conseguiria se eleger em 1919.[13]

Naquele momento, o apoio de Rio Branco se explicava muito mais pelo empenho em que Domingos Olímpio não fosse eleito do que por alguma simpatia ou admiração por Euclides. Inclusive, com o objetivo de contribuir para que o desafeto não fosse eleito, deixou de votar em Silvino Gurgel do Amaral, colega diplomata e filho de um de seus maiores amigos da juventude, então já falecido. Como Silvino tinha poucas chances, era mais seguro apostar no principal adversário do inimigo. Aliás, é muito provável, pelo menos em 1903, que Rio Branco nem tivesse lido *Os sertões*.

Domingos Olímpio fora subordinado de Rio Branco entre 1893 e 1895. Depois de integrar a equipe que advogara pela causa brasileira na arbitragem sobre a posse do território de Palmas, passara a forte desafeto do chanceler, que o definia como um "capadócio", "capaz de todas as perfídias e molecagens".[14] Em 1903, Olímpio publicou sua obra mais importante, *Luzia-Homem*, e voltaria a candidatar-se em 1905, mas enfrentou forte campanha contrária de Rio Branco[15] e acabou morrendo no ano seguinte sem conquistar a almejada vaga na Academia.

Em todo caso, sem conhecer as reais motivações do Barão, Euclides ficou exultante com a vitória e com o voto recebido do chanceler. Escreveu ao pai:

> Apresso-me em comunicar-lhe que fui eleito ontem para a Academia de Letras — para a cadeira do seu grande patrício, Castro Alves. Assim, o desvio que abri nesta minha

engenharia obscura, alongou-se mais do que eu julgava. É ao menos um consolo nestes tempos de filhotismo absoluto, verdadeira idade de ouro dos medíocres. Tive eleitores como Rio Branco e Machado de Assis.[16]

Tudo parecia ir muito bem na trajetória pessoal de Euclides, mas a situação geral do país acabou afetando diretamente sua vida. Os preços do café continuavam instáveis e a produção mundial, predominantemente oriunda do Brasil, já excedia a olhos vistos a demanda pelo produto. O desequilíbrio era estrutural. No início de 1906, no último ano do governo Rodrigues Alves, os governadores de São Paulo, Minas e Rio de Janeiro se reuniram na cidade de Taubaté para estabelecer um mecanismo de estabilização dos preços do café. O Convênio de Taubaté, contudo, só se tornou realidade no governo seguinte, de Afonso Pena, pois Rodrigues Alves, em fim de mandato, não quis endossar o esquema.

Já em 1903, porém, as finanças do governo estadual de São Paulo foram duramente afetadas e o orçamento da Superintendência de Obras Públicas sofreu cortes. O governador determinou que os salários fossem reduzidos em 30% e, mesmo tendo a chefia de um distrito, Euclides passou a ganhar seiscentos mil--réis, menos do que ao ser admitido no órgão. Inconformado, decidiu pedir demissão, o que concretizou em 31 de dezembro (com outro emprego já em vista).

Ainda assim, viajou ao Rio de Janeiro para tomar posse no IHGB, uma honraria, é certo, mas que não lhe trazia nenhum ganho financeiro. Ao contrário, pagava-se uma joia na admissão e uma pequena mensalidade.[17] Em 20 de novembro de 1903, Euclides assumiu como sócio correspondente.[18] Em carta ao companheiro Francisco Escobar, comentou sua alegria:

> Que felicidade, meu amigo! [...] Tu não calculas como me senti bem, ali, no meio daquela gente, que não distribui

empregos; e como avaliei bem o rigor desta minha belíssima alma sonhadora, tão desprendida das infinitas esquírolas e da poeirada de coisinhas interesseiras que deslumbram tanta gente.[19]

Estava entusiasmado, mas não estaria nada mal que aquela gente também distribuísse empregos.

Comentou a posse no IHGB também com Coelho Neto, em carta[20] em que dava uma singular explicação sobre a própria espiritualidade, em resposta a comentário presente em correspondência anterior, em que o amigo o censurava por seu ateísmo:

> Então... eu não creio em Deus?! Quem te disse isto? Puseste-me na mesma roda dos singulares infelizes, que usam do ateísmo como usam de gravatas — por *chic*, e para se darem ares de sábios... Não. Rezo, sem palavras, no meu grande panteísmo, na perpétua adoração das coisas; e na minha miserabilíssima e falha ciência sei, sei positivamente, *que há alguma coisa que eu não sei...* Aí está neste bastardinho (e é a primeira vez, depois da aula primária, que o escrevo) a minha profissão de fé. Há de adivinhá-lo o teu valente coração. Se existir o teu céu, meu brilhante amigo, — para lá irei direitinho, num voo, um largo voo retilíneo desta alma aquilina e santa — com o assombro de não sei quantos rezadores, cujas asinhas de bacurau servem para os voejos, na penumbra do Purgatório.

Começou também a tratar da cerimônia de posse na Academia Brasileira de Letras, mas esta acabaria por ocorrer anos mais tarde, em dezembro de 1906. Em todo caso, naquele início de 1904 — mesmo que temporariamente desempregado —, Euclides estava consagrado com o ingresso nas duas instituições de maior prestígio intelectual do Brasil.

Felizmente, logo apareceu nova oportunidade de trabalho. A cidade de Santos estava construindo sua rede de esgotos; em 15 de janeiro de 1904, Euclides assumiu o cargo de engenheiro fiscal na Comissão de Saneamento do município, mudando-se com a família para o Guarujá. O salário era melhor do que o do antigo emprego: um conto e 250 mil-réis, porém o novo emprego não reanimou seu entusiasmo pela engenharia: ele continuou reclamando do "triste ofício". Não havia como dar atenção aos muitos projetos literários; sentia o chefe de operários esmagar o homem de letras e sofria com a falta de tempo para dar vazão a seu talento literário. Um mês depois de começar na nova função, já escrevia para Machado de Assis — com quem não tinha maior intimidade — para se queixar: "Desde que aqui cheguei não tive ainda um quarto de hora para me dedicar aos assuntos queridos, nem aos livros prediletos. Estou inteiramente embaraçado e preso numa rede... de esgotos!".[21]

O trabalho em Santos durou pouco. Em abril de 1904, Euclides se indispôs com o chefe, o engenheiro José Rebouças. Em uma discussão por motivo fútil,[22] mandou seu chefe na Comissão de Saneamento à merda — a expressão usada foi essa, talvez adequada à natureza do trabalho da repartição — e demitiu-se em seguida. Acostumado à independência que gozava na Superintendência de Obras Públicas, sentimento agravado pelos três anos em São José do Rio Pardo, quando os superiores ficavam a muitos quilômetros de distância, não se adaptara à rotina do trabalho burocrático sob a supervisão direta de Rebouças. Este, na verdade, o considerava um ótimo funcionário: "Como trabalhador é dos que não dão motivo à mais leve observação — sempre à hora e o que executa é limpo... mas o gênio...".[23] A sensação de opressão por não dispor de tempo para dar continuidade à trajetória literária piorava tudo.

Como forma de garantir alguma reserva para os tempos difíceis que se prenunciavam, Euclides vendeu os direitos das futuras edições de *Os sertões*, inclusive das eventuais traduções (menos para o italiano), para os Laemmert por um conto e oitocentos mil-réis. Fazia um péssimo negócio. Ganhara cerca de 350 mil-réis na primeira edição, um conto e seiscentos mil-réis na segunda e agora vendia os direitos das muitas edições que viriam por quase o mesmo valor recebido na segunda. A terceira edição sairia em 1905. Os Laemmert venderiam os direitos para a Livraria Francisco Alves em 1909, editora que publicaria 23 edições do livro até 1968. Depois, a obra caiu em domínio público e foi editada ainda muitas vezes.

Aconselhado por Coelho Neto, o escritor foi ao Rio de Janeiro procurar o antigo colega de Escola Militar, Lauro Müller, agora ministro da Indústria, Viação e Obras Públicas, em busca de um novo emprego. Abria outra brecha no discurso de que não fazia pedidos ou buscava padrinhos.[24] O favoritismo nos empregos públicos era uma das críticas recorrentes que fazia à sociedade de seu tempo. Com frequência, em especial nas cartas ao pai, proclamava orientar a vida por "uma linha reta": suas conquistas deveriam sustentar-se exclusivamente no mérito próprio, sem favores ou pedidos. Apesar das ilusões iniciais, a República não resolvera o problema do apadrinhamento na máquina pública. Uma real meritocracia era e continua sendo um ideal. Em todo caso, como escritor famoso com amigos bem posicionados, ficava mais fácil, mesmo que fosse necessário torcer um pouco a tal "linha reta". Mas, ainda assim, não deu certo naquela oportunidade.

Com muito humor, deu conta do fracasso do intento em carta a Coelho Neto. Ao chegar ao Ministério de Viação, deparou com as escadarias que levavam ao gabinete de Müller repletas de "candidatos afoitos, capazes de pagarem com dois anos de vida cada degrau da subida, me vi frechado de olhares rancorosos...". Por sorte, acabou reconhecido e "num minuto, nem sei como isso foi, estava lá em cima. E lá em cima empolgou-me a vaidade, porque em verdade, quem me levara até lá, com tanta felicidade, fora o Euclides da Cunha!". A fama abrira os caminhos, e ele foi bem recebido por Müller: "Não era o ministro, era o antigo companheiro de ideal, o sócio daqueles estupendos sonhos de mocidade (Ó República!...)".[25] Contudo, as ilusões da juventude que ambos haviam compartido se desfizeram frente aos padrinhos mais fortes de algum outro candidato (Ó República!...) — a expectativa de emprego público ficou apenas na promessa.

Euclides não perdia a esperança: "Alimento projetos vários todos mais ou menos viáveis, falíveis todos; acenam-me com várias colocações; imagino outras, que se esvaem logo; e neste tumulto, vou-me agitando no estonteamento de quem segue tateando entre miragens". Contudo, não deixava de se queixar aos amigos:

> Doloroso é isto: tenho doze anos de carreira fatigante, abnegada, honestíssima, elogiada, traçada retilineamente; passei-os como um asceta, com a máxima parcimônia, sem uma hora de festa dispendiosa, e chego ao final desta reta tão firme, inteiramente desaparelhado![26]

A recém-conquistada posição de escritor conhecido dava prestígio e contribuía para o amor-próprio, porém não pagava as contas. Com mulher e três filhos, a situação de Euclides era grave. Passou a viver de pequenos serviços: vistorias, pareceres técnicos, levantamentos topográficos. Segundo suas próprias palavras, caíra "na engenharia a retalho das vistorias". Além disso, retomou a colaboração com *O Estado de S. Paulo* e passou a contribuir para o jornal carioca *O Paiz*. Os proventos da atividade jornalística eram magros, mas sempre bem-vindos.

Nos meses seguintes, escreveu furiosamente sobre os mais variados assuntos — muitos dos quais conhecia de forma bastante superficial: "Uma comédia histórica" (25 de junho), "O Marechal de Ferro" (29 de junho), "Civilização" (10 de julho), "A arcádia da Alemanha" (6 de agosto). Além desses — todos saídos em *O Estado de S. Paulo* —, publicou no mesmo jornal um curioso artigo em 1º de maio — "Um velho problema" — em que elogia o socialismo científico de Karl Marx e expressa (com base em um raciocínio positivista) sua confiança na superação do capitalismo e no futuro socialista da humanidade: "Garantem-no as leis positivas da sociedade que criarão o reinado tranquilo das ciências e das artes, fontes de um capital maior, indestrutível e crescente, formado pelas melhores conquistas do espírito e do coração...".

Sylvio Rabello[27] fez uma aguda observação sobre o contexto daquele momento pseudomarxista de Euclides:

> Não deixa de ter um certo interesse psicológico essa explosão de Euclides em favor do marxismo, exatamente na época da sua maior dificuldade de vida — o seu ressentimento derivando para um sistema de doutrina como meio de libertação do homem desajudado que sempre fora.

Por essa época, Euclides escreveu também, para o jornal *O Paiz*: "Plano de uma cruzada" (8 de maio), "Olhemos para nossa terra" (14 de maio), "Heróis e bandidos" (10 de junho), "A vida das estátuas" (21 de julho), "Temores vãos" (24 de junho) e "Entre ruínas" (15 de agosto).

Houve ainda outros cinco artigos — todos girando em torno da situação de possível conflito armado com os vizinhos na Amazônia — que ganhariam importância com a nova direção que tomaria a vida de Euclides: "Conflito inevitável" (*O Estado de S. Paulo*, 14 de maio), "Contrastes e confrontos" (*O Paiz*, 21 de maio), "Contra os caucheiros" (*O Estado de S. Paulo*, 22 de maio), "Entre o Madeira e o Javari" (*O Estado de S. Paulo*, 29 de maio), e "Solidariedade sul-americana" (*O Paiz*, 31 de maio).

Mais adiante, Euclides reuniria alguns desses artigos a outros publicados na mesma época no jornal *O Commercio de São Paulo* e a outros ainda, mais antigos, no livro *Contrastes e confrontos*, publicado em 1907 por uma editora portuguesa.

Mesmo com a pequena pensão de militar reformado e o complemento recebido por suas contribuições aos jornais, o autor de *Os sertões* precisava superar a precariedade da condição de engenheiro freelancer e garantir uma fonte de renda segura. Assim, retomou o projeto de se tornar professor na Escola Politécnica de São Paulo. Além de entrar em contato com Garcia Redondo, que lecionava na instituição, lançou mão da amizade com Henrique Coelho, ex-colega de colégio e participante do grupo que gravitava em torno do jornal *O Estado de S. Paulo*. Então funcionário do estado, Coelho interferiu junto ao ex-secretário de Justiça do estado, Cardoso de Almeida, em favor da pretensão de Euclides. Garantido um pistolão, caberia a Garcia Redondo o ônus de fazer a proposta no âmbito da congregação da Escola, onde se decidiriam as novas contratações. Não era tarefa isenta de complicações, pois nada indicava que o diretor, Paula Souza, tivesse esquecido as críticas que o agora famoso escritor lhe fizera pelos jornais. Na reunião de junho, o assunto não foi encaminhado, e a novela seguiu sem desfecho.

Euclides continuava morando no Guarujá com a família. Em setembro, recebeu a visita de Oliveira Lima, seu eleitor na Academia de Letras, a quem conhecera em uma ida ao Rio depois da eleição para a Academia. Em fins de 1902, quando o pernambucano ainda estava no Japão, no período final de sua chefia da legação brasileira em Tóquio, os editores de Euclides haviam lhe enviado um exemplar de *Os sertões*. O diplomata e historiador lera o livro "não de um trago, mas de muitos tragos, porque não é muito fácil a absorção daquele licor acre e inebriante". A visita ao Guarujá foi um encontro feliz, com resultados positivos. Em seguida, em São Paulo, graças à recomendação de Euclides, Oliveira Lima conheceu Júlio de Mesquita e, assim, *O Estado de S. Paulo* passaria a publicar também artigos do diplomata historiador.

Oliveira Lima estava designado ministro (embaixador) na capital peruana, cargo que ganhava importância com a disputa de limites entre Brasil e Peru, porém preferia um posto na Europa ou a chefia da legação em Washington, e retardava a partida para poder pressionar o Itamaraty, na esperança de ter seu destino alterado para uma sonhada capital europeia. Rio Branco acabou por se irritar e cancelou a remoção; o resultado foi que Oliveira Lima passaria um longo tempo na geladeira, sem posição definida, até o chanceler lhe dar outro rumo. Euclides não tinha como saber dos desentendimentos entre os dois e imaginou que Oliveira Lima pudesse ser um bom padrinho para algum emprego no Itamaraty. Não podia estar mais enganado.

Em meados de junho, os governos do Brasil e do Peru resolveram criar comissões mistas para explorar os rios Purus e Juruá, que nasciam nos confins do Acre para desaguar no leito do rio Amazonas. Seria necessário subir os dois rios até as nascentes, em equipes formadas por exploradores brasileiros e peruanos. Os relatórios das duas comissões serviriam de base para as negociações diplomáticas que viessem a definir a fronteira entre o Brasil e o Peru naquelas regiões.

Euclides agiu com celeridade: em 18 de junho — menos de uma semana depois de decidida a criação das novas comissões —, escreveu a Oliveira Lima. Na carta, esclareceu que o encargo serviria também a seus interesses científicos e literários e pediu-lhe que intercedesse junto a Rio Branco para que o integrasse a uma das duas comissões. A resposta de Oliveira Lima tampouco tardou. Em carta datada de 22 de junho,[28] esclareceu que se sentia "pessoalmente inibido" de encaminhar o pedido ao chanceler "por motivo que seria muito longo e em parte indiscreto de narrar". Suas relações com Rio Branco ainda iriam piorar, mas já estavam bem desgastadas. Em todo caso, mostrou-se otimista. Diplomaticamente, disse que no caso "não se trata de um pedido, antes de um oferecimento" que o Barão "acolherá com as mãos ambas [...], pois conheço o elevado conceito que ele faz de sua pessoa e méritos". Repassou a tarefa de propor a candidatura de Euclides ao amigo comum José Veríssimo, mas acrescentou que reforçaria o pedido quando encontrasse o Barão — o que é pouco provável que tenha acontecido, até porque seria contraproducente.

Euclides tinha pressa e, de fato, não havia tempo a perder. Escreveu sem demora a José Veríssimo[29] para agradecer o apoio ao "intento de seguir para os remotos pontos da nossa terra que desejo ver e estudar de perto". Confiava — sem saber a verdade — em que as indicações de Veríssimo e de Oliveira Lima seriam eficazes e lhe pouparíam o constrangimento de pedir o emprego pessoalmente ao poderoso ministro das Relações Exteriores.

> Não escreverei diretamente ao barão do Rio Branco. Mais do que as minhas palavras valerão a sua e a de Oliveira Lima. — Para mim esse seguir para Mato Grosso, ou para o Acre, ou para o Alto-Juruá, ou para as ribas extremas do Maú, é um meio admirável de ampliar a vida, de torná-la útil e também brilhantíssima. Sei que farei muito.

José Veríssimo, que não tinha maior intimidade com Rio Branco, continuou o jogo e empurrou o pedido para Domício da Gama, braço direito do chanceler e responsável por sua agenda. A ideia foi do agrado de Domício, também escritor e membro da Academia de Letras, que rapidamente concertou uma visita de Euclides a Rio Branco na sua residência em Petrópolis, onde se assinara o tratado com a Bolívia. Finalmente Euclides conseguira um bom pistolão para levar avante o pedido. O grau de intimidade com o chefe era tal que Domício morava em um pequeno chalé na mesma propriedade em que Rio Branco vivia com a filha caçula e uma governanta.

Anos depois, Domício publicaria um relato daquele encontro na revista da Academia Brasileira de Letras.[30] Na data aprazada, Euclides foi ao Rio de Janeiro para de lá subir até Petrópolis, onde depois do jantar foi levado à presença de Rio Branco. A conversa começou às nove da noite. Segundo descreveu Domício:

O Barão sentado à mesa, entre as duas janelas do quartinho que lhe servia de escritório, dando sobre a estrada sossegada da Westphalia e o [rio] Piabanha rumoroso em baixo, Euclides pousado incomodamente sobre uma cadeira pequena, respeitoso, comovido e tímido, como um estudante em hora de exame. Não é que o Barão o examinasse. O Barão conversava, contente de encontrar quem o entendesse e partilhasse o seu interesse pelos assuntos que lhe eram caros, de fronteiras, de relações internacionais e da história diplomática do Brasil, em que aquele engenheiro militar parecia bacharel, senão doutor.

Domício retornou uma hora mais tarde, e a conversa seguia, com Euclides "parecendo cada vez mais intimidado e mal à vontade". Às onze da noite, o chefe de gabinete finalmente interrompeu a entrevista e acabou por convidar Euclides para passar a noite em sua "casinha ao pé da do Barão". Findo o colóquio com Rio Branco, a conversa prosseguiu até as duas da manhã, agora entre Euclides e Domício. Este ficou muito impressionado com a erudição do colega escritor: "Sabia o que eu sabia em letras e mais toda a sociologia e a economia e a política de um pensador enciclopédico". Do encontro nasceu uma grande amizade. O pleito de Euclides estava em boas mãos.

9.
Conflito inevitável

Ao contrário do propalado pela historiografia, nem a assinatura do Tratado de Petrópolis, em 17 de novembro de 1903, nem tampouco sua aprovação pelo Congresso brasileiro no início do ano seguinte (fora sancionado pelo Parlamento boliviano em dezembro) garantiram a soberania brasileira sobre o território do Acre.

Este, aliás, não seria o primeiro erro de avaliação sobre os limites naqueles confins do Brasil. A ilusão sobre a segurança das fronteiras naquela área vinha de longe. Durante o Império, o Brasil assinara dois tratados que — do ponto de vista de sua diplomacia — teriam estabelecido definitivamente os limites com a Bolívia e o Peru. Em 1851, em Lima, firmou-se um acordo sobre a fronteira com o Peru. Segundo o convênio, ao sul a divisa percorria o rio Javari para terminar em sua nascente. Pelo tratado de 1867, por sua vez, a fronteira com a Bolívia se encontrava, ao norte, com os limites Brasil-Peru no mesmo ponto: as nascentes do rio Javari. A verdade é que os dois acordos foram assinados sem que se conhecesse exatamente onde o rio Javari brotava.

Em todo caso, para a diplomacia do Império não haveria problema: onde quer que se situasse a nascente do Javari, Brasil, Bolívia e Peru ali teriam um ponto de tríplice fronteira. Para o norte, os limites brasileiros com o Peru se definiriam pelo tratado de 1851; para o sul, a fronteira com a Bolívia seria determinada pelo tratado de 1867.

Havia, contudo, um detalhe que prejudicava todo o raciocínio. Os limites entre os dois vizinhos seguiam indefinidos.

O Peru entendia ser dono de todo o Norte da Bolívia. Nessa hipótese, a fronteira Brasil-Bolívia só começaria na confluência dos rios Mamoré e Guaporé — onde os dois rios formam o Madeira. Ou seja, muito mais para o sul e para o leste, em um ponto já limítrofe com o estado do Mato Grosso. De acordo com essa concepção, o tratado de 1851 seria omisso por não definir a fronteira entre o Brasil e o Peru das nascentes do Javari até o longínquo rio Madeira.

As coisas não se encaixavam e logo começaram a dar errado. Assinado um tratado de limites, o procedimento usual passa pelo envio de uma comissão mista dos países envolvidos para o reconhecimento da linha fronteiriça no terreno, assinalando os acidentes geográficos e estabelecendo de forma consensual as coordenadas geográficas dos principais pontos de referência. Instalam-se marcos em pontos estratégicos para que a fronteira seja claramente reconhecível. O processo de demarcação dos limites entre o Brasil e o Peru começou em 1863 e ia bem até chegar às nascentes do Javari. O comissário peruano — que não reconhecia que ali começasse o território boliviano — passou a reivindicar que a partir daquele ponto a fronteira com o Brasil seguiria para leste por milhares de quilômetros em uma reta, paralela à linha do equador, até encontrar o rio Madeira, conforme previa o tratado de Santo Ildefonso, assinado pelas Coroas espanhola e portuguesa. O tratado de 1851 estaria, portanto, incompleto. Caberia ao Peru uma extensa faixa do sul do atual estado do Amazonas. A diplomacia brasileira não aceitou essa interpretação, e a questão chegou a um impasse que permanecia sem solução.

Até por conta da discussão com o Peru, o governo brasileiro, com base no tratado de 1867 com a Bolívia, reconhecia com muito empenho que a fronteira com aquele país começava na nascente do rio Javari e daí seguia em uma linha reta até encontrar o rio Madeira, na latitude de 10° 20' sul. Quando se assinou o tratado, não se sabia se essa reta seria paralela à linha do equador ou oblíqua, visto que a latitude da famosa nascente do rio Javari era desconhecida. Obviamente, se ela estivesse nos mesmos 10° 20' sul, a fronteira seria uma linha paralela ao equador. Caso estivesse mais ao norte, como se verificou depois, a reta que iria do Javari ao Madeira seria uma linha oblíqua à linha do equador.

Para os peruanos, aquele território atribuído à Bolívia lhes pertencia, e nesse trecho a fronteira Brasil-Peru era uma reta paralela à linha do equador ligando a nascente do Javari ao rio Madeira. Para os brasileiros e bolivianos, a tal reta entre a nascente do Javari e o Madeira — que poderia ou não ser paralela ao equador — seria a fronteira Brasil-Bolívia. Posições irreconciliáveis.

Depois de expedições conjuntas de brasileiros e peruanos (barão de Tefé e Guillermo Blake, em 1874) e de brasileiros e bolivianos (Gregório Taumaturgo de Azevedo, Augusto da Cunha Gomes e general Manuel Pando, em 1895), ficou definido que a nascente do Javari ficava a 7° 01' sul — na verdade, fica a 7° 06' sul. Assim, a linha que, de acordo com os governos brasileiro e boliviano, separaria o Brasil da Bolívia seria uma reta — oblíqua em relação à linha do equador — que partia da nascente do Javari aos 7° 01' sul até atingir o rio Madeira aos 10° 20' sul. Essa linha ficou conhecida para os brasileiros como a "linha Cunha Gomes" e é hoje, grosso modo, a divisa entre os estados do Acre e do Amazonas.

Ou seja: Brasil e Bolívia concordavam que todo o território que hoje constitui o estado do Acre era, sem sombra de dúvida, boliviano.

Os peruanos não reconheciam esse entendimento: consideravam que o Acre lhes pertencia e defendiam que a fronteira com o Brasil seria uma reta que partia do 7° 01' sul até alcançar o rio Madeira nos mesmos 7° 01' sul. Consideravam seus, portanto, não só todo o Acre como também uma extensa faixa do sul do território do estado do Amazonas.

Quando Rio Branco assumiu a chancelaria brasileira, em fins de 1902, os três governos concordavam que o Acre não fazia parte do território brasileiro, ainda que não se soubesse a quem pertencia: à Bolívia ou ao Peru. Só que este último ainda estimava que também lhe tocava parte do estado brasileiro do Amazonas e todo o Norte da Bolívia.

Para complicar tudo, com a expansão da exploração da borracha, o território do Acre havia sido invadido por seringueiros brasileiros, e as regiões do Alto Juruá e do Alto Purus, também por caucheiros peruanos. Os dois grupos extraíam borracha nas áreas que dominavam, mas de tipos de árvores distintas e com métodos diferentes.[1] Paralelos aos rios Javari e Madeira, os rios Juruá e Purus nasciam em território peruano (ou boliviano) e desaguavam no rio Amazonas. Os brasileiros subiam os dois rios em busca da borracha e os peruanos desciam a partir das nascentes com o mesmo objetivo. Houve conflitos violentos entre seringueiros e caucheiros, com mortes nos dois bandos. Em outubro de 1902, tropas peruanas ocuparam militarmente a região do Alto Juruá. Em paralelo, de 1899 em diante os seringueiros brasileiros — com o apoio do governo do estado do Amazonas — se insurgiram contra as autoridades bolivianas e passaram a dominar todo o Acre, com exceção do curso superior dos rios Juruá e Purus, controlados pelos peruanos.

No início de 1903, Rio Branco mudou a posição que o país mantinha havia várias décadas e passou a declarar que o território do Acre pertencia ao Brasil. A partir daí instalou-se uma disputa aberta entre os três governos pelo território do Acre. Os seringueiros brasileiros haviam derrotado militarmente as forças policiais bolivianas e o governo de La Paz decidira mandar forças militares para expulsar os brasileiros. O Brasil mobilizou o Exército para defender seus seringueiros.

A situação era explosiva. O Brasil e a Bolívia tinham o Acre como única pendência (mapa 2, p. 184); o Brasil e o Peru, além de também disputar o Acre, estavam em litígio por uma extensa faixa no sul do atual estado brasileiro do Amazonas (mapa 3, p. 185); e a Bolívia e o Peru competiam por uma vastíssima área que também incluía o Acre (mapa 4, p. 185).

Decidiu-se que o imbróglio seria tratado em partes. Rio Branco recusou a proposta do Peru de iniciar uma negociação tripartite e decidiu que discutiria com os dois países em separado: primeiro com a Bolívia e, acertada a questão com La Paz, com o governo de Lima. É certo que esse encaminhamento facilitava as tratativas, mas toda e qualquer área que a Bolívia viesse a ceder ao Brasil teria de ser novamente negociada com o Peru. Além disso, ainda ficaria pendente a decisão sobre a soberania — brasileira ou peruana — da parte sul do estado do Amazonas (mapa 3).

A Bolívia e o Peru, por sua vez, assinaram um tratado em dezembro de 1902 estabelecendo que a disputa do vasto território em litígio — todo o Norte da Bolívia, parte do oriente peruano e todo o Acre (mapa 4) — seria arbitrada pelo presidente da Argentina. A arbitragem, contudo, é sempre um processo lento; o resultado demoraria alguns anos para ser conhecido.

Depois de complicada negociação,[2] Rio Branco logrou firmar o Tratado de Petrópolis, pelo qual a Bolívia cedia ao Brasil todos os 191 mil quilômetros quadrados do território do Acre em troca de 2296 quilômetros quadrados do triângulo entre os rios Madeira e Abuña, e mais 868 quilômetros quadrados em quatro pontos do estado do Mato Grosso — em um total de 3164 quilômetros quadrados. Ademais, o Brasil se comprometia a construir a ferrovia Madeira-Mamoré, que permitiria o escoamento de exportações bolivianas para o Atlântico pelos rios amazônicos, e ainda pagaria à Bolívia 2 milhões de libras (cerca de 285 milhões de dólares em valores de hoje). A disputa entre Brasil e Bolívia (mapa 2) estava resolvida.

Não obstante suas imensas vantagens, o Tratado de Petrópolis sofreu considerável oposição no Brasil. Os críticos o comparavam às vitórias sem contrapartida obtidas por Rio Branco nas arbitragens sobre os territórios de Palmas e do Amapá, contra Argentina e França respectivamente, e criticavam as compensações dadas à Bolívia, em especial a cessão de trechos do território brasileiro. Muitos diziam que o tema deveria ter sido objeto de uma arbitragem na qual, como nos casos anteriores, se obteria vitória completa. Na verdade, a crítica não procedia, pois dificilmente o Brasil alcançaria sucesso, ainda que parcial, em uma arbitragem sobre o território do Acre. Outros, diante da debilidade da Bolívia, defendiam pura e simplesmente a conquista militar da região.

A crítica mais consistente, porém, estava ligada ao fato de que Rio Branco reservara os direitos do Peru sobre o território para discuti-los depois de terminada a negociação com a Bolívia. O Brasil poderia ver-se obrigado a fazer grandes concessões ao Peru para preservar o território comprado — a preço muito alto, segundo os críticos — da Bolívia. Ou poderia até perder totalmente o território para o Peru, caso em que as vantagens dadas à Bolívia teriam sido trocadas por nada. Premido pela possibilidade de que o tratado com a Bolívia fosse rejeitado pelo Congresso brasileiro, Rio Branco procurou contornar essa crítica afirmando publicamente que, em relação à disputa com o Peru, "a confiança no nosso direito é tal que nenhum receio devemos ter por esse lado".[3]

A despeito dessas ressalvas, o Tratado de Petrópolis foi aprovado por larga margem nas duas casas do Congresso. Assim, em 20 de fevereiro de 1904 — pouco mais de uma semana depois da ratificação pelo Senado —, uma multidão se reuniu em frente ao Palácio Itamaraty para festejar a vitória. Do ponto de vista da opinião pública, a questão parecia resolvida, pois o Barão garantira que em relação ao Peru não haveria problemas. Essa confiança, contudo, não se sustentava em fatos. Ao contrário, estava muito distante da realidade.

Acertada a questão com a Bolívia, cabia discutir com o Peru. Rio Branco e o ministro peruano no Rio de Janeiro, Hernán

Velarde, iniciaram negociações formais em 8 de maio de 1903. O impasse era completo. Os peruanos não admitiam ceder na pretensão de serem donos de todo o Acre e de parte do estado do Amazonas. Além dos 191 mil quilômetros obtidos pelo Tratado de Petrópolis, Lima reivindicava todo o território sul do Amazonas, limitado por uma reta que partia do extremo noroeste do atual estado do Acre (a já mencionada nascente do Javari) até alcançar as proximidades da cidade de Porto Velho, em Rondônia, uma área de cerca de 251 mil quilômetros quadrados. Ou seja, somando-se tudo, estavam em disputa 442 mil quilômetros quadrados, uma área muito maior do que as obtidas nas vitórias do Barão sobre a Argentina e a França e na compra do Acre aos bolivianos: os 31 mil quilômetros quadrados de Palmas e os 255 mil quilômetros quadrados da questão do Amapá, além dos 191 mil quilômetros quadrados do Acre (que poderiam ser perdidos para o Peru).

E, ao contrário dos casos de Palmas e do Amapá, tratava-se de uma zona da maior importância em termos econômicos. Daquela região saía quase toda a produção mundial de borracha, matéria-prima em altíssima demanda e, na época, o segundo produto da pauta de exportações brasileiras, superado apenas pelo café.

Como não estava definido a quem pertenciam aqueles territórios, Velarde exigia que, para que as negociações pudessem continuar, toda a área fosse neutralizada, cessando toda mobilização militar, e que os recursos obtidos na taxação das exportações de borracha dali provenientes fossem divididos igualmente entre os dois países até que se estabelecesse o dono do território. Como o produto passava principalmente pelas alfândegas brasileiras, aceitar essa exigência se traduziria na redução pela metade da arrecadação fiscal dos estados do Amazonas e Pará.[4]

A margem de negociação de Rio Branco era estreita. A oposição, a imprensa e a opinião pública veriam toda concessão aos peruanos como uma terrível derrota, ainda mais porque o Barão garantira que a negociação com o Peru seria fácil. Concordar com a divisão dos tributos recebidos, mesmo provisoriamente, estava fora de questão. Ceder parcela significativa do território em disputa seria suicídio político. A situação era grave. No começo do ano as tropas peruanas no Alto Juruá foram reforçadas. A imprensa oposicionista iniciou forte campanha contra Rio Branco, atribuindo ao Tratado de Petrópolis o recrudescimento dos problemas com o Peru, antagonista muito mais difícil que a Bolívia.

A solução foi endurecer ainda mais a negociação e tentar assustar o adversário com a possibilidade de escalada militar. Um conflito bélico contra o Peru, contudo, seria uma aventura arriscadíssima e de alto custo. As Forças Armadas brasileiras estavam em péssimo estado. Além da decadência vivida desde a Guerra do Paraguai, as perdas e a desorganização causadas pela Revolta da Armada, pela Revolução Federalista e pelo combate a outras insurreições internas do início da República — inclusive a destruição de Belo Monte — não haviam sido superadas.

Rio Branco buscou compensar a fragilidade interna construindo uma ampla aliança externa contra o Peru.[5] Tratou de aliar-se com o Chile, que ainda mantinha em aberto o litígio sobre as províncias de Tacna e Arica arrebatadas ao Peru na Guerra do Pacífico (1879-1883), mas não obteve sucesso. Em compensação, conseguiu que o Equador — que também mantinha uma disputa de limites com o Peru — se comprometesse a empreender uma eventual ação militar conjunta contra o inimigo comum, pela Amazônia e pelo Pacífico. No início de maio, Rio Branco e o ministro equatoriano no Rio de Janeiro, Carlos Rodolfo Tobar, assinaram dois tratados: um, secreto, de aliança militar e, para conhecimento público, outro de limites, para a hipótese de que, resolvidas as disputas dos dois países contra o Peru, ambos viessem a fazer fronteira.

O chanceler buscou inclusive o apoio da Bolívia, contra a qual quase se chegara a uma guerra no ano anterior. A arbitragem da disputa de limites entre La Paz e Lima ainda estava em curso, e eventualmente Brasil e Bolívia poderiam beneficiar-se de um apoio mútuo contra o Peru. O adversário de ontem tornava-se o aliado de hoje.

Sucessivas demonstrações de força procuraram quebrar a resistência peruana. Em 16 de maio, o Brasil proibiu o trânsito de elementos de guerra rumo ao Peru pelos rios brasileiros. Para deixar claro que a diretriz era para valer, um carregamento de armas e munições foi apreendido ao passar por Manaus rumo à Amazônia peruana. No dia seguinte foi anunciado o envio de tropas do Exército brasileiro ao Alto Juruá e ao Alto Purus.

Em meio a esse clima pré-bélico, Euclides publicou em *O Estado de S. Paulo* o primeiro de uma série de artigos sobre a disputa com o país vizinho. O título não poderia ser mais direto: "Conflito inevitável". A partir de uma leitura determinista das condições geográficas e etnográficas do Peru, argumentava que não seria possível fugir de uma guerra. As incursões peruanas ao território do Acre seriam "um movimento histórico, desencadeado com uma finalidade irresistível", em obediência a "leis físicas invioláveis". Ao Peru caberiam apenas dois caminhos: ou a "extinção completa da nacionalidade" ou "um rush salvador às cabeceiras do Purus, visando no mesmo passo uma saída para o Atlântico e um cenário mais e mais fecundo".

Na faixa litorânea do país, "as praias e vales areentos mal revestidos de uma flora tolhiça onde rebrilham os cristais nitrosos e se derrama em largas superfícies a lava endurecida, vão a pouco e pouco molificando o temperamento dos descendentes diretos dos *conquistadores*". As condições físicas do território peruano entre o oceano Pacífico e a cordilheira dos Andes condicionaria seus habitantes à decadência inexorável. Euclides aplicava o esquema "terra-homem-luta" para analisar a disputa com o país vizinho. A visão sobre o "homem peruano" era impiedosa:

> Em qualquer rua de Lima, já o notou um observador, se ostenta a mais numerosa galeria etnográfica da terra: do caucásio puro, ao africano retinto, ao amarelo desfibrado e ao quíchua decaído; e entre estes quatro termos principais, as incontáveis variedades de uma mestiçagem dissímil — do mulato de todos os sangues, aos zambos e cafuzos, aos cholos que lembram os nossos caboclos, e aos interessantíssimos chino-cholos em cujos rostos se fundem as linhas capitais de quase todas as raças.

Concluía que no Peru "há todas as raças e não há um povo...". Para Euclides, assim, a "salvação [para os peruanos] está no vingar e transpor a cordilheira". A construção da nacionalidade naquele país passaria necessariamente pela expansão pelo vale amazônico, com o intuito de obter uma saída para o oceano Atlântico: "De fato, o Pacífico, ainda que se rasgue o canal da Nicarágua,[6] parece que pouco influirá no progresso do Peru. O seu verdadeiro mar é o Atlântico; a sua saída obrigatória o Purus".

Euclides encerrava o artigo publicado em 14 de maio concluindo que a guerra era iminente e fazendo um prognóstico sombrio: "Se contra o Paraguai, num teatro de operações mais próximo e acessível, aliados às repúblicas platinas, levamos cinco anos para destruir os caprichos de um homem — certo não se podem individuar e prever os sacrifícios que nos imporá a luta com a expansão vigorosa de um povo".

Dias depois de publicado o artigo, armas e munições a caminho do Peru foram apreendidas em Manaus e se anunciou a mobilização de tropas brasileiras. Ordenou-se que o 15º e o 33º batalhões de infantaria rumassem para o Alto Juruá e o Alto Purus. Parecia que a guerra que se evitara contra a Bolívia estava prestes a começar, só que tendo como oponente o Peru, um inimigo mais bem armado e em posição favorável para aceder ao teatro de operações.

Em 22 de maio, Euclides teria conselhos a dar sobre como combater os peruanos. No artigo "Contra os caucheiros", considerou o envio de tropas regulares um erro. Ecoando o fracasso das primeiras expedições militares contra Belo Monte, temia a derrota em uma guerra de guerrilhas comandada por "caucheiros solertes e escapantes, mal reunidos nos batelões de voga, dispersos nas ubás ligeiras, ou derivando velozmente, isolados, à feição das correntes, nos mesmos paus boiantes que os rios acarretam". Advertiu:

> Iludem-se os que imaginam que só o aparecimento de alguns corpos de tropas regulares no desmarcado trato de terras que demoram entre o Juruá e o Acre — baste para policiá-las, e a garantir os povoadores, e a impedir a violação de uma fronteira indeterminada. Os batalhões maciços, presos a uns tantos preceitos e ao retilíneo das formaturas, serão tanto mais inúteis quanto mais disciplinados e afeitos à solidariedade de movimentos. O melhor de sua organização militar impecável culminará no péssimo da mais completa inaptidão a se ajustarem ao teatro das operações, e a enfrentarem o torvelinho dos recontos súbitos ou a se subtraírem aos perigos das tocaias. Não exemplifiquemos, recordando lastimáveis sucessos da nossa história recente.

Para ele, a melhor opção militar seria combater no mesmo plano de uma guerra irregular: "Para o caucheiro — e diante desta figura nova imaginamos um caso de hibridismo moral: a bravura aparatosa do espanhol difundida na ferocidade mórbida do quíchua — para o caucheiro um domador único, que o suplantará, o jagunço". A hipótese de atacar os peruanos com hordas de jagunços certamente não terá ocorrido ao barão do Rio Branco.

Além de tentar construir uma aliança contra o Peru, o Barão pressionava o governo para que se realizasse um movimento de tropas importante para assustar os adversários. Os batalhões destinados ao Alto Purus e ao Alto Juruá continuavam estacionados em Belém enquanto o Exército tentava contratar navios da empresa inglesa Amazon Stream para transportar as tropas. Em 27 de maio, em suas notas pessoais, o Barão registrou: "Fui ter com o presidente para lhe manifestar a minha contrariedade diante de tantos adiamentos, quando desde tanto tempo, no interesse da paz, eu peço e insisto que nos mostremos fortes e prontos para dar um golpe que impressione os peruanos".[7] O chanceler também passou a pressionar o ministro da Marinha para que se adquirissem com urgência navios capazes de enfrentar o Peru nos rios e no mar, se fosse necessário, porque entendia que Lima estava encomendando encouraçados em estaleiros europeus que poderiam ameaçar os portos brasileiros. Especulou-se também quanto à possibilidade de Manaus sofrer um ataque de tropas peruanas transportadas rio abaixo pelo Amazonas.

A atividade jornalística de Euclides por essa época foi intensa. Em 29 de maio, no *Estado de S. Paulo*, publicou "Entre o Madeira e o Javari". Os rios balizavam as discussões de fronteira com a Bolívia e o Peru. Entre os dois, corriam o Purus e o Juruá até também desaguarem no rio Amazonas. Eram, portanto, os caminhos naturais para o interior de toda a região. A vasta área que engloba o Acre e o sul do Amazonas, reconhecia Euclides, não fora colonizada nem pelos espanhóis nem pelos portugueses nem pelos descendentes de ambos até o início do surto da borracha. Só a partir daí os brasileiros se expandiram sobre a região, concorrendo com outros povos que igualmente a ambicionavam. Para Euclides, os caboclos brasileiros, mais adaptáveis, suplantariam naturalmente as outras raças:

Realmente, o que ali se realizou, e está realizando-se, é a seleção natural dos fortes. Para esse investir com o desconhecido não basta o simples anelo das riquezas: requerem-se, sobretudo, uma vontade, uma pertinácia, um destemor estoico e até uma constituição física privilegiada. Aqueles lugares são hoje, no meio dos nossos desfalecimentos, o palco agitadíssimo de um episódio da concorrência vital entre os povos. Alfredo Marc encontrou, nas margens do Juruá, alguns parisienses, autênticos parisienses, trocando os encantos dos *boulevards* pela exploração trabalhosa de um seringal fartíssimo; e acredita-se que o viajante não exagerou. Lá estão todos os destemerosos convergentes de todos os quadrantes. Mas, sobrepujando-os pelo número, pela robustez, pelo melhor equilíbrio orgânico da aclimação, e pelo garbo no se afoitarem com os perigos, os admiráveis caboclos do Norte que os absorverão, que lhes poderão impor a nossa língua, os nossos costumes e, ao cabo, os nossos destinos, estabelecendo naquela dispersão de forças a componente dominante da nossa nacionalidade.

Ainda que sem nenhuma referência racial, Rio Branco também apostava no predomínio dos brasileiros na população da região. Um de seus principais argumentos para a aquisição do Acre era a esmagadora maioria de conacionais na composição da população local.[8] Euclides concluía o artigo pedindo uma atitude proativa do governo com vistas a incorporar a área ao resto do país — mediante investimento imediato na melhoria das comunicações, pela expansão da rede de telégrafos. Pintou um cenário apocalíptico caso não se adotasse uma política de integração imediata da Amazônia, aquele outro grande sertão brasileiro:

> Sem este objetivo firme e permanente, aquela Amazônia onde se opera agora uma seleção natural de energias e diante da qual o espírito de Humboldt foi empolgado pela visão de um deslumbrante palco, *onde mais cedo ou mais tarde se há*

de concentrar a civilização do globo, a Amazônia, mais cedo ou mais tarde, se destacará do Brasil, naturalmente e irresistivelmente, como se despega um mundo de uma nebulosa — pela expansão centrífuga do seu próprio movimento.

No último dia daquele mês de maio, pelas páginas do jornal *O Paiz*, Euclides ainda ensaiaria uma análise de maior fôlego sobre a geopolítica do continente. Em "Solidariedade sul-americana", reclamava do olhar dos estrangeiros sobre o Brasil depois da proclamação da República. Para ele, antimonarquista ferrenho, a visão mais generosa que se tinha do país no exterior durante o Império se explicava pela comparação com as constantes revoluções nos países vizinhos. Pelo contraste, essas revoltas "delatavam ao olhar inexperto do estrangeiro o progresso dos que ficam parados quando outros velozmente recuam". Não que a monarquia fosse boa, mas o caudilhismo dos vizinhos era ainda pior.

O artigo prosseguia em um relato do que seria a visão das revistas norte-americanas sobre os países sul-americanos, agora incluindo o Brasil:

Aplicando à vida superorgânica as conclusões positivas do transformismo, esta filosofia caracteristicamente saxônia, e exercitando a crítica formidável a que não escapam os mínimos sintomas mórbidos de uma política agitada, expressa no triunfo das mediocridades e na preferência dos atributos inferiores, já de exagerado mando, já de subserviência revoltante, o que eles lobrigam nas gentes sul-americanas é uma seleção natural invertida: a sobrevivência dos menos aptos, a evolução retrógrada dos aleijões, a extinção em toda linha das belas qualidades do caráter, transmudadas numa incompatibilidade à vida, e a vitória estrepitosa dos fracos sobre os fortes incompreendidos...

Imaginai o darwinismo pelo avesso aplicado à história.

Euclides entendia que o México, o Chile e a Argentina — "que poucos anos de paz vão transfigurando" — escapavam desse quadro. Mas o Brasil não: "Nós ficamos alinhados com o Paraguai, convalescente; com a Bolívia, dilacerada pelos motins e pelas guerras; com a Colômbia e a abortícia republícola [Panamá] que há meses lhe saiu dos flancos; com o Uruguai, a esta hora abalado pelas cavalarias gaúchas e com o Peru". Para acentuar o quão negativa era a imagem sul-americana e a brasileira, citou um estudo que, como argumento para atacar a qualidade da educação no Japão, dizia que ela seria "inferior à das repúblicas sul-americanas, 'exceto o Paraguai e o Brasil', recusando-nos nesta parceria, a mesma precedência alfabética...".

Surpreendentemente, a receita de Euclides da Cunha para reverter essa má imagem internacional passava por declarar guerra ao Peru: "Ora esta campanha iminente com o Peru pode ser um magnífico combate contra essas guerrilhas extravagantes". Ainda que elogiasse a resolução pacífica da disputa com a Bolívia — a "atitude desinteressada e originalíssima, de um povo cavaleiro-andante" —, acreditava que essa política teria sido mal interpretada no exterior, "talvez como um sintoma de fraqueza". Reiterou a proposta de reverter a má imagem brasileira: "Aceitemos tranquilamente a luta com que nos ameaçam, e que não podemos temer". Para ele seria uma "guerra reconstrutora". O Brasil deveria voltar a se diferenciar dos vizinhos. Concluía que:

> Se essa solidariedade sul-americana é um belíssimo ideal absolutamente irrealizável, com o efeito único de nos prender às desordens tradicionais de dois ou três povos irremediavelmente perdidos, pelo se incompatibilizarem às exigências severas do verdadeiro progresso — deixemo-la.

Aparentemente para decepção de Euclides, a guerra foi evitada. As ameaças do Barão surtiram efeito e o Peru desistiu da pretensão de receber metade dos impostos gerados na área em litígio até que se chegasse a um tratado definitivo. Em 12 de junho, Rio Branco e Velarde assinaram dois ajustes para encaminhar a solução amigavelmente.

O primeiro estabelecia que os dois países negociariam, no Rio de Janeiro, um tratado definitivo de limites até 31 de dezembro daquele ano. Caso não chegassem a um entendimento, a questão seria submetida a uma arbitragem cujos termos seriam definidos pelas duas partes. Foram criadas comissões mistas brasileiro-peruanas que explorariam os rios Juruá e Purus para estabelecer com precisão — e de comum acordo — as coordenadas exatas dos principais acidentes geográficos. Os relatórios dessas comissões exploratórias seriam fundamentais para subsidiar as negociações diplomáticas. Ao contrário do previsto inicialmente, a discussão ainda se estendeu por vários anos, mas contornou um conflito armado.

O segundo documento era o que se conhece no jargão diplomático como um modus vivendi: seu propósito é estabelecer as regras que serão seguidas pelas partes até que se alcance um tratado permanente. Rio Branco obteve uma vitória completa. Nos lugares onde a maioria da população fosse de brasileiros, governaria o Brasil; quando predominassem os peruanos (apenas no alto dos rios Juruá e Purus), funcionariam comissões mistas. As tropas peruanas deveriam retirar-se rio acima para além das localidades do Breu (no Alto Juruá) e do Catai (no Alto Purus). O espectro da guerra estava afastado, ao menos provisoriamente. O espírito belicoso de Euclides se frustrava, mas, inadvertidamente, o entendimento lhe abria a possibilidade de um emprego e a oportunidade de realizar a almejada viagem à Amazônia.[9]

O curso superior dos dois rios era quase desconhecido, inexistindo mapas confiáveis. As comissões mistas navegariam até as nascentes para produzir novas cartas, com coordenadas geográficas bem definidas e acidentes geográficos claramente assinalados; além disso, seriam estabelecidos com precisão os lugares onde predominavam brasileiros ou peruanos. Essas eram informações cruciais para o encaminhamento da negociação diplomática. Das expedições com técnicos das duas nacionalidades atuando conjuntamente resultariam os dados que, aceitos de maneira consensual pelos dois governos, serviriam de base para as discussões que definiriam a fronteira de forma definitiva.

Assim, ao contrário do que é dito com frequência, as missões não tinham por finalidade demarcar as fronteiras — pois isso só pode ser feito depois de celebrado um tratado definitivo de limites. Elas eram um passo prévio: trariam informações para a negociação de um eventual acordo. Enquanto isso, a situação se acalmava e a diplomacia ganhava tempo.

Euclides se encantou com a ideia de participar de alguma das expedições. Além de ficar resolvido, ainda que temporariamente, o problema da falta de emprego, a aventura, em grande medida — com toda a gritante diferença em termos de cenário e objetivos —, se comparava à viagem ao sertão da Bahia que resultara em *Os sertões*. Desde o início, parecia claro que a nova experiência poderia servir de inspiração para outra obra do porte do livro de estreia.

Ele pedira a Oliveira Lima que intercedesse junto a Rio Branco para que este lhe desse o emprego; o pernambucano repassara a tarefa a José Veríssimo, que por sua vez recorrera a Domício da Gama. Ainda que por um caminho tortuoso, deu certo. Bem impressionado com Euclides e com o endosso de Domício, Rio Branco fez mais do que incluir o engenheiro-escritor em uma das comissões. Euclides seria o chefe da equipe brasileira na Comissão Mista Brasileiro-Peruana que iria explorar o Alto Purus. Para explorar o Alto Juruá, Rio Branco escolheu outro engenheiro militar, o general Belarmino de Mendonça Lobo. Seriam viagens cheias de privações e perigos, mas os dados trazidos pelas duas expedições seriam fundamentais para a negociação das fronteiras com o Peru. Euclides, contudo, não viveria para assistir à assinatura do tratado definitivo de limites Brasil-Peru.

10.
A odisseia do Purus

O encontro com Rio Branco fora auspicioso e com Domício se desenvolvera uma sintonia imediata; a possibilidade de obter uma colocação nas expedições à Amazônia parecia bem alta. Enquanto esperava a resposta, Euclides permaneceu ao lado da família no Guarujá, vivendo da reduzida pensão militar, dos pequenos pagamentos pelos artigos que enviava aos jornais e dos ganhos eventuais da "engenharia a retalho". Ainda assim, comentou com o amigo Coelho Neto que se sentia confortável na cidade que "tolera as minhas distrações, o meu ursismo, a minha virtude ferocíssima de monge e de dispéptico". Na mesma carta, lamentou-se de que a pretensão de ingressar no corpo docente da Politécnica de São Paulo fazia água: "Eu queria, o governo queria muito, a congregação queria muitíssimo". A ideia de que a congregação da Politécnica desejava "muitíssimo" era um claro autoengano de Euclides; nas votações internas para o preenchimento de vagas no corpo docente, ele nunca obteve mais que um único voto. Em todo caso, atribuiu a dificuldade ao mau encaminhamento da postulação por Garcia Redondo, com quem rompeu relações.[1]

Para compensar, no início de agosto, por telegrama de Oliveira Lima,[2] Euclides obteve a confirmação de que seria integrado a alguma das comissões mistas com o Peru. Em carta ao pai, contou a novidade e comentou que continuaria tentando obter uma vaga de professor na Escola Politécnica, agora por meio de uma indicação política: "Verei se consigo do governo do estado de São Paulo, onde conto com as melhores simpatias, a nomeação para a Politécnica".[3]

A designação como primeiro comissário brasileiro da Comissão Mista Brasileiro-Peruana de Reconhecimento do Alto Purus demoraria ainda meses para ser oficializada. Oliveira Lima se adiantara em anunciar a notícia para dar a impressão de que influíra na decisão, coisa que não ocorrera. Além do trabalho propriamente técnico, Euclides teria a responsabilidade de comandar a equipe brasileira da expedição e de se coordenar com o comissário peruano. Sua diplomacia e capacidade de liderança seriam testadas como nunca. Em 13 de agosto, o *Jornal do Brasil* publicou: "Consta que o dr. Euclides Cunha não aceitará a comissão para que foi designado". Euclides reclamou e, no dia 19, o jornal retificou. Seu entusiasmo com a missão não podia ser maior. Sobre a nota equivocada na imprensa, comentou com José Veríssimo:

> Fez bem em não lhes dar o menor crédito: a partida para o Alto-Purus é ainda o meu maior, o meu mais belo e arrojado ideal. Estou pronto à primeira voz. Partirei sem temores; e nada absolutamente (a não ser um desastre de ordem física, que me invalide), nada absolutamente me demoverá de um tal propósito. Já abri mão de outros interesses que aqui me ofereceram, de sorte que, até sob o ponto de vista material, a minha renúncia seria inexplicável.[4]

A curiosidade sobre a Amazônia e, principalmente, a possibilidade de repetir o sucesso de *Os sertões* no relato que contava fazer posteriormente à aventura eram, decerto, sua principal motivação, mas a questão material também contava. Comentou com o pai que esperava receber pelo menos três contos de réis como salário, mais do que o dobro do que chegara a receber como engenheiro do estado de São Paulo. Mas, se pagava bem, a comissão era temporária; apenas um alívio momentâneo para o problema da falta de emprego seguro. O pai cobrava dele uma atitude mais pragmática, e Euclides concordou:

"O senhor tem razão: tenho sido idealista demais". Imaginou que a Comissão do Purus abriria as portas para outros encargos semelhantes; "pretendo desempenhá-la com a máxima dedicação",[5] assegurou.

Na busca por estabilidade financeira, atirava para todos os lados. No dia 28 de setembro de 1904, o *Correio da Manhã* e o *Jornal do Brasil* noticiaram que Euclides e alguns sócios haviam apresentado um requerimento à Câmara dos Deputados solicitando concessão para a construção e exploração de uma estrada de ferro unindo o porto de Santos à capital do Paraguai. O projeto não prosperou.

Naquele mês, ele recebera a vista de Oliveira Lima no Guarujá. Rio Branco já desistira de tê-lo como representante junto ao governo do Peru e o mandara para a Venezuela, muito longe do confortável posto na Europa que o pernambucano ambicionava. De modo canhestro, Euclides ainda tentou motivar o amigo com o argumento de que a Venezuela era "talvez a parte mais intelectual de toda a América Latina". Para dar força ao argumento, insistiu que ali existiam poetas extraordinários e citou — errando totalmente — Estrada Palma, que não era poeta e tampouco venezuelano, mas então presidente de Cuba, como um autor que lhe deixara "a impressão dos versos maravilhosos".[6]

Euclides passou a se corresponder com Domício da Gama para acertar os detalhes da ida para o Rio de Janeiro e posterior partida para a Amazônia. Por conta do "mau estado sanitário" da capital, ainda assolada pela febre amarela, pela varíola e pela peste bubônica, tencionava chegar com a família apenas nas vésperas do embarque para Manaus. Começava uma pequena novela.

Em compensação, finalmente a novela que se arrastava desde 1892, sobre sua ambição de lecionar na Escola Politécnica de São Paulo, chegou a um fim: fracassou. As gestões políticas junto ao governo do estado não prosperaram, e em setembro de 1904 ele acabou se convencendo de que não seria contratado. Como com as uvas da fábula, contentou-se com o fato de que — segundo ele — a vaga pretendida era inadequada, pois seria obrigado a lecionar até mesmo veterinária, e tratou de encerrar a questão de forma a preservar o amor-próprio: "Singularíssimo e epigramático. Recusei: e foi uma solução belíssima".[7]

Mesmo antes de empossado na Academia de Letras, Euclides começou a se envolver nas eleições da instituição, passando a orientar e promover a candidatura do amigo Vicente de Carvalho, na companhia do qual quase naufragara no litoral paulista em 1902. Não haveria tempo hábil para realizar a cerimônia de posse antes da partida para a Amazônia; pouco antes de viajar, Euclides escreveu a Machado de Assis para confirmar a investidura na Cadeira nº 7. Já podia votar no amigo, a sessão solene ficava adiada para quando voltasse à capital.

Em fins de setembro, Euclides e família retornaram ao Rio de Janeiro depois de muitos anos morando fora da capital do país. Ele devia tratar dos detalhes burocráticos da expedição com o diretor-geral do Itamaraty, visconde de Cabo Frio, e instalar a família na cidade. As duas tarefas foram muito mais difíceis do que imaginara.

Cabo Frio fora diretor-geral do ministério já em 1865 e vinha exercendo o cargo de forma ininterrupta desde 1869, atravessando da Monarquia à República sempre como o segundo no comando das relações exteriores, a despeito das dezenas de ministros que se sucederam à frente da instituição naqueles mais de trinta anos. Apesar do empenho envidado na tarefa, nem mesmo os esforços de Rio Branco para que ele se aposentasse funcionaram: Cabo Frio morreria no cargo em 1907. Octogenário e a própria personificação — para o bem e para o mal — do burocrata exigente, o diretor-geral implicou com várias das solicitações de Euclides. A ideia de incluir um fotógrafo na equipe, por exemplo, lhe pareceu extravagante, "se as antigas expedições portuguesas não conheceram esse luxo e entretanto tinham realizado feitos extraordinários".

Sem o conhecimento de Cabo Frio, a interdição seria contornada, e o fotógrafo Egas Chaves Florence acabaria por incorporar-se à expedição, mas apenas em Manaus, para não ofender o diretor-geral. Não foi à toa que Euclides comentou com Domício da Gama que o visconde "faz-me o efeito de uma ducha enregelada, desinfluindo-me, tais as complexas formalidades que aparecem ainda não cumpridas".[8]

Superar os obstáculos burocráticos foi, contudo, menos desgastante do que acomodar a família para a longa ausência que se anunciava. O plano original era deixar Saninha e os três filhos com a sogra. Euclides alugou uma casa na rua Indiana, no Cosme Velho,[9] onde reuniria d. Túlia, a filha Saninha e os netos. Em pouco tempo a coabitação de mãe e filha deu errado devido à "desarmonia insanável entre a Saninha e os irmãos". Euclides apelou para o pai, na esperança de que ele acolhesse a família em sua fazenda, em Descalvado. Euclides pensara também na hipótese de manter os filhos mais velhos em um colégio interno e mandar a esposa e o caçula para morar com a irmã e o cunhado em São Carlos do Pinhal, "mas compreendi que [Adélia e o marido] não desejariam isto". Ainda assim, considerou insistir no pedido com a irmã. Ao que parece, as relações entre Manuel da Cunha e a nora tampouco eram as melhores, e Euclides fez um apelo dramático ao pai: "Se o sr. me repelir — o que absolutamente não creio —, serei obrigado a renunciar à comissão, e como não poderei ficar aqui nem voltar para S. Paulo — estarei irremediavelmente perdido".

Acrescentou uma avaliação que não chegava a ser positiva sobre a esposa e que deixa entrever antigas desavenças entre ela e o sogro:

> Creia, meu pai, que não tenho outra saída. Peço o seu auxílio. A Saninha está mudada; tem sofrido muito; acaba de passar por amargos desapontamentos; tem pelo sr. verdadeira estima; pode ser quase uma filha e afinal, e à parte

defeitos de caráter que já estão diminuídos, é digna da estima pela sua honestidade e pelo coração.[10]

O apelo teatral não convenceu Manuel da Cunha, e um par de semanas depois Euclides e família — sem d. Túlia — tinham um novo endereço no mesmo bairro: rua Cosme Velho, nº 91. A ideia de desistir da viagem para a Amazônia não passara de recurso dramático.

Em fins de outubro, o Congresso finalmente aprovou os recursos que financiariam as expedições ao Purus e ao Juruá. O endosso parlamentar oficializava a comissão e, em 28 de novembro, foi assinada a portaria que nomeava Euclides primeiro comissário brasileiro da expedição incumbida do reconhecimento do Alto Purus. Somente a partir daí ele passou a receber a remuneração de quatro contos de réis mensais correspondente à chefia da expedição. Rio Branco acenou com a possibilidade de remunerá-lo pelo período já trabalhado durante aqueles meses de preparação — quando houvesse disponibilidade, provavelmente com a verba reservada do ministério. Mas, no fim, Euclides deixou o Rio de Janeiro sem cobrar a promessa. O chanceler dispunha de razoável orçamento como "verba reservada" para despesas de caráter secreto, que ele usava a seu bel-prazer, principalmente para comprar a boa vontade da imprensa.

Euclides completou a equipe que o acompanharia na aventura. Em coordenação com Cabo Frio, definiu como auxiliares o primeiro-tenente da Marinha Alexandre Argolo Mendes, o médico Tomás Catunda e, como secretário, o agrônomo Manuel da Silva Leme. Incluiu também, como auxiliar técnico, o primo Arnaldo Pimenta da Cunha, filho do tio José, com quem se hospedara em Salvador em 1897. Participar da comissão seria um início de carreira promissor para Arnaldo, um jovem engenheiro, mas Euclides temia pela saúde do parente. Em conversa com Luís Cruls, de quem tomara emprestados instrumentos astronômicos, descobriu que na então ainda recente expedição chefiada por este com o objetivo de definir as coordenadas geográficas da nascente do Javari, "ninguém absolutamente escapou à malária ou ao beribéri; alguns morreram e outros (entre os quais o próprio dr. Cruls) ainda agora sofrem as consequências da viagem".[11]

Em Manaus, a equipe brasileira ainda seria reforçada por vinte soldados do 36º Batalhão de Infantaria, chefiados por dois alferes, Antônio Carlos Cavalcanti de Carvalho e Francisco Lemos, e um encarregado do material, o coronel Rodolfo Nunes, além da tripulação das embarcações, que teria de contratar: tanto barcos como tripulantes. E, é claro, ali também se incorporou o fotógrafo que Cabo Frio considerara "um luxo desnecessário".

Em meio às atribulações da vida pessoal, da preparação para a missão e das providências burocráticas, Euclides — surpreendentemente — não deixou registro de suas impressões sobre as profundas transformações e os gravíssimos incidentes que ocorreram na capital do país naquele segundo semestre de 1904. A reforma urbana promovida pelo prefeito Pereira Passos ganhava seu símbolo mais importante com o início das obras, em março, e a inauguração, em setembro (ainda em caráter precário), da avenida Central, hoje avenida Rio Branco. Só essa obra significou a destruição de mais de seiscentas edificações, sem indenização aos moradores, onde se amontoavam quase 4 mil pessoas. Também o esforço de erradicação das endemias que assolavam a capital causava desassossego. As medidas de combate à varíola, à febre amarela e à peste bubônica se faziam de forma autoritária, com grande ônus sobre as camadas mais desassistidas, e se traduziram na expulsão dos pobres do centro da cidade para os morros e subúrbios.

A resposta popular à violência do Estado aconteceu com a decretação da vacinação obrigatória contra a varíola. A revolta explodiu em 10 de outubro de 1904; por quase uma semana o

Rio de Janeiro se tornou uma praça de guerra. O levante da população só pôde ser contido por meio de violenta repressão pela polícia e pelas Forças Armadas. No meio da crise houve ainda uma confusa tentativa de golpe de Estado, com o apoio dos alunos da Escola Militar da Praia Vermelha. A rebelião militar também foi sufocada e, como consequência, a Escola foi fechada pelo governo. Reabriria mais tarde, no bairro do Realengo, mas por alguns anos os oficiais de infantaria e cavalaria se formaram na Escola de Guerra em Porto Alegre, bem longe da capital federal.

Não há registro da visão pessoal de Euclides sobre a Revolta da Vacina. Por um lado, é possível imaginar que ele tenha visto com grande simpatia a atuação de Oswaldo Cruz, afinal um cientista que buscava modernizar a saúde pública. Mesmo o viés autoritário da campanha de vacinação obrigatória e das reformas urbanísticas não seria estranho ao substrato positivista (e depois spencerista) da visão de mundo de Euclides. Por outro lado, em acréscimo aos muitos mortos e feridos em decorrência da repressão da revolta, mais adiante quase quinhentas pessoas foram deportadas para o Acre em navios-prisão — além dos processados judicialmente (estes foram poucos, um deles Vicente de Souza, antigo editor do jornal *Democracia*, para o qual Euclides contribuíra). O fato é que o escritor que denunciara o massacre de Belo Monte silenciou sobre as violações dos direitos dos pobres na capital do país. A omissão de Euclides deve ser vista também sob a perspectiva de que os termos — e a chefia — da comissão brasileira ao Alto Purus ainda não tinham sido aprovados pelo Congresso.

A bordo do vapor *Alagoas*, Euclides partiu no dia 13 de dezembro rumo a Manaus. Menos de uma semana depois, desembarcou no Recife e, enquanto o navio carregava e descarregava, visitou Oliveira Lima. Juntos, os dois passearam pela cidade e por Olinda. Ressentido com Rio Branco, o diplomata deixara a capital federal para se refugiar em sua cidade: só apresentaria suas credenciais em Caracas mais de um ano depois, em 25 de maio de 1905. Na verdade, mais de dois anos se passaram entre o posto anterior, no Japão, e a assunção da representação na Venezuela.[12] Na prática, foi uma longa licença remunerada, durante a qual Oliveira Lima aproveitou para escrever sua obra mais importante: *D. João VI no Brasil*.

A viagem prosseguiu, com novas escalas em Fortaleza e São Luís. Euclides acreditava que ficaria deslumbrado com a primeira impressão que teria do rio Amazonas, mas acabou tendo uma decepção. Reclamou em carta para Oliveira Lima:

> Quanta coisa a dizer! — o desapontamento que me causou o Amazonas, menos que o Amazonas que eu trazia na imaginação; a estranha tristeza que nos causa esta terra amplíssima, maravilhosa e chata, sem um relevo onde o olhar descanse; e, principalmente, o tumulto, a desordem indescritível, a grande vida à gandaia dos que a habitam...[13]

Em compensação, ficou entusiasmado com a beleza de Belém do Pará,[14] onde visitou o Museu Paraense. Conversou um par de horas com Emílio Goeldi[15] e o botânico Jacques Huber, também suíço como Goeldi. Os dois cientistas o muniram de estudos sobre a flora e a fauna da Amazônia e de uma monografia de Huber que Euclides devorou no que restava do percurso até o destino. A viagem, num balanço, fora boa, apesar de ter sofrido de um "enjoo intolerável desde a partida do Rio!". Conformava-se: "Preciso afeiçoar-me ao mal-estar. Considero estas coisas como um preparatório à minha empresa arrojada".[16]

Os altos e baixos de humor continuaram. A primeira impressão de Manaus, onde desembarcou em 30 de dezembro, foi péssima. Chegara com febre e reclamava do clima, "um permanente banho de vapor". Escreveu aos amigos para transmitir sua avaliação de que para suportar aquele calor seria necessário ter "nos músculos a elástica firmeza das fibras dos buritis e nas artérias o sangue frio das sucuruiúbas".[17] Adiantou a José Veríssimo o eixo do novo livro que pretendia escrever: a Amazônia seria "uma terra que ainda se está preparando para o homem — para o homem que a invadiu fora de tempo, impertinentemente, em plena arrumação de um cenário maravilhoso".[18]

Foi recebido por um antigo colega da Escola Militar, Alberto Rangel, e se instalou na casa do amigo, um chalé nas vizinhanças do reservatório do Mocó, nos arrabaldes da cidade. A propriedade tinha por nome Vila Glicínia; ali também se hospedava Firmo Dutra, outro companheiro do dono da casa. Euclides considerou a cidade a "Meca tumultuária dos seringueiros". Reclamou que caíra "na vulgaridade de uma grande cidade estritamente comercial de aviadores solertes, zangões vertiginosos e ingleses de sapatos brancos. Comercial e insuportável".[19]

Uma das primeiras providências foi, por ofício de 2 de janeiro de 1905, instruir o Tesouro Nacional a consignar do seu ordenado um conto de réis, mensalmente e livre de descontos, em favor da esposa. Antes de partir do Rio, no dia 7 de dezembro, abrira uma conta no Bazar América para as compras de Ana. Além disso, em março, escreveu a Domício da Gama[20] pedindo-lhe que facilitasse o recebimento por Saninha da quantia bastante significativa de quatro contos e duzentos mil-réis, que Rio Branco, cumprindo a promessa feita, entendeu lhe dar por conta do tempo que passara na capital preparando a comissão sem ainda receber remuneração. A família, portanto, ficou bem amparada financeiramente.[21]

Desde cedo, Euclides reclamou com Coelho Neto e José Veríssimo que não recebia cartas de Saninha; pedia-lhes que fossem visitar as suas "quatro grandes e permanentes saudades" na "fazendinha de Laranjeiras".[22] O dono da Vila Glicínia, Alberto Rangel, logo após a chegada de Euclides, partira para o Rio, de onde embarcaria para Paris em missão do governo do estado do Amazonas. Também a ele Euclides pediu que verificasse se estava tudo bem: "Um favor, mas favor sacratíssimo de irmão. Na rua Cosme Velho, 91 (atual rua Francisco Otaviano), Laranjeiras — moram as minhas quatro enormes saudades — a minha mulher e os meus três pequenos. Peço-te que os procures e lhes dês notícias minhas...".[23]

Em paralelo com as providências para organizar a viagem, Euclides encontrara tempo para participar das disputas da Academia de Letras. Seu candidato, Vicente de Carvalho, desistira do pleito pela vaga aberta com a morte de Martins Júnior ao dar-se conta de que se tratava da Cadeira nº 13 e de que os anteriores ocupantes haviam tido vida breve depois de assumir a posição. Escreveu a Euclides dizendo que era uma "cadeira fatídica" na qual "sucumbiram [o visconde de] Taunay, Francisco de Castro e Martins Júnior". A vaga foi ocupada por Sousa Bandeira, com o voto de Euclides atendendo a indicação de José Veríssimo.[24] Sousa Bandeira morreu doze anos depois, jovem ainda, aos 52 anos de idade. Vicente de Carvalho, eleito em 1909 para a Cadeira nº 29, tampouco foi muito longevo; faleceu aos 58 anos, em 1924. A troca de cadeiras não parece ter tido grande efeito para garantir uma vida longa a Vicente de Carvalho.

Para a vaga que se abriu em fins de janeiro, com a morte de José do Patrocínio, Euclides acolheu inicialmente o pedido de Rio Branco para apoiar seu amigo Heráclito Graça, tio de Graça Aranha. Na verdade, Heráclito concorreria por outra vaga (e seria eleito), e a cadeira de Patrocínio seria conquistada por Mário de Alencar, devido ao apoio decidido de Machado de Assis e à intensa campanha de Rio Branco para impedir a eleição de Domingos Olímpio, que inicialmente aparecia como favorito. Euclides não deixaria de acompanhar o voto do chefe também na eleição de Alencar.

Euclides pretendia passar pouco tempo em Manaus. Em suas palavras, queria "chegar, observar e voltar, mas cheguei e parei. Estanquei à entrada de meu misterioso deserto do Purus".[25] Na verdade, as expectativas eram irrealistas: era preciso comprar, alugar ou conseguir por empréstimo as embarcações; contratar as respectivas tripulações; devia esperar que a parte peruana da expedição chegasse, para combinar com o outro comissário os detalhes da viagem; e, mais importante, não podia partir sem receber as instruções que estavam sendo negociadas, no Rio de Janeiro, entre Rio Branco e o ministro (embaixador) do Peru, Guillermo Alejandro Seoane.

A pressa, contudo, tinha uma razão concreta, além da ansiedade de Euclides para iniciar seu "duelo com o deserto na majestosa arena de 500 léguas que nos dá o Purus".[26] Em breve começaria a vazante do rio, e a navegação das embarcações de maior calado seria impossível no Alto Purus. Era previsível que em algum momento da viagem ele teria de deixar os barcos ancorados (ou encalhados) e prosseguir em canoas, que mais adiante precisariam ser arrastadas "a pulso" em alguns trechos e na transposição de cachoeiras. Mas quanto mais avançasse a estação seca, menor vazão teria o Purus — e mais cedo seria obrigado a abandonar as embarcações a vapor e mais longo e difícil seria o penoso trecho a ser vencido em canoas.

Os peruanos logo chegaram, mas com o navio avariado. Foi preciso mandar o navio para Belém, onde seria consertado. Enquanto esperava as instruções, Euclides lia tudo o que podia sobre a região e buscava cartas atualizadas do rio. A melhor era ainda a que trouxera do Rio, elaborada pelo explorador inglês William Chandless, que mapeara o rio na década de 1860. Um dos principais afluentes do Purus fora batizado em sua homenagem. Euclides encontrou-se com o general José Siqueira de Meneses, a quem conhecera na guerra contra Belo Monte. O oficial, então chefe militar da prefeitura do Alto Purus, lhe passou cópia de um mapa que indicava os pontos habitados e os afluentes do rio, bem como a indicação de vários "varadouros" — caminhos por terra entre dois rios.[27] Um detalhe crucial era a indicação de um varadouro entre o rio Cujar, um dos formadores do Purus, e o alto da bacia do Ucayali, rio já indiscutivelmente em território peruano, o que indicaria que se trata de duas bacias hidrográficas independentes. As informações, cuja confirmação pela comissão bilateral era fundamental, revestiam-se da maior importância para a negociação diplomática. A presença e a posse efetiva de terrenos por brasileiros e peruanos seriam uma variável a levar em conta,[28] e a clara separação, por um divisor de águas, das bacias do Purus e do Ucayali era outro elemento fundamental na discussão.[29]

No início de março, o período das cheias terminava. Os peruanos ainda não haviam consertado seu navio e as instruções tampouco haviam chegado, mas Euclides já decidira o título da obra que escreveria sobre a Amazônia: *Um paraíso perdido*. Referência óbvia ao clássico *Paradise Lost* (1667), de John Milton, que fala da expulsão da humanidade do Jardim do Éden. Segundo contou a Coelho Neto,[30] nessa obra pretendia "vingar a Hiloe maravilhosa de todas as brutalidades das gentes adoidadas que a maculam desde o século XVIII".

Euclides fizera as pazes com o clima de Manaus e já não reclamava do calor. A reconciliação foi de tal ordem que depois ele escreveria uma curiosíssima defesa em "Um clima caluniado", publicado em *À margem da história*. Explicou que as condições climáticas amazônicas realizavam uma espécie de "seleção telúrica" que só concedia direito de existência àqueles que a elas se afeiçoavam: "É por certo um clima admirável o que prepara as paragens novas para os fortes, para os perseverantes e para os bons". Assim, a alta umidade e o forte calor seriam positivos, pois eliminariam os fracos e incapazes "pela fuga ou pela morte".

Com a partida de Rangel, Euclides passou a compartir a Vila Glicínia com Firmo Dutra, que o apelidara de "Louquinho".[31] Durante as noites passou a ser visitado por visões da misteriosa "dama de branco", avistada pela primeira vez à luz do dia, em São José do Rio Pardo. As assombrações prosseguiram, e daí em diante se tornaram uma rotina quase diária. Na angustiante espera pela partida, a abstinência sexual pesou. Em pelo menos uma ocasião visitou com o primo Arnaldo um prostíbulo da cidade. Não se sentiu confortável, e o constrangimento da situação se traduziu em um pagamento de quinhentos mil-réis à senhorita que o atendeu, muitíssimo acima da tarifa normal.[32]

As providências práticas, em todo caso, avançavam. Comprou canoas, uma lancha movida a vapor e um batelão — barca sem motor para o transporte de carga e mantimentos que seria rebocada pela lancha. Batizou as embarcações, respectivamente, de *Cunha Gomes*,[33] militar que explorara as nascentes do Javari, e *Manuel Urbano*, prático de navegação do Purus que, inclusive, teve um dos afluentes do rio nomeado em sua homenagem. Fazia pressão também para que a Marinha lhe concedesse outra lancha a vapor para completar a flotilha e, com esse fim, pediu a interferência de Rio Branco. Ainda em março a *Lancha nº 4* foi posta à disposição da comissão.

As instruções chegaram em 19 de março. A comissão bilateral deveria reconhecer o rio de forma expedita até o barracão do Catai (propriedade de seringueiros brasileiros) e em detalhe dali até as nascentes do Purus, inclusive investigando os varadouros que vão dar no Ucayali saindo dos dois rios que se juntam para formar o Purus: o Cujar e o Curiújа. A ideia era comprovar a completa separação das duas bacias hidrográficas. Ao mesmo tempo, ficariam estabelecidas as coordenadas dos acidentes geográficos mais relevantes, em especial a boca dos principais afluentes: Manuel Urbano, Curanja, Chandless e outros. A carta desenhada pelo explorador inglês Chandless deveria ser tomada como referência, para ser corrigida e atualizada.[34]

Faltava apenas combinar com os peruanos a data de partida. Em artigos de imprensa, Euclides já expusera seus preconceitos contra os vizinhos e o viés determinista que moldava sua ideia de um "confronto inevitável" com o Peru. Agora interagiria diretamente com os peruanos e teria de atuar em coordenação com esse "outro" pelo qual tinha tão pouca empatia.

Nesse diapasão, a demora no conserto da lancha (em estaleiro brasileiro) foi atribuída por Euclides à preguiça ou má vontade dos peruanos:

> Não sei bem que tempo gastarão ainda. Noto que têm pouca pressa. Não se agitam. Quedam numa adorável placidez, em que se partem todas as minhas impaciências. Espanhóis ardentíssimos, álacres e ruidosos para as zarzuelas e para todas as requintadas troças desta desmandadíssima Manaus — são quíchuas, quíchuas morbidamente preguiçosos quando se trata de partir.[35]

Euclides tomava muito a sério seus preconceitos, mesmo apesar das evidências em contrário. Aliás, de modo geral a contraparte peruana da comissão, a começar por seu chefe, o capitão de corveta Pedro Alejandro Buenaño Arbulú, portou-se de forma profissional e cooperativa durante a maior parte da missão, a despeito das queixas de Euclides durante e depois da expedição. Para ele, as demonstrações de cortesia apenas disfarçavam o rancor dos peruanos contra os brasileiros.

> E como nos querem mal! O interessante é que cheguei a esta conclusão, paradoxalmente, mercê da minha finura nativa de caboclo ladino. Porque cada um desses amáveis sujeitos, ao encontrar-nos, todo se desfaz em sorrisos, em multiplicados cumprimentos e em dizeres açucarados. Fica-lhes velado, no âmago, o malquerer traiçoeiro. Afinal me ajeito à minha esgrima; disfarço-me; e vibro, como posso, a ironia terrível da cordialidade hipócrita e temerosa em que vivemos.[36]

Em carta a José Veríssimo, Euclides insistiu na previsão de que uma guerra com o Peru seria um resultado incontornável, pondo em dúvida o sucesso da negociação diplomática (que não era e nunca chegou a ser uma arbitragem): "O conflito — quaisquer que sejam os paliativos atuais da arbitragem — arrebentaria como uma larga generalização das rixas insanáveis do seringueiro e do caucheiro, absolutamente irreconciliáveis".

Antes da saída, Pedro Buenaño, para se proteger de um eventual fracasso, tentou convencer Euclides a lavrar em ata que os dois comissários consideravam, desde o início, impraticável reconhecer os varadouros nas nascentes do Purus; previa que seriam impedidos por cachoeiras, corredeiras violentas e ataques de índios. Em posterior relatório reservado para Rio Branco,[37] Euclides contou que "fui a princípio partidário desta ideia". Contudo, se recusou a assinar a nota acautelatória que, assim, não foi feita. O recuo seria fonte de animosidade entre os dois comissários.

Finalmente, às sete horas da noite do dia 5 de abril de 1905 a expedição partiu. Já se iniciara o período de vazante do Purus, que se estende até novembro. Os brasileiros se organizaram em três embarcações: as lanchas *Cunha Gomes* e *nº 4* da Marinha, movidas a vapor; e o batelão *Manoel Urbano*, que navegava rebocado pela lancha *Cunha Gomes*. A comissão brasileira contava com um total de 45 homens. Na *Lancha nº 4*, guarnecida apenas por pessoal da Marinha (dois maquinistas, cinco foguistas, um cabo e um marinheiro), seguiam Euclides e o secretário Manuel da Silva Leme. Os peruanos eram um grupo menor, de 21 homens, e iam todos em uma única embarcação, a lancha de guerra *Cahuapanas*.

Começava uma odisseia pela selva amazônica que só se encerraria em 23 de outubro, com a volta ao ponto inicial. A aventura estava, de fato, repleta de perigos. Além dos desconfortos, das doenças e das outras ameaças da natureza, a região do Alto Purus mal acabava de sair de um conflito armado, depois da negociação de um armistício por Rio Branco.

Para alcançar as regiões onde a exploração da borracha por brasileiros era mais intensa, ao longo do rio Acre, onde o conflito havia sido com os bolivianos, também era necessário passar pelo Purus. Basta lembrar que o rio Acre, que deu o nome ao território incorporado ao Brasil, é um afluente do Purus. Os brasileiros subiam o Purus fosse para entrar no rio Acre, fosse para continuar até o Alto Purus. No sentido contrário, os caucheiros peruanos começaram a se expandir pelo Alto Purus, vindo pelos varadouros desde a bacia do Ucayale e descendo pelo rio. A disputa pela riqueza da borracha se transformou em verdadeira guerra entre seringueiros e caucheiros no Alto Purus, com muitos homicídios e atrocidades perpetrados pelos dois lados. O governo peruano interveio em defesa de seus nacionais e em 1903 e no início de 1904, tropas peruanas passaram a atuar ao lado dos caucheiros. Com a ameaça de intervenção militar brasileira, em julho de 1904 Rio Branco obteve uma trégua. Enquanto não se chegasse a um acordo, o Brasil controlaria o rio Purus até o barracão do Catai, já bem depois da boca do rio Acre. Daí em diante, até a nascente do rio, no Alto Purus propriamente dito, as autoridades dos dois países administrariam o território conjuntamente, por meio de uma comissão mista.

Era uma trégua ainda frágil. Os ressentimentos de um lado e do outro persistiam e tornavam a situação potencialmente explosiva. A expedição de Cunha-Buenaño teria que atuar com muita diplomacia. Para aumentar o perigo, era frequente que tanto os seringueiros como os caucheiros matassem ou escravizassem os índios da região. Assim, tampouco havia como afastar a possibilidade de ataques dos nativos, para os quais era irrelevante saber se estavam matando invasores de uma ou da outra nacionalidade. Para enfrentar toda hostilidade, tanto a comissão brasileira quanto a peruana eram compostas de um número expressivo de militares. No caso brasileiro, contudo, a indisciplina dos militares somada à discutível capacidade de liderança de Euclides geraram uma constrangedora sucessão de problemas.

No dia 9 de abril, as embarcações chegaram ao ponto em que o rio Purus deságua no Amazonas. Começava a jornada de 3210 quilômetros, da foz do Purus até suas nascentes. No dia 15, uma primeira discussão surgiu na *Lancha nº 4* entre os dois maquinistas; o menos graduado foi desembarcado na primeira parada. Nos dias 17 e 18, um marinheiro e um soldado, respectivamente, foram punidos com o aprisionamento no porão por insubordinação. No dia 22, a lancha foi palco de um pugilato entre o primeiro maquinista e o prático. Euclides decidiu desembarcar também o primeiro maquinista. No dia 26, foi preso outro marinheiro.

Em 5 de maio chegaram à boca do rio Acre. A maior parte do fluxo de navios ali se desviava e subia por aquele afluente, onde a exploração da borracha era feita unicamente por seringueiros brasileiros; mas a flotilha brasileiro-peruana continuaria pelo Purus, para a área em disputa entre seringueiros e caucheiros. Enquanto isso, os desentendimentos na equipe comandada por Euclides continuavam:

> Aí pediu a sua demissão o Arnaldo [o primo de Euclides] — auxiliar técnico — não foi aceita; o comandante Caldas Brito, este voltou [a se demitir], por divergências com o chefe [Euclides], sendo o seu pedido aceito. Otávio, 2º maquinista, esteve com as malas fora da lancha e prestes a voltar; um foguista, o *caiaiguac*, este desertou. O Argolo brigou com o cel. Nunes, pediu a sua demissão, porém depois reconsiderou o seu ato.[38]

Além das brigas, também ocorriam incidentes prosaicos, mas de consequências daninhas. No dia 9 de maio, por exemplo, "o soldado Sérgio foi lavar o filtro e deixou cair pelo rio abaixo as 12 únicas velas que possuíamos do nosso filtro Pasteur. Ficamos sem água filtrada". Felizmente, no dia seguinte os peruanos obsequiaram um filtro de carvão para a comissão brasileira.

No dia 16, a flotilha passou em frente ao primeiro barracão (nome dado às sedes das propriedades que exploravam a borracha) de um peruano. Dois dias depois chegavam a um destacamento do 36º Batalhão de Infantaria brasileiro, em Novo Destino. Buenaño pediu que Euclides fizesse o comandante do destacamento investigar a denúncia de que em um seringal de brasileiros das cercanias havia peruanos mantidos como escravos. A acusação foi considerada sem fundamento real.

No dia 21 de maio ocorreu um problema grave: o batelão *Manuel Urbano* foi atingido por um tronco que descia o rio, arrastado pela corrente. Naufragou, mas sem vítimas fatais. Com a ajuda dos peruanos, resgatou-se pouco mais de metade dos mantimentos. Naquela situação, não havia como continuar com a comissão completa. Euclides decidiu deixar parte dos brasileiros acampados no local com a *Cunha Gomes* e prosseguir na *Lancha nº 4* com uma equipe reduzida. Assim, seguiu, acompanhado do médico, dr. Catunda, do auxiliar técnico, Arnaldo da Cunha (que passou a acumular a função de secretário), do alferes Cavalcanti e de nove praças, além da tripulação da embarcação. Ficaram o tenente Argolo, o secretário Silva Leme, o alferes Lemos, o encarregado do material, coronel Nunes (que em seguida se demitiu de vez), e dez praças. Tampouco passou daquele ponto o fotógrafo Egas Florence, cujas últimas imagens capturadas na expedição são as do naufrágio.

Dois dias depois, a *Lancha nº 4* e a *Cahuapanas* chegavam à boca do rio Chandless. Cerca de três quartos da distância entre a foz e as nascentes do Purus já haviam sido percorridos. Na verdade, porém, as reais dificuldades apenas começavam. Com a vazante, o rio se tornara intransitável para as lanchas dali em diante. Os navios que se encontravam rio acima estavam todos encalhados, à espera de que o rio recuperasse o volume de águas, o que só aconteceria meses depois. Brasileiros e peruanos deveriam seguir em canoas rio acima, levando os suprimentos e o equipamento astronômico necessários para a viagem, que ainda se prolongaria por um par de meses. Os brasileiros se organizaram em uma canoa ligeira e dois batelões, e os peruanos, em três batelões e uma canoa pequena. Todos partiram em 30 de maio.

A viagem tornou-se lenta: avançavam menos de dez quilômetros por dia. Em 2 de junho, a expedição encontrou membros da Comissão Mista Brasileiro-Peruana de Administração do Alto Purus a caminho do barracão do Catai, rio acima. Os brasileiros viajavam no vapor *Santos Dumont*, vindo de Manaus, e os peruanos, na lancha *Fênix*. Como as duas embarcações estavam encalhadas, os peruanos, chefiados pelo coronel Manuel Bedoya, haviam se instalado em um acampamento na localidade de Refúgio; os brasileiros, chefiados pelo capitão-tenente Borges Leitão, em Novo Lugar. O acampamento brasileiro estava assolado por uma epidemia de beribéri, que atingiu inclusive o médico da comissão. A pedido de Borges Leitão, Euclides deixou o dr. Catunda em Novo Lugar e prosseguiu sem médico.

Até ali as relações entre Euclides e Buenaño haviam sido perfeitamente cordiais, como se demonstra no auxílio peruano ao salvamento dos mantimentos no naufrágio do *Manuel Urbano* e em outros gestos. O próprio Euclides relatou a Rio Branco que:

> Assim prosseguíamos numa constante harmonia para a qual eu contribuía mais do que o meu colega — porque fazia constantemente o sacrifício de escutar-lhe insistentes queixumes e lamentações amargas acerca dos sucessos ocorridos nesta zona, de setembro de 1903 a abril de 1904. Tolerava-os não só pelo respeito aos que se lamentam como por não perturbar ou destruir tantos esforços já despendidos numa discussão cujas consequências poderiam ir até a um rompimento franco.[39]

Em Novo Lugar, Buenaño se recusara a apertar a mão de um brasileiro que participara do conflito recente contra seus compatriotas. A comissão peruana partiu antes da brasileira; quando esta chegou à localidade de Funil, deu-se conta de que os peruanos, ao passar por ali, haviam enterrado corpos de compatriotas seus que jaziam insepultos e colocado sobre a sepultura uma placa com os nomes dos mortos e os dizeres: *"Peruanos fuzilados y quemados por bandoleros brasileños"*. Euclides ficou furioso com a acusação, mas decidiu não retirar a placa para evitar um incidente.

Explicou da seguinte maneira sua reação a Rio Branco:

> Haveria um rompimento que eu de modo algum poderia temer sob o ponto de vista do seu resultado material porque à primeira voz teria ao meu lado, além dos que me acompanhavam, numerosos patrícios convizinhos que me dariam incalculável superioridade de forças. Mas compreendi que isto era antes uma desvantagem: estávamos ainda em lugares somente povoados de brasileiros, tínhamos a força — e por mais lealdade que houvéssemos naquela emergência não faltaria quem lobrigasse no fato uma traição, um atentado capaz de comprometer minha terra. Além disso temi perturbar negociações [diplomáticas] que sabia estarem entabuladas e cujo desenvolvimento ignorava.[40]

Nas negociações internacionais de diferentes índoles há abundantes registros de comissões mistas que trabalharam em clima tenso e conflituoso, mas no âmbito da diplomacia brasileira não há antecedente de uma comissão mista que tenha degenerado em conflito físico com os representantes do outro país, muito menos com tiros e mortos, como parecia se anunciar. Seria um verdadeiro desastre diplomático; aí sim, a tese do "conflito inevitável" entre Brasil e Peru ficaria incontornável.

O último ponto habitado por brasileiros foi o seringal Sobral, ao qual o grupo chegou em 11 de junho, lá permanecendo por dois dias. No dia 18 foi atingida a boca do rio Santa Rosa e em mais quatro dias o Catai, sede da administração conjunta brasileiro-peruana. Do Santa Rosa até lá, a região era aparentemente deserta.[41]

Enquanto o Odisseu se embrenhava na selva, em junho Saninha se mudou da casa alugada por Euclides em Laranjeiras. Visitara o sogro em Belém do Descalvado acompanhada dos três filhos, e Manuel Pimenta da Cunha recomendara que fosse para Salvador, onde morava o irmão José, para esperar por lá a volta de Euclides. Manuel contou da visita em carta ao filho e se mostrou tranquilo em relação à nora: "Compreendi que a Aninha tem bastante expediente para arrumar a sua vida".[42] De fato, Saninha começou a dar outra direção a sua vida, mas não seguiu o conselho do sogro.

Após deixar a fazenda de Manuel da Cunha no interior e buscar vaga, sem sucesso, no colégio jesuíta de Itu, Saninha internou os dois filhos mais velhos no ginásio Anglo-brasileiro na cidade de São Paulo. Na estada na capital paulista, Saninha ficou um mês hospedada na casa da família Ratto, com a qual tinha relações de amizade já de vários anos. Durante o estágio de Euclides na Estrada de Ferro Central do Brasil ela fora apresentada às irmãs Angélica e Lucinda Ratto, as duas solteiras, e a Joaquina Carolina de Assis, irmã das duas primeiras e casada com um conhecido de Euclides. A última falecera em 1904, deixando dois filhos adolescentes: Dilermando e Dinorá.

Lucinda estava veraneando no Rio, hospedada na pensão da família Monat, na rua Senador Vergueiro, nº 14. Depois da visita a São Paulo, Saninha voltou ao Rio acompanhada apenas do caçula, Manuel Afonso, então com quatro anos, e decidiu também se instalar na pensão. Trocava o isolamento da casa na rua Cosme Velho por um ambiente mais animado. Pouco depois, Angélica iria reunir-se à irmã e à Saninha.

Na Amazônia, a viagem de Euclides prosseguia, com alimentos racionados e esforços constantes do primeiro comissário para manter a ordem entre os comandados cada vez menos numerosos, "um doloroso contraste da correção da tropa estrangeira abarrancada ao nosso lado".[43] Além disso, as alucinações de Euclides com a "dama de branco" o perseguiam rio acima. Desde a partida de Manaus, em repetidas noites despertou o primo, companheiro de barraca: "Ó Arnaldo, tu ouviste? Estás escutando?".[44]

Em 22 de junho chegavam ao Catai, onde acabava a soberania brasileira e começava a administração conjunta do território rio acima. Ali ficava a sede da Comissão Mista Brasileiro-Peruana de Administração do Alto Purus. Euclides e Arnaldo da Cunha chegaram doentes, o primeiro com mais gravidade. Passaram três dias convalescendo, e Euclides se recuperou adotando uma alimentação com base em caldo de macaco. Mesmo enfermo, teve de intervir em uma briga entre o cozinheiro da comissão e um cabo. Advertiu o cozinheiro e determinou que, como punição, o cabo fosse amarrado; ordens que "não foram cumpridas como se esperava, graças à incompetência e à imbecilidade do sargento que nos acompanhava".[45]

A viagem foi retomada no dia 25; logo no dia seguinte Euclides teve de lidar com outra insubordinação, agora por parte de um soldado. O primeiro comissário deu ordem de prisão ao infrator, mas como não havia onde confiná-lo, mandou que o amarrassem. Os demais militares se recusaram a cumprir a instrução e o insubordinado e outros quatro praças foram mandados de volta ao Catai. Os brasileiros, que haviam partido com 45 homens, estavam reduzidos a apenas nove, contando os remadores: Euclides, o auxiliar técnico (o primo Arnaldo), um dos alferes, um soldado e "cinco representantes de todas as cores reunidos, ao acaso, em Manaus". A parte peruana da comissão permanecia íntegra e disciplinada. Buenaño não perdeu a oportunidade para, daí em diante, referir-se à comissão brasileira como *"Da Cunha y sus siete gatos pingaos..."*.

Em todo caso, aproximavam-se do objetivo final da viagem. No dia 28 de junho alcançaram a boca do Curanja, onde ficaram até o dia 6 do mês seguinte. À medida que subiam o rio, os deslocamentos iam ficando cada vez mais difíceis. Em longos trechos era necessário arrastar as canoas pelo leito pedregoso do rio. E agora ficaria ainda pior: em alguns momentos seria preciso transportar nos ombros víveres, equipamentos e as próprias embarcações; sem contar a dificuldade para transpor as cachoeiras, que começavam a aparecer.

> Já não se navegava: as duas pesadas canoas de itaúba iam num arrastamento a pulso, como se fossem por terra; e os remos, ou os varejões transformavam-se em alavancas, numerosíssimas vezes, para a travessia dos trechos mais difíceis. Ao descer das noites, os homens, que labutavam todo o dia, metidos n'água, sem um trago de aguardente, ou de café, que lhes mitigasse aquele regime bruto, acampavam soturnamente. Mal se armavam as barracas. Na antemanhã seguinte, cambaleantes e trôpegos — porque as areias do rio navalhando-lhes a epiderme, punham-lhes os pés em chagas — retravavam, desesperadamente, a luta da subida do rio que não se achava mais, tão extenso, tão monótono, tão sempre o mesmo, na invariabilidade de suas margens, que tínhamos a ilusão de nos andarmos numa viagem circular; abarracávamos; decampávamos; e ao fim de dez horas de castigo parecíamos voltar à mesma praia, de onde partíramos numa penitência interminável e rude...[46]

Para agravar o sofrimento, os peruanos não pareciam compartir as difíceis condições da jornada com as de Cunha e seus sete gato-pingados. A comparação era dolorosa:

> Contrastando com esta desventura, a comissão peruana, que acompanhávamos, estava íntegra, bem abastecida, robusta. Eram vinte e três homens válidos, dirigidos por um chefe de excepcional valor. Assim, todas as noites, naquelas praias longínquas, havia este contraste: de um lado, um abarracamento minúsculo e mudo, todo afogado na treva; de outro, afastado apenas cinquenta metros, um

acampamento iluminado e ruidoso, onde ressoavam os cantos dos desempenados cholos loretanos. A separação entre os dois era completa. As relações quase nulas; a altaneria castelhana, herdada pelos nossos galhardos vizinhos, surpreendia-se ante uma outra, mais heroica, do exíguo agrupamento miserando, altivamente retraído na sua penúria, e timbroso em ultimar a sua empresa, como a efetuou, sem dever o mínimo, ou o mais justificável auxílio, ao estrangeiro que se lhe associara.[47]

Durante a estada em Curanja, um povoado de cerca de 150 habitantes, as duas delegações foram homenageadas com um almoço oferecido pela casa de comércio local. Do Catai em diante já não havia moradores brasileiros ocupando a área, e a sala estava decorada com bandeiras peruanas — nenhuma do Brasil. No discurso de agradecimento, Euclides ressaltou que a ausência do pavilhão brasileiro ficava compensada pela visão que se descortinava de uma palmeira com folhas verde-amarelas: "Porque, srs. peruanos, a minha terra é retilínea e alta como as palmeiras".[48]

A expedição seguiu caminho nas primeiras horas do dia 6 de julho; a partir desse ponto, Euclides percebeu que as povoações peruanas às margens do rio os recebiam cada vez mais friamente, inclusive com certa hostilidade. Decidiu não mais parar nos povoados. Em compensação, com a maior altitude acabaram-se os mosquitos que os atormentavam desde a saída de Manaus: a praga de "carapanãs, piuns e *manta-blancas*, que a jusante torturavam tanto o viajante, ali desaparecera".[49] A conduta de distanciamento de Euclides gerou forte discussão com Pedro Buenaño no dia 15 de julho, em uma localidade habitada apenas por índios da etnia *campa*. O *Diário de marcha* registrou "forte troca de palavras, que perdurou por algum tempo". Mais assustadora do que a discussão entre os dois comissários foi, contudo, a visão, três dias depois, do cadáver mutilado de uma indígena jogado nas margens do rio. Pelo que puderam apurar sobre o caso, ela fora morta por vingança. Aplicava-se a justiça local, que Euclides resumiu muito bem em um dos capítulos de *À margem da história*: "Não há leis. Cada um traz o código penal no rifle que sobraça, e exercita a justiça a seu alvedrio, sem que o chamem a contas".

Finalmente, no dia 18 de julho, todos chegaram no encontro dos rios Cujar e Curiúja, que a partir daquele ponto se juntam para formar o Purus propriamente dito. Bem instalados em um sítio do comerciante peruano Carlos Scharf, brasileiros e peruanos lá permaneceram por seis dias. As instruções mandavam investigar os dois rios até chegar aos varadouros que davam passagem por terra à bacia do Ucayali. Como Buenaño advertira já em Manaus, tentando convencer Euclides a lavrar uma ata acautelatória, parecia que a partir dali não haveria como avançar.

> No Cujar, que leva ao varadouro por assim dizer oficial, incessantemente preferido pelos que comunicam com Iquitos, aguardavam-nos, à parte os bancos de areia e paus, 75 cachoeiras, uma das quais de 2 metros de alto. Se as vencêssemos chegaríamos ao Cavaljani onde as dificuldades aumentariam ao lado dos mesmos empecilhos das quedas-d'água; depois, a passagem penosa do Pucani, para afinal chegar-se ao varadouro. No Curiúja idênticos empecilhos... Depois — os "infieles" [índios].[50]

Euclides desanimava. Buenaño, em compensação, reformulou sua posição inicial e passou a afirmar que ele e seus homens sim, chegariam aos varadouros e por aqueles caminhos de terra atingiriam a bacia do Ucayali, enquanto Euclides e seus gatos-pingados não conseguiriam. Vingava-se do comissário brasileiro. Ficaria firmado em ata que o incumprimento das instruções fora unicamente por deficiência da parte brasileira da comissão. O reconhecimento tinha de ser feito pelas duas equipes em conjunto. Euclides não admitiria tal humilhação. Aceitou o desafio. O grupo partiu em 24 de julho pelo Cujar:

> Não exagero dizendo que seguimos à meia-ração. Demandávamos extensa região inteiramente desabitada e os víveres que levávamos — no máximo para 25 dias — se redividiram em carne-seca, farinha, que se acabou ao fim de 12 dias, um pouco de açúcar, que só durou três dias, ½ garrafão de arroz e uns restos de bolacha comprados em Curanja. Propositadamente faço esta lista. É expressiva. Por ela se avalia senão a boa vontade no cumprirmos o dever, ao menos a temeridade de um avançamento que foi sobretudo uma repulsa energética a uma afirmativa desafiadora e impertinente.[51]

Transpuseram 73 cachoeiras — 27 pequenas e 46 grandes, a maior de dois metros de altura, sempre arrastando as canoas nos trechos sem profundidade e erguendo-as com cordas e roldanas para superá-las. Em um desses obstáculos, em um surto de raiva, de revólver em punho, Euclides ameaçou de morte um dos remadores que se recusava a prosseguir.

Em 30 de julho a expedição alcançou o rio Cavaljani. Buenaño repetiu o desafio: "*Yo paso, le garantizo que usted no pasa*". Na manhã do dia seguinte, os brasileiros acordaram antes dos peruanos. Prosseguiram com apenas uma canoa, deixando a maior no local. Em 3 de agosto chegaram finalmente ao Pucani, "pequeno rio que vai ter ao varadouro". O *Diário* registrou: "Entramos no Pucani às 12h55min. Às 3 horas chegamos ao começo do varadouro".[52] Estavam na nascente do rio Purus. Do outro lado do varadouro começava a bacia do Ucayali.

Chegara a hora de tomar o caminho de retorno. No dia 10, estavam de volta ao encontro dos rios Cujar e Curiúja. As instruções determinavam que se explorasse também o rio Curiúja. Ao contrário do trecho Cujar-Cavaljani-Pucani, a outra nascente do Purus, pelo Curiúja, já fora explorada por Chandless. Não havia condições materiais para um novo esforço. Dessa vez, Buenaño não desafiou Euclides a tentar. Como o trecho era conhecido e o principal caminho para o Ucayali era pelo Cujar, os dois comissários decidiram dar as instruções como cumpridas e a missão como encerrada. Já no caminho de volta, reabastecido, Euclides ainda tentou convencer Buenaño a retornar para explorar o Curiúja, mas a proposta não foi aceita pelo peruano.

Euclides não enfrentara ciclopes, feiticeiras ou sereias. Tampouco se provou um líder à altura de um Ulisses. Porém, sem dúvida, vivenciara uma odisseia; sobrevivera e tomava o caminho de volta ao lar. Na versão brasileira, a narrativa clássica do retorno do herói ganhou outros contornos. No Rio de Janeiro, Saninha não se espelharia em Penélope, que esperara pelo marido que todos imaginavam morto tecendo durante o dia para à noite desfazer a mortalha do esposo e assim contornar o assédio dos pretendentes. Os tempos eram outros. Ana certamente seria mais influenciada por Balzac — autor que, provavelmente, lera — do que por Homero. O livro do escritor francês *A mulher de trinta anos*, publicado em 1842 e no início do Novecentos ainda popular, talvez seja o primeiro grande retrato literário de uma mulher malcasada que acaba por buscar o amor fora do casamento.

Em setembro, Saninha reencontrou Dilermando de Assis, que conhecera ainda criança quando a mãe era ainda viva. Fora visitar as tias Angélica e Lucinda Ratto na pensão Monat. Cadete do Exército, Dilermando tinha então dezessete anos, em contraste com os 33 de Ana. O rapaz ia retomar o curso na Escola Militar do Realengo depois de expulso do Exército, como muitos outros colegas, pela tentativa de insurreição contra o governo durante a confusão gerada pela Revolta da Vacina. A Escola Militar da Praia Vermelha fora fechada de forma definitiva, mas os cursos militares estavam sendo retomados provisoriamente no Realengo; Dilermando, anistiado, esperava pela reincorporação. Convidado pelas tias, acabaria por também se alojar na pensão até o início das atividades na Escola. Foi o começo de seu romance com a mulher de Euclides.

Saninha certamente concordaria com o diagnóstico da protagonista do livro de Balzac: "O casamento, a instituição sobre a qual se apoia hoje a sociedade, só a nós [mulheres] faz sentir todo o seu peso: para o homem a liberdade; para a mulher os deveres. Devemos consagrar aos homens toda a nossa vida, eles nos consagram apenas raros instantes". Administrar um romance furtivo no ambiente comunitário da pensão certamente era um problema difícil. A solução, para Saninha, foi mudar-se para uma casa que alugou na rua Humaitá e convidar as irmãs Ratto a passar o resto da temporada com ela. Imaginava que, mantida a discrição necessária, a presença de Dilermando ao lado das tias pareceria plenamente justificada. Angélica voltou para São Paulo, mas Lucinda e o sobrinho Dilermando se hospedaram no novo endereço, com Ana e seu filho Manuel Afonso. A estratégia ficou longe de ser um sucesso. Naquele início do século XX, o fato de uma mulher casada, com o marido ausente, compartilhar o teto com um homem solteiro que não fosse parente direto causava estranheza. Iniciaram-se as fofocas e suspeições. A família de Ana se escandalizou com a situação e os contatos com a mãe e os irmãos foram reduzidos.

Nascido em 1888, o amante de Saninha era apenas quatro anos mais velho que Sólon, o primogênito de Ana e Euclides. Nos feriados da Escola Militar e do colégio dos meninos, a casa se enchia, e foi natural que os dois rapazes se fizessem amigos. Em fins de 1905, Dilermando acompanhou Saninha e os filhos em uma viagem a Friburgo, onde a mãe internou Sólon e Quidinho no colégio Anchieta. Meses depois, com Euclides já de volta ao Rio, Sólon escreveria uma carta endereçada ao "amigo Dilermando", contando da escola e reclamando que "das pessoas conhecidas, *incluindo todos os meus parentes, a única pessoa que me escreveu foi você*".⁵³

A mudança para a rua Humaitá fora em novembro, quando Euclides já retornara do Purus mas ainda estava em Manaus. A comunicação entre os esposos era nula; para ele, a família ainda estaria residindo nas Laranjeiras, ou talvez em Salvador com o tio José, caso Ana tivesse seguido o conselho que o pai dera à nora. Na verdade, ele nada sabia.

No percurso de volta para a capital do Amazonas, ao passar pela boca do rio Acre, em meados de outubro, Euclides determinou que sua flotilha prosseguisse pelo resto do caminho de volta sem o chefe e embarcou no vapor *Rio Branco* para desfrutar de maior conforto no restante do trajeto até a capital do Amazonas. No mesmo navio viajava o governador do território do Acre, Plácido de Castro, herói da luta contra os bolivianos e dono de vastos seringais.

Durante a viagem, de cerca de uma semana, Euclides pediu a Plácido de Castro que redigisse para ele um relato da campanha contra os bolivianos. Plácido de Castro não somente atendeu o pedido como também escreveu de próprio punho na caderneta de Euclides uma descrição bastante detalhada do processo de extração e beneficiamento da borracha, da organização dos seringais e da vida dos seringueiros, inclusive com ilustrações.

No dia 23 de outubro, o vapor *Rio Branco* aportou em Manaus. Cabia redigir o relatório a ser assinado pelos dois comissários, com versões em português e espanhol; preparar duas cópias autênticas da carta do rio Purus, conforme o levantamento feito na viagem; e tomar as providências burocráticas para o encerramento das contas da comissão em Manaus. Tudo seria mais fácil se o secretário da parte brasileira da comissão, Manuel da Silva Leme, não tivesse falecido dias depois de voltar à capital do Amazonas. Seu substituto, o primo Arnaldo, por sua vez, se demitiu imediatamente ao chegar — não quis nem esperar pelo pagamento — e voltou no primeiro vapor para Salvador. Sem dúvida, os seis meses de convivência diária, nas difíceis condições da viagem, haviam aberto uma brecha entre os dois.[54] O tio José chegou a reclamar por carta ao pai de Euclides dos incidentes entre os primos e da dificuldade que o filho estava encontrando para receber o pagamento.[55] Com o tempo, Euclides e Arnaldo, que depois passou a morar no Rio, voltariam a se entender.

Euclides se instalou outra vez na Vila Glicínia, ainda na ausência do dono da casa, que continuava em Paris, e continuou sendo atormentado pelas aparições da "dama de branco". Passou a dormir com uma vela acesa. A solução quase gerou um problema maior: certa noite, adormeceu e o castiçal escorregou, incendiando os lençóis. Por sorte, o episódio não passou do susto. Hospedou-se depois com Firmo Dutra, mas a assombração continuou a aparecer quase todas as noites, "ora vestida em túnica, ora envolvida em levíssimas vestes, toda de alvo, igualmente com asas, munida de trombeta e já agora numa espécie de bosque".[56]

A saúde física também ia mal. Agora, além da tuberculose crônica e dos problemas digestivos, contraíra malária durante a viagem: daí em diante sofreria de ataques esporádicos de impaludismo. Ao amigo Francisco Escobar queixou-se mais adiante: "Há uma coisa pior que a tuberculose, que é franca — é o insidioso impaludismo larvado que a medicina não atinge tão vário é ele e incaracterístico".[57]

Em todo caso, Euclides dava mostras de estar começando a trabalhar em um futuro livro sobre a Amazônia. No dia 29 de outubro, o *Jornal do Commercio* de Manaus publicou um artigo (como se fosse uma entrevista de uma única pergunta e uma longa resposta) em que Euclides fazia um resumo da viagem às nascentes do Purus. Terminava com um parágrafo descrevendo a emoção do escritor ao alcançar, no fim da jornada, o divisor de águas das bacias do Purus, do Ucayali e do Madre de Dios:

O sol descia para os lados do Urubamba... Os nossos olhos deslumbrados abrangiam, de um lance, três dos maiores vales da Terra; e naquela dilatação maravilhosa dos horizontes, banhados no fulgor de uma tarde, incomparável, o que eu principalmente distingui, irrompendo de três quadrantes dilatados e trancando-os inteiramente — ao sul, ao norte e a leste — foi a imagem arrebatadora da nossa Pátria que nunca imaginei tão grande.

Maior repercussão, contudo, teve o artigo "Entre os seringais", publicado na edição de janeiro da revista *Kosmos*, da capital federal. O texto impressiona pela riqueza de detalhes com que descreve o funcionamento de um seringal. Plácido de Castro acusaria Euclides de usar, sem referência à fonte das informações, as notas que lhe passara: "Vimos as nossas despretensiosas notas publicadas na *Kosmos*; vinham, então, revertidas de flores de estilo, numa linguagem burilada e castiça".[58] O governador do Acre tinha bastante razão. Contudo, o artigo — e aí há grande diferença — incluía comentários próprios de Euclides (que mais adiante elaboraria em *À margem da história*) sobre a exploração do trabalho e as péssimas condições de vida dos seringueiros. Em todo caso, muito do texto estava em longas paráfrases das anotações que lhe haviam sido fornecidas por Plácido de Castro.

Retrabalhar textos de terceiros sem o devido crédito foi uma prática recorrente de Euclides. Às vezes ele aproveitava ideias, outras vezes simplesmente reescrevia passagens, eventualmente longas, de outros autores. No próprio relatório da Comissão de Reconhecimento do Purus, como assinalou José Carlos Barreto de Santana,[59] utilizou sem atribuição excertos de trabalhos de Goeldi apenas com mudanças de linguagem. No início do século XX as regras de atribuição de autoria não eram tão estritas como hoje, mas já existiam, e causa espécie a falta de cerimônia e a frequência com que Euclides as violava.

No dia 16 de dezembro de 1905 Euclides assinou com Buenaño a ata de encerramento dos trabalhos de campo da Comissão Brasileiro-Peruana de Reconhecimento do Rio Purus. Além do relatório, cujo texto era de responsabilidade dos dois comissários (mas terá sido redigido quase integralmente por Euclides), seguiam em anexo as cópias da correspondência oficial e das cartas do rio.[60] Euclides escreveria depois uma versão corrigida e ampliada desse documento, com algumas notas complementares e um relatório confidencial ao barão do Rio Branco.

II.
No Itamaraty

Nos últimos dias de dezembro de 1905, Euclides desembarcava do vapor *Tennyson*, no cais Pharoux, de volta ao Rio de Janeiro.[1] Passara pouco mais de um ano fora de casa e voltava sem saber nem sequer o endereço da família. Constatara que Saninha não o esperava na escala do navio em Salvador e deduzira que os familiares continuavam vivendo no Rio. Tinha ideia de que a mulher e os filhos já não moravam na casa em Laranjeiras, mas não fora informado sobre a mudança para a pensão Monat e, em seguida, para a rua Humaitá. Ignorava também que os dois filhos mais velhos estavam internados no colégio Anchieta, em Friburgo. Surpresas maiores estavam a caminho.

Como não sabia para onde ir, do navio mesmo telegrafou para o dono do Bazar América pedindo-lhe que transmitisse o seguinte recado a Saninha: "Estou [na] baía [a] bordo [do] *Tennyson*. Mande me buscar". Em vez da esposa, o jovem Dilermando — pessoa cuja existência, a qualquer título, ele até então desconhecia — foi quem se apresentou para recebê-lo e acompanhá-lo até sua casa: supostamente um amigo do filho e sobrinho das comadres da esposa. Euclides estranhou o fato de Dilermando também morar em sua casa. Com a volta de Euclides, em seguida, o cadete teve de buscar outra residência e a tia Lucinda voltou para São Paulo.

Quando chegaram à rua Humaitá, Saninha entregou ao marido uma carta na qual dizia ser indigna dele por tê-lo "traído espiritualmente". Justificava a falta pelo bem-estar sentido ao ficar livre dos maus-tratos do marido e reclamava do pouco carinho que ele lhe dedicava. Propunha que a separação do casal se tornasse permanente, inclusive devido à incompatibilidade de gênios dos dois. Sugeria que Euclides assumisse outra comissão fora do Rio de Janeiro ou que se oficializasse uma ruptura definitiva. Contara verdades, uma meia verdade e omitira um detalhe imperioso: estava grávida de três meses.

O casamento civil fora instituído no Brasil em 1890, por decreto do ainda governo provisório de Deodoro da Fonseca.[2] O divórcio estava contemplado, mas apenas no sentido do que hoje chamaríamos de separação judicial, mantendo-se o vínculo conjugal, mesmo com a separação de corpos e de bens. Um novo casamento permanecia legalmente impossível até a morte do antigo cônjuge. O ônus social era enorme e trazia danos à imagem pública dos dois esposos; porém o preconceito recaía muitíssimo mais sobre a mulher. Euclides não soube, ou não quis, reconhecer o óbvio. Perguntou a Saninha se profanara o corpo ou somente o espírito. Diante da pergunta direta, ela preferiu negar ter consumado a traição. Houve uma improvável reconciliação, mas a relação do casal não melhorou, inclusive devido à desconfiança não dissipada de Euclides e ao esforço de Saninha em ocultar a gravidez.

Aparentemente, Dilermando não foi apontado diretamente como o corresponsável da "traição espiritual" e continuou frequentando a casa em comportadas visitas nos fins de semana. Ademais, Saninha continuou a "vê-lo na rua e em passeios, [mas] cessando, desde a chegada de seu marido, as relações íntimas".[3] Euclides em geral tratava bem aquele que via como simplesmente um amigo do filho. Em determinada ocasião, porém, Dilermando se sentiu ofendido pelo dono da casa e escreveu a Euclides que não mais frequentaria a rua Humaitá. Mostrando seu desconhecimento, até ali, quanto à realidade do relacionamento entre o cadete e Ana, Euclides respondeu por carta, dizendo: "A minha casa continua aberta sempre aos que são dignos e bons. Não poderá fechar-se para você".[4] Contudo, Dilermando acabou proibido de ir à residência dos Cunha depois que o tio do cadete, Camilo Ratto, comentou que o jovem "não era digno de entrar em uma casa de família".[5]

Ademais, chegavam cartas anônimas que denunciavam Saninha. Ela negava o teor das denúncias e apontava a covardia de acusadores que não revelavam a própria identidade. A vida familiar ia mal. Além dos problemas conjugais, a relação de Euclides com o pai se tornara tensa com as notícias que chegavam a Descalvado, de suspeitas contra Saninha — que Manuel da Cunha não deixou de associar à falta de cuidado do filho com a família. Em carta de meados de fevereiro ao pai, transparece que, àquela altura, Euclides ainda acreditava na tese da mera "traição espiritual". Não parecia importar-se com ela: "Eu não caí — graças a Deus — no repugnante ridículo de uns ciúmes de todo em todo injustificáveis; e nem estaria aqui, a escrever-lhe esta se duvidasse um só momento da honestidade da que completa a vida".[6]

Havia, ainda, um segundo fator que tensionava as relações entre pai e filho: as finanças da fazenda Trindade iam mal, e Manuel da Cunha sabia que Euclides acumulara respeitável soma de dinheiro nos treze meses passados na Amazônia. Contava salvar o patrimônio com a ajuda do filho.

A relação com a esposa e os familiares piorava, e Euclides cada vez mais preferia a companhia dos amigos. Para sua felicidade, havia algum tempo Coelho Neto se mudara de Campinas para o Rio de Janeiro. A amizade dos dois se consolidou e, em alguma medida, Coelho Neto — que continuava sendo um dos escritores mais lidos do Brasil — se tornaria um companheiro comparável a Francisco Escobar, este último agora radicado em Minas Gerais. Coelho Neto fez uma descrição breve da casa do amigo na rua Humaitá:

> Um jardinete à frente, sem trato, com umas plantas hirsutas asselvajando-o. Um lance de seis degraus de pedra levava à sala onde o escritor trabalhava e recebia. Móveis — uma

mesa pequena, de vinhático, uma estante de ferro atochada de livros, quatro cadeiras austríacas, e só. Simplicidade ascética.[7]

Euclides deixara o Rio de Janeiro doze anos antes, no início de 1894, só voltando a viver na cidade por alguns meses em fins de 1904. É verdade que então assistira à inauguração da avenida Central e à Revolta da Vacina... Mas a cidade a que retornava pouco mais de um ano depois parecia profundamente remodelada. Em 1906, a capital do país já vivia sua belle époque. O "bota-abaixo" de Pereira Passos continuava em curso e a cidade ainda em obras, mas os efeitos das mudanças já eram uma realidade e se traduziam em uma paisagem urbana muito diferente da que Euclides conhecera em sua primeira residência na capital, entre 1879 e 1894.

Entre julho e agosto de 1906, o Rio de Janeiro sediaria a III Conferência Pan-Americana, o primeiro grande encontro internacional a acontecer no Brasil. Reuniria delegados de dezoito países e, pela primeira vez, o secretário de Estado estadunidense participaria de um encontro em um país estrangeiro. Como palco para o evento, foi erguido às pressas um novo edifício, que seria batizado como Palácio Monroe durante a conferência. Fazer do encontro um sucesso passara a ser uma das prioridades do governo e, com mais razão, do barão do Rio Branco. O evento seria a senha para que o Brasil superasse a imagem internacional de instabilidade e violência dos primeiros anos da República, afirmando-se como um país moderno e progressista.

Euclides se apresentou no Itamaraty e começou a trabalhar no relatório da missão, tratando de finalizar uma versão cuidadosa e bem elaborada, com seus anexos e mapas. Ao mesmo tempo, preparou um relatório secreto para o ministro, no qual se queixava das atitudes de Buenaño, entre outros comentários e recomendações. Rio Branco decidiu que a parte pública do relatório seria publicada na forma de livro, e encarregou Euclides de acompanhar a edição do volume. Enquanto todas essas providências não fossem concluídas, em termos legais a comissão permanecia ativa e, portanto, Euclides seguia empregado como primeiro comissário brasileiro, ainda que os contratos dos demais membros tivessem sido encerrados.

Rio Branco prorrogava os trabalhos da comissão com gosto, mas Euclides se recusou a continuar recebendo a gratificação que lhe era devida quando estava em trabalho de campo, por já não ser o caso. A tendência do Barão era fazer vista grossa ao detalhe, mas por fim cedeu à insistência de quem, afinal, preferia deixar de ser beneficiado pela omissão e, a partir de maio, o salário do comissário foi cortado pela metade, de quatro para dois contos de réis.

Com a Escola Militar da Praia Vermelha fechada em caráter definitivo, os anos iniciais dos cursos de instrução do Exército, instalados provisoriamente no Realengo, foram transferidos para Porto Alegre; em março o cadete Dilermando se mudou para o Rio Grande do Sul. Para manter o amante no Rio, Ana ainda tentou, por meio de um amigo do pai, conseguir que ele fosse transferido para a Escola Naval, mas o pedido não prosperou.

Dilermando se despediu com uma carta formal à família Cunha; missiva lida em voz alta por Euclides a Saninha, na presença de uma convidada. Ao terminar a leitura, Euclides comentou: "Vejam a cara dessa mulher! E me digam se não é a de quem se está desprendendo do ente que mais ama!". Não há dúvida de que por essa época ele já desconfiava que o aspirante do Exército, pelo menos, era o coautor da "traição espiritual" da esposa, sem excluir a hipótese que tivessem chegado a ser amantes de fato. Para se corresponder com Dilermando, Ana contratou uma caixa postal usando o nome de Olinda Ribeiro. A paixão dos dois passou a transitar em cartas de amor entre o Rio e Porto Alegre.

Ainda assim, não fora o detalhe da gravidez de Saninha, que ia progredindo e tornando-se cada vez mais difícil de ocultar, o afastamento de Dilermando parecia uma solução para pacificar a situação conjugal. Mais adiante, Ana procurou o médico da família para fazer um aborto, que lhe foi negado, inclusive porque a gestação já estava nos meses finais quando ela se decidiu pela solução drástica. Sem auxílio médico, ela tentou provocar a perda da criança com exercícios extenuantes, chás e remédios abortivos. Na conjuntura, para que o marido continuasse na ignorância, o ideal seria que Euclides se distanciasse, fosse para que a gravidez chegasse a termo de forma discreta — e então se buscaria um destino para a criança —, fosse para que, afinal, a tentativa de provocar um aborto funcionasse.

Por razões distintas, a ideia de uma nova comissão no interior agradava também a Euclides, que chegou a pensar em duas opções para, como dizia aos amigos, calçar "de novo as minhas botas de sete léguas". Oliveira Lima, na legação em Caracas, queria mostrar serviço e tentava promover a demarcação da fronteira Brasil-Venezuela, definida por um tratado de 1859, mas ainda não sinalizada in loco. Faltava estabelecer uma comissão bilateral para visitar a área, definir as coordenadas geográficas e instalar marcos em pontos estratégicos para que os limites ficassem claramente caracterizados. Incentivado por Oliveira Lima, Euclides se animou com a tarefa. Outra opção seria participar de alguma forma da construção da ferrovia Madeira-Mamoré, prevista no Tratado de Petrópolis, assinado em 1903 com a Bolívia.

Naquele agitado mês de março de 1906 em que Ana e Dilermando se separaram, fora eleito o sucessor do presidente Rodrigues Alves. Somente a partir de 15 de novembro, porém, o Brasil seria presidido por Afonso Augusto Moreira Pena. O presidente eleito ainda não definira seu ministério, e a disputa pelo Itamaraty parecia passar pela recondução de Rio Branco ou pela vinda do embaixador em Washington, Joaquim Nabuco, para chefiar as relações exteriores. Como opções fora da diplomacia, cogitavam-se o ex-deputado Gastão da Cunha, um aliado do Barão, ou o deputado David Campista, que acabou por chefiar a pasta da Fazenda.

Ainda que sem influência nenhuma na escolha, Euclides tinha uma preferência clara pela manutenção de Rio Branco, a quem admirava com fervor e que o mantinha empregado, ainda que precariamente. Em carta a Francisco Escobar, comentou:

> Felizmente continuo a olhar para o ministro a quem tenho servido — o único grande homem vivo desta terra — com a mesma admiração e simpatia. E até com assombro: é lúcido, é gentil, é trabalhador, e traça na universal chateza destes dias uma linha superior e firme de estadista. Ninguém poderia substituí-lo. Conheço pela metade as questões que nos ocupam no extremo norte, mas esta meia-noção basta-me a garantir-te que a substituição do Rio Branco por quem quer que seja será uma calamidade. Há um baralhamento tal nas pretensões dos nossos vizinhos; incidem nelas tantos vícios históricos e tantas dúvidas geográficas; acumulam-se tantas perfídias nos acordos, convenções e tratados que vêm de Sto. Ildefonso até hoje — que o destrinçar tais meadas requer conhecimentos de longo curso, dificilmente adquiridos. Não sei quem possa tê-los da noite para o dia; nem como um simples decreto de nomeação possa aparelhar quem quer que seja com semelhante requisito. Sei que os litígios em andamento são gravíssimos e capazes das maiores e mais dolorosas surpresas para nós.
>
> Imagina um caso único: um quinto da Amazônia opulentíssima que de uma hora para outra, por um desgarrão qualquer de estadista canhestro, ou capricho de um árbitro — vá passando para as mãos dos peruanos![8]

A indefinição da situação profissional, o compromisso de entregar a versão final do relatório sobre o Alto Purus e as complicações da vida pessoal iam adiando o início da redação daquele que, para Euclides, seria o seu "segundo livro vingador". Naquela mesma carta para Escobar em que falava da admiração pelo Barão, ele antecipava que: "Se o fizer [o livro], como o imagino, hei de ser (perdoa-me a incorrigível vaidade) hei de ser para a posteridade um ser enigmático, verdadeiramente incompreensível entre estes homens".

O emprego na Comissão de Reconhecimento do Rio Purus ia se estendendo. Mesmo depois de entregues todos os relatórios, em março Rio Branco encarregou Euclides da organização da Mapoteca e da confecção de alguns mapas, tarefas que nenhuma relação tinham com a expedição à Amazônia. O Barão esticava a burocracia do encerramento da comissão para reter o funcionário e aproveitá-lo em outros trabalhos. Assim, dilatando os prazos e aproveitando o resto dos recursos que o Tesouro destinara à exploração do Alto Purus, os salários do primeiro comissário foram sendo pagos até o fim de 1906.[9]

Melhor, porém, seria antecipar-se ao fim inevitável e garantir um novo emprego — até porque em novembro Rio Branco poderia deixar a chefia do Itamaraty. No início de julho, Euclides anunciava a Firmo Dutra que estava por ser nomeado chefe da fiscalização da construção da ferrovia Madeira-Mamoré; o único obstáculo seria a oposição do pai. Consciente ou inconscientemente, concorria para a proposta que Saninha lhe fizera na chegada, de que se afastasse em nova missão. Manuel da Cunha, por sua vez, parecia adivinhar que uma nova separação significaria a ruptura definitiva do casamento do filho.

No dia 11 de julho — aparentemente para surpresa de Euclides — nasceu Mauro, filho de Dilermando que ele acabou registrando como seu. Ao sentir as dores do parto, Ana quis esperar a saída de Euclides para o Itamaraty "a fim de que, nascida a criança, tivesse um meio de ocultá-la, fazendo-a desaparecer",[10] mas o marido acabou por assistir à chegada do bebê. Se houvera realmente dúvida, com o nascimento de Mauro seria necessária uma dose extraordinária de autoengano[11] para desconhecer o fato de que fora traído não apenas espiritualmente por Saninha; as diferenças entre um prematuro de no máximo seis meses e uma criança nascida a termo são por demais evidentes, situação agravada pela desconfiança preexistente e pelo fato de Ana ter escondido a gravidez tanto quanto pôde, talvez até o nascimento da criança. Em todo caso, o anúncio da gravidez, se houve, foi rapidamente seguido do parto.

A criança — que Euclides qualificou como "um monstro, filho daquele monstro que traiu-me" — morreu sete dias depois do nascimento, de "debilidade congênita", segundo o atestado de óbito, e foi sepultada no cemitério São João Batista da forma mais discreta possível.[12] Alegando problemas familiares, Euclides passou vários dias sem ir ao Itamaraty. Ao enviar por um portador as correções feitas em um mapa por encomenda do Barão, incluiu um bilhete ao chefe de gabinete do ministro, Domício da Gama, explicando que ainda não podia se ausentar de casa, e acrescentou ao fim da mensagem: "... Não poder sair... imagina que tortura para quem possui umas 'botas de sete léguas' como as minhas!".[13]

Saninha jurou a Euclides que o filho era dele e, contraditoriamente, pediu-lhe que esquecesse o passado, pois "seria daquele momento em diante uma mulher como se fosse outra com quem ele se casasse naquele dia". Em consequência, parou de se corresponder com Dilermando. A trégua durou pouco. Euclides continuou a destratá-la, e Ana não demorou a escrever ao amante pedindo-lhe que voltasse ao Rio com a incumbência de engendrar outro filho com ela.

O desejo de Euclides de abandonar do Rio de Janeiro transformou-se em urgência, por isso ele buscou confirmar a data da cerimônia solene de posse na Academia Brasileira de Letras ainda para o mês de julho. Usou a desculpa de ter Saninha sofrido um parto prematuro como álibi para as próprias ausências de vários compromissos e para os cuidados médicos que a esposa recebeu por um par de semanas. Trabalhava em casa para atender às encomendas de Rio Branco. Como escreveu a um amigo, "durante quinze dias vivi entre as cartas geográficas, as receitas médicas, e os infinitos cuidados requeridos pela dedicada sócia dos meus dias".[14] As aparências tinham de ser mantidas.

Mas não deixou de se encontrar com o ministro de Indústria, Viação e Obras Públicas — o mesmo Lauro Müller que em 1904 o recebera bem, mas não lhe dera emprego —, para confirmar que pleiteava o posto de fiscal da construção da ferrovia Madeira-Mamoré, encargo que duraria cinco anos e depois do qual "não precisaria fazer mais nada para conseguir uma grande vida". Além do mais, a nova estada na Amazônia serviria para completar as pesquisas para o novo livro.

Escreveu ao pai para convencê-lo do acerto dessa decisão. A única mudança no plano inicial era que, segundo ele, agora "Saninha obstinadamente declara que não ficará mais só".[15] Assim, ela e o caçula iriam morar em Belém do Pará e os dois filhos mais velhos continuariam em São Paulo, no colégio interno, sob os cuidados do avô. É de duvidar que a ideia de deixar o Rio de Janeiro para também viver na Amazônia tivesse partido de Ana.

Euclides contava com a aprovação paterna para os planos. Não a obteve. Ao contrário, Manuel Pimenta da Cunha recorreu a argumentos muito fortes para demover o filho: "Com certeza, se fores, nunca mais nos veremos, eu porque me extinguirei aqui, sozinho e abandonado, e tu, porque não resistirás ao mal que te invadiu. Será pois um verdadeiro desastre".[16] Além disso — muito provavelmente —, Lauro Müller uma vez mais falhou na promessa de emprego. O fato é que em fins de setembro Euclides escrevia a Firmo Dutra, a quem queria empregar na prometida nova expedição à Amazônia, para dizer que recusara a fiscalização da Madeira-Mamoré, mas que contava chefiar a comissão brasileira que demarcaria a fronteira entre o Brasil e a Venezuela, encargo que "só não terei se o Barão não continuar no governo".[17] Em compensação, na mesma carta a Dutra, comunicou que começara a escrever a nova obra, *Um paraíso perdido*, e anunciava que estava por sair em Portugal um livro que reuniria vários artigos seus já publicados. O título seria *Contrastes e confrontos*. A coletânea foi publicada no início de 1907. Euclides se refugiava na literatura.

Antes que o novo livro viesse a público, Afonso Pena assumiu a presidência, em 15 de novembro de 1906, e confirmou Rio Branco na chefia do Itamaraty. Euclides continuaria prestando serviços para o Barão, mas com um salário outra vez reduzido. A partir de outubro, passou a receber 840 mil-réis, menos de metade do que ganhava anteriormente. Começava a gastar o pecúlio acumulado na viagem ao Purus, o que aumentava o desejo de obter nova comissão. Contava agora com que o governo lhe confiasse a chefia da Superintendência dos Estudos e Obras contra os Efeitos das Secas.[18] Já escrevera artigos de jornal sobre o combate às secas — reproduzidos no livro *Contrastes e confrontos* — que demonstravam seu entusiasmo pela tarefa e o credenciavam para o cargo. Essa ilusão também se desfaria, e ele continuaria no Itamaraty, bem como seguiria sem solucionar a complicada situação conjugal.

Chegou também a retomar o sonho de uma carreira política. Em um evento público, Júlio de Mesquita se dissera arrependido de não tê-lo feito deputado estadual em 1900. Em carta ao pai, Euclides deixou clara sua fantasia: "É talvez a minha candidatura... no futuro".[19] Na verdade, os remorsos de Júlio de Mesquita deviam girar muito mais em torno da quebra da promessa de publicar *Os sertões*, mas a esse respeito o jornalista nunca se pronunciou publicamente. A relação de Euclides com *O Estado de S. Paulo* teve altos e baixos, conforme estivesse ou não sintonizado com a linha do jornal nos diferentes momentos, mas depois da rejeição do manuscrito, esfriara. Em compensação, graças à consagração como escritor, passara a ter um crescente espaço em outros meios, em especial nas páginas do *Jornal do Commercio*; no caso, também por conta da influência de Rio Branco.

O Barão promovia mudanças no Itamaraty. Em janeiro de 1907, o visconde de Cabo Frio morreu, sendo substituído pelo comendador Frederico Afonso de Carvalho, um diretor-geral com poderes muito menores que os do antecessor. Rio Branco enviou Domício da Gama para a capital peruana com a missão de chefiar a legação brasileira no país vizinho, com o qual continuava em curso o difícil contencioso de limites. Antes, em maio de 1905, o chanceler já conseguira aprovar uma reforma elevando de 27 para 38 o número de cargos na sede do Ministério no Rio (número que incluía todos os funcionários da época, do diretor-geral aos contínuos). Havia, então, três carreiras: uma da Secretaria de Estado (cujos funcionários só serviam no Brasil), a carreira consular e a carreira diplomática propriamente dita. Nos três casos era necessário aprovação do Congresso para criar novas vagas, e — ao contrário do que em geral se supõe — Rio Branco nem de longe tinha as mãos completamente livres para contratar novos funcionários.

Em 18 de dezembro, Euclides foi recebido em sessão solene na Academia Brasileira de Letras. Em morno discurso de posse, dissertou com pouco entusiasmo sobre o patrono da Cadeira nº 7, Castro Alves, "uma grandeza que à primeira vista não admiro, porque não a compreendo". Em compensação, Sílvio Romero, que recebia o novo acadêmico, fez uma alocução polêmica. Além de elogiar Euclides, atacou as políticas do presidente Afonso Pena, presente na cerimônia.

Também no final de 1906, Manuel da Cunha visitou o filho no Rio. O reencontro não foi dos mais felizes. O pai ficou menos tempo do que o previsto e, de volta à fazenda Trindade, escreveu uma dura carta a Euclides. Fica implícito que haviam se frustrado as expectativas de Manuel, de contar com a ajuda financeira do filho para salvar a fazenda, atolada em dívidas: "Retirei-me bem aborrecido e até hoje não conheço nada dos teus recursos". A conversa sobre questões de dinheiro entre pai e filho não chegou a acontecer: "Sei apenas que tens quantia não pequena em um banco de Manaus, e, entretanto, se eu tivesse conhecimento pleno da tua vida — ser-me-ia fácil e até agradável dar direção vantajosa a esses recursos, pois, para isso, sobra-me experiência".

A repreensão paterna foi em frente e se estendeu ao clima, certamente difícil, entre Euclides e Ana. Fica claro, ainda, que o primogênito Sólon pagava algum preço — certamente sem nem saber o porquê — pela amizade que mantinha com Dilermando:

> Nada me disseste, eu compreendi somente que havia falta de confiança, mas como esta não se impõe a ninguém, retirei-me daí apressadamente e contrariado, não só por isso, como também pela forma estranha como tratas tua mulher e filhos, sobretudo a Sólon, a quem mais estimo. Pensei que o trato que tens tido com homens inteligentes nesta terra, as viagens que tens feito e sobretudo meus conselhos tivessem modificado a tua maneira de viver, mas encontrei os mesmos destemperos, a mesma desordem de outrora.

O desabafo de Manuel da Cunha terminou em um clima de quase rompimento:

> Retirei-me triste e abatido porque reconheci a perda de um esteio valioso para a minha velhice, caso a sorte ou a fatalidade me obrigue a procurar novo rumo, ao meu destino. Resignei-me a não contar contigo num caso de desastre, apesar das tuas promessas ferventes que fizeram nascer-me uma esperança fagueira.[20]

A partir de maio, a relação de Euclides com o pai ganhou outra complicação. Além de continuarem os problemas com a fazenda, Manuel da Cunha sofreu uma "congestão cerebral" e daí em diante seu estado de saúde se tornou preocupante. Euclides passou a manter uma constante correspondência com o cunhado Otaviano, pois o pai não mais lhe escreveu diretamente. Otaviano cobrava de Euclides que fosse a Descalvado para se assenhorar dos negócios do pai, ou que levasse Manuel para morar no Rio de Janeiro.

Para piorar as coisas para Euclides, naquele início de 1907 a capital do país recebeu outro visitante: Dilermando de Assis voltava à cidade por algumas semanas, de férias. Segundo ele próprio, na ocasião chegou a encontrar-se por acaso com Euclides em um bonde, e o escritor o teria tratado com cordialidade, inclusive — para surpresa do cadete — convidando-o a visitar a casa da rua Humaitá. Mais pragmática, contudo, foi Saninha, que facilitou a Dilermando uma cópia da chave da residência para que este a visitasse nas noites em que Euclides estivesse em Petrópolis a chamado de Rio Branco. Terminadas as férias, o cadete voltou para Porto Alegre, e a esposa de Euclides estava outra vez grávida.

Euclides, porém, enfrentava problemas mais imediatos. Estender a Comissão do Alto Purus para o ano que se iniciara era impossível em termos legais e, assim, ele estaria outra vez desempregado. Mas Rio Branco queria manter Euclides de alguma maneira vinculado ao Itamaraty e o convidou a permanecer no Ministério contratado como cartógrafo. O pormenor, nada desprezível, ficava por conta de que tal função não existia na estrutura do Itamaraty[21] e a criação de um novo cargo exigia endosso do Congresso. A reestruturação nas carreiras do Itamaraty obtida em 1905 fora apenas uma vitória parcial do Barão. Conseguira de fato aumentar o número de funcionários da Secretaria de Estado, mas a proposta não fora acolhida na íntegra e o reforço do pessoal ficou aquém do que tinha pedido. Enfrentar outra batalha no Parlamento seria irrealista, e a principal característica de Juca Paranhos talvez tenha sido um inabalável pragmatismo.

A solução encontrada por Rio Branco foi contratar Euclides mediante um acerto de cavalheiros, sem nenhuma base legal, e pagar seu salário pela verba reservada — recursos que o ministro manejava sem prestar contas a ninguém. Ficava também a promessa de que em uma futura reestruturação do Itamaraty ele seria contemplado com uma contratação definitiva.[22] A verba reservada destinava-se em grande medida a azeitar a relação de Rio Branco com a imprensa e a outros gastos relativos a relações públicas.

A contratação de Euclides, pelo menos em um caso, também serviria primordialmente ao interesse de criar na opinião pública um efeito desejado pelo Barão. A negociação dos limites com o Peru estava em ponto morto. Permanecia pendente do resultado da arbitragem encomendada ao presidente da Argentina sobre a disputa de fronteira entre Bolívia e Peru. Como aquele litígio envolvia todo o território do Acre, adquirido da Bolívia pelo Brasil por meio do Tratado de Petrópolis (1903), a decisão do árbitro era de todo interesse para o Brasil — e para Rio Branco em particular. Se o presidente da Argentina decidisse que o território pertencia integralmente à Bolívia, tudo estaria resolvido: o Acre seria brasileiro, pois fora adquirido pelo tratado de 1903. Em compensação, caso o laudo favorecesse inteiramente o Peru, Rio Branco teria pagado 2 milhões de libras e cedido partes do território brasileiro à Bolívia a troco de nada. Teria de negociar tudo de novo com o Peru, a partir do zero. Seria um desastre político para o Barão.

Era de crucial importância, portanto, vender para a opinião pública brasileira a certeza de que o direito e a justiça estavam do lado da Bolívia. Não que isso pudesse influenciar minimamente a decisão do árbitro argentino, mas Rio Branco tinha grande interesse — em termos de política interna — em que uma eventual decisão em favor do Peru fosse vista como absurda pelos brasileiros, pois isso matizaria o possível fiasco de ele ter feito concessões pecuniárias e territoriais inúteis à Bolívia.

Em vista de sua posição como chanceler, seria obviamente inadequado que o Barão advogasse pelo direito boliviano na disputa entre dois países estrangeiros, além de pouco convincente, por seu interesse pessoal na questão. Euclides, em compensação, aparecia como a pessoa indicada para defender a Bolívia perante a opinião pública brasileira: um escritor consagrado, autor de um "livro vingador", dono de grandes conhecimentos históricos e científicos e que, muito recentemente, andara explorando pessoalmente a região. O fato de ele não conhecer os antecedentes, o arcabouço jurídico e as peculiaridades das questões de limites, e muitíssimo menos das disputas entre ex-colônias espanholas, poderia ser superado com a discreta ajuda e orientação de... Rio Branco.

Já no início de junho, Euclides comentou com o cunhado "reservadamente" que "o ministro encarregou-me de um trabalho urgente — sobre limites — que não posso abandonar, agora, sem causar grande transtorno. Todos os livros sobre limites do Peru e mapas correspondentes estão aqui em casa — e atravesso os dias a decifrá-los". Nascia o livro *Peru versus Bolívia*, que nada surpreendentemente é que uma exposição apaixonada em defesa dos direitos bolivianos na disputa de limites ainda irresolvida, àquela altura, entre os dois países.

Amory fez dois comentários sobre a obra: que o texto deixa transparecer certa "aversão" pelos peruanos e que o estilo da escrita é peculiar, "tão diferente de outros textos de Euclides".[23] O acadêmico estadunidense atribuiu a má vontade de Euclides em relação ao Peru à sua experiência com Buenaño, que certamente não deixara as melhores lembranças. Uma explicação muito mais sólida, contudo, está ligada ao objetivo político do livro: mostrar que uma eventual decisão em favor do Peru seria inesperada e absurda e, no caso de ela ocorrer, diminuir o desgaste que Rio Branco sofreria.

Quanto ao estilo "peculiar", Amory entende que Euclides "sofreu, obviamente, uma aproximação do que ele concebia ser o português chanceleresco, com construções de frase francamente longas e períodos desequilibrados". Na verdade, o texto terá sido discutido, revisto e editado pelo chanceler, e o estilo peculiar se explica por essa interação. O que não quer dizer que Rio Branco tivesse sido propriamente o ghost-writer do livro; Euclides decerto não o permitiria, mas parece inescapável que o Barão tenha servido como fonte de referência primordial, consultor técnico e editor.

Euclides refutou toda influência de Rio Branco no projeto, assim como negou ter orientado suas conclusões por algum interesse político. Essas assertivas, quase risíveis em vista das circunstâncias, constam do próprio texto do livro. Terminou o libelo do seguinte modo:

> Daí a absolvição desta vaidade: não nos dominaram sugestões. Num grande ciúme de uma responsabilidade exclusiva, não a repartimos. O que aí está — imaculada e íntegra — é a autonomia plena do escritor.
>
> [...]
>
> Não combatemos as pretensões peruanas. Denunciamos um erro.
>
> Não defendemos os direitos da Bolívia.
>
> Defendemos o Direito.

Peru versus Bolívia saiu inicialmente em oito partes, no *Jornal do Commercio*, órgão que servia de porta-voz informal de Rio Branco. Os artigos, que saíram entre 9 de julho e 13 de agosto, foram reunidos em um pequeno livro, publicado em setembro pelo próprio jornal — possivelmente financiado pela verba reservada do Itamaraty — e em seguida por uma editora privada.

No ano seguinte, com a disputa ainda pendente, o advogado boliviano na arbitragem, Eliodoro Villazón, traduziu e publicou o texto em espanhol. O hoje quase desconhecido *Peru versus Bolívia* tem a peculiaridade de ser a primeira obra de Euclides traduzida para uma língua estrangeira.

A despeito das óbvias motivações políticas, em carta a Domício da Gama, àquela altura ministro brasileiro em Lima, Euclides não menciona ter escrito o livro a pedido do Barão e oferece ao amigo uma explicação singular para a motivação que gerara a obra: "É uma das minhas quixotadas. Constituiu-me, por satisfazer à índole romântica, um cavaleiro andante da Bolívia, contra o Peru. Por quê? Talvez porque a Bolívia... é mulher".[24]

A relação de Euclides com Rio Branco ia bem; pouco a pouco, o chanceler o incorporava a seu círculo de colaboradores mais próximos, chegando mesmo a incluí-lo em encontros mais informais na residência de Petrópolis. O escritor não chegava a ser um esgrimista de brilho na arte da conversação, mas tinha momentos de entusiasmo. Conta Coelho Neto que "Euclides falava como escrevia: aos arranques, alternando suavidades, remansados de voz, quase cochichos, com erupções de eloquência acompanhadas de gestos desabridos".[25]

Apesar de o Barão comandar uma espécie de corte relativamente ampla, o grupo de pessoas realmente de sua confiança era estreito. Domício deixara o Brasil, e o gabinete de Rio Branco passou a ser comandado por Pecegueiro do Amaral. Ademais, em 1905, Gastão da Cunha deixara sua cadeira na Câmara dos Deputados e passara a atuar como juiz brasileiro no tribunal arbitral brasileiro-boliviano, em contato permanente com o Itamaraty. Outra aquisição importante do grupo de discípulos do Barão foi Araújo Jorge, que trabalhou na preparação da III Conferência Pan-Americana e foi integrado ao Itamaraty. Também Rodrigo Otávio participara do encontro de 1906 e se manteve próximo de Rio Branco: sem trabalhar diretamente no

Itamaraty, prestava serviços como advogado e eventualmente participava de delegações a conferências internacionais. Gastão da Cunha, Araújo Jorge e Rodrigo Otávio, em especial o primeiro, também estiveram entre os companheiros mais próximos de Euclides nos anos em que ele trabalhou no Itamaraty.

Apesar de tudo, a capacidade de assimilação dos pequenos jogos de poder por parte de Euclides se manteve bastante reduzida. Em certa ocasião, Rio Branco mostrou ao escritor uma caricatura sua publicada na revista argentina *Caras y Caretas* e acrescentou, irritado: "Veja como esses argentinos me estão pintando!". Euclides, para surpresa do Barão, respondeu: "Não deixa de estar parecido". Amador na arte da bajulação, perdera a senha para o ato de indignação solidária ao chefe. Mas não faltavam profissionais do ofício no Itamaraty. Rio Branco resmungou: "Ora! Seu Euclides...". E passou a revista a Graça Aranha — este, um adulador que raiava o caricato,[26] jamais perderia uma oportunidade como aquela. Exasperou-se com o desenho que ridicularizava o chanceler e, com toda a afetação, acrescentou: "Que horror, que porcaria! Não tem a menor parecença".

Euclides extraiu uma conclusão acertada do episódio: "Posso eu porventura competir com gente dessa!".[27] De fato, não havia nenhuma maneira.

Mas a verdade é que Rio Branco apreciava o cartógrafo-escritor, a quem buscava prestigiar. Por exemplo, quando Rui Barbosa voltou ao Brasil, depois de participar da Conferência da Haia, em fins de outubro de 1907, o chanceler encarregou Euclides de fazer o discurso de recepção do jurista, que vinha consagrado por sua atuação em defesa da igualdade das nações no encontro internacional. As palavras de Euclides e a réplica de Rui ganharam as manchetes do dia, com ampla cobertura de imprensa.

Euclides, contudo, não se adaptava aos maneirismos do Itamaraty. Recusava-se a comparecer aos jantares com a desculpa de não possuir casaca, traje então obrigatório nas recepções noturnas no Palácio. Em certa ocasião, Gastão da Cunha lhe arranjou uma, do manequim adequado, e foi pessoalmente à rua Humaitá para ajudá-lo a se ajeitar na vestimenta. Euclides dispensou o auxílio — "Não. Eu não me visto diante de ninguém". Quando saiu do quarto, já envergando a casaca, parecia desconfortável. Gastão da Cunha ainda tentou animá-lo: "Estás admirável! Nem deves usar outra coisa". O elogio, provavelmente mais com base na amizade do que na verdade, não convenceu: "Qual! Não vai! Não nasci para isto. Fico um gafanhoto com esta história".[28] Os banquetes do Itamaraty seguiriam sem a presença do famoso escritor. Euclides se sentia desajustado no Ministério das Relações Exteriores, como fora antes na engenharia e na vida militar.

A produção intelectual de Euclides se tornou inconstante. Publicava textos na imprensa (cada vez mais no *Jornal do Commercio*, onde Rio Branco tinha enorme prestígio), contribuía com alguma frequência para a *Revista do Instituto Histórico e Geográfico Brasileiro*, participava das articulações em torno das eleições para a Academia Brasileira de Letras. Contudo o projetado segundo livro vingador não se estruturava. Ainda assim, naqueles anos depois da viagem ao Purus, escreveu textos avulsos sobre a Amazônia que, com artigos sobre temas variados, comporiam um novo livro — *À margem da história*, obra que seria publicada apenas postumamente.

Escreveu também um prefácio para *Inferno verde*, de Alberto Rangel, ainda radicado em Paris. Além de apresentar o texto, Euclides recorreu à rede de amigos no meio literário para promover o trabalho do amigo com resenhas nos principais jornais; considerava Rangel o seu "primeiro discípulo" e se orgulhava de haver aberto uma "*picada*, levando a outros rumos o espírito nacional".[29]

Em fins de 1907, Euclides foi eleito sócio efetivo da Sociedade de Geografia do Rio de Janeiro, justo reconhecimento ao explorador do Alto Purus, em especial no trecho Cujar-Cavaljani-Pucani, o qual não fora cartografado cientificamente antes da expedição brasileiro-peruana.

Em outro plano, a vida pessoal voltou a se agitar com a chegada de novo membro da família. Em 16 de novembro de 1907 nasceu Luís Ribeiro da Cunha, o "Lulu", na verdade filho de Dilermando. Se desconfiava que tivesse havido uma retomada da relação de Ana com Dilermando, agora Euclides tinha certeza: Luís nascera com pele clara e cabelos louros. Talvez inconscientemente querendo trair o segredo, comentou com Coelho Neto, o amigo com quem naquele momento desfrutava de maior intimidade: "É louro. Os outros são morenos, caboclos como eu. Esmoeu como se rilhasse nervos e, em voz surda, rangente: — Pois a mim ele causa a impressão de um pé de milho num cafezal. E riu de novo, trágico".[30]

A partir daí a relação conjugal desandou de vez. O casal não voltaria a ter relações íntimas. Para azedar ainda mais a situação, Euclides passou a insultar a esposa rotineiramente com apelativos como "cangorça do sargentão",[31] e a chamar o recém-nascido de "porra do sargentão", mesmo na presença dos filhos e dos empregados.

Em uma longa carta datada do mesmo dia do nascimento de Luís, Euclides escreveu a Domício da Gama corrigindo a opinião de 1904 sobre um "conflito inevitável" com o Peru; agora entendia que os dois países "tão cheios de terras, tão vazios de homens" fariam um papel burlesco se optassem por uma guerra como forma de resolver as questões de fronteira. Em compensação, o antigo paladino do progresso e da modernização reclamava das transformações da vida carioca e chorava por tempos passados:

A vida entre nós, como já o disse noutra carta, mudou. Há um delírio de automóveis, de carros, de *corsos*, de banquetes, de recepções, de conferências, que me perturba — ou que me atrapalha, no meu *ursismo* incurável. Dá vontade da gente representar a ridícula comédia da virtude, de Catão, saindo por essas ruas de sapatos rotos, camisa em fiapos e cabelos despenteados. Que saudades da antiga simplicidade brasileira... (Mas isto é um desabafo reles, de sujeito que nunca resolveu o problema complicado de um laço de gravata!...). Adiante.[32]

A determinação de seguir adiante sem equacionar os problemas se estendia para a vida pessoal.

O pé de milho no cafezal não causou um rompimento, mas contribuiu para o contínuo agravamento da difícil rotina da vida familiar na rua Humaitá, "que alterna momentos de paz com alucinadas atitudes de homem traído".[33] Saninha e Dilermando continuavam se correspondendo em cartas cheias de afeto que transitavam entre o Rio de Janeiro e Porto Alegre. Sólon e Quidinho seguiam internados em Friburgo, mas com um rendimento escolar decepcionante e problemas com a disciplina do colégio Anchieta. Em Descalvado, Manuel da Cunha permanecia com a saúde abalada e dificuldades financeiras; a comunicação entre pai e filho era intermediada pelo cunhado de Euclides.

Em 2 de dezembro, convidado pelos estudantes do Centro Acadêmico XI de Agosto, da Faculdade de Direito de São Paulo, Euclides proferiu uma palestra sobre Castro Alves. Fez as pazes com o patrono de sua cadeira na Academia de Letras com um longo texto, *Castro Alves e seu tempo*, logo publicado pela Tipografia Nacional. Ao defender o poeta, Euclides afirmou que ele "não teve medida, consoante nos ensinaria qualquer crítico reportado e sabedor". Reivindicava o próprio estilo barroco; mas a estocada contra os críticos que exigiam maior simplicidade e clareza de estilo foi entendida por José Veríssimo como um ataque pessoal. Euclides ainda mandou a Veríssimo uma carta em que esclarecia que aqueles "que viram em tal expressão uma carapuça, ardilosamente talhada para o meu amigo, conhecem-me muito mal".³⁴ Foi inútil. O crítico literário que apresentara *Os sertões* aos brasileiros rompeu relações com Euclides e passou a ignorar a obra do escritor, a ponto de não a incluir em sua *História da literatura brasileira*, publicada em 1916.

Aquele fim de 1907 anunciou ainda um maior distanciamento físico de um par de amigos íntimos: Oliveira Lima obteve enfim o ambicionado posto na Europa e logo trocaria Caracas por Bruxelas, embora o intercâmbio de correspondência se mantivesse vivo. Gastão da Cunha, por sua vez, foi nomeado ministro plenipotenciário (embaixador) em Assunção. Ainda levaria vários meses para partir, mas sua saída reduzia o já estreito círculo de amizades de Euclides no Itamaraty e aumentava seu desconforto. Em novembro do ano seguinte, quando Gastão da Cunha finalmente partiu, queixou-se com Oliveira Lima: "Sinto-me cada vez mais solitário no meio de uns sujeitos, nos quais pouco mais distingo do que os acidentes geométricos e mecânicos de formas em movimento".³⁵

Alguns autores sugerem que Euclides teria sido cogitado para chefiar a legação em Assunção. A tese não se sustenta. Não haveria como competir pela indicação com Gastão da Cunha, que fora o principal aliado de Rio Branco para a aprovação do Tratado de Petrópolis na Câmara dos Deputados. Ademais, Rio Branco com certeza apreciava Euclides e provavelmente cumpriria — quando pudesse — a promessa de o incorporar ao quadro regular do Itamaraty no Rio, mas, pela timidez e pobreza de atributos físicos, o escritor não se enquadrava na visão do Barão sobre as qualidades necessárias para a carreira diplomática propriamente dita.³⁶ Acabaria incluído no quadro de funcionários da Secretaria de Estado, com exercício de funções exclusivamente no Rio de Janeiro. É muito provável, contudo, que Gastão da Cunha tivesse pensado em levar Euclides como secretário ou adido, para o que seria preciso que houvesse vaga, além de boa vontade por parte de Rio Branco para incorporar Euclides à carreira diplomática, ambas inexistentes.

Na política interna e nas relações internacionais começava um período agitado, com consequências diretas na vida de Euclides. O mandato do presidente Afonso Pena ia pela metade; as eleições para a escolha de seu sucessor ocorreriam em março de 1910. Com o intuito de limitar a influência da bancada paulista e do senador pelo Rio Grande do Sul Pinheiro Machado, o presidente montara um ministério e uma base parlamentar composta de políticos jovens, grupo esse logo apelidado de "Jardim de Infância". No gabinete ministerial, as exceções eram apenas Rio Branco e os ministros da Guerra, Hermes da Fonseca, e da Marinha, Alexandrino de Alencar. A Câmara dos Deputados era presidida por um aliado do presidente, o jovem deputado mineiro Carlos Peixoto. O Senado, em compensação, era liderado informalmente pelo veterano Pinheiro Machado, que se opunha ao "Jardim de Infância".

Era dado como certo que Afonso Pena buscaria influir na própria sucessão para impor a candidatura do governador de Minas Gerais, João Pinheiro, mas este faleceu em outubro de 1908 e precipitou as articulações para a chapa que iria concorrer em 1910. O presidente passou a privilegiar o nome de seu ministro da Fazenda, David Campista, representante do "Jardim de Infância", opção que dividiu a bancada de Minas Gerais e abriu espaço para a articulação por Pinheiro Machado de uma candidatura alternativa.

Na disputa que começava a dominar a política interna, Euclides era claramente simpático ao "Jardim de Infância"; tornara-se amigo pessoal do presidente da Câmara, Carlos Peixoto, e do ministro da Indústria, Viação e Obras Públicas, Miguel Calmon. Além destes, também desfrutava da amizade de João Luís Alves, que conhecera em Campanha. Deputado federal desde 1903, no correr de 1908, João Luís seria eleito senador pelo Espírito Santo.

No plano internacional, além da disputa com o Peru — congelada até que se conhecesse o resultado da arbitragem do litígio entre este e a Bolívia —, crescia perigosamente a rivalidade entre Brasil e Argentina. Havia o temor de uma guerra. Desde a posse do presidente José Figueroa Alcorta, em março de 1906, as relações brasileiro-argentinas vinham se deteriorando. O programa de reequipamento da Marinha brasileira proposto pelo ministro Alexandrino de Alencar assustava os setores mais antibrasileiros da Argentina, comandados pelo ministro das Relações Exteriores Estanislao Zeballos, que, para agravar o problema, mantinha uma espécie de competição pessoal com Rio Branco.[37]

Se Euclides já não considerava inescapável um conflito militar com o Peru, seu irremediável determinismo agora se voltava para as relações com a Argentina. Até as homenagens prestadas ao ex-presidente argentino Julio Roca (que, aliás, era favorável às boas relações com o Brasil), quando de sua escala no país de volta a Buenos Aires, foram objeto de crítica de Euclides em carta a Oliveira Lima, na qual afirmava que no futuro inevitavelmente estaríamos em luta com a Argentina, e atacava em especial uma solenidade no Clube Militar, "um tocante hino à paz". Preocupava-o "a ideia que fará o matreiro caudilho da nossa virilidade e do nosso desassombro, ante o alambicado lirismo dos nossos carregadores de espadas".[38]

Na vida pessoal, as coisas não melhoravam. Ilusões de um novo emprego surgiam e se desfaziam em seguida. A criação do cargo para ele no Itamaraty não se concretizava. Os problemas familiares não só pareciam insolúveis, como aumentavam. O novo livro vingador não deslanchava. O desconforto com a vida no Rio de Janeiro se acentuava. Em carta de abril de 1908 a Escobar, desabafou:

> Digo-te mais: a minha maior aspiração seria deixar de uma vez este meio deplorável, com as avenidas, os seus automóveis, os seus *smarts* e as suas fantasmagorias de civilização pesteada. Como é difícil estudar-se e pensar-se aqui!... Que

saudades do meu escritório de folhas de zinco e sarrafos, da margem do rio Pardo! Creio que se persistir nesta agitação estéril não produzirei mais nada de duradouro."[39]

A 27ª Legislatura federal se encerrava no início de 1909. Talvez para animar o amigo, Francisco Escobar — então prefeito da cidade de Jaguari (hoje Camanducaia), em Minas Gerais —, sabe-se lá com que grau de seriedade, acenou com a ideia de uma candidatura de Euclides à Câmara dos Deputados pelo estado. A questão propriamente eleitoral seria o de menos, pois graças ao voto de cabresto e a outros mecanismos, a bancada estadual acabava sendo composta apenas pelos representantes do Partido Republicano Mineiro. A dificuldade, nada pequena para alguém sem vínculos com a política mineira, ficava por conta da indicação como candidato do partido por algum distrito.

Euclides, porém, se entusiasmava com extrema facilidade. Depressa se imaginou destruindo "a esterilidade de um Congresso de resignados, tolhidos por toda espécie de compromissos". Já se via como o parlamentar que haveria de liderar as discussões sobre política internacional na Câmara: "Um franco-atirador contra os que arremeteram com a vigorosa política exterior do nosso único grande homem".[40] Como publicara o *Peru versus Bolívia*, entendia que teria um grande papel a desempenhar quando fosse anunciado o laudo do presidente argentino sobre a disputa. Caso a decisão não favorecesse inteiramente a Bolívia, seria uma voz autorizada para mostrar que aquele país (e o Brasil) fora prejudicado injustamente.

Como muitos outros projetos, a candidatura por Minas Gerais naufragou antes de deixar o porto. A realidade da inexistente ligação de Euclides com a complicada política do estado logo se impôs, e pouco mais de um mês depois ele voltava a escrever a Escobar para confirmar a desistência: "Ser deputado nesta terra é hoje uma profissão qualquer — para a qual decididamente não me preparei".[41]

Euclides não se conformava com a situação precária que se estendia indefinidamente. Em carta a Oliveira Lima,[42] adiantou que daria até o fim daquele ano de 1908 como prazo para que sua situação no Itamaraty se definisse:

> Não preciso dizer-lhe que continuo na angustiosa posição de comissário *in partibus*, à espera de uma reforma, ou de uma comissão. Num país em que toda a gente acomoda a sua vidinha num cantinho de secretaria, ou numa aposentadoria, eu estou, depois de haver trabalhado tanto, galhardamente, sem posição definida! Reivindico, assim, o belo título de último dos românticos, não já do Brasil apenas, mas do mundo todo, nestes tempos utilitários! Julgo, entretanto, que hei de arrepender-me muito, mais tarde, desta vaidade... Em todo caso, se no correr deste ano não se abrir de novo a trilha do deserto, terei de dar outro rumo à vida, para que os filhos, que vão crescendo, não paguem os juros de tanta imprevidência.

As relações com a Argentina estavam tomando um rumo perigoso. Aproximava-se o momento em que o Brasil receberia os encouraçados que encomendara a estaleiros ingleses — os *dreadnoughts*, os mais poderosos navios de guerra a singrar os mares naquele início do século XX. A Marinha brasileira comprara três dessas belonaves, mas com a entrega da primeira já superaria o poder de fogo da armada argentina. Antes que isso acontecesse, Zeballos, ministro das Relações Exteriores, propôs ao presidente Alcorta que fosse dado um ultimato ao Brasil: para que a superioridade naval argentina se mantivesse, o primeiro dos *dreadnoughts* comprados pelo Brasil seria revendido à Argentina. O Brasil ficaria com o segundo e cancelaria a encomenda do terceiro. Caso contrário, antes que o Brasil obtivesse a superioridade naval, seria lançado um ataque surpresa contra o Rio de Janeiro, e a capital do país seria ocupada por tropas argentinas.

O plano secreto, contudo, ganhou as páginas da imprensa portenha, e a ideia de uma guerra contra o Brasil, anunciada com muita antecedência graças ao vazamento, foi muito mal recebida pela opinião pública e pelas oligarquias argentinas, que não tinham interesse em ver as exportações e a prosperidade do país prejudicadas por uma aventura militar. Zeballos acabou sendo forçado a renunciar e, em 22 de junho, transmitiu o comando do Ministério das Relações Exteriores a Victorino de La Plaza.

A crise parecia contornada quando, em setembro, Zeballos declarou ter provas de que as representações diplomáticas brasileiras estavam instruídas a fazer uma campanha de difamação contra a Argentina. Rio Branco negou que a acusação fosse verdadeira. Em resposta, Zeballos deu a entender que teria uma prova documental, uma instrução de Rio Branco obtida pela interceptação de uma mensagem confidencial, o "Telegrama nº 9", enviado para a legação brasileira em Santiago, cujo código fora decifrado por especialista de sua confiança. Rio Branco desmentiu a farsa ao publicar o texto cifrado do tal telegrama na íntegra, acompanhado da chave correspondente, que gerava uma instrução que nada tinha a ver com aquela apresentada por Zeballos. Ou o argentino fora enganado pela pessoa que encarregara de decodificar o telegrama ou participara de má-fé de uma montagem.[43]

Zeballos não se deu por vencido e insistiu na polêmica pelos jornais. Passou a acusar Rio Branco, entre outras coisas, de tentar influenciar a arbitragem sobre a disputa de fronteira Bolívia-Peru (o que não deixava de ser verdade, mas nada tinha de ilícito), citando a publicação do livro *Peru versus Bolívia*. Euclides, aliás, também publicara no *Jornal do Commercio* dois artigos sobre a disputa entre Argentina e Uruguai em torno da ilha Martín García, próxima da costa uruguaia, mas de soberania argentina. Os textos compõem uma resenha simpática às teses do livro *Martín García y la jurisdicción del Plata*, de Agustín de Vedia, jornalista uruguaio radicado em Buenos Aires. Os comentários do brasileiro agradaram a Vedia, que os traduziu para o espanhol e os publicou na Argentina.

Em um dos ataques contra o chanceler brasileiro, Zeballos afirmava a respeito de Rio Branco: "Mandou imprimir um livro em favor das pretensões brasileiras. Este livro foi-me dado por um ministro brasileiro; escrevi propositadamente ao autor para me documentar e tenho em meu poder a resposta à minha carta".[44] Ficava implícito que o livro a que se referia o argentino era o *Peru versus Bolívia*, que àquela altura estava em processo de publicação em espanhol. Assim, o autor que se correspondia com Zeballos seria indiscutivelmente Euclides, que trabalhava no Itamaraty, e ficava no ar a dúvida sobre que segredos ele teria revelado.

Na verdade, o ministro brasileiro em Buenos Aires, Assis Brasil, oferecera a Zeballos um exemplar de *Os sertões*, e o então chanceler argentino escrevera diretamente a Euclides, com alguma malícia, pedindo um exemplar do *Peru versus Bolívia* — solicitação logo atendida. A insinuação de Zeballos dava a entender algum tipo de arranjo, mas nada de anormal ocorrera, nenhum segredo fora revelado. Para esclarecer a questão, Euclides publicou no *Jornal do Commercio* a correspondência trocada com o argentino, o que encerrou a questão; mas não sem que Euclides se amargurasse com a ideia de que pudessem supor que estava em conluio com o inimigo de Rio Branco. Zeballos, naquele momento, era alvo da ira de toda imprensa e da opinião pública brasileira. Dando rédeas soltas à paranoia, Euclides se imaginou sofrendo injustiça comparável à que o capitão Alfred Dreyfus fora submetido.

Os artigos escritos por Euclides sobre a ilha Martín García se coadunavam com outro projeto que vinha trabalhando em segredo com Rio Branco. O chanceler planejava retificar o Tratado de Limites com o Uruguai. Assinado em 1851, depois de uma intervenção militar brasileira no país vizinho, o tratado dispunha que as águas da lagoa Mirim e do rio Jaguarão pertencessem exclusivamente ao Brasil. A soberania uruguaia começava apenas na "costa seca", sem que os vizinhos pudessem sequer navegar nessas águas. A Argentina pretendia adotar o mesmo critério da "costa seca" em sua extensa fronteira fluvial com o Uruguai, levando sua soberania sobre as águas da bacia do Prata até as praias do vizinho. Assim, a navegação pela bacia do Prata, essencial para as comunicações com o oeste dos estados sulistas e com Mato Grosso, ficaria inteiramente sob controle de Buenos Aires. Para enfraquecer o argumento argentino, Rio Branco tencionava conceder unilateralmente o condomínio da lagoa e do rio ao Uruguai. Euclides já trabalhava nos mapas que estabeleciam as delimitações da futura fronteira Brasil-Uruguai.

Propagar o direito uruguaio à ilha Martín García e às águas da bacia do Prata atendia aos interesses da política brasileira e de Rio Branco. Euclides definiria a tese da "costa seca" aplicada ao Prata como "a doutrina singularíssima de Estanislao Zeballos, malgrado a sua invejável inteligência". Apoiar o Uruguai na disputa sobre a navegação pelo Prata tinha como contrapartida lógica abdicar da "costa seca" no caso da lagoa Mirim e do rio Jaguarão, preço que Rio Branco estava disposto a pagar; mas seria preciso convencer a opinião pública e o Congresso. Uma vez mais, Euclides aparecia como o advogado adequado para vender as ideias do Barão.[45]

No dia 29 daquele mês de setembro, em que Zeballos dera início à crise do Telegrama nº 9, falecera Machado de Assis. Euclides estava entre os que assistiram à agonia do grande romancista, em sua casa no Cosme Velho. No dia seguinte, publicou no *Jornal do Commercio* uma crônica que se tornou célebre, "A última visita", que conta a homenagem a Machado feita por um jovem que não identifica,[46] no leito de morte do escritor. Com o passamento de Machado, Euclides ocupou interinamente a presidência da Academia de Letras, até a eleição de Rui Barbosa. Este, escolhido pela unanimidade dos dezesseis imortais presentes na sessão, refugou assumir o cargo por considerar que o sufrágio não fora expressivo, já que recebera apenas dezesseis votos do universo de 39 eleitores. Com a intervenção de Rio Branco, Rui acabou por aceitar o cargo.

O segundo livro vingador de Euclides não avançava, mas ele não se cansava de emendar as sucessivas edições de *Os sertões*. Na entrevista concedida ao jornalista Viriato Correia, publicada no dia de sua morte, Euclides confirmou o empenho em seguir emendando a obra: "Hei de consertar isto por toda a vida". As mudanças eram de estilo: pontuação, supressão ou substituição de palavras.[47] Contudo, um presente que recebeu do amigo Afrânio Peixoto naquele final de 1908 poderia — ou deveria — ter gerado grandes mudanças de fundo na obra. Tratava-se de um caderno manuscrito pelo próprio Antônio Conselheiro com a transcrição de seus sermões. Se aproveitado, o material abalaria a interpretação de Euclides sobre as crenças do beato e sobre a ordem espiritual e a organização social de Belo Monte.

Euclides estava mais dedicado ao jornalismo do que à literatura. Ainda assim, publicou em outubro, na revista *Kosmos*, o artigo "Numa volta ao passado",[48] evocando o encontro com um nonagenário "mais velho do que a Independência" que, quando criança, conhecera pessoalmente d. Pedro I logo depois do episódio do Grito do Ipiranga. Também arranjou tempo para escrever a apresentação do livro *Poemas e canções*, do amigo Vicente de Carvalho, em favor de cuja admissão na Academia de Letras cabalaria votos. Em outubro morrera Artur Azevedo, abrindo-se a disputa pela Cadeira nº 29. Graça Aranha decidiu impulsionar a candidatura de Emílio de Meneses. O prazer de derrotar o colega no Itamaraty terá concorrido para que os esforços de Euclides em prol de Vicente de Carvalho fossem redobrados. Venceu. Seu protegido, que, por supersticioso, abandonara a disputa pela Cadeira nº 13, seria eleito à Cadeira nº 29 em 1º de maio do ano seguinte.

Em meio à confusão de setembro, embalado pelos estudos sobre as fronteiras sul-americanas, Euclides chegou a sugerir a Alberto Rangel a possibilidade de ir para a França lecionar história sul-americana em alguma universidade de lá.[49] Como de hábito, porém, não persistiu muito na fantasia; pouco mais de um mês depois, confessava que a ideia fizera parte de uma de suas "loucuras inofensivas e absolutamente passageiras".[50]

Cresciam as dificuldades na vida familiar, já marcada pelos problemas conjugais. Quidinho foi expulso do colégio Anchieta por mau comportamento, e ele e o irmão voltaram para o Rio de Janeiro; Saninha andava doente; e Euclides agora também era pressionado pelo tio José,[51] que insistia que trouxesse o pai de Descalvado para morar com ele. O cunhado Otaviano era outro que batia na mesma tecla.

Euclides invejava Oliveira Lima, já instalado em Bruxelas, com o argumento de que a carreira diplomática tinha a "altíssima valia de ser uma carreira... para fora do Brasil". E, uma vez mais, desabafou a amargura com a falta de estabilidade da situação profissional:

> Continuo na Secretaria do Exterior — na mesma situação de expectativa; e por vezes torturado de desconfianças, próprias desta índole de caboclo. O pequeno caso com o Zeballos — que certamente já conhece pelo *Jornal* [*do Commercio*] — deixou-me alarmado. Com as suas alusões vagas e insidiosas ele talvez me pusesse na atitude dolorosa de *capitão Dreyfus* do Ministério, se eu não tivesse a fortuna de o repelir a tempo. [...] Citei-o apenas para que calcule os perigos da minha posição de comissário *in-partibus*, condenado à prisão numa Secretaria. Lá se vão dois anos de expectativa, e maravilha-me a paciência com que os tenho suportado, embora ela se explique pela própria oposição manifestada pelo barão do Rio Branco às minhas tentativas de seguir novo rumo. Não me arrependo disto. Mas,

desgraçadamente, a reforma planeada, na Secretaria, que deveria criar-me um lugar, ainda não se fez, e provavelmente não se fará. Enquanto isto sucede, crescem e multiplicam-se os filhos... Como traçar-se a linha reta da vida com tantas mãozinhas a nos puxarem pelas abas do casaco? Julgo, porém — e digo-lhe isto reservadamente — que não poderei continuar a ser vencido pelas comodidades desta situação até além do fim deste ano. Felizmente é vasta a nossa terra, e julgo que não precisarei de acolher-me sob as asas de nenhum amigo poderoso (o Calmon e o Carlos Peixoto, por exemplo) para amparar a família e prosseguir dignamente na vida. A minha resignação — é a de todos os que, tendo adquirido uma reputação, às vezes bem falsa, de impulsivos ou de inconstantes, não querem aumentá-la com atos que pareçam precipitados. Mas ela não será ilimitada.[52]

No fim do ano surgiu outra possibilidade para o sonhado emprego estável: abriu-se uma vaga no corpo docente no colégio Pedro II.[53] O cargo era de professor de lógica. Ainda que o certame não fosse exatamente na seara de sua formação acadêmica, Euclides tinha ilimitada confiança na própria capacidade intelectual. Além do mais, a escolha final cabia ao presidente da República, que não precisaria obedecer à ordem de classificação dos candidatos estabelecida pela banca examinadora. Pelo lado político, nada tinha a temer, com os fortes apoios de que dispunha. Ainda assim, se abalou ao descobrir que fora o 13º candidato a se inscrever. Tratava-se de um péssimo augúrio.

12.
A tragédia da Piedade

Naquele início de 1909 estava em fase final a preparação da primeira edição de *À margem da história*. Foi por recomendação de Coelho Neto que Euclides passou a editar seus livros pela prestigiosa Lello & Irmão, da cidade do Porto. Em 1907, *Contrastes e confrontos*, coletânea de antigos artigos de jornal, também saíra por uma editora portuguesa.

À margem da história está dividido em quatro partes. A primeira, "Terra sem história (Amazônia)", pode ser vista como um esboço do pretendido novo livro vingador, *Um paraíso perdido*, que nunca chegou a ser escrito. Compõe-se de sete capítulos: "Impressões gerais", "Rios em abandono" (antes publicado na *Revista do IHGB*), "Um clima caluniado", "Os caucheiros", "Judas-Asvero", "Brasileiros" (publicado no *Jornal do Commercio* em 21 de abril de 1907), e "Transacriana" (que saíra no mesmo jornal, em 7 de maio de 1907).

A segunda parte, "Vários estudos", compreende: "Viação sul-americana", "Martín García" e "O primado do Pacífico". A terceira parte apresenta apenas o ensaio "Da Independência à República", publicado anteriormente em *O Estado de S. Paulo* (31 de janeiro de 1901, com o título "O Brasil no século XIX"). A última parte é uma pequena exposição intitulada "Estrelas indecifráveis".

Euclides também enviara para os editores um texto inédito, "Brutalidade antiga", sobre as matanças e a escravização de índios promovidas pelos colonizadores portugueses na Amazônia, que também deveria entrar no livro. Em flagrante abuso, na versão final do livro, publicado postumamente, os editores portugueses simplesmente eliminaram o capítulo que censurava o comportamento luso, e o manuscrito nunca foi recuperado.

Não há dúvida de que o maior interesse da obra está nos textos da primeira parte, sobre a Amazônia. Com justiça, o capítulo "Judas-Asvero" é considerado um dos melhores textos de Euclides, pelo tratamento poético e delicado que dá à celebração do Sábado de Aleluia pelos seringueiros. Coelho Neto contou que Euclides hesitara sobre a inclusão do capítulo. Certa noite, em conversa na casa do amigo, teria decidido: "Vou tirar isto do livro. Acho ridículo. Tem-me jeito de palhaçada. Esse bonifrate desengonçado descendo rios 'de bubuia' numa jangada, debaixo de tiroteio, pedradas e vaias de seringueiros... não sei...!".[1] Felizmente, Coelho Neto e a esposa convenceram o autor a não descartar aquele que a crítica considera um de seus melhores trabalhos.

Nesses textos sobre a Amazônia, Euclides repetiu, de forma mais elaborada, alguns conceitos que já adiantara em cartas privadas: "O homem, ali, é ainda um intruso impertinente. Chegou sem ser esperado nem querido — quando a natureza ainda estava arrumando o seu mais vasto e luxuoso salão. E encontrou uma opulenta desordem". Citou o fato de os cursos dos rios ainda não estarem plenamente definidos e continuou enfileirando exemplos: "A flora ostenta a mesma imperfeita grandeza" e "a fauna [é] singular e monstruosa, onde imperam, pela corpulência, os anfíbios, o que é ainda uma impressão paleozoica". E concluiu: "Destarte a natureza é portentosa, mas incompleta".[2]

Euclides se debruçou também sobre as condições de trabalho e as relações sociais nos seringais — tema com grande potencial para causar um debate aceso, pela denúncia da exploração brutal dos trabalhadores. Isso em um momento em que a borracha era o segundo item da pauta de exportações brasileiras. No caso, ademais, ele não estava analisando um episódio já encerrado, como a destruição de Belo Monte, mas injustiças que se sustentavam em fortes interesses econômicos e políticos. Com muita clareza, dados concretos e cifras, denunciou o esquema de exploração dos seringueiros como o que realmente era — um processo de escravidão por dívida: "A mais criminosa organização do trabalho que ainda engendrou o mais desaçamado egoísmo". Ele prosseguiu: "De feito, o seringueiro — e não designamos o patrão opulento, senão o freguês jungido à gleba das 'estradas' —, o seringueiro realiza uma tremenda anomalia: é o homem que trabalha para escravizar-se".

Tratava-se de uma denúncia forte, bem elaborada e fartamente documentada. Enumerava as dívidas que o trabalhador assumia antes mesmo de começar a trabalhar, os ganhos, os gastos sempre a preços extorsivos feitos junto ao patrão. Deixou clara a impossibilidade de o trabalhador buscar melhores condições de trabalho em outros seringais ou adquirir a propriedade da área que explorava. O resultado, quase inevitavelmente, era a submissão do seringueiro àquela rotina de violência e endividamento perpétuo, em péssimas condições de vida. Além de denunciar essa situação aberrante, Euclides propunha um caminho claro para solucionar o problema: "Uma lei do trabalho que nobilite o esforço do homem; uma justiça austera que lhe cerceie os desmandos; e uma forma qualquer do *homestead* que o consorcie definitivamente à terra".

É interessante comparar a repercussão extraordinária do relato de Euclides sobre o massacre de Belo Monte e o silêncio quase absoluto que cercou a denúncia da exploração dos trabalhadores na Amazônia. Estes, ao contrário dos seguidores de Antônio Conselheiro, estavam vivos, e medidas práticas poderiam efetivamente ser tomadas; providências, contudo, que esbarrariam na muralha de interesses dos donos dos seringais, dos comerciantes e dos exportadores de borracha, bem como das elites políticas da Amazônia e do Rio de Janeiro.

O ano de 1909 se iniciou com Euclides mergulhado nos estudos de filosofia, "perdido dentro da Caverna de Platão", segundo suas próprias palavras, preparando-se para o concurso do Pedro II. Continuava também elaborando mapas e estudos para Rio Branco: a questão da fronteira com o Peru ainda estava pendente; ao mesmo tempo, dedicava-se a estudar a retificação da linha de limites com o Uruguai.

A vida cotidiana também seguia seu curso, e havia providências práticas a tomar. Matriculou os filhos no colégio Latino-Americano, no Rio. O rendimento escolar dos meninos melhorou, e Euclides estava satisfeito com o progresso. Contudo, a conta da nova escola era salgada, e Saninha explodiu em um acesso de raiva contra o cobrador da mensalidade. Como resultado, Sólon e Quidinho passaram ao semi-internato do colégio Pedro II, um dos melhores centros de ensino do país e com a vantagem de ser público. Os bons contatos políticos do pai sem dúvida ajudaram na obtenção das duas vagas.

Em todo caso, os filhos mais velhos estavam agora mais próximos, e a perspectiva de que Manuel da Cunha fosse morar no Rio era cada vez mais concreta. A casa da rua Humaitá ficava pequena. Já no primeiro dia do ano, Euclides anunciou a Escobar que em breve se mudaria "para mais longe, alto da Gávea".[3] Na verdade, a mudança ainda demorou, e não foi para a montanha, mas para uma praia então quase deserta. Logo no início do ano, porém, a rotina da família Cunha foi drasticamente afetada.

Em janeiro de 1909, Dilermando de Assis se graduou na Escola de Guerra de Porto Alegre e foi transferido para o Rio de Janeiro, para cursar engenharia militar. Depois de morar em uma pensão e em uma república de estudantes, alugou uma casa no bairro da Piedade (Estrada Real de Santa Cruz, n.º 214), que passou a dividir com o irmão Dinorá, aspirante da Marinha. Este fora testemunha do início do romance do irmão mais velho com Saninha ao hospedar-se brevemente na pensão Monat, em 1905, mas em seguida se mudara para São Paulo, onde iniciara carreira como jogador de futebol, atuando pelo

Internacional de São Paulo, clube pelo qual se sagrou campeão paulista em 1907. No ano seguinte, ingressou na Escola Naval e voltou ao Rio. Não trocara o futebol — ainda um esporte amador — pela Marinha: equilibrava as duas carreiras e passou a jogar pelo América Football Club. O percurso do zagueiro no futebol carioca ia bem; naquele ano de 1909 disputaria o campeonato carioca como titular do Botafogo.

A relação entre Ana e Dilermando se reacendeu. A mulher de Euclides passou a frequentar a casa dos irmãos Assis, cujo aluguel pagava,[4] em geral acompanhada dos filhos Sólon e Quidinho, já adolescentes, ou pelo menos de Manuel Afonso, de oito anos, e do pequeno Lulu, filho de Dilermando, ainda um bebê. Tomada pela vizinhança da Piedade por parente dos rapazes, Saninha cuidou que uma antiga empregada de sua casa, Ana de Almeida, fosse cozinhar, lavar e cuidar dos irmãos Assis.[5] Euclides, recolhido aos estudos ou ocupado no Itamaraty, imaginava — ou fingia acreditar — que, nas cada vez mais frequentes ausências, a família estava em visita à casa da sogra, d. Túlia.

Até pela pouca diferença de idade, Sólon e Quidinho davam-se com os Assis, e os fins de semana na Estrada Real de Santa Cruz eram cheios de alegria e animação. Em contraste, Euclides se recolhia a seu "ursismo" e se queixava: "Não cuidam de mim. Deixam minhas coisas ao léu".[6] Reclamava também que sumiam objetos e livros seus, bem como dinheiro.

Em 1909 deslancharam as articulações para a sucessão do presidente Afonso Pena. A candidatura de David Campista, promovida pelo mandatário, não se firmara nem mesmo em Minas Gerais, base política dos dois. Levantavam-se as candidaturas do barão do Rio Branco e do ministro da Guerra, Hermes da Fonseca. Os dois declaravam que não se bateriam contra um colega de ministério. Em contraposição à postulação patrocinada pelo presidente, Pinheiro Machado simpatizava com os dois possíveis candidatos e ainda manejava a ideia de lançar o nome de Rui Barbosa.

Em 20 de abril houve uma grande comemoração pública pelo aniversário de Rio Branco, com desfile e carreata pelo centro da capital. A rua onde nascera Juca Paranhos foi rebatizada em sua homenagem. À noite houve fogos de artifício e uma festa popular. O Barão não mordeu a isca e, uma vez mais, recusou-se a aceitar o papel de candidato da oposição contra o presidente a quem servia. Hermes da Fonseca, porém, não tinha os mesmos escrúpulos — ou a mesma prudência: a probabilidade de vitória de uma candidatura oposicionista parecia pequena. Mesmo assim, o candidato do presidente não decolava; em 18 de maio, David Campista desistiu da postulação. Três dias antes, Hermes enviara ao presidente uma carta por intermédio da qual se demitia do cargo de ministro e assumia a candidatura presidencial. Sentindo-se traído, pois ambicionava a candidatura, Rui Barbosa rompeu com Hermes e com Pinheiro Machado, até então seu aliado, mas que fora o grande promotor da candidatura do marechal. Rio Branco, por trás de uma fachada de neutralidade, também participava das articulações promovidas por Pinheiro Machado.

Naquele contexto em que claramente perdia o controle sobre a própria sucessão, o presidente Afonso Pena adoeceu, acometido de forte pneumonia. Vivia um mau momento também na vida privada, com as mortes recentes do filho Álvaro e de um irmão.

Enquanto a política brasileira ardia, Euclides permanecia imerso na "Caverna de Platão", preparando-se para o exame do Pedro II. Desenvolvia ideias próprias — e pouco convencionais — sobre expoentes da filosofia ocidental, como se percebe em um comentário a Oliveira Lima datado do início de maio:

> Mas ao falar nos sujeitos precitados [Kant, Comte, Spencer, Espinosa ("o mais maravilhoso dos malucos")], não tenho meios de conter uma expansão de sinceridade: que desapontamento, lendo-os detidamente! Kant, sobretudo,

assombra-me, não já pela incoerência (porque é o exemplo mais escandaloso de um filósofo a destruir o seu próprio sistema) senão pelos exageros aprioristicos que o reduzem. A minha opinião de bugre é esta: o famoso solitário de Königsberg, diante do qual ainda hoje se ajoelha a metade da Europa pensante, é apenas um Aristóteles estragado. Comte (que eu só conhecia e admirava através da matemática) revelou-se-me, no agitar ideias preconcebidas e prenoções, e princípios, um ideólogo, capaz de emparceirar-se ao mais vesânico dos escolásticos, sem distinção de nuances, em toda a linha agitada que vai de Roscelin a S. Tomás de Aquino. E quanto a Espinosa, surpreende-me que durante tanto tempo a humanidade tomasse ao sério um sujeito que arranjou artes de ser doido com regra e método, pondo a alucinação em silogismos![7]

Mesmo absorto nos estudos e no trabalho no Itamaraty, a volta de Dilermando ao Rio não lhe escapara. Cruzaram-se algumas vezes em bondes ou na rua e se limitaram a ignorar-se. Quaisquer que fossem as desculpas inventadas por Ana — se é que a essa altura ela ainda lhe dava alguma justificativa —, parece difícil sustentar que o marido não soubesse, ou não suspeitasse fortemente, que voltara a ser traído.

No dia 17 de maio, Euclides enfrentou os demais quinze concorrentes à cadeira de lógica na prova escrita. Os candidatos dissertaram sobre o tema "Verdade e erro". Na tarde daquele mesmo dia, para relaxar, foi ao cinema na companhia de Coelho Neto e outro amigo. O Cinema Ouvidor apresentava um filme ambientado no Velho Oeste estadunidense, com seus caubóis e índios. Em determinada cena, um dos personagens surpreendia a mulher na cama com o amante e fulminava os dois a tiros. Transtornado, Euclides se levantou da cadeira aos gritos: "É assim que eu compreendo!". Os amigos procuraram conter o surto, que deixara os demais espectadores atônitos. Já na rua,

Euclides continuou a lutar contra seus demônios: "Fizessem todos assim e não haveria tanta miséria como há por aí. Essa é a verdadeira justiça. Para a adúltera não basta a pedra israelita, o que vale é a bala".[8]

Euclides ameaçava desistir do concurso. No dia 25 deveria prestar a prova oral. Acabou indo, arrastado por Coelho Neto. Discorreu sobre a "Ideia do ser", tema que considerou metafísico, inapropriado para um concurso de lógica. Segundo testemunhos, não fez boa prova: "hesitante, titubeando nas respostas, tímido". Ele próprio admitiu que fizera "uma prova reles, abaixo da crítica". A formação de engenheiro não ajudava, e inclusive dois dos membros da congregação chegaram a propor a inabilitação de Euclides. Ainda assim, porém, ele acreditava que seria derrotado "não por valores mentais, mas por pistolões de dois canos".[9]

Em 7 de junho saiu o resultado do certame: o primeiro lugar coube ao filósofo Farias Brito. Era hora de usar as influências políticas para que a escolha de Afonso Pena recaísse sobre Euclides, o segundo colocado. A primeira providência foi socorrer-se com o companheiro dos tempos em que viveu em Campanha, João Luís, então senador pelo Espírito Santo. Também Coelho Neto se mobilizou em favor do amigo, apelando diretamente ao presidente Afonso Pena. Outro de seus apoios, Carlos Peixoto, se enfraquecera. O presidente da Câmara dos Deputados na legislatura anterior chegou a ser reeleito pelos pares para um segundo período, mas renunciara à presidência da casa em 17 de maio, depois de perder uma queda de braço com Pinheiro Machado.

Mais poderosa, contudo, era a proteção de Rio Branco. Em 11 de junho, o Barão enviou uma carta ao amigo de juventude Francisco Luís da Veiga, influente deputado da bancada mineira e sogro de uma das filhas do presidente. O filho, Edmundo da Veiga, era o secretário particular de Afonso Pena. A expressão de apoio do chanceler — por si só um pedido praticamente irresistível naquela conjuntura — não poderia estar mais bem encaminhada e endossada. Na carta a Veiga, Rio Branco argumentava:

> Decide-se agora a escolha do lente de lógica para o Ginásio Nacional.
>
> Não dei até aqui um passo em favor do Euclides da Cunha, por entender que ele não precisava disso. Agora, porém, que sei ter havido uma escandalosa cabala contra ele no seio da Congregação e que outros candidatos recorreram a padrinhos — ou "pistolões", como diz o povo —, sinto-me obrigado, sem pedido algum dele, — a queimar o único cartucho em favor deste moço digno e puro, que é uma inteligência de primor.
>
> A tal cabala fez com que o classificassem em segundo lugar, mas para a escolha deve-se ter em vista a qualidade dos que votaram a favor e contra, a prova escrita dos dois classificados e os livros que têm publicado. Peço-lhe que faça pelo Euclides tudo quanto puder junto ao presidente e ao dr. Lira [ministro da Justiça]. E não há tempo a perder. Talvez hoje mesmo se trate do assunto.[10]

O andamento do pedido acabou, entretanto, interrompido pela morte do presidente Afonso Pena em 14 de junho. Em meio à confusão que se armou, Euclides e família deixavam a rua Humaitá para ir morar em uma casa no então semideserto bairro de Copacabana, ao lado de três vizinhos, "únicos cuja amizade desej[ava] cultivar: o sol, o céu, e o mar".[11] A casa ficava na avenida Nossa Senhora de Copacabana, mas como o bairro ainda era um grande areal, dos fundos da residência via-se o oceano.

No mesmo dia em que Afonso Pena faleceu, assumiu o vice-presidente Nilo Peçanha. A situação política dava uma reviravolta e, para desespero de Euclides, a decisão sobre o concurso para professor do Pedro II se tornava, compreensivelmente, um assunto distante e agora incerto. O novo presidente substituiu imediatamente todo o ministério, com exceção de Rio Branco e do ministro da Marinha. Com a saída do governo de Miguel Calmon, Euclides, que já vira Carlos Peixoto se enfraquecer, perdia outro apoio político importante.

Nilo Peçanha se alinhou com Pinheiro Machado e passou a apoiar a candidatura de Hermes da Fonseca para as eleições que se dariam em menos de um ano. A fatalidade fizera o marechal passar de postulante pela oposição a candidato oficial. A oligarquia paulista, contudo, não via com bons olhos a chapa formada por Hermes e pelo governador de Minas Gerais, Venceslau Brás, como vice-presidente. São Paulo e Minas Gerais estariam em campos opostos na eleição de 1910. Também contrariado, o baiano Rui Barbosa, rompido com Pinheiro Machado, procurava articular uma alternativa, chegando a propor que Rio Branco encabeçasse a chapa em oposição a Hermes. As eleições durante a República Velha eram um jogo de cartas marcadas, com insuperáveis vantagens para os candidatos oficiais.[12] Em todo caso, mesmo sem nenhuma intenção de aceitar o desafio, o Barão adiou sua resposta, aparentando publicamente equidistância, enquanto na surdina continuava a estreitar os laços com Pinheiro Machado e Hermes da Fonseca.

Euclides desanimava. Depois de contar a Oliveira Lima que ficara em segundo lugar no concurso e de criticar acidamente Farias Brito e a banca, confessou: "Apesar disto, sei que o cons[elheiro] Pena me escolheria".[13] E acrescentou: "Com o atual governo tenho poucas esperanças. Embora o Barão seja, de fato, o dono da situação — isto constitui mais um motivo para que eu me não aproveite da sua influência". Ilustrou seu desalento com a lembrança de que havia se mudado para Copacabana, "onde estou numa situação maravilhosa... para ver navios! A ver navios! Nem outra coisa faço nesta adorável República".[14]

O tempo passava e o concurso seguia indefinido. Euclides perdia as esperanças e transformava a derrota que se anunciava em questão de princípios — outra injustiça da República contra suas legítimas aspirações e seu inegável merecimento:

> Não posso, entretanto, deixar de dizer-lhe que mantenho intactas as minhas velhas relações de sincera amizade com dois vencidos: Calmon e C. Peixoto. Ou melhor, frequento-os hoje mais assiduamente do que nos tempos de felicidade. E considero, melancolicamente, que disto talvez me resulte algum mal. Felizmente esta terra não tem mais nenhum lugar, ou cargo, capaz de desafiar a ambição de qualquer espírito mesmo medianamente aparelhado. Consola-me a certeza de que nada perderei, porque não há, por aí, coisa alguma que eu deseje adquirir.[15]

Euclides somatizava a frustração. A hemoptise voltou forte, e ele passou a sofrer crises constantes em que tossia sangue em abundância. Para complicar mais as coisas, o estado de saúde de Manuel da Cunha, em Descalvado, se agravou, e o cunhado passou a insistir para que Euclides fosse ver o pai com urgência. Este, entretanto, estava fisicamente impossibilitado de atender ao chamado; seu médico proibira a viagem, que "seria esforço inútil porque eu não chegaria a S. Paulo".[16] Decidiu mandar Saninha e Sólon em seu lugar. Naturalmente sem que Euclides soubesse, os dois foram acompanhados por Dilermando em parte da viagem. Além dos trezentos mil-réis que o marido lhe dera para as despesas, Ana obteve por empréstimo outros duzentos mil-réis com o concunhado. Além de Euclides, o filho Manuel Afonso também adoecera. Saninha pediu que as amigas Angélica e Lucinda Ratto, que se encontravam a passeio no Rio, se instalassem na casa para administrar as coisas e cuidar dos enfermos na sua ausência.

Em meio a essa crise pessoal, em 9 de julho o presidente da Argentina anunciou sua decisão sobre o litígio quanto à fronteira Bolívia-Peru: dividia salomonicamente o território pela reta norte-sul que corresponde ao meridiano de 69 graus oeste do paralelo de Greenwich. A decisão foi recebida com indignação na Bolívia; o governo de La Paz ameaçava iniciar uma guerra contra o Peru. O Chile e o Equador também mantinham disputas de limites com Lima, e a possibilidade de uma aliança armada dos três contra os peruanos não deixou de ser aventada. A essa ameaça se somava a pendência com o Brasil.

O laudo afetava a discussão de limites Brasil-Peru. Cerca de um terço do Acre ficava a leste do meridiano de 69 graus e tinha a antiga soberania boliviana confirmada, passando, portanto, automaticamente para o Brasil, por conta do Tratado de Petrópolis. Ficava também sem sentido a demanda peruana pelo trecho do estado do Amazonas a leste da mesma linha. Faltava, contudo, definir a posse de dois terços do Acre e de parte do estado do Amazonas a oeste dos 69 graus.

Os artigos de jornal escritos por Euclides sobre o tema e o livro *Peru versus Bolívia* finalmente adquiriam a importância que motivara a encomenda prudentemente feita por Rio Branco um par de anos antes: mostrar à opinião pública que a decisão do árbitro fora uma injustiça e isentar o Barão e o governo da acusação de imprevidência ao negociar com a Bolívia antes de conhecer o resultado da arbitragem — e conceder aos bolivianos trechos do território brasileiro, 2 milhões de libras e o compromisso de construir a Madeira-Mamoré (no fim das contas, tudo isso foi dado em troca de um terço do território do Acre). O escritor com fama de justiceiro e de explorador do Alto Purus ressurgia como voz autorizada sobre o tema.

Menos de uma semana depois de conhecido o laudo argentino, em 15 de julho,[17] o presidente Nilo Peçanha sacramentou a contratação do novo professor de lógica do colégio Pedro II: preteriu o filósofo Raimundo Farias Brito em favor do escritor Euclides Rodrigues Pimenta da Cunha. Naquele momento, prestigiar o autor de *Peru versus Bolívia* se elevara ao patamar de interesse de Estado. Direta ou indiretamente, o apoio de Rio Branco resolveu a questão. Euclides contou a novidade aos amigos. A Gastão da Cunha disse:

> Vê agora como o diabo as arma: estava o governo vacilante na escolha do candidato (porque se a meu lado estava o Barão, ao lado do outro estavam três bancadas, inclusive a do Pará), quando estourou o desarrazoado laudo Alcorta — e entre telegramas vindos de Buenos Aires apareceram vários noticiando a impressão que causara o meu *Peru versus Bolívia*, nas rodas diplomáticas etc. Assim o concurso de lógica tinha um remate adequado. E a nomeação se fez.[18]

Aproveitou a mesma carta para louvar a habilidade política de Rio Branco na política interna: "O nosso Barão continua triunfante e açambarcador das simpatias nacionais. A sua habilidade tem feito prodígios entre as duas facções que o disputam — como sultanas histéricas disputam o lenço de um sultão. E ele tem realizado o milagre de não desagradar a ambas. Que assim seja até o fim".

A partir de 21 de julho, Euclides começou a lecionar no Pedro II, das onze ao meio-dia, às segundas, quartas e sextas. Finalmente a situação profissional se definira: alcançara o sonhado emprego estável. Recuperava o bom humor, mas a hemoptise só melhorava um pouco.

Euclides, porém, não era o único a desejar romper com um longo passado de indefinição.

Saninha e Sólon voltaram de Descalvado no início de agosto, e ficou acertado que no princípio do mês seguinte, se Euclides pudesse, iria a São Paulo buscar o pai ou, se ainda não estivesse recuperado, o primo Arnaldo ou a própria Ana se encarregariam de acompanhar Manuel da Cunha na viagem ao Rio. A partir daí o patriarca passaria a morar em Copacabana e algum fim seria dado à fazenda da Trindade, cujas dívidas se acumulavam.

A relação de Ana com o marido se deteriorava mais ainda, "o casal vivia debaixo da maior exaltação de ânimos e de rixas".[19] Ela continuava a sair constantemente para se encontrar com o amante. A perspectiva de que o sogro passasse a morar em Copacabana com eles prometia agravar ainda mais a situação. As brigas se sucediam, e o bom senso estava longe de prevalecer. Em meio a uma crise de hemoptise, Euclides estendeu a Ana a bacia com a mistura de sangue e escarro e a desafiou a beber o líquido como prova de amor, o que ela — sensatamente — se recusou a fazer.[20]

Ficava cada vez mais difícil manter as aparências. Os desentendimentos tornavam-se notórios. Naquele mês de agosto, em determinada ocasião Ana fora à ópera acompanhada de Sólon e de Dilermando. Euclides esperou a esposa na saída do Teatro Lírico, no Largo da Carioca, e por volta da meia-noite iniciou uma discussão na via pública com a mulher, durante a qual ameaçou esbofetear Dilermando, que simplesmente se afastou sem que o marido ultrajado tentasse concretizar a bravata.[21]

Mesmo em meio àquela situação explosiva, as irmãs Angélica e Lucinda Ratto seguiam hospedadas na casa de Euclides e Saninha. Se quando o marido chegara da Amazônia acobertaram o romance do sobrinho com a dona da casa, haviam passado a contribuir para aumentar o desconforto de Euclides com insinuações sobre o comportamento de Ana.[22] Esta, por sua parte, fazia planos — alguns irrealistas — para dar um fim à interminável crise conjugal. A irmã Alquimena, freira havia vários anos, programara uma viagem a Roma. Saninha imaginava acompanhá-la e da Europa romper de forma definitiva com Euclides, por carta, e, talvez, obter a anulação do casamento no Vaticano. Fantasiava comprar passagens para ela e para o filho Lulu. O navio partiria no dia 17 de agosto.[23] O difícil seria obter os recursos para financiar os bilhetes e a estada no Velho Continente.

A solução mais factível, e óbvia, seria esperar a morte da mãe — já idosa e doente. Herdaria metade da pensão do pai, um conto e quinhentos mil-réis, e obteria a muito sonhada independência econômica. Não podia contar financeiramente com Dilermando, que, segundo consta, recebia presentes e tinha parte das despesas cobertas pela amante.[24] Além do mais, de acordo com a legislação vigente, ela tampouco poderia casar-se legalmente após uma eventual separação. Em qualquer hipótese, o desquite teria um custo social altíssimo. Ficava, contudo, completamente inviável sem uma fonte de renda própria, pois parece duvidoso que Saninha pudesse contar com o pagamento de uma pensão pelo ex-marido — e provavelmente perderia a guarda dos filhos.

No dia 12 de agosto, acompanhada do filho Lulu, Ana passara a tarde na casa de Dilermando, na Piedade. Havia marcado de encontrar-se à noite com as irmãs Ratto no Largo do Machado.[25] Ao chegar em casa, Euclides não encontrou a mulher e se aborreceu uma vez mais. As Ratto decidiram permanecer em Copacabana e enviaram Sólon para avisar à mãe que o marido estava furioso e queria que ela voltasse para casa com urgência. Saninha, contudo, preferiu passar a noite com a mãe.

Na sexta-feira, dia 13, Euclides foi ter com Ana na residência de d. Túlia. Aproveitou para reclamar com a sogra da infidelidade da esposa e propôs "devolvê-la" aos cuidados da mãe e dos irmãos. Saninha declarou que o casamento acabara e que não voltaria a morar com Euclides, mas tampouco tinha a intenção de voltar a viver com a mãe. Seguiu dali para a casa de Dilermando, onde pernoitou. Enquanto isso, Quidinho, semi-interno no Pedro II, estava recolhido à enfermaria. A mãe o visitara pela manhã e o pai o levaria para casa no dia seguinte.

Na manhã do sábado, Euclides foi buscar o menino no colégio e no caminho para casa anunciou que estava se separando de Saninha. Perguntou ao filho favorito se preferia ficar com ele ou com a mãe: "Você prefere ir viver com seu velho pai, caboclo, sozinho, sem sua mãe, ou ir com ela?".[26] O menino respondeu que permaneceria com o pai — pequena alegria em uma jornada marcada pela crescente tensão. O dia passava, e Saninha não voltava a Copacabana. O marido descobriu que ela não estava na casa de d. Túlia e que não dormira lá. Euclides se desesperou. Mandou o primogênito, Sólon, procurar a mãe e convencê-la a voltar para casa.[27] O filho, precavido, levou o revólver de Euclides para evitar um desatino no eventual reencontro dos pais.

Enquanto isso, na Piedade, Ana e Dilermando mandavam Dinorá a Copacabana com a desculpa de cobrar uma quantia que as tias iriam lhe entregar, mas na verdade para verificar se estava tudo bem com Quidinho e, talvez mais importante, para descobrir como Euclides reagia à nova situação. Dinorá nem chegou a bater à porta; foi desnecessário. Pelos gritos que vinham do interior da casa ficava patente que o marido abandonado não estava assimilando bem o golpe.

De volta, Dinorá relatou a Ana e Dilermando o que ouvira do jardim da casa de Euclides. Daí a pouco, à noite, ainda naquele sábado, Sólon apareceu na casa dos irmãos Assis para exigir que a mãe voltasse com ele para Copacabana. Saninha se recusou, e Sólon e Dilermando travaram acesa discussão que culminou com Sólon ameaçando o amante da mãe com o revólver do pai. Saninha se interpôs entre os dois e argumentou que já era tarde e chovia muito. No dia seguinte retornaria com o filho para encontrar-se com Euclides. Convencido por Dinorá a aceitar a proposta da mãe, Sólon pernoitou no quarto do amigo. Naquela noite, na Estrada Real de Santa Cruz, dormiram Dilermando, Dinorá, Saninha, Lulu e Sólon, além da empregada, Ana de Almeida.

Em Copacabana, a noite daquele sábado também transcorreu sob grande tensão. Euclides chamou Quidinho e lhe disse: "Sua mãe não está em casa de d. Túlia! Deve estar aonde?! Acabo de saber toda a verdade... Diga-me se você sabe alguma coisa". O filho negou ter conhecimento de qualquer fato estranho sobre a mãe. Angélica Ratto, ao contrário, não apenas confirmou o caráter também sexual da relação de Ana com o sobrinho[28] — e tornou impossível a continuidade da farsa do marido que nada sabia —, como informou o endereço onde moravam Dilermando e Dinorá e no qual, naquele momento, também se encontrava Saninha. Antes de dormir, Quidinho ouviu o pai prometer: "Amanhã hei de pôr tudo em pratos limpos".

Depois de uma noite em que dormiu pouco e fumou incontáveis cigarros, às oito da manhã de domingo, dia 15 de agosto de 1909, com o tempo ainda nublado e as ruas encharcadas, Euclides saiu de casa para "matar ou morrer".

Passou primeiro pela residência do primo Nestor, filho do então já falecido tio Antônio, onde também vivia Arnaldo, que participara da expedição ao Alto Purus. Tomou emprestado um revólver com a desculpa de que necessitava matar um cão hidrófobo que andava rondando a casa. De lá seguiu de trem para o bairro da Piedade. Por volta das dez horas, desembarcou e perguntou pelo endereço. Ao localizar a residência, deixou a capa e o guarda-chuva pendurados no portão de entrada e chamou do jardim. Na janela assomou Dinorá. Moradores e visitantes ainda tomavam café da manhã. Saninha e o pequeno Lulu se refugiaram em um quartinho nos fundos da casa que servia de câmara escura para revelar fotografias. Sólon se escondeu debaixo da cama de Dinorá, e a empregada Ana ficou no pátio.[29] Dilermando foi para o quarto trocar de roupa.

Convidado por Dinorá, Euclides entrou na casa e, depois de discutir brevemente com ele, invadiu o quarto de Dilermando chutando a porta e já de arma em punho. Atirou contra o amante da mulher e depois contra Dinorá, que tentara intervir. Dilermando, mesmo ferido com dois disparos, alcançou seu revólver e reagiu. Após dois tiros de advertência,[30] feriu o agressor com dois disparos, um deles no pulso. Sem poder continuar o duelo, Euclides tentou fugir, perseguido pelo cadete, que lhe desferiu um último tiro quando ele já estava do lado de fora, descendo a escada que dava para o jardim. Ainda agonizante, foi carregado de volta para dentro da casa. O escritor Euclides da Cunha faleceu em seguida.[31]

A morte do autor de *Os sertões*, nas difíceis circunstâncias em que se deu, tornou-se um dos grandes escândalos da Primeira República e foi explorada à exaustão, por semanas a fio, pelos jornais.

Inspirada na reação inicial de Coelho Neto, a imprensa rapidamente elevou o incidente ao patamar da tragédia, como na tradição literária da Grécia clássica. Os jornais, em reportagens que se renovavam a cada passo da investigação criminal e do julgamento, se referiam ao incidente como "A tragédia da Piedade". Ana passava ao papel de Clitemnestra, que, junto com o amante Egisto, assassinou o rei Agamenon depois que este retornou da Guerra de Troia. Na narrativa do poeta Ésquilo, o filho do soberano assassinado, Orestes, acabaria matando a própria mãe e Egisto para vingar o pai.

O sentido de honra — essencialmente machista e desequilibrado — que prevalecia na sociedade brasileira daquele início do século XX ficaria muito claro no episódio. Ao ser informado da morte do filho, Manuel da Cunha se declarou triste mas satisfeito, pois Euclides morrera dignamente, "em defesa da sua honra e de seu nome". Manuel faleceu logo depois, em 6 de outubro, e a fazenda Trindade acabou arrematada pelos credores, pois a dívida de 280 contos de réis excedia o valor total da propriedade.

Em 5 de maio de 1911, Dilermando foi submetido a júri popular e absolvido pelo entendimento do juiz de que o empate de seis a seis entre os jurados beneficiava o acusado. Aceitou-se a tese da legítima defesa, pois afinal o marido traído invadira a casa do desafeto e atirara primeiro. O juízo seria anulado e repetido em 1914, quando, em 30 de outubro, o acusado terminou inocentado definitivamente por cinco votos contra dois. Dias depois do primeiro julgamento, em 12 de maio de 1911, Dilermando e a viúva de Euclides da Cunha se casaram. A noiva passou a chamar-se Ana Emília Ribeiro de Assis.

Em 6 de maio de 1916, Sólon Ribeiro da Cunha, o primogênito de Euclides, morreu em um tiroteio no Acre, onde trabalhava como delegado de polícia. Fora levado para a Amazônia por Cândido Rondon, que era seu padrinho e amigo de Euclides desde a

Escola Militar: Rondon queria afastá-lo do Rio de Janeiro e da pressão que sofria para vingar a morte do pai.

A versão tropical da tragédia de Orestes, contudo, continuou firme em seu rumo, só que com um final alternativo. Em 4 de julho daquele mesmo ano, Euclides da Cunha Filho, o Quidinho, aspirante da Marinha, tentou assassinar o então padrasto. No interior de um cartório de órfãos, no centro do Rio, atingiu-o com três tiros. Mesmo ferido gravemente, Dilermando reagiu e acabou matando o enteado. Julgado por um tribunal militar, acabou de novo absolvido, dessa vez por unanimidade, e a decisão foi confirmada pelo Supremo Tribunal Militar em 8 de novembro. A relação de Ana e Dilermando sobreviveu ao novo golpe. O casal apenas se separaria — sem formalizar o desquite — em 1926, quando Dilermando iniciou uma nova relação amorosa.

Houve ainda outra vítima colateral da tentativa de Euclides de assassinar o rival e, muito provavelmente, a esposa. Na confusão, o escritor baleara Dinorá nas costas. O ferimento não foi considerado grave, e os médicos decidiram não extrair o projétil. Para espanto de todos, no domingo seguinte ao tiroteio, Dinorá integrou o time do Botafogo contra o Fluminense, na final do campeonato. O alvinegro perdeu por dois a um, deixando de vencer o certame naquele ano. No campeonato de 1910, entretanto, o Botafogo se sagraria campeão carioca pela primeira vez, com Dinorá como titular da equipe. Na curta carreira no futebol, o zagueiro ganhara os campeonatos de São Paulo e do Rio de Janeiro. A convivência com a bala, alojada perto da coluna, contudo, combinada com a vida de atleta, cobrou um preço altíssimo: a espinha acabou lesionada, e Dinorá começou a sofrer de paralisia parcial, passando a caminhar com o auxílio de muletas, e depois viu-se preso a uma cadeira de rodas. A bala foi retirada em 1913, mas Dinorá já perdera parte dos movimentos — tornou-se alcoólatra e indigente, foi internado várias vezes em hospícios e acabou por se suicidar em 1921.

***

Como sempre ocorre, a despeito das adversidades pessoais, a política nacional seguiu seu curso. Quatro dias depois da morte de Euclides, Rui Barbosa lançou sua candidatura contra Hermes da Fonseca. Começava a campanha civilista, que empolgaria o país, mas que — como era previsível — acabou derrotada nas urnas em março de 1910. O barão do Rio Branco continuaria a apoiar Hermes da Fonseca e seria confirmado na chefia do Itamaraty sob o novo presidente. Em 10 de fevereiro de 1912, morreu no interior da sala que lhe servia de gabinete de trabalho e quarto de dormir, no Itamaraty. Exercera o cargo de ministro das Relações Exteriores por pouco mais de nove anos.

Ainda durante o governo Nilo Peçanha, Rio Branco assinou o acordo que estabeleceu definitivamente os limites com o Peru. O tratado de 8 de setembro de 1909 deu ao Brasil 403 mil dos 442 mil quilômetros em disputa. O Peru manteve os territórios do Alto Juruá e do Alto Purus, na linha do que fora acertado no tratado preliminar de 1904, apenas com um pequeno acréscimo para o Peru, no Alto Purus, entre o rio Santa Rosa e o Catai (área em destaque no mapa 1, p. 184), trecho que Euclides da Cunha explorara e que confirmara não estar habitado por brasileiros.

Pouco depois, em 30 de outubro de 1909, Rio Branco assinou o tratado de retificação da fronteira Brasil-Uruguai, concedendo ao país vizinho o condomínio da lagoa Mirim e do rio Jaguarão. Anos depois, a Argentina também desistiu de aplicar a tese da "costa seca" para delimitar as fronteiras com o Uruguai.

Por uma questão de poucos meses, Euclides não pôde assistir às duas vitórias diplomáticas para as quais contribuíra. As Exposições de Motivos ao Congresso Nacional que encaminharam os acordos assinados com o Peru e com o Uruguai — que encerraram as disputas sobre as fronteiras terrestres brasileiras — trazem mapas elaborados por Euclides da Cunha,[32] prova documental da importância de seu trabalho no Itamaraty.

Misto de celta, de tapuia e grego

Em fins de 1908,[1] ao escrever a Agustín de Vedia para agradecer o interesse do uruguaio por *Os sertões*, Euclides qualificou a obra como "aquele livro bárbaro de minha mocidade, monstruoso poema de brutalidade e de força". Acrescentou que, naquela quadra, a obra estava "tão distante da maneira tranquila pela qual considero hoje a vida, que eu mesmo às vezes custo a entendê-l[a]". Concluiu o raciocínio com um pensamento amargo, que refletia seus conflitos interiores: "Em todo o caso [*Os sertões*] é o primogênito do meu espírito, e há críticos atrevidos que afirmam ser o meu *único* livro… Será verdade? Repugna-me, entretanto, admitir que tenha chegado a um ponto culminante, restando o resto da vida para descê-lo".

A frustração se assentava sobre uma base real: ele não chegaria a elaborar um segundo "livro vingador" e não há como fugir da constatação de que foi *Os sertões*, muito mais do que qualquer outra contribuição literária ou jornalística, que o colocou no patamar dos maiores escritores brasileiros de todos os tempos. Os outros três livros que publicou são hoje muito pouco conhecidos e jamais tiveram repercussão comparável à da obra de estreia. Ainda menos conhecida é a extensa produção como jornalista, algo em grande parte explicável pela própria natureza conjuntural da contribuição, mesmo que ensaística, aos jornais. Menos razoável é o quase desconhecimento, hoje em dia, dos textos que trataram da Amazônia de forma bastante pioneira e aguda. O conjunto desses artigos, em especial aqueles publicados na primeira parte de *À margem da história*, constituem uma boa antecipação do que poderia ter sido o segundo "livro vingador", afinal irrealizado.

A própria expedição ao Purus e os anos que passou trabalhando no Itamaraty são, de modo geral, tratados com displicência pelos estudiosos da vida do autor, lacuna que procuramos preencher, ainda que parcialmente, neste relato. Do ponto de vista biográfico, causa espanto o desconhecimento quase absoluto sobre o pouco mais de um ano que Euclides passou na Amazônia, em contraste com a grande atenção dada aos menos de três meses passados na Bahia e ao par de semanas em que esteve na frente de batalha durante a Quarta Expedição contra Belo Monte. Do mesmo modo, os anos em que desempenhou diversas atividades no Itamaraty são eclipsados pela narrativa dos fatos e circunstâncias da sua morte.

Do ponto de vista estrito da produção intelectual de Euclides da Cunha, é inegável que o legado de *Os sertões* se destaca. O livro acabou tendo um papel inigualável na literatura e na história intelectual brasileira. O sucesso extraordinário e a permanência da obra certamente se explicam pelas qualidades estéticas e literárias — que não foram aqui examinadas. Entretanto, há muitos fatores extraliterários diretamente ligados ao percurso biográfico do autor e ao seu contexto histórico que também contribuíram para esse resultado.

Na carta de agradecimento a José Veríssimo pela resenha do livro, Euclides insistiu que "o consórcio da ciência e da arte, sob qualquer de seus aspectos, é hoje a tendência mais elevada do pensamento humano". Desenvolveu esse pensamento com a seguinte reflexão:

> Eu estou convencido que a verdadeira impressão artística exige, fundamentalmente, a noção científica do caso que a desperta — e que, nesse caso, a comedida intervenção de uma tecnografia própria se impõe obrigatoriamente — e é justo desde que se não exagere ao ponto de dar um aspecto de compêndio ao livro que se escreve, mesmo porque em tal caso a feição sintética desaparece e com ela a obra de arte.

Em *Os sertões*, como em seus demais livros e em toda a sua obra jornalística, Euclides exibiu um saber enciclopédico: discutia com o mesmo desassombro desde a geologia do interior da Bahia até o imperialismo inglês no Tibete. Por um lado, nomeava abundantemente autores estrangeiros como fonte de autoridade; por outro, deixava de fornecer as referências precisas ou mesmo ocultava as fontes de que se apropriava.

Causa forte impressão a aparente vastidão de seu saber científico em áreas tão diversas como geologia, geografia, botânica, antropologia, sociologia, psicologia, filosofia e história. É de reconhecer, contudo, que o caráter enciclopédico desse conhecimento pagava um preço altíssimo em falta de profundidade, enormes lacunas e graves equívocos — mesmo em relação à ciência de seu tempo —, muitas vezes acentuados por uma espantosa falta de modéstia quanto aos limites de seu domínio efetivo sobre as matérias de que tratava. Recorde-se que já em 1903, apesar de fazer uma resenha relativamente simpática do livro, Campos Novais classificou *Os sertões* como um "modelo de ciência popular" e acusou Euclides de nefelibatismo científico e de falta de rigor acadêmico. De lá para cá, o diagnóstico vem sendo recorrentemente renovado. Walnice Nogueira Galvão, por exemplo, concluiu que: "Toda aquela ciência de *Os sertões*, mal digerida, é de orelhada de banco escolar. E depois vai haver os estudos que ele fez por conta própria [...]. Mas tudo isso é extremamente mal digerido e entra como material para elaboração literária".[2]

Quando *Os sertões* saiu publicado, havia pouco mais de uma década que a escravidão fora tornada ilegal no Brasil. A República se apresentara como uma promessa de modernização e de redenção daquela sociedade agrária, atrasada e iletrada, mas o esforço de mudança patinava nas crises sucessivas dos primeiros governos militares e civis. Extinta a monarquia, a nação estava por ser construída. Assentar a literatura em bases científicas parecia um caminho profícuo para incluir as letras no esforço modernizante e romper com os cânones literários do regime anterior. Com seu verniz cientificista e com uma "linguagem estonteante e persuasiva", Euclides atendia ao anseio geral por fórmulas e explicações conclusivas.[3] As graves lacunas e as debilidades da sustentação científica da obra do jornalista e escritor eram percebidas por poucos, e sempre ofuscadas pelo brilho literário.

É importante ressaltar, ademais, que os enunciados de Euclides são muitas vezes ambíguos e mesmo — propositadamente ou não — contraditórios: sobre o mesmo tema, faz afirmações que se opõem frontalmente, às vezes a poucas páginas de distância, sem revelar qual delas favorece.[4] Também abundam as aporias, teses que não podem ser negadas nem confirmadas, mas que criam efeitos estilísticos de grande impacto.[5] As ambiguidades, antinomias e a falta de referências diretas às fontes que utiliza seriam pecados mortais em termos de um trabalho estritamente científico, mas produzem extraordinária impressão literária na pena de Euclides.

Os sertões chegou a constar nas edições de 1906 e 1907 da *Bibliografia mineral e geológica do Brasil*, organizada por Arrojado Lisboa. Ao longo dos anos, a obra não deixou de ser mencionada em publicações que enumeram a literatura técnica da área; a *Bibliografia analítica da geologia do Brasil*, de 1989, editada pelo Departamento Nacional de Produção Mineral, ainda incluiu o livro na lista de obras que tratam da geologia brasileira.[6] É de ressaltar, contudo, que o grau de seriedade científica com que *Os sertões* é visto nessa área decaiu gradualmente ao longo do tempo, até se tornar apenas uma homenagem a um esforço com certeza importante, mas irremediavelmente ultrapassado.

A recepção do caráter sociológico e antropológico de *Os sertões* seguiu um percurso mais complexo. A explicação racial, tanto nos estudos sociológicos como nos antropológicos, já estava sob ataque no momento em que Euclides escrevia, mas depois da publicação de *Casa-grande & senzala*, em 1933, também no Brasil passou-se definitivamente à ênfase nas explicações culturais nessas áreas do conhecimento. Mesmo assim, Euclides se beneficiou da validação que lhe conferiu o grande nome dessa transformação intelectual no país: Gilberto Freyre pessoalmente ressaltou que a dimensão literária de *Os sertões* redimia a obra de suas lacunas e da então evidente desatualização metodológica:

> Na descrição dos sertões, o cientista erraria em detalhes de geografia, de botânica, de antropologia; o sociólogo em pormenores de explicação e de diagnóstico sociais do povo sertanejo. Mas para o redimir dos erros de técnica, havia em Euclides da Cunha o poeta, o profeta, o artista cheio de intuições geniais. O Euclides que descobrira na paisagem e no homem dos sertões valores para além do certo e do errado da gramática da ciência. O poeta viu os sertões com um olhar mais profundo que o de qualquer geógrafo puro. Que o de qualquer simples geólogo ou botânico. Que o de qualquer antropologista. O profeta clamou pelos sertões: deu-lhes um significado brasileiro, ao lado do puramente paisagístico, do indistintamente humano. O artista os interpretou em palavras cheias de força para ferir os ouvidos e sacolejar a alma dos bacharéis pálidos do litoral com o som de uma voz moça e às vezes dura, clamando a favor do deserto incompreendido, dos sertões abandonados, dos sertanejos esquecidos.[7]

Freyre foi ainda mais longe. Seu diagnóstico sobre o estilo euclidiano o absolve dos excessos atribuídos aos pré-modernistas de modo geral, seus companheiros de geração que, àquela altura, eram vilipendiados pela crítica modernista. Essa validação da atualidade estética e literária de um texto cujas bases científicas estavam então superadas contribuiu para proteger Euclides da fúria dos modernistas.[8] Além de o salvar do desprestígio científico no campo que revolucionava, o Mestre de Apipucos encontrou argumentos para escudá-lo das críticas que se faziam no campo literário propriamente dito sobre o estilo barroco dos contemporâneos de Euclides, com direito a uma referência direta a Coelho Neto — que supunha partilhar o estilo pedante com o íntimo amigo, autor de *Os sertões*:

> A verdade é que Euclides da Cunha escreveu perigosamente. Transpôs para a arte de escrever o viver perigosamente de que falava Nietzsche. Escreveu num estilo não só barroco — esplendidamente barroco — como perigosamente próximo do precioso, do pedante, do bombástico, do oratório, do retórico, do gongórico, sem afundar-se em nenhum desses perigos: deixando-o apenas tocar por eles; roçando por vezes pelos seus excessos; salvando-se, como um bailarino perito em saltos-mortais, de extremos de má eloquência que o teriam levado à desgraça literária ou ao fracasso artístico. Que o teriam tornado outro Coelho Neto.[9]

De lá para cá, tanto as explicações racistas da obra de Euclides como seu feroz determinismo têm sido apontados, na maior parte das análises, como decorrência inevitável do momento em que escrevia — o que simplesmente não é verdade. Também faz parte dessa releitura a ideia de que ele teria sido invariável e predominantemente positivista, quando o grosso de sua obra, *Os sertões* inclusive, se sustenta antes em uma visão spencerista, ou pelo menos evolucionista. O mito do Euclides-positivista ajuda a minimizar a explicação pela chave racial, ausente nessa doutrina.

Convém ressaltar que Euclides se definia como mestiço — "misto de celta [branco], de tapuia e grego".[10] Para ele, a mestiçagem entre o branco e o índio (com a qual se identificava) poderia vir a ser o cerne de uma futura nacionalidade brasileira, se mantida em seu isolamento. Nesse plano pessoal, deve-se matizar também o tom depreciativo que adotou com relação aos mulatos (os "mestiços neurastênicos do litoral") e aos negros, ("filho[s] das paragens adustas e bárbaras, onde a seleção natural, mais que em quaisquer outras, se faz pelo exercício intensivo da ferocidade e da força"). O preconceito não transparece, ao contrário, nas relações de amizade e afinidade intelectual, como se verifica pela admiração e pelo respeito que devotou a Teodoro Sampaio e Vicente de Souza, por exemplo.

Se, do ponto de vista das ciências naturais, da antropologia e da sociologia, a obra de Euclides esgotou sua vigência mais ou menos rapidamente, isso não se deu com sua interpretação histórica da tragédia de Belo Monte.[11] Apenas a partir de 1950, com a defesa da tese "O ciclo folclórico do Bom Jesus Conselheiro" pelo historiador e folclorista José Calasans, a historiografia sobre o extermínio de Belo Monte começou a se libertar daquilo que o próprio Calasans denominou "gaiola de ouro" de *Os sertões*. A partir daí, a imagem criada por Euclides sobre Antônio Conselheiro, a organização social e os preceitos que orientavam os moradores de Belo Monte foi sendo progressivamente desmontada, com novas análises e evidências factuais.

Na década de 1970, Ataliba Nogueira estudou os cadernos manuscritos de Antônio Conselheiro[12] — que chegaram a estar nas mãos de Euclides em fins de 1908 — e forneceu fortes evidências empíricas contra a tese, que Euclides consagrara, do caráter messiânico e primitivo da pregação do líder de Belo Monte. Ataliba Nogueira concluiu, ao contrário, que:

> A revisão histórica de Antônio Conselheiro afasta definitivamente a seu respeito o emprego dos vocábulos *atavismo, bronco, monarquista, fanático, messiânico, carismático, milagreiro, vesano e vesânico* (aliás, feias dicções latinas) e outros termos que desvirtuam ou eliminam todas as benemerências da grande figura histórica para somente apresentá-lo como beato, aquele que esconde com santimônias a própria ruindade.[13]

Euclides atribuíra a Antônio Conselheiro as previsões apocalípticas de alguns manuscritos encontrados em Belo Monte: "O sertão vai virar praia e a praia virar sertão", entre outras que inclusive anunciavam o retorno de d. Sebastião e o fim do mundo. Na verdade, nos sermões do beato não há nada disso; eles expressavam um catolicismo tradicional, com ênfase na ideia de penitência. Brilham pela ausência as promessas de milagres, toda e qualquer tentativa de personificação do Messias ou a sugestão de que a comunidade seria a sala de espera para um iminente fim dos tempos.

A ideia dos conselheiristas como fanáticos, atraídos por um louco com a promessa de salvação frente ao imediato retorno de Cristo, vem sendo cada vez mais posta em questão. O historiador Marco Antonio Villa conclui: "Não houve em Belo Monte a espera coletiva do milênio, ou seja, a crença de uma idade futura em que todos os males seriam corrigidos, as injustiças reparadas e abolidas as doenças e a morte".[14] A mensagem religiosa foi com certeza um fator importante na atração dos sertanejos, mas há hoje praticamente um consenso no sentido de que superestimar esse elemento gera insanáveis erros de interpretação.

Houve, naturalmente, muitos que iam em busca de remédio para seus males físicos e espirituais e tinham fé em uma suposta capacidade taumatúrgica do Conselheiro; porém, objetivamente, a comunidade de Belo Monte oferecia melhores condições de vida e de acesso à terra aos pobres do que as fazendas do interior da Bahia e dos estados vizinhos.[15] Os sertanejos buscavam uma vida melhor e fugiam da opressão dos latifundiários e dos impostos, inclusive dos recém-criados pelo governo republicano.

Os detalhes sobre a organização social de Belo Monte ainda estão por ser plenamente estabelecidos, mas o arraial mantinha ligações de comércio com o restante da economia regional e teria chegado, inclusive, a fornecer couro para exportação.

De fato, como apontava José de Campos Novais já em 1903, Euclides não teve acesso direto a informações conclusivas sobre a organização social, política e religiosa, e nem tampouco ao real funcionamento do dia a dia de Belo Monte. Para suprir essa enorme lacuna, ele projetou na localidade baiana as características que o escritor Ernest Renan atribuíra a uma comunidade cristã da Ásia Menor no século II. A partir dessa premissa — absurda — ele concebeu, de forma convincente e colorida, um Antônio Conselheiro e uma cidade de Belo Monte (que reconheceu como Canudos) que nunca existiram fora de sua imaginação. Essa operação deve ser vista antes como um artifício literário do que como uma hipótese científica minimamente sustentável.

Na verdade, em muitos momentos Euclides deixou de ver ou desprezou evidências empíricas que poderiam pôr em questão a leitura que fazia da realidade de Belo Monte. O interrogatório de Agostinho, um rapaz de catorze anos, em 19 de agosto de 1897, já revelara que Antônio Conselheiro não somente se abstinha de realizar atos reservados aos sacerdotes católicos (o que também constava do relatório de frei Marciano), como tampouco se arrogava o papel de milagreiro ou pregava uma visão milenarista da proximidade do fim dos tempos e de Belo Monte como antessala do paraíso. Tudo o que prometia a seus seguidores, depois de uma vida de fé e sacrifícios, era a salvação da alma: expectativa perfeitamente ajustada ao catolicismo tradicional.

Outro ponto omitido por Euclides — e desvendado nas cartas reproduzidas por Consuelo Novais Sampaio[16] — é a presença de muitos negros em Belo Monte. Essa informação perturbaria a tese euclidiana dos sertanejos como produto de uma mestiçagem quase exclusiva entre brancos e índios. Em termos de uma crítica mais contemporânea,[17] tampouco as mulheres — tanto as de Belo Monte como as que seguiam as tropas invasoras — aparecem proporcionalmente representadas em *Os sertões*. Quando o autor as menciona, aliás, em geral o faz de forma depreciativa: fúrias, megeras esquálidas e feias, bruxas, vivandeiras-bruxas, velhas espectrais, mulheres varonis etc.

A interpretação euclidiana do episódio da destruição de Belo Monte, vista com os olhos de hoje, apresenta muitos outros problemas graves. Por exemplo, ele se absteve de analisar as disputas políticas na Bahia. Na avaliação de Consuelo Novais Sampaio "a principal vertente explicativa para a brutal resposta que o governo federal ofereceu a Canudos deve ser encontrada, não no Conselheiro, nem tampouco nos seus romeiros, mas na disputa pelo poder, primária e mesquinha, que se desenvolvia no país e, mais especificamente, na Bahia".[18] Euclides se desincumbiu de discutir a política baiana, um tema sensível, ao qualificá-la como "agitar estéril de minudências desvaliosas". Do mesmo modo, parte da explicação se encontra nas disputas da política nacional e nas lutas para definir como funcionariam as instituições republicanas e quais grupos comandariam o processo político, vertentes totalmente ignoradas por Euclides.

Em todo caso, a interpretação historiográfica de Euclides sobre Antônio Conselheiro e Belo Monte teve vida longa e enorme difusão, feito difícil de igualar por historiadores profissionais. O que causa espanto é a longevidade da perspectiva euclidiana, e não que a "gaiola de ouro" tenha sido destruída e que hoje essa leitura esteja superada; as verdades científicas são sempre provisórias, seja nas ciências sociais, seja nas naturais. No campo estritamente científico, contudo, Euclides tem a distinção de ter sido uma influência marcante em diversas áreas do conhecimento por muitas décadas, feito suplantado por raros cientistas.

Além do mais, ele contribuiu para reforçar uma interpretação da identidade brasileira ainda mais longeva e influente. Uma das chaves dessa visão era de que o âmago da "verdadeira nacionalidade" estaria no interior do país, em oposição a uma civilização do litoral, corrompida pelo estrangeiro. Hoje, essa interpretação, ou mesmo a ideia da existência real de uma essência relativamente estável de algo que pudéssemos chamar "brasilidade", também parece superada. É interessante relembrar o comentário de Renato Ortiz, que já na década de 1980 afirmava: "O que surpreende o leitor, ao se retomar as teorias explicativas do Brasil, elaboradas em fins do século XIX e início do século XX, é a sua implausibilidade. Como foi possível a existência de tais interpretações, e, mais ainda, que elas tenham se alçado ao status de ciências?".[19]

O extermínio de Belo Monte foi um dos maiores massacres da história do Brasil. Durante os pouco mais de cinco anos da Guerra da Tríplice Aliança morreram cerca de 100 mil brasileiros. Dentre as guerras civis, apenas a Farroupilha — que durou uma década, de 1835 a 1845 — fez mais vítimas fatais (cerca de 50 mil) do que a destruição de Belo Monte, cujo saldo se estima entre 20 mil a 25 mil mortos em um período muito mais breve. Trata-se de uma tragédia aterradora mesmo diante do número de vítimas de grandes pandemias, em geral consideravelmente mais elevado do que o de guerras e conflitos internos. A Covid-19 matou em 2020 um total de pouco menos de 200 mil brasileiros. Se corrigida a estimativa de 25 mil mortos em Belo Monte para refletir o fato de que a população do Brasil era então de cerca de 16,5 milhões de habitantes, comparada com os 212 milhões atuais, o total de falecidos entre sertanejos e soldados corresponderia hoje a mais de 320 mil pessoas. O que mais surpreende é que essa enorme matança tenha sido feita em nome da defesa das instituições republicanas contra uma implausível tentativa de restauração da monarquia a partir de um arraial miserável do interior da Bahia.

O jacobinismo teve um papel importantíssimo na propagação da versão de Belo Monte como parte de um complô monárquico e uma ameaça à República. O falido atentado contra a vida de Prudente de Morais, ainda em 1897, marcou sua rápida desmoralização. O enfraquecimento dessa corrente política abriu espaço para um exame mais sereno do episódio de Belo

Monte — além da comprovação da falta de evidência de que houvesse uma conspiração antirrepublicana — e levou a uma espécie de mea-culpa coletiva já nos anos que se seguiram à guerra. Houve uma pronunciada reviravolta da opinião pública. Bastante depressa, até mesmo muitos dos que antes exigiam a extinção a ferro e fogo da suposta conspiração contra a República lamentavam o crime cometido contra os compatriotas e se indignavam com ele. O despropósito do extermínio dos sertanejos logo ficou claro. Euclides não teve, nem de longe, a precedência na caracterização da campanha militar como uma violência desnecessária, um crime. Suas reportagens de 1897, ao contrário, seguiam a voz corrente sobre a necessidade de esmagar o que era visto como desafio à República. Na verdade, em lugar de funcionar como denúncia, pois esta já estava disseminada em 1902, *Os sertões* serviu de catarse, de instrumento para superar aquele mal-estar coletivo.[20]

Em *Os sertões*, em que pese a exposição crua da terrível matança e a constatação, aliás óbvia, de que teria sido preferível outro caminho, o episódio foi apresentado desde o início como uma espécie de catástrofe inevitável:

> Decididamente era indispensável que a campanha de Canudos tivesse um objetivo superior à função estúpida e bem pouco gloriosa de destruir um povoado dos sertões. Havia um inimigo mais sério a combater, em guerra mais demorada e digna. Toda aquela campanha seria um crime inútil e bárbaro, se não se aproveitassem os caminhos abertos à artilharia para uma propaganda tenaz, contínua e persistente, visando trazer para o nosso tempo e incorporar à nossa existência aqueles rudes compatriotas retardatários.
>
> Mas, sob a pressão de dificuldades exigindo solução imediata e segura, não havia lugar para essas visões longínquas do futuro.

A despeito de insistir na tese do crime contra os sertanejos, a interpretação de Euclides e o teor cientificista e determinista da obra pareciam sob medida para aplacar os ânimos e as consciências, sem ir adiante na tarefa de apurar responsabilidades e punir os criminosos. Esses indivíduos — assassinos, degoladores e torturadores dos sertanejos já rendidos —, executores e mandantes, continuavam, em muitos casos, não somente vivos como dando continuidade às respectivas carreiras militares e políticas. Apesar do vigor da denúncia, pela "neutralidade científica" e pelo determinismo, Euclides ofereceu à opinião pública um crime sem criminosos. Segundo essa leitura, o que ocorrera teria inexoravelmente de acontecer por ser a consequência lógica, inescapável, de um processo que a ciência explicava. Se algum culpado podia ser identificado, este seria Antônio Conselheiro, mas mesmo assim também ele era inocente, pois fora vítima da própria loucura.

O capítulo final de *Os sertões* é paradigmático nesse sentido, em suas famosas duas linhas: "É que ainda não existe um Maudsley para as loucuras e os crimes das nacionalidades...". O psiquiatra Henry Maudsley trabalhou justamente com o conceito da irresponsabilidade penal dos doentes mentais. Assim, a destruição de Belo Monte equivaleria a um acesso de loucura, portanto um ato inimputável. Além do mais, o raciocínio determinista, avalizado por um discurso cientificista — e, portanto, em teoria neutro e verdadeiro — induz o leitor ou a leitora a aceitar a inevitabilidade do desenlace trágico. Atribuir os crimes cometidos por ordem e pelas mãos de indivíduos concretos a instituições abstratas e como determinação ineludível, fora do controle dos perpetradores, tornou-se uma fórmula discursiva repetida inúmeras outras vezes ao longo da história brasileira.

Os interesses objetivos de cada contexto histórico pesam na recepção de uma obra literária. Poucos anos depois da extraordinária repercussão de *Os sertões*, escrito por um autor então desconhecido, caiu no vazio a denúncia feita pelo mesmo Euclides, já famoso, sobre a assombrosa exploração dos trabalhadores dos seringais da Amazônia. Ressalte-se que a revelação da virtual escravização dos seringueiros deu-se em um contexto muito favorável para sua ampla publicidade; veio a público ainda na esteira do choque produzido pela morte do autor em circunstâncias trágicas e quando ele já era considerado um dos maiores escritores brasileiros. O contraste entre o relativo silêncio que cercou a publicação de *À margem da história* e a extraordinária repercussão de *Os sertões* diz muito sobre o Brasil de então, sobre a escassa vontade de melhorar as relações de trabalho dos seringueiros, algo que seria, sim, possível se houvesse vontade política — o oposto do caso de Belo Monte, em que as vítimas já estavam mortas. O segundo "livro vingador", se tivesse chegado a ser escrito, encontraria ouvidos menos predispostos a receber sua mensagem.

Euclides esteve pouco mais de duas semanas na frente de batalha e não assistiu pessoalmente à destruição final de Belo Monte. A maior parte do relato sobre a guerra e até sobre a Quarta Expedição, única da qual ele participou, baseou-se em fontes escritas ou orais. Em si, isso não se constitui problema algum: é antes a norma dos trabalhos historiográficos. É de lamentar, contudo, que o escritor tenha deixado de dar o devido crédito a muitas de suas fontes. Em todo caso, a qualidade literária da narrativa se impôs sobre as outras exposições dos mesmos fatos.

Veja-se, por exemplo, a descrição de Dantas Barreto sobre o ato final da guerra, a morte dos últimos quatro sertanejos:

> Os últimos atiradores que encontraram, ainda de armas na mão, fazendo fogo sobre eles, morreram nessa ocasião e sepultaram-se na mesma vala em que foram encontrados. Eram quatro: um velho, ferido na perna direita, um rapaz de 18 anos presumíveis e dois outros homens vigorosos.
>
> Estava tudo acabado.[21]

Ao contrário de Euclides, Dantas Barreto teria presenciado o episódio que descreve. Para compor a mesma cena, Euclides provavelmente se amparou no texto do militar, publicado em 1898, ou em relatos orais ouvidos ainda na Bahia, ou depois. Como não esclareceu a fonte, não se sabe. O fato é que, em termos literários, sua versão tem um impacto muito mais forte:

> Canudos não se rendeu. Exemplo único em toda a história, resistiu até o esgotamento completo. Expugnado palmo a palmo, na precisão integral do termo, caiu no dia 5, ao entardecer, quando caíram os seus últimos defensores, que todos morreram. Eram quatro apenas: um velho, dois homens feitos e uma criança, na frente dos quais rugiam raivosamente 5 mil soldados.

São muitos os trechos de *Os sertões* que podem ser vistos como paráfrases de excertos do livro de Dantas Barreto ou dos artigos publicados por Siqueira de Meneses em *O Paiz* ainda em 1897. Bernucci assinalou algumas dessas apropriações — cotejando os textos dos militares com o de *Os sertões* — em várias das notas de rodapé da primorosa edição que fez da obra-prima de Euclides.

Com seu indiscutível talento, Euclides conseguiu criar em *Os sertões* um relato de certa forma atemporal e sempre impactante de um dos episódios mais marcantes da história brasileira. Trata-se, infelizmente, de um tipo de tragédia recorrente. É verdade que, em termos do número de vítimas, a destruição de Belo Monte foi mais brutal do que os demais muitos conflitos internos brasileiros em que os pobres foram massacrados em nome da estabilidade política ou do progresso. A força da narrativa de Euclides, contudo, proporcionou visibilidade incomparável ao episódio em relação a esses outros acontecimentos, muitos dos quais foram, em grande medida, silenciados.

Por tudo isso e outras razões, várias delas também extraliterárias, a figura humana e a obra de Euclides da Cunha foram objeto de um processo de canonização laica, já a partir da morte do autor. Em 1911, alunos do colégio Pedro II fundaram o Grêmio Euclides da Cunha no Rio de Janeiro. Em 15 de agosto de 1912, amigos de Euclides se reuniram diante do barracão de obras que fora ocupado pelo engenheiro-escritor às margens do rio Pardo. Começava uma romaria anual em memória do autor de *Os sertões* na cidade em que ele escrevera a maior parte do livro. No ano seguinte, Alberto Rangel, presidente de honra do Grêmio Euclides da Cunha, lançou o lema "Por protesto e adoração", e o Grêmio passou a editar uma revista anual que durou até 1939. A partir de 1918, liderado por Francisco Venâncio Filho, um grupo expressivo de intelectuais paulistas também se integrou ao movimento euclidiano.

Incansáveis, os euclidianos partiriam para meticuloso trabalho de levantamento de fontes, reunião de cartas, documentos e relíquias do escritor. Imbuídos da missão de manter viva a chama euclidiana, esses intelectuais agiram como verdadeiros sacerdotes divulgando a palavra do mestre. Nunca antes, no país, um escritor teve tantas pessoas a seu serviço.[22]

A partir do Estado Novo, passou a haver apoio oficial para o euclidianismo, com iniciativas para a divulgação da obra e da figura de Euclides, entre as quais o tombamento do barracão e da casa onde ele havia vivido em São José do Rio Pardo, transformados em museus. O esforço de Euclides, de apresentar a realidade do sertão (não só da Bahia como da Amazônia), do interior do país, e sua crença na ciência e no progresso estavam em sintonia com a ideologia do nacional-desenvolvimentismo que se afirmava. O autor foi valorizado como um divulgador do "Brasil real", da "nacionalidade autêntica", no âmbito da leitura que associa a ocupação do território, a interiorização da sociedade e do Estado à afirmação da nacionalidade. Por seus méritos literários, mas também por se ajustar — de acordo com determinadas chaves interpretativas — aos interesses que se tornavam hegemônicos, *Os sertões* foi elevado à categoria de "clássico nacional", "bíblia da nacionalidade", "livro número 1 do Brasil".

O processo de canonização laica se estendeu também ao autor. A morte trágica, a vida atormentada e o temperamento difícil passaram ao primeiro plano das narrativas sobre Euclides, transformado em personagem exemplar. O escritor se tornou a expressão do intelectual como campeão moral, em permanente luta — e sempre injustiçado — contra um ambiente adverso. A despeito dos obstáculos, ele só obtém a vitória graças a seu excepcional talento e à individualidade marcante. As dificuldades e traições, inclusive o infeliz desenlace da vida conjugal, passam ao plano do sacrifício pessoal, do martírio, como na vida dos santos.

Em leituras posteriores, as dificuldades financeiras, o isolamento e a invariável inadaptação de Euclides aos eventos mais mundanos passaram a ser atribuídos a uma deliberada marginalização a que ele teria sido submetido. A extensa trama de relações pessoais e políticas que ele teceu para impulsionar — de forma absolutamente legítima — seus interesses privados e promover a própria obra passou a ser obscurecida. A autoimagem do personagem que, mesmo a altíssimo custo, jamais se desviaria da "linha reta" a ele ensinada pelo pai, passou a ser aceita como verdade absoluta, o que se choca com a constatação de que em vários momentos ele tentou avançar seus interesses por meio de apoios políticos, algumas vezes com sucesso, outras não. O recurso a padrinhos políticos era, contudo, uma característica daquela época. A falta de uma verdadeira meritocracia sempre foi criticada por Euclides. Porém, afinal, ele próprio tampouco escaparia de torcer a seu favor a tal "linha reta" que proclamava seguir.

Graças a uma interpretação singular, em sua suposta marginalização Euclides se aproximaria de Lima Barreto, outro expoente literário da época.[23] Essa afinidade é, contudo, ilusória. Em termos financeiros, se Euclides não chegou a ser rico, jamais ele e a família enfrentaram uma situação financeira desesperadora, minimamente comparável à de Lima Barreto ou à da maioria da população brasileira de seu tempo. Sua queixa recorrente dizia respeito à impossibilidade de viver apenas do trabalho que lhe dava mais prazer: escrever. Mas, salvo casos isolados, essa era (e ainda é) a realidade da esmagadora maioria dos escritores brasileiros.

Ao contrário de Lima Barreto, Euclides pertenceu aos dois maiores grêmios intelectuais de então: o Instituto Histórico e Geográfico Brasileiro e a Academia Brasileira de Letras. Teve ativa participação na Academia, que chegou a presidir interinamente. Foi amigo íntimo de muitos dos nomes mais influentes do cenário intelectual brasileiro. No plano político, recebeu favores (como a contratação para o colégio Pedro II) e contou com a proteção de ministros, senadores, deputados e até do poderoso barão do Rio Branco. Desde cedo cultivou laços com a elite intelectual de São Paulo e teve acesso privilegiado aos editores tanto de *O Estado de S. Paulo* como do *Jornal do Commercio* (este por intermédio de Rio Branco). Se Euclides em momentos viveu o papel de oposicionista e sofreu desgostos com os governos, militares e civis, da República, houve outras situações em que atuou — por convicção — como governista radical, ou em que se omitiu para não pôr sua posição pessoal em risco.

Ainda que agravados por uma personalidade difícil, pouco flexível e extremamente irritadiça, muitos dos traços pessoais que marcaram a acidentada vida pessoal de Euclides eram características de seu tempo: o casamento desequilibrado, a latente misoginia, a preferência pela companhia dos amigos homens, o machismo exacerbado. Como agravante, a vida conjugal e familiar logo foi, por força das circunstâncias, marcada pela ausência física e pelo distanciamento afetivo de Euclides. A morte no curso da tentativa de assassinar Dilermando (e, provavelmente, também a esposa) deve ser vista como o ápice de uma longa crise, decorrente da irremediável diferença de temperamento entre os cônjuges, mas balizada pelos parâmetros e limites daquela sociedade — a expectativa de absoluta submissão feminina como norma, para citar apenas um deles.

Ao confessar o affaire com Dilermando no depoimento à polícia, Ana acrescentou que queria que soubessem que o ato aparentemente tresloucado do marido não fora produto de ciúmes injustificados, para que "a imprensa e a sociedade não o estejam chamando de louco ao doutor Euclides da Cunha, quando ele não era mais do que *um apaixonado pela sua reputação*".[24] Trata-se de uma observação aguda.

A tentativa de Euclides de assassinar Ana e Dilermando foi, indiscutivelmente, um ato de desespero, mas não um acesso de loucura. Naquele ponto, a manutenção do casamento, mesmo que como farsa, tornara-se inviável. De acordo com a legislação então vigente, uma denúncia de adultério serviria de base para o divórcio e poderia, inclusive, levar a uma pena de até três anos de cadeia para Ana, desde que não houvesse indícios de que Euclides houvera "por qualquer modo [...] consentido no adultério". O fato é que a legislação — sem dúvida imbuída do espírito de favorecer os homens, supostamente mais propensos ao adultério e, quase sempre, a parte que dispunha dos recursos financeiros — estabelecia que: "Presume-se perdoado o adultério quando o cônjuge inocente, depois de ter conhecimento dele, houver coabitado com o culpado".[25] Seria relativamente fácil para Ana argumentar que Euclides tinha ciência do adultério desde, pelo menos, o nascimento de Mauro, em 1906.

A opção por uma separação por acordo mútuo exigiria um entendimento com Ana e tornaria irremediavelmente pública a situação de marido enganado, inclusive na medida em que

Ana se recusava a ser "devolvida" para a casa da mãe. A revelação da complacência tão prolongada de Euclides com a infidelidade da esposa seria um duro golpe em sua reputação — nos termos da sociedade brasileira do início do século XX e mesmo, ainda que muitíssimo menos, hoje em dia. O papel de homem que tolerou longamente ser traído, ainda mais por um jovem quase da idade dos filhos, em especial para alguém "apaixonado pela sua própria reputação", seria nada menos que uma tragédia. Nessas condições, tornar-se um assassino talvez parecesse um mal menor para Euclides.

Se hoje em dia, em muitos casos, os feminicídios ainda são vistos como, ao menos em parte, culpa das vítimas, então Euclides quase certamente seria absolvido, e o ato, visto como reação "natural". Matar, ainda que à traição, sem que as vítimas tivessem tempo de reagir (como tentou ao atacar Dilermando) ou desarmadas (como provavelmente faria com Ana), seria visto como conduta não apenas aceitável, mas até louvável por parte do marido traído. Nos termos daquela sociedade, para a proteção da "própria reputação", mesmo morrer na tentativa de assassinar a mulher e o rival seria preferível, como comprovou a reação de Manuel da Cunha ao saber da morte do filho. Por insensato que hoje o consideremos, "matar ou morrer", no caso de um adultério, situava-se na esfera do desespero, não na da loucura, de acordo com a mentalidade daquela sociedade.

Entre as datas da nascença e da morte, Euclides Rodrigues Pimenta da Cunha viveu de forma intensa, com pequenos e grandes erros e acertos, momentos de glória e de profunda frustração. A singularidade da trajetória pessoal atrai a curiosidade e nos conta muito sobre a vida privada e o imaginário daquela época e também sobre vários debates públicos dos últimos anos da monarquia e do início do regime republicano no Brasil. O modo como manejou suas conexões com o mundo intelectual, militar e político revela detalhes das relações pessoais e institucionais nas elites brasileiras daquele fim do século. Também sua obra abre uma janela extraordinária para o Brasil de seu tempo, a partir de múltiplas perspectivas e de forma imensamente profícua. O "primogênito de 'seu' espírito" tornou-se uma das obras-primas da língua portuguesa e um livro essencial para compreender o Brasil de então e o de hoje. Com todas as imperfeições e inevitáveis lacunas da narrativa biográfica, a vida e a obra de Euclides da Cunha merecem ser rememoradas e discutidas.

Elas servem de janela para uma reflexão sobre o comportamento individual e coletivo perante situações que, infelizmente, longe de pertencerem a um passado já superado, repetem-se recorrentemente. Em primeiro lugar, chama a atenção a indiferença com que foi recebida a denúncia da imensa tragédia em termos de vidas e de sofrimento humano produzida pela exploração da borracha na Amazônia. Euclides teve sensibilidade suficiente para perceber, desde o início, o caráter abusivo das relações de trabalho e das condições sociais a que os seringueiros eram submetidos.

Em contraste, ao menos no primeiro momento, o escritor não teve discernimento para se dissociar da mistificação criada — por uma conjugação de interesses políticos — em torno de Belo Monte. A despeito do bom coração e do sentido de justiça, além da inegável inteligência e da capacidade de buscar informação, Euclides embarcou no clima irracional de confrontação entre "eles" e "nós" que transformou um paupérrimo arraial do interior da Bahia em ameaça à República e ao Brasil. A desqualificação do "outro" transformou os sertanejos em jagunços — não mais compatriotas cujos interesses e razões devem ser levados em conta, mas fanáticos, inimigos a quem era necessário não apenas derrotar, mas exterminar. Nesse e em muitos outros episódios históricos, a desumanização dos que são percebidos como adversários ou simplesmente como distintos de "nós" se tornou a antessala para uma tragédia de grandes proporções.

A pergunta a fazer, e que não está respondida adequadamente em *Os sertões*, é: como a polarização política e um clima de histeria e irracionalidade provocado intencionalmente puderam conduzir a um tal massacre, bárbaro e sem sentido? Mais do que uma explicação, a resposta sempre será uma advertência. Mesmo ameaças fictícias e fantasias políticas, se não postas devidamente em xeque, podem conduzir a resultados desastrosos.

Resgatar a memória das vítimas — sertanejos e soldados — nos ajuda a recuperar a dimensão dos horrores daquela guerra insensata. Discutir os mecanismos que induziram pessoas comuns e correntes, sem interesse direto na questão, a — mais do que apoiar — exigir a destruição de uma localidade perdida no sertão e concordar, ainda que implicitamente, com o extermínio de homens, mulheres e crianças que em nada as prejudicavam ou ameaçavam pode ser um elemento a mais para que possamos discernir o muito de mistificação e irracionalidade que existe nas paixões de cada momento histórico, inclusive deste em que vivemos.

Notas

Apresentação [pp. 9-15]

1. Refiro-me aqui às datas de publicação das respectivas primeiras edições. As referências ao longo deste livro correspondem, eventualmente, a outras edições, conforme indicado na bibliografia.
2. Manuel Benício, *O rei dos jagunços: Chronica histórica e de costumes sertanejos sobre os acontecimentos de Canudos*. Ed. fac-similar. Brasília: Senado Federal, 1997 [1899], p. 166.
3. Manuel Bandeira, apud Euclides da Cunha, *Obra completa*. Org. de Afrânio Coutinho. 2 v. Rio de Janeiro: José Aguilar, 1966, v. 1, p. 629.

1. O incidente do sabre [pp. 16-30]

1. Conversa entre Euclides da Cunha e Miguel Gastão da Cunha, apud Olímpio de Sousa Andrade, "Euclides da Cunha em *Os sertões* e os outros livros". *Revista do IHGB*, Rio de Janeiro, v. 271, pp. 201-20, abr.-jun. 1966. O original da transcrição da conversa está em "Diário de Gastão da Cunha" (manuscrito). Rio de Janeiro, 15 maio 1907 (Coleção Miguel Gastão da Cunha).
2. Euclides da Cunha ingressou na Escola Militar em 26 de fevereiro de 1886 e nos dois primeiros anos do curso pertenceu à 2ª Companhia, como cadete n. 308. Em 5 de julho de 1888, no terceiro ano, foi transferido para a 1ª Companhia, como cadete n. 188, e nomeado sargento-aluno em 27 de setembro. Roberto Ventura, *Retrato interrompido da vida de Euclides da Cunha*. São Paulo: Companhia das Letras, 2003, pp. 51, 65.
3. Há várias versões sobre os detalhes do caso, mas que não alteram a essência do relato. Os cadetes marchavam com fuzis que traziam as baionetas montadas. Segundo uma variante, Euclides teria retirado a baioneta (o que demandaria algum tempo) para tentar quebrar a lâmina, sem sucesso. Em outra, ele teria jogado o fuzil, com a baioneta, aos pés do ministro. Na já referida conversa entre Euclides da Cunha e Miguel Gastão da Cunha, Euclides esclarece: "Tirei o sabre que estava no cinturão. Como sargento, não tinha baioneta calada". As múltiplas visões do

incidente tornam impossível aferir os detalhes com precisão. Na edição de 7 de novembro do *Diário de Notícias*, Artur Azevedo, na coluna que assinava sob o pseudônimo "Elói, o herói", ironizou a controvérsia: "Quem falou verdade nesta questão da Escola Militar? A *Gazeta de Notícias*? O governo? O sr. Silveira Martins? O sr. Joaquim Nabuco?... De que lado está a deusa nua com um espelhinho na mão? O aluno Euclides da Cunha quebrou a baioneta ou amolgou o sabre? Arremessou a arma aos pés do sr. ministro da Guerra ou quis com ela furar a pança de S. Ex. — pança respeitável, ao pé da qual a minha não passa de simples e modesta barriguinha de pouco mais ou menos?...".
4. Roberto Ventura (*Retrato interrompido da vida de Euclides da Cunha*, op. cit., p. 269, nota 36) informa que: "Os registros militares de Euclides só fazem menção ao seu recolhimento no hospital militar, sem qualquer referência à detenção na fortaleza de Santa Cruz". Contudo, a informação sobre a detenção na fortaleza de Santa Cruz é, entre outras fontes, do próprio Euclides em conversa com Miguel Gastão da Cunha.
5. *Diário de Notícias*, 14 dez. 1888. Roberto Ventura (*Retrato interrompido da vida de Euclides da Cunha*, op. cit., p. 73) acrescenta que o desligamento do Exército por "incapacidade física" baseou-se no laudo do dr. Alexandre Loeiro de Farias Guarani, que atestou que não se poderia responsabilizar Euclides, pois ele teria atuado "em virtude de excitação nervosa motivada por desordens de nutrição e de funcionamento do cérebro". Salvavam-se as aparências.
6. Pelas imagens preservadas nas fotografias da família, nos traços fisionômicos de Euclides predominou a herança da avó paterna.
7. Como não poderia deixar de ser pelas convenções sociais da época, a noiva adotou o sobrenome do marido, passando a chamar-se Eudóxia Alves Moreira da Cunha.
8. Conta Ventura (*Retrato interrompido da vida de Euclides da Cunha*, op. cit., p. 36) que: "A fazenda Saudade [...] tinha um antigo engenho, construído em pedra no início do século [XIX]. A cerca de quinhentos metros da casa, encontrava-se a casa-grande, com paredes de pau a pique, telhas de barro e janelas largas e altas. Ao lado havia um pomar com jabuticabeiras e mangueiras. Uma pequena construção atrás servia de depósito. Seis palmeiras enfileiradas em frente da casa davam importância à sede da fazenda".
9. Em um trabalho de extraordinário valor, a obra poética de Euclides da Cunha foi compilada pelos professores Leopoldo M. Bernucci e Francisco Foot Hardman (*Euclides da Cunha: Poesia reunida*. São Paulo: Unesp, 2009). Entre outros autores, Frederic Amory (*Euclides da Cunha: Uma odisseia nos trópicos*. Cotia: Ateliê Editorial, 2009, pp. 47-61) traz uma discussão breve, mas profícua, da poesia euclidiana.
10. Sobre a "Geração de 1870", ver Angela Alonso, *Ideias em movimento: A geração 1870 na crise do Brasil-Império*. São Paulo: Paz e Terra, 2002.

11. Outra possível interpretação — que não exclui as vantagens materiais da troca da Politécnica pela Escola Militar — atribui a decisão ao interesse de Euclides de desfrutar do clima mais intelectualizado e de efervescência republicana da praia Vermelha. Veja-se, por exemplo, Umberto Peregrino, "Euclides e a Escola Militar da Praia Vermelha". *Dom Casmurro*, Rio de Janeiro, pp. 21-3, maio 1946; e *Euclides da Cunha e outros estudos*. Rio de Janeiro: Record, 1968.
12. Eloy Pontes, *A vida dramática de Euclydes da Cunha*. Rio de Janeiro: José Olympio, 1938, p. 53.
13. Apud Eloy Pontes, op. cit., p. 46. Esse diário de Euclides da Cunha foi publicado na *Revista do Grêmio Euclydes da Cunha*, 15 ago. 1914.
14. Apud Eloy Pontes, op. cit., p. 45. Esse diário de Euclides da Cunha foi publicado na *Revista do Grêmio Euclydes da Cunha*, 15 ago. 1914.
15. General Tito Escobar, apud José Murilo de Carvalho, "As Forças Armadas na Primeira República: O poder desestabilizador". In: Boris Fausto (Org.), *História geral da civilização brasileira: O Brasil republicano, sociedade e instituições (1889-1930)*. v. 9. São Paulo: Difel, 1985, p. 196.
16. Apud José Murilo de Carvalho, "As Forças Armadas na Primeira República: O poder desestabilizador", op. cit., p. 210.
17. *Revista da Família Acadêmica*, ano 1, n. 1, pp. 209-19, 1887. Eloy Pontes (op. cit., pp. 48-52) transcreve todo o artigo.

2. Positivista hesitante, ardente republicano [pp. 31-46]

1. A influência do positivismo sobre Euclides variou, decrescendo rapidamente depois que deixou a Escola Militar. Ele, contudo, nunca chegou a ser um positiva radical. Não há indícios, por exemplo, de que frequentasse o Templo da Humanidade ou abraçasse o aspecto religioso da corrente filosófica. Esta é também a opinião, entre outros, de Olímpio de Sousa Andrade (*História e interpretação de* Os sertões. 2. ed. São Paulo: Edart, 1962, p. 29): "Do positivismo, que na Europa foi apenas um sistema filosófico, mas que, no Brasil, foi menos uma filosofia que um sistema religioso e uma força de ação política e de organização social, Euclides recebeu influência que não foi nem profunda nem duradoura". O testemunho de Rondon, colega de turma de Euclides, indica que mesmo durante aqueles primeiros anos a influência do positivismo sobre Euclides não era predominante: "Mais encanto encontrou na obra de Spencer, a que se filiavam muitos dos brilhantes alunos da Escola Militar dessa época" (apud Olímpio de Sousa Andrade, *História e interpretação de* Os sertões, op. cit., p. 30).
2. Olímpio de Sousa Andrade, *História e interpretação de* Os sertões, op. cit., p. 52.
3. Carta de Euclides da Cunha a Raul Pederneiras, jul. 1903.

4. Naturalmente, não se pode reduzir a proclamação da República ao contexto imediato. Há vasta literatura — que não cabe resenhar aqui — sobre as causas estruturais e o esgotamento das estruturas políticas, econômicas, sociais e ideológicas que sustentavam a monarquia.
5. A versão que aponta que Ana teria na ocasião apenas catorze anos não corresponde aos fatos. De acordo com a certidão de batismo, Ana Emília Sólon Ribeiro nasceu no dia 18 de junho de 1872, na cidade de Jaguarão, no Rio Grande do Sul. A diferença de idade entre Ana e Euclides era, portanto, de seis anos.
6. *Diário de Notícias*, 19 nov. 1889.
7. No início do governo republicano, a Escola Militar foi subdividida, sendo criada a Escola Superior de Guerra, que passou a ser responsável pelos cursos de Artilharia, Estado-Maior e Engenharia Militar. "Ao fim dos dois primeiros anos o aluno completaria o curso de Infantaria, após o terceiro ano o curso de Artilharia. O quarto ano daria direito ao curso de Estado-Maior, e, ao final do quinto ano, teria o aluno completado o curso de Engenharia e recebia o título de bacharel em Matemática, Ciências Físicas e Naturais"(José Carlos Barreto de Santana, *Ciência & arte: Euclides da Cunha e as ciências naturais*. São Paulo: Hucitec; Feira de Santana: Universidade Estadual de Feira de Santana, 2001, p. 42).
8. Depois, Sólon foi promovido, em setembro de 1899, a general de divisão. Foi, ainda, deputado e, por breve período (1891), governador do Mato Grosso. Disponível em: <http://memoria.bn.br/DocReader/Hotpage/HotpageBN.aspx?bib=313394&pagfis=19660&url=http://memoria.bn.br/docreader###>. Acesso em: 31 mar. 2021.
9. Edgard Carone, *A República Velha (evolução política)*. 2. ed. São Paulo: Difel, 1974, p. 17.
10. José Murilo de Carvalho, "As Forças Armadas na Primeira República: O poder desestabilizador", op. cit., pp. 201, 224.
11. O tratado Bocaiuva-Zeballos acabaria por não ser sancionado pelo Congresso brasileiro; a disputa com a Argentina foi submetida a uma arbitragem que teve como juiz o presidente dos Estados Unidos, resultando na atribuição de todo o território ao Brasil. O advogado do Brasil foi o barão do Rio Branco, e sua vitória o catapultou para a fama. Em seguida, o Barão também defenderia o país na arbitragem sobre o Amapá, em que obteve novo êxito. Ver Luís Cláudio Villafañe G. Santos, *Juca Paranhos, o barão do Rio Branco*. São Paulo: Companhia das Letras, 2018, pp. 151-2, 161-98.
12. Edgard Carone, op. cit., p. 18.
13. Frederico Sólon de Sampaio Ribeiro era filho de Vitorino José Ribeiro e Ana Emília de Sampaio. "Sólon" era, portanto, parte do seu primeiro nome, mas foi transmitido a alguns filhos, sem muito método: Ana Emília Sólon Ribeiro, Arnulfo Sólon Ribeiro, Alquimena Sólon Sampaio Ribeiro

e Adroaldo Sampaio Ribeiro. O nome de solteira de d. Túlia Teixeira Ribeiro era Túlia Tecla Teixeira.
14. Publicados em 12 e 26 de abril, 24 de maio e 2 de junho.
15. Euclides da Cunha, *Obra completa*. Org. de Afrânio Coutinho. 2 v. Rio de Janeiro: José Aguilar, 1966, v. 1, pp. 641, 652. Não há registro sobre a musa que inspirou os versos de 1885 (Ana não foi, pois se conheceram em 1889), reutilizados para homenagear a esposa no dia do casamento: "Ontem, quanto, soberba, escarnecias/ Dessa minha paixão, louca, suprema,/ E no teu lábio, essa rósea algema,/ A minha vida, gélida prendias...// Eu meditava em loucas utopias,/ Tentava resolver grave problema.../ — Como engastar tua alma num poema?/ E eu não chorava quando tu te rias...// Hoje, que vives, desse amor ansioso/ E és minha, — és minha, extraordinária sorte,/ Hoje eu sou triste, sendo tão ditoso!...// E tremo e choro, pressentindo, forte/ Vibrar, dentro em meu peito, fervoroso,/ Esse excesso de vida, que é a morte...".

3. Floriano Peixoto [pp. 47-73]

1. "O Marechal de Ferro" (publicado em *Contrastes e confrontos*).
2. Entre 3 e 23 de novembro Floriano participou de várias reuniões — algumas na própria residência — para preparar uma reação armada contra o golpe de Deodoro. Euclides descreve em detalhes essa atividade em "O Marechal de Ferro" (publicado em *Contrastes e confrontos*):
"A sua casa [de Floriano] no Rio Comprido era o centro principal da resistência. Ia-se para lá de dia, em plena luz: nenhuns resguardos, nenhuma dessas cautelas, e ânsias, ou sobressaltos, com os quais numa conspiração se romanceiam os perigos. Os conspiradores iam, prosaicamente, de bonde; saltavam num portão, à direita; galgavam uma escada lateral, de pedra; e viam-se a breve trecho num salão modesto, com a mobília exclusiva de um sofá, algumas cadeiras e dois aparadores vazios. Lá dentro, janelas largamente abertas, como se se tratasse da reunião mais lícita, rabeava ferozmente a rebeldia: gizavam-se planos de combate; balanceavam-se elementos, ou recursos; pesavam-se incidentes mínimos; trocavam-se alvitres, denunciavam-se trânsfugas, enumeravam-se adeptos, e nas palestras esparsas em grupos febricitantes vibrava longamente este entusiasmo despedaçado de temores que trabalha as almas revolucionárias.".
3. Apud Roberto Ventura, *Retrato interrompido da vida de Euclides da Cunha*, op. cit., p. 101.
4. Entre outras evidências, Euclides confessa sua participação na conspiração contra Deodoro ao comentar, em carta a Porchat, seus sentimentos sobre a morte do marechal Deodoro: "Ante o cadáver do herói senti remorsos de haver um dia conspirado contra o ditador". Carta de Euclides da Cunha a Reinaldo Porchat, 26 ago. 1892.

5. "O Marechal de Ferro" (publicado em *Contrastes e confrontos*).
6. "Da penumbra", *O Estado de S. Paulo*, 15 mar. 1892.
7. "Dia a dia", *O Estado de S. Paulo*, 29 mar. 1892.
8. "Da penumbra", *O Estado de S. Paulo*, 17 mar. 1892.
9. "Dia a dia", *O Estado de S. Paulo*, 6 abr. 1892.
10. "Dia a dia", *O Estado de S. Paulo*, 7 abr. 1892.
11. "Dia a dia", *O Estado de S. Paulo*, 13 abr. 1892.
12. "Dia a dia", *O Estado de S. Paulo*, 18 maio 1892.
13. "Dia a dia", *O Estado de S. Paulo*, 22 jun. 1892.
14. Carta de Euclides da Cunha a Reinaldo Porchat, 3 set. 1892.
15. A iniciativa de escrever os dois artigos pode ser vista como uma forma (totalmente equivocada) de forçar a criação de uma cátedra de astronomia e de promover a própria candidatura à posição. Ao mesmo tempo que atacava o currículo proposto para a Escola Politécnica — e, assim, criticava seu idealizador e futuro diretor —, Euclides mostrava interesse em ser contratado para lecionar na instituição. Buscou mobilizar a seu favor o influente grupo de amigos ligado ao jornal *O Estado de S. Paulo*. Em carta para Porchat datada de 7 jun. 1892, diria:

    "Soube aqui que se acha em plena organização a Escola de Engenharia daí. Imediatamente lembrei-me de uma aspiração antiga: abandonar uma farda demasiadamente pesada para os meus ombros e passar a vida numa função mais tranquila, mais fecunda e mais nobilitadora. Oferece-se-me este emprego agora. Lembrei-me que forçosamente haverá nessa Escola a cadeira de Astronomia, ciência à qual me tenho aplicado muitíssimo ultimamente, frequentando assiduamente o Observatório Astronômico. À vista disto procurei logo conversar com o Mesquita, Álvaro de Carvalho e outros paulistas que aqui estão e foram todos acordes em que eu devia preferir um lugar de lente aí do que persistir numa carreira incompatível com o meu gênio."
16. O tema está bem desenvolvido em José Carlos Barreto de Santana, "Euclides da Cunha e a Escola Politécnica de São Paulo". *Estudos Avançados*, São Paulo, v. 10, n. 26, pp. 311-27, abr. 1996. Disponível em: <http://www.scielo.br/scielo.php?script=sci_arttext&pid=S0103-40141996000100026&lng=en&nrm=iso>. Acesso em: 30 mar. 2021.
17. Não se deve, contudo, creditar somente à má vontade de Paula Souza o insucesso de Euclides. Em 1904, quando se decide que o ingresso no corpo docente da Escola se fará não por concurso, mas por nomeação da congregação, Euclides jamais obteve mais do que um voto em nenhum dos sufrágios de que participou como candidato para alguma cadeira.
18. Carta de Euclides da Cunha a Reinaldo Porchat, 14 nov. 1892.
19. Carta de Euclides da Cunha a Lúcio de Mendonça, 1904 (?). Nessa carta, Euclides conta ter recebido o convite para se entrevistar com Floriano no dia 29 de janeiro de 1893.

20. Autos do inquérito policial, em Walnice Nogueira Galvão (Org.), *Euclides da Cunha: Autos do processo sobre sua morte*. Consultoria de Domício Pacheco e Silva Neto. 2. ed. São Paulo: Terceiro Nome, 2009, p. 124.
21. Carta de Euclides da Cunha ao pai, Manuel Rodrigues Pimenta da Cunha, 11 dez. 1893.
22. Em abril de 1893 Euclides mandou para *O Estado de S. Paulo* (que apoiava Floriano) um artigo "um tanto oposicionista" que acabou não sendo publicado. Ver carta de Euclides da Cunha a Reinaldo Porchat, 22 abr. 1893.
23. "A esfinge (de um diário da Revolta)", publicado em *Contrastes e confrontos*.
24. Ibid.
25. Carta de Euclides da Cunha a Reinaldo Porchat, 8 jul. 1895.
26. Carta de Euclides da Cunha a Reinaldo Porchat, 22 nov. 1893. Nessa missiva, Euclides diria: "Nós atravessamos uma revolução — a revolução dos cochichos: os revolucionários vivem a discursar pelas esquinas inclinados para o ouvido dos comparsas — mas toda a sua ação não vai além disto. Falta-nos vigor, falta-nos brio, falta-nos sentimento e falta-nos espírito. Durante largo tempo, podes ficar certo, estaremos à mercê de todas as ousadias da inconsciência política. É por isto que eu bato palmas à revolução do Sul, quando menos é um exemplo, quando menos ela nos está dizendo que se nesta terra não há quem saiba viver à luz dos princípios, existe uma minoria que sabe morrer por eles".
27. Carta de Euclides da Cunha a Reinaldo Porchat, 22 nov. 1893.
28. Carta de Euclides da Cunha a Túlia Ribeiro, 7 jan. 1894.
29. O episódio, contado por Araripe Júnior, está descrito, entre outras fontes, em Eloy Pontes, op. cit., pp. 117-8. Araripe Júnior censurou as palavras exatas de Floriano, reproduzindo o que Euclides lhe contara em uma forma mais suave, conforme ele admite na explicação entre parênteses: "Quando seu pai ainda não cogitava em procurá-lo (a frase que empregou tinha forma menos austera) eu já era amigo de Sólon. Pode retirar-se". Não há como saber a expressão exata usada por Floriano, mas se depreende do fato de Araripe Júnior tê-la modificado que foi bastante grosseira. Na linha de Adelino Brandão (*Paraíso perdido: Euclides da Cunha, vida e obra*. São Paulo: Ibrasa, 1996, p. 237), adoto uma liberdade literária que estará mais próxima da expressão realmente usada por Floriano.
30. As cartas trocadas estão publicadas em Eloy Pontes, op. cit., pp. 126-32 e reproduzidas em outras fontes.
31. Veja-se a carta de Euclides da Cunha a João Luís Alves, 20 nov. 1896: "Tenho a dar-te uma novidade: o Artur, alegando não receber vencimentos pelos *grandes* serviços que nos prestava, com uma desenvoltura notável — fugiu — empregando-se não sei em que casa. Não sei que providências tomar, visto como me falecem meios para chamá-lo à ordem. Creio mesmo que é melhor que ele estabeleça um paralelo entre a vida que tinha e a que tem: teremos então como consequência a reprodução

da eterna história do *filho pródigo*. Felizmente, a Regina continua ajuizada e procedendo irrepreensivelmente".
32. O relato foi publicado em um pequeno jornal mineiro dias depois da morte de Euclides (22 ago. 1909) e aproveitado por Dilermando na defesa contra a acusação de assassinato para ilustrar o gênio impulsivo do escritor e para mostrar que as dificuldades na vida do casal precediam de muito antes do início de sua relação com Ana. Sobre isso, Bueno acrescentou que: "Mas aquele grande espírito, tinha uma falha; aquele imenso coração tinha um ponto negro; aquela alma adamantina, como novo Gulinan, tinha uma jaça; aquele Himalaia de patriotismo, de dedicação para os fracos, para os oprimidos, para os pequeninos, para os infortunados, tinha uma caverna escura; como Aquiles, o herói de Homero, tinha um ponto vulnerável; aquele cultor apaixonado do dever, tinha um senão — essa falha, esse ponto negro, essa jaça, essa caverna escura, esse ponto vulnerável, esse senão, era o abandono moral da companheira, daquela que de carinho, de zelo, de dedicação, o aconselhava, o advertia, o arredava dos perigos, procurando cercá-lo de uma atmosfera de calma e de repouso. Porém o grande homem, por uma fatalidade idiossincrática, correspondia mal a essas disposições da esposa". (Autos do inquérito policial em Walnice Nogueira Galvão (Org.), *Euclides da Cunha: Autos do processo sobre sua morte*, op. cit., pp. 179-80).
33. Carta de Euclides da Cunha a João Luís Alves, 22 fev. 1895. A descrição das aspirações de Euclides em relação à Escola Politécnica de São Paulo se apoia em José Carlos Barreto de Santana, "Euclides da Cunha e a Escola Politécnica de São Paulo", op. cit.
34. José Carlos Barreto de Santana, "Cotidiano e geologia em Euclides da Cunha". *Cadernos IG — Unicamp*, Campinas, v. 5, n. 2, p. 144, 1995.
35. Conforme assinala Ventura (*Retrato interrompido da vida de Euclides da Cunha*, op. cit., p. 275, nota 68), a carta de Euclides da Cunha para o sogro já foi datada como sendo de 6 de janeiro ou 6 junho de 1894. Coincido com o autor que, pelas circunstâncias que ele aponta, ademais das referências à movimentação de Sólon encontradas na imprensa em 1895, a referida carta deve ser de 6 jan. 1895.
36. *Gazeta de Notícias*, 1º de março e 7 ago. 1895.
37. Carta de Euclides da Cunha a Reinaldo Porchat, 27 mar. 1895.
38. Carta de Euclides da Cunha a Reinaldo Porchat, 5 abr. 1895.
39. Carta de Euclides da Cunha a Bueno Brandão, 5 set. 1895.
40. Carta de Euclides da Cunha a Frederico Sólon de Sampaio Ribeiro, 10 jan. 1896. A data dessa carta aparece, equivocadamente, como 10 jan. 1895 em algumas fontes.
41. Em depoimento sobre Euclides da Cunha dez anos após a morte do escritor, Teodoro afirma tê-lo conhecido "ali por 1892, se bem me recordo", mas, pelo contexto, parece ter se equivocado nesse ponto.
42. Carta de Euclides da Cunha a João Luís Alves, 26 set. 1895.

43. Ibid..
44. Carta de Frederico Sólon de Sampaio Ribeiro a Euclides da Cunha, 20 mar. 1896.
45. Carta de Euclides da Cunha a Bueno Brandão, 28 abr. 1896. Nessa carta, Euclides comenta o estado de saúde da esposa: "Saninha acha-se extremamente debilitada e tendo eu chamado alguns médicos para examiná-la, estão todos acordes afirmando que o seu estado de saúde é incompatível com o clima daqui, tornando-se urgente a mudança de ares, quanto antes, antes da entrada do inverno".
46. Carta de Euclides da Cunha a João Luís Alves, 23 abr. 1896.

4. A Troia de Taipa [pp. 74-103]

1. Carta de Euclides da Cunha a João Luís Alves, 23 abr. 1896.
2. Olímpio de Sousa Andrade, *História e interpretação de* Os sertões, op. cit., p. 77.
3. Teodoro Sampaio, "À memória de Euclides da Cunha no décimo aniversário de sua morte". In: NEVES, Edgard de Carvalho (Org.). *Euclides da Cunha: Ensaio e crítica*. Rio de Janeiro: Francisco Alves, 1960, pp. 143-8. O amigo Teodoro Sampaio matizaria um pouco essa precoce insatisfação de Euclides com a engenharia: "Não que a vida ativa de engenheiro lhe pesasse; mas porque não encontrava na função, como exercida, a superior elevação, capaz de o libertar da pasmaceira de uma técnica que lhe parecia duvidosa".
4. Carta de Euclides da Cunha a Júlio Bueno Brandão, 6 dez. 1896.
5. Essa imagem negativa de Prudente de Morais propagada pelos jacobinos como estratégia política está esplendidamente refletida na descrição que Adelino Brandão dele faz (*Paraíso perdido: Euclides da Cunha, vida e obra*, op. cit., pp. 81-2): "O presidente da República, Prudente de Morais, 'O Biriba' era um banana. Um velho *casaca* dos tempos monárquicos, cujo republicanismo não engsanava ninguém. Com aquela cara de Cristo no Horto, barbas de profeta, de colarinho e gravata de laço, contemporizava com os políticos inimigos da revolução, que voltavam a pôr as manguinhas de fora, após a morte do marechal Floriano. Este, sim, um presidente decidido. Não à-toa lhe tinham posto o apelido de Marechal de Ferro. Não tivesse ele, com sua mão de ferro, imposto disciplina a militares e civis, e a República teria ido água abaixo, com a volta da monarquia. Floriano estava morto; mas não o florianismo".
6. Os dados factuais sobre a campanha contra Belo Monte, salvo quando indicado em contrário, são extraídos do relato de Euclides da Cunha em *Os sertões*.

7. De acordo com o relato de Euclides: "Ali acantonaram as 543 praças, 14 oficiais combatentes e 3 médicos — toda a 'primeira expedição regular' contra Canudos. Era uma massa heterogênea de três cascos de batalhões, o 9º, o 26º e o 33º, tendo, adidas, duzentas e tantas praças de polícia e pequena divisão de artilharia, dois canhões *Krupp 7 ½* e duas metralhadoras *Nordenfeldt*. Menos de uma brigada, pouco mais de um batalhão completo".
8. *Gazeta de Notícias*, 5 dez. 1896. Em *Os sertões*, Euclides, sem revelar que se trata do sogro, deixa clara a prudência do general Sólon, que contrasta com a atitude do governador Luís Viana.
9. Em *Os sertões*, Euclides explica que: "O governo baiano afirmou 'serem mais que suficientes as medidas tomadas para debelar e extinguir o grupo de fanáticos e não haver necessidade de reforçar a força federal para tal diligência'".
10. *Gazeta de Notícias*, 16 e 25 dez. 1896 e 2 jan. 1897.
11. José Gonçalves da Silva, que fora governador entre 1890 e 1891 e contava com o apoio do barão de Jeremoabo, dono do antigo arraial de Canudos (e então maior latifundiário do Nordeste), opunha-se aos governadores Rodrigues Lima (que governou de 1892 a 1896) e Luís Viana (governador entre 1896 e 1900). A facção dos dois últimos julgava, pelo menos até a Terceira Expedição, que Antônio Conselheiro e seus seguidores poderiam ser elementos de desestabilização do poder eleitoral dos gonçalvistas no 3º Distrito, que incluía Belo Monte. Já José Gonçalves e o barão de Jeremoabo esperavam que a alteração da ordem pública criasse condições para que se invocasse o artigo 6º da Constituição Federal para permitir uma intervenção federal no estado, "único artifício que, no contexto político oligárquico, lhes possibilita recuperar o poder". Foge ao escopo desta biografia discutir com maior detalhe a política baiana da época. Pode-se obter uma boa visão do tema no ensaio "Canudos: A construção do medo", de Consuelo Novais Sampaio, em *Canudos: Cartas para o barão*. 2. ed. São Paulo: Edusp/ Imprensa Oficial, 2001, pp. 31-85. Ver também o texto de Álvaro Pinto Dantas de Carvalho Júnior, em Instituto Moreira Salles, *Cadernos de Literatura*, n. 13 e 14, pp. 266-87, dez. 2002.
12. *Gazeta de Notícias*, 5 fev. 1897.
13. Na crônica publicada na coluna "A semana", da *Gazeta de Notícias*, em 22 jul. 1894, Machado dizia: "Crede-me, esse Conselheiro que está em Canudos com os seus dois mil homens, não é o que dizem telegramas e papéis públicos. Imaginai uma legião de aventureiros galantes, audazes, sem ofício nem benefício, que detestam o calendário, os relógios, os impostos, as reverências, tudo o que obriga, alinha e apruma. São homens fartos desta vida social e pacata, os mesmos dias, as mesmas caras, os mesmos acontecimentos, os mesmos delitos, as mesmas virtudes. Não podem crer que o mundo seja uma secretaria de Estado, com o seu livro do ponto, hora de entrada e de saída, e desconto por faltas. O próprio

amor é regulado por lei; os consórcios celebram-se por um regulamento em casa do pretor, e por um ritual na casa de Deus, tudo com a etiqueta dos carros e casacas, palavras simbólicas, gestos de convenção. Nem a morte escapa à regulamentação universal; o finado há de ter velas e responsos, um caixão fechado, um carro que o leve, uma sepultura numerada, como a casa em que viveu... Não, por Satanás! Os partidários do Conselheiro lembraram-se dos piratas românticos, sacudiram as sandálias à porta da civilização e saíram à vida livre".

14. *Jornal do Brasil*, 7 mar. 1897.
15. *Gazeta de Notícias*, 8 mar. 1897.
16. *O Paiz*, 8 mar. 1897.
17. Apud José Carlos de Ataliba Nogueira, *Antônio Conselheiro e Canudos: Revisão histórica. A obra manuscrita de Antônio Conselheiro e que pertenceu a Euclides da Cunha*. 2. ed. São Paulo: Editora Nacional, 1978, p. 20 (Brasiliana, v. 355).
18. Carta de Euclides da Cunha a Reinaldo Porchat, 26 ago. 1892.
19. Manuel Benício, op. cit., p. 368.
20. A questão causou desconforto a Teodoro, que a registrou em seu diário pessoal. José Carlos Barreto de Santana (*Ciência & arte*, op. cit., p. 93, nota 6) registra que: "No diário Teodoro Sampaio mostra-se irritado com o acontecido, que lhe poderia trazer problemas para uma negociação em curso visando a impressão do mapa. Também não deve ser esquecido que o próprio Teodoro Sampaio dizia encontrar-se em campo político oposto a Euclides da Cunha. Teodoro Sampaio era monarquista, considerava a monarquia inocente nas acusações de envolvimento com a Guerra de Canudos [...]. Euclides da Cunha forneceu uma cópia do mapa ao IHGSP no dia 20 de março de 1897, uma semana após o artigo 'A nossa Vendeia' e um dia após a conferência de Teodoro Sampaio com Campos Sales".

   Em sua dissertação sobre Euclides da Cunha, dez anos após a morte deste, Teodoro Sampaio pintou o episódio em cores brandas e comentou que, ao partir para a Bahia, "[Euclides] Levou-me algumas notas das que eu lhe ofereci sobre as terras do sertão que eu viajara antes dele em 1878. Pediu-me cópia de um meu mapa ainda inédito, na parte referente a Canudos e vale superior do Vaza-Barris, trecho de sertão ainda muito desconhecido, e eu lha forneci como forneci ao governo de S. Paulo que dela tirou mais de um exemplar, remetido para o Rio, ao Ministério da Guerra" (Teodoro Sampaio, op. cit.).
21. A cobertura jornalística da guerra contra Belo Monte foi objeto da tese de livre-docência de Walnice Nogueira Galvão, depois publicada como livro (*No calor da hora*. 3. ed. São Paulo: Ática, 1994). Em Dawid Danilo Bartelt (*Sertão, república e nação*. São Paulo: Edusp, 2009) há extensa discussão sobre o "cerco discursivo" a que Belo Monte e seus habitantes foram

submetidos para serem caracterizados como fanáticos, monarquistas e criminosos que deveriam ser destruídos a qualquer custo.
22. A frequente participação de Euclides nas páginas do jornal *O Estado de S. Paulo* até 1892 foi retomada em 1897. Além dos dois artigos "A nossa Vendeia", antes de partir para a Bahia ele publicou no jornal, naquele ano: "Distribuição dos vegetais no estado de São Paulo" (4 de março), "Estudos de higiene: Crítica ao livro do mesmo título do dr. Torquato Tapajós" (4, 9 e 14 de maio), "Anchieta" (9 de junho) e "O argentaurum" (2 de julho).
23. Na *Caderneta de campo*, p. 55, entrada de 18 de setembro, Euclides se refere ao sargento João Pais como seu ordenança, que prepara suas refeições e cuida de seu cavalo.
24. Décadas depois da "tragédia da Piedade", da qual foi um dos protagonistas, Dilermando de Assis deixaria a insinuação de que o pai de Euclides teria assediado Saninha durante essa estada dela na fazenda em Belém do Descalvado. Trata-se de uma acusação — não verificável — que deve ser tomada com cautela. Em todo caso, fica o registro (Dilermando Cândido de Assis, *A tragédia da Piedade: Mentiras e calúnias da "A vida dramática de Euclides da Cunha"*. 2. ed. Rio de Janeiro: O Cruzeiro, 1952, p. 177): "O fato é que o testemunho e a indiscrição da criadagem espalharam pelas redondezas as arremetidas insensatas e as tentativas, às vezes ridículas, às vezes escandalosas, da incontinência do sogro".
25. Os relatos de Manuel Benício sobre a campanha eram certamente muito malvistos pelos oficiais próximos ao general Artur Oscar. Veja-se, por exemplo, o comentário do coronel Dantas Barreto sobre a reportagem em que o correspondente narrava a batalha de 28 de junho: "O capitão Manuel Benício, *para desabafo de paixões estranhas*, chegou a mandar dizer para o Rio, nas suas correspondências do *Jornal do Commercio*, que a 1ª coluna havia recuado três vezes, antes de chegar a 2ª, como se tivéssemos de que recuar, e como se a última expedição de Canudos pudesse cometer uma fraqueza — sem comprometer a reputação do Exército nacional, de cujo valor já duvidavam os seus eternos adversários, desde o sacrifício do coronel Moreira César!" (grifos meus). Emídio Dantas Barreto, *Última expedição a Canudos*. Porto Alegre: Franco & Irmão, 1898, pp. 106-7.
26. O artigo foi publicado na *Gazeta de Notícias* de 26 out. 1897 e está reproduzido no *Libelo republicano*, de César Zama.
27. A melhor evidência — ainda que apenas indireta — no sentido de que o ânimo de Euclides já sofrera alguma transformação durante a estada na Bahia se encontra em trecho da reportagem de 1º de outubro de 1897 (*Diário de uma expedição*) em que ele diz: "Sentia um desapontamento doloroso e acreditei haver deixado muitos ideais, perdidos, naquela sanga maldita, compartindo o mesmo destino dos que agonizavam manchados de poeira e sangue".
28. Olímpio de Sousa Andrade, *História e interpretação de* Os sertões, op. cit., p. 124.

29. *Diário de uma expedição*, 12 ago. 1897.
30. Ibid., 15 ago. 1897.
31. Ibid.
32. Ibid., 1 set. 1897.
33. *Caderneta de campo*, p. 12.
34. *Diário de uma expedição*, 5 set. 1897.
35. Ibid., 6 set. 1897.
36. Ibid.
37. Ibid., 7 set. 1897.
38. *Caderneta de campo*, p. 52.
39. *Diário de uma expedição*, 16 set. 1897. Há diferentes versões sobre quando Euclides chegou a Belo Monte. A data de 16 de setembro está registrada na *Caderneta de campo*, p. 54.
40. Ibid., 16 set. 1897. A comparação, aparentemente depreciativa, é bastante inexata. O *kraal* é um tipo de aldeia do Sul da África geralmente concêntrica, com um cercado para o gado ocupando o centro da povoação.
41. Ibid., 26 set. 1897. No artigo do dia seguinte, ele insiste: "Sou levado a acreditar que tem raízes mais fundas esta conflagração lamentável dos sertões". Contudo, ainda quando estava em Salvador, Euclides comentou a carta que o coronel Carlos Teles enviara ao jornal *O Paiz* em telegramas de 21 e 22 de agosto. Naquela missiva, Teles negara que houvesse influência de pessoas estranhas, presença de estrangeiros ou, mesmo, um sentido de restauração monárquica no movimento de Antônio Conselheiro. Euclides chegou a entrevistar-se com o coronel, que confirmou sua avaliação.
42. Ibid., 27 set. 1897.
43. *Caderneta de campo*, p. 57.
44. *Diário de uma expedição*, 1 out. 1897.
45. Essa informação, de difícil comprovação, consta do *Libelo republicano* de César Zama: "Canudos era a povoação mais numerosa talvez da Bahia, depois da capital. Pelo número das casas contadas depois do assalto e arrasamento, não será exagerado dizer-se que o número de seus habitantes atingia a quase 25 mil almas".
46. A descrição de Euclides sobre a qualidade da água que chegou a consumir é esclarecedora: "Água infame, infamíssima, de um poço pequeno onde há seis meses bebem todos os cavalos, banham-se todos os cavalos e lavam-se todas as feridas". *Caderneta de campo*, p. 11.
47. *Caderneta de campo*, p. 56.
48. *Gazeta de Notícias*, 22 out. 1897.
49. A percepção de estabilidade e tranquilidade vivida durante o mandato de Campos Sales deve ser matizada, ainda que tenha sido muito marcante se comparada ao período dos marechais-presidentes e de Prudente de Morais. Durante o quadriênio de Campos Sales, entre outros incidentes,

ocorreram revoltas em Mato Grosso, em 1899 e 1901, e até tentativas de golpe por parte de monarquistas, em 1900 e 1902. Da mesma forma, o jacobinismo se enfraqueceu muito, mas não desapareceu imediatamente da cena política e, inclusive, ressurgiria muito depois, em apoio à candidatura de Hermes da Fonseca, em 1910.

5. Chefe de operários e homem de letras [pp. 104-20]

1. Tanto a data exata de chegada de Euclides à frente de combate como a de sua partida são objeto de controvérsia. O mais provável é que tenha chegado em 16 de setembro; o último texto de lá mandado tem a data de 10 de outubro. Mas, por exemplo, o *Diário da Bahia*, em sua edição de 17 de outubro, que registra a partida de Euclides para o Rio de Janeiro no dia anterior, diz que ele permaneceu em Belo Monte de 17 de setembro a 3 de outubro.
2. *Diário de uma expedição*, 21 ago. 1897.
3. *Relatório apresentado pelo revd. Frei João Evangelista de Monte Marciano ao Arcebispado da Bahia sobre Antônio Conselheiro e seu séquito no arraial de Canudos* (1895). José Calasans sugere que a redação final do relatório ficou por conta do monsenhor Basílio Pereira (1850-1930), que era irmão do então vice-presidente Manuel Vitorino — mas no exercício do poder durante a Segunda e a Terceira Expedições. Ver: José Calasans, "Relatório de Frei João Evangelista". Disponível em: <http://josecalasans.com/downloads/artigos/35.pdf>. Acesso em: 30 mar. 2021.
4. A notícia em questão foi publicada no *Jornal de Notícias* de Salvador, edição de 27 out. 1897, apud José Calasans, "Algumas fontes de *Os sertões*". *Revista do Instituto de Estudos Brasileiros*, São Paulo, n. 14, p. 93, 1973. Além dos artigos publicados no jornal *O Paiz*, Euclides também usou como fonte a *Parte de serviço* de Siqueira de Meneses ao general Artur Oscar datada de 17 set. 1897, e não terá ficado indiferente ao trabalho do amigo que comparou o sertanejo ao vaqueiro, de que fala a notícia do jornal baiano, paralelo que depois repetiria em um artigo de jornal e em *Os sertões*.
5. Ainda assim, aparentemente Siqueira de Meneses ficaria ressentido com Euclides da Cunha, como se depreende de conversa que manteve com Gilberto Amado, anos depois da morte do autor de *Os sertões*. Nesse episódio, Siqueira de Meneses teria afirmado, sobre o relato de Euclides: "Mentira! Não viu nada! Nada daquilo é verdade". Ver: José Calasans, "Euclides da Cunha e Siqueira Menezes". Disponível em: <http://josecalasans.com/downloads/artigos/03.pdf>. Acesso em: 30 mar. 2021.
6. Emídio Dantas Barreto, op. cit., p. 242.
7. A hipótese poligenista — de que as "raças humanas" teriam, cada uma, origem própria no tempo e no espaço, o que explicaria suas "diferenças inatas" — ganhou popularidade com Samuel George Morton e Louis

Agassiz, inclusive como suporte para as políticas de segregação racial e justificação da escravidão. O trabalho de Charles Darwin, em especial o livro *The Descent of Men* (1871), foi frontalmente contra essa hipótese hoje descartada pelo consenso da comunidade científica. Mesmo no momento em que Euclides escrevia, ela já era pouco aceita.

8. A menos que se esteja usando o termo "positivismo" em sentido muito amplo, como sinônimo (certamente imperfeito) de cientificismo, ou para indicar ênfase no suporte em dados empíricos.
9. Lilia Katri Moritz Schwarcz, *O espetáculo das raças: Cientistas, instituições e questão racial no Brasil — 1870-1930*. São Paulo: Companhia das Letras, 1993, p. 37.
10. Teodoro Sampaio, op. cit.
11. Santana (*Ciência & arte*, op. cit., pp. 139-40) explica que "durante algum tempo se imaginou [os *Apontamentos*] serem resultantes do trabalho conjunto dos dois, versão que seria favorecida pelo próprio Teodoro, que se refere a ele como um 'manuscrito da lavra de nós ambos', e agravada pela não devolução do caderno a seu dono, ficando de posse de Euclides da Cunha e, finalmente, sendo doado ao Instituto Histórico e Geográfico da Bahia por Arnaldo Pimenta da Cunha, após a morte do escritor".
12. Teodoro Sampaio, op. cit.
13. João Luso, apud Eloy Pontes, op. cit., p. 200.
14. Sobre esse ponto, como em muitos outros episódios da vida de Euclides, tampouco deixa de haver controvérsia. Anos depois da morte do escritor, a viúva Ana afirmou que o manuscrito já estaria completo, ou quase, quando o casal chegou a São José do Rio Pardo. Essa versão, contudo, parece inverossímil até pelo tempo relativamente curto que o autor passou na fazenda Trindade depois de voltar da Bahia.
15. Teodoro Sampaio, op. cit.
16. Olímpio de Sousa Andrade (*História e interpretação de* Os sertões, op. cit., pp. 177-8) dá alguns nomes e referências sobre a equipe de operários comandada por Euclides: o calabrês Mateus Volota, Atílio Piovesan, "o preto Benjamin", Agostinho Rossi, Carlos Wolkermann, Torquato Coli (que teria conhecido Euclides em Belo Monte) e Garibaldi Trecoli (que morreu afogado no rio Pardo). Inclui na lista também Fabio D'Andrea, mas este morrera em um acidente de trabalho, em 3/12/1896, durante a montagem original da ponte e não chegou, portanto, a trabalhar com Euclides (Rodolpho J. Del Guerra, "O italiano morto na montagem da ponte". Disponível em: <http://www.proteton.com.br/euclides/ler.php?id=1628&secao=117>. Acesso em: 30 mar. 2021.).
17. O comentário é da filha, Judith de Assis: "Ali naquela cidadezinha, Ana de Assis deixou a imagem de mulher fútil e namoradeira. Conclusão chegada porque se postava à janela e, alegre e 'moderna', não se escondia dos homens". Ver Jeferson de Andrade, *Anna de Assis: História de um trágico*

amor: Euclides da Cunha, Anna e Dilermando. Judith Ribeiro de Assis em depoimento a Jeferson de Andrade. Rio de Janeiro: BestBolso, 2009, p. 33.
18. Carta de Euclides da Cunha a Francisco Escobar, 17 fev. 1899.
19. Carta de Euclides da Cunha a Egas Moniz Barreto de Aragão, 15 maio 1900. Egas Moniz se propunha a traduzir o livro ainda não publicado para o francês. A promessa não foi cumprida e Euclides não chegou a ver *Os sertões* publicado em línguas estrangeiras. O livro foi traduzido para o inglês em 1920 (Inglaterra) e 1944 (Estados Unidos). A primeira versão em espanhol data de 1938 e em francês, de 1942.
20. Trata-se da resenha do livro de mesmo nome do crítico português José Pereira de Sampaio (1857-1915), cujo pseudônimo, Bruno, acabou tão associado a ele que o escritor passou ser conhecido como Sampaio Bruno. Depois, Bruno prefaciaria a primeira edição de *Contrastes e confrontos*, impressa em Portugal.
21. Extrato de *Os sertões*, então ainda não publicado.
22. Ibid.
23. O artigo "O Brasil no século XIX" sairia republicado em 1909 no volume *À margem da história* com o título "Da Independência à República". O texto teve como principal — talvez única — fonte o livro de Joaquim Nabuco *Um estadista do Império*.
24. Apud Adelino Brandão, *Paraíso perdido: Euclides da Cunha, vida e obra*, op. cit., pp. 220-1.
25. Frederic Amory, *Euclides da Cunha: Uma odisseia nos trópicos*. Cotia: Ateliê Editorial, 2009, pp. 154-8. Além da possível influência de Vicente de Souza, quando contribuiu para o jornal *Democracia*, em artigo publicado em *O Estado de S. Paulo* em 1º de maio de 1892, Euclides já se expressara de modo simpático ao socialismo. Não há evidência de seu envolvimento direto em atividades dos clubes socialistas da cidade, apenas o testemunho de Paschoal Artese, que afirmou que o escritor teria redigido o manifesto de 1º de maio. O pesquisador José Aleixo Irmão pesquisou o tema e não encontrou evidência documental. Como afirma Olímpio de Sousa Andrade (*História e interpretação de* Os sertões, op. cit. p. 241): "Atas dos clubes socialistas, relações das pessoas do lugar com esses clubes, jornais antigos da cidade, cartas, recados escritos, relações de oradores nas comemorações do 1º de maio, entrevistas com socialistas contemporâneos de Euclides em São José, tudo foi cuidadosamente examinado pelo pesquisador [Irmão], que encontrou os nomes, os títulos, as expressões familiares aos que têm tratado do assunto, mas conforme sua própria síntese: 'de Euclides, nada'".
26. Henrique Maximiliano Coelho Neto, "Euclydes da Cunha, feições do homem". *Livro de Prata*. São Paulo: Livraria Liberdade, 1928, p. 247.
27. O original do manuscrito de Euclides — com sua letra pequena, apertada e de difícil legibilidade — encontra-se guardado na Biblioteca Nacional, podendo ser acessado pela internet no endereço: <http://objdigital.

bn.br/objdigital2/acervo_digital/div_manuscritos/mss159652/mss159652. pdf>. Acesso em: 29 abr. 2021.
28. Essa carta, reproduzida em diversas fontes, não traz data ou destinatário, mas pelo contexto pode-se deduzir que estava endereçada a Júlio de Mesquita. Galvão e Galotti (*Correspondência de Euclides da Cunha*. São Paulo: Edusp, 1997, p. 120) situam essa carta em 1900, e Ventura (*Retrato interrompido da vida de Euclides da Cunha*, op. cit., p. 254) aceita a suposição. A carta fala de um convite "para ocupar um lugar no próximo Congresso Constituinte do Estado", mas o fato é que São Paulo teve a Constituição provisória de 1890 e as Constituições de 1891 (reformada em 1905, 1908, 1911, 1921 e 1929), de 1935, de 1947, de 1967 (reformada em 1969), além da atual (de 1989). Não houve, portanto, reforma constitucional em 1900/1901 (informação disponível em: <https://www.al.sp.gov.br/leis/constituicoes/>. Acesso em: 31 mar. 2021). Por essa época, contudo, teve início forte campanha por parte do grupo de Júlio de Mesquita para uma revisão da Constituição Federal e da Carta paulista. Esse grupo dissidente se opunha a Campos Sales e à "Política dos Governadores". A dissidência do Partido Republicano Paulista divulgou um manifesto político em 6 nov. 1901 e permaneceu ativa até 1906.
29. Carta de Euclides da Cunha a Reinaldo Porchat, 2 dez. 1900. Apesar do fracasso da candidatura, ele não perderia as esperanças.
30. A lista dos deputados estaduais de São Paulo nas diversas legislaturas pode ser consultada em: <https://app.al.sp.gov.br/acervohistorico/base-de-dados/republica-velha/deputados/>. Acesso em: 31 mar. 2021.
31. Em carta a Francisco Escobar de 25 dez. 1901, Euclides comentou: "Falemos de outra coisa. Estive no Rio. E lá deixei entregue ao Laemmert, os meus *Sertões* — título que dei ao livro que aí te li em parte. O contrato que fiz, não precisava dizer, foi desvantajoso — embora levasse à presença daqueles honrados saxônios um fiador de alto coturno, José Veríssimo — de quem sou hoje devedor, pela extraordinária gentileza com que me tratou. Subordinei-me a todas as cláusulas leoninas que me impuseram, e entre elas a de dividir com eles — irmãmente pela metade, os lucros da publicação — e isto ainda depois que a venda os indenizasse do custo da impressão. Aceitei. No entanto me garantiram no Rio que ainda fiz bom negócio — porque hoje só há um animal [a] quem o livreiro teme, o escritor! Por uma das cláusulas, sairá à luz, em fins de abril do [ano] vindouro".
32. Se tivesse sido um total fracasso, a primeira edição de *Os sertões* teria custado a Euclides um conto e quinhentos mil-réis, grosso modo o dobro do seu salário.
33. Carta de Euclides da Cunha a Francisco Escobar, 21 abr. 1902.
34. Ibid., 10 ago. 1902.
35. Ibid., 14 maio 1902.
36. Ibid., 22 maio 1902.
37. Apud Eloy Pontes, op. cit., p. 223.

38. Apud Diego Amaro de Almeida. Disponível em: <http://historiavaledoparaiba.blogspot.com/2011/02/casa-euclides-da-cunha.html>. Acesso em: 31 mar. 2021.

6. *Os sertões* [pp. 121-50]

1. As relações intertextuais do livro de Arinos com as reportagens de Euclides para *O Estado de S. Paulo* e *Os sertões* já foram ressaltadas de forma pioneira por Walnice Nogueira Galvão. Em "De sertões e jagunços" (em *Saco de gatos: Ensaios críticos*. São Paulo: Duas Cidades, 1976), a ensaísta comenta que já em 1897 Afonso Arinos adiantara teses que Euclides adotou em *Os sertões*: a importância da dimensão religiosa da revolta, o desmentido de seu caráter monarquista e a definição da guerra como um crime contra os compatriotas, bem como a necessidade de integrá-los pela educação em lugar de exterminá-los. Ideias, em parte ou no todo, ausentes das reportagens de Euclides para o *Estado de S. Paulo*. Galvão examinou: (1) a influência que as reportagens de Euclides possam ter tido sobre Arinos, (2) a eventual transformação das ideias do repórter por Arinos até sua expressão em *Os sertões*, e (3) a influência direta de *Os jagunços* sobre *Os sertões*. A pesquisadora conclui que o caminho predominante foi o último: Arinos influenciando diretamente a Euclides. Ainda assim, *Os jagunços* ou os artigos de Arinos em *O Commercio de São Paulo* não figuram como fontes citadas por Euclides na elaboração de seu livro.
2. Manuel Benício, op. cit., p. 399.
3. Carta de Euclides da Cunha a Francisco Escobar, 21 maio 1902.
4. Talvez o primeiro crítico a apontar essa "dualidade de propósitos" que marca a postura de Euclides em *Os sertões* tenha sido Augusto Meyer, em ensaio publicado no *Correio da Manhã*, em 10 dez. 1955, e depois reproduzido no volume *Preto & branco* (Rio de Janeiro: MEC/ INL, 1956). A intenção de Euclides, de tratar a matéria dentro dos parâmetros da objetividade e da neutralidade científica, se chocaria com a indignação que o leva a denunciar com ardor a destruição de Belo Monte como um crime. A questão foi retomada e discutida por outros ensaístas.
5. José Murilo de Carvalho, *A formação das almas: O imaginário da República no Brasil*. São Paulo: Companhia das Letras, 1990, p. 32.
6. Ainda que se desse crédito à suposta existência de distintas "raças" humanas e a suas pretensas características — ideia hoje descartada por fortíssimo e bem consolidado consenso científico, mas que seguia predominante no momento em que Euclides escreveu —, a passagem do conceito de "raça" para o de "nação" é bastante problemática. Vale dizer que essa transposição não é bem desenvolvida na obra de Euclides.
7. A questão dos acertos e desacertos de *Os sertões* em termos das ciências naturais está bem desenvolvida em Santana (*Ciência & arte*, op. cit.), em especial no capítulo 2º: "A geologia no 'Ciclo d'*os Sertões*'" (pp. 89-141).

8. Leopoldo M. Bernucci, *A imitação dos sentidos: Prógonos, contemporâneos e epígonos de Euclides da Cunha*. São Paulo: Edusp, 1995, p. 107.
9. Nas palavras de Euclides: "Avaliando-se, porém, as condições históricas que têm atuado, diferentes nos diferentes tratos do território; as disparidades climáticas que nestes ocasionam reações diversas diversamente suportadas pelas raças constituintes; a maior ou menor densidade com que estas cruzaram nos vários pontos do país; e atendendo-se ainda à intrusão — pelas armas na quadra colonial e pelas imigrações em nossos dias — de outros povos, fato que por sua vez não foi e não é uniforme, vê-se bem que a realidade daquela formação [o brasileiro] é altamente duvidosa, senão absurda".
10. O verdadeiro sentido desse excerto é controverso. Entendo que Euclides indica que, ao contrário de outros países que teriam criado suas nações a partir da homogeneidade racial preexistente, o Brasil teria de construir a nacionalidade a partir da cultura para estabelecer uma "raça histórica" em que a identidade cultural seria o elemento que integraria as diferentes raças existentes. A confusão entre os conceitos de raça e nação entorpece o raciocínio.
11. A tese sobre uma suposta insanidade de Antônio Conselheiro que teria "contaminado" os sertanejos fora aventada de forma acadêmica já em novembro de 1897 por Nina Rodrigues, em artigo publicado na prestigiosa *Revista Brasileira*: "A loucura epidêmica de Canudos". No artigo, Nina Rodrigues classificava Antônio Conselheiro como "louco", "alienado", "figura anacrônica" e "delirante crônico na fase megalomaníaca da psicose".
12. Carta de Euclides da Cunha a João Luís Alves, 1 abr. 1897.
13. Euclides explicou em *Os sertões* o que lhe era incompreensível em 1897: "As próprias balas que [os sertanejos] usavam revelavam efeitos extravagantes. Crepitavam nos ares com estalidos secos e fortes, como se arrebentassem em estilhaços inúmeros. Criou-se, então, a lenda, depois insistentemente propalada, das balas explosivas dos jagunços. Tudo a sugeria. Aceita ainda a hipótese de provirem os estalos do desigual coeficiente de dilatação entre os metais constituintes do projétil, expandindo-se o núcleo de chumbo mais rapidamente do que a camisa de aço, a natureza excepcional dos ferimentos afigurava-se eloquentíssima: a bala, que penetrava os corpos mal deixando visível o círculo do diminuto calibre, saía por um rombo largo de tecidos e ossos esmigalhados. Tais fatos arraigavam na soldadesca, inapta ao apercebimento de lei física que os explicava, a convicção de que o adversário, terrivelmente aparelhado, requintava no estadear a selvageria impiedosa."
14. Sem nomeá-lo explicitamente, Euclides apontou como responsável último pelas degolas o marechal Carlos Bittencourt, já falecido quando o livro foi publicado: "O atentado era público. Conhecia-o, em Monte Santo, o principal representante do governo, e silenciara. Coonestara-o com a indiferença culposa".

7. Dormiu desconhecido para no dia seguinte acordar famoso [pp. 151-66]
1. Henrique Maximiliano Coelho Neto, "Euclydes da Cunha, feições do homem", op. cit., p. 198.
2. Ibid., pp. 199-201.
3. Conforme o testemunho de José de Campos Novais, apud José Leonardo do Nascimento e Valentim Facioli (Orgs.), *Juízos críticos: Os sertões e os olhares de sua época*. São Paulo: Nankin/ Unesp, 2003, pp. 113-4.
4. José Carlos Barreto de Santana, *Ciência & arte*, op. cit., p. 84.
5. Carta de Euclides da Cunha a Francisco Escobar, 19 out. 1901.
6. Ibid.
7. Roberto Ventura, *Retrato interrompido da vida de Euclides da Cunha*, op. cit., p. 221. Até sua morte, Euclides continuaria a corrigir as sucessivas edições de *Os sertões*. Segundo cuidadoso estudo feito por Walnice Nogueira Galvão ("Editar Euclides da Cunha". *Veredas*, Porto Alegre, n. 8, p. 204, 2007): "Se somarmos as emendas que realizou enquanto viveu nas edições a que teve acesso, e que afinal não passaram de três, no total chegariam a 10 mil, o que não é nada desprezível". Vale assinalar que este último número se refere a mudanças no texto original, muito além das oitenta correções feitas nos volumes da primeira edição.
8. Essa "fuga" de Euclides é contestada por alguns autores devido à existência de carta de 3 de dezembro enviada de Lorena para José Veríssimo, entre outros argumentos. A história, contudo, foi contada pelo próprio Euclides em entrevista ao jornalista Viriato Correia em agosto de 1909. Pode-se legitimamente supor que, por gentileza, Euclides tenha datado a carta em que agradece a resenha de Veríssimo para o mesmo dia em que o texto foi publicado e, aliás, nela ele se refere à resenha como tendo sido publicada no dia anterior, o que é um equívoco difícil de explicar para quem teria em mãos o jornal do dia.
9. Entrevista com Viriato Correia, em Euclides da Cunha, *Obra completa*, op. cit., v. 1, pp. 475-6.
10. Diante do sucesso de *Os sertões*, em 1904 os editores reuniram, em um volume intitulado *Juízos críticos*, as principais resenhas publicadas nos jornais cariocas (disponível em: <https://digital.bbm.usp.br/handle/bbm/4778>. Acesso em: 31 mar. 2021). Com o acréscimo de dois textos não incluídos na edição de 1904, esse livro foi reeditado em 2003 por José Leonardo do Nascimento e Valentim Facioli. As citações seguintes são retiradas desta última obra, que traz ainda uma bem informada apresentação dos dois editores da reedição.
11. Carta de Euclides da Cunha a Araripe Júnior, 27 fev. 1903.
12. Não foi somente a Araripe Júnior que Euclides falou de seu projeto de livro sobre a Revolta da Armada. Os jornais anunciaram, inclusive, que o livro já estaria no prelo. Em carta a Artur Azevedo de 24 jul. 1903, Euclides

explicou que: "Já tracei as primeiras linhas sobre a revolta de setembro, e julgo que não chegarei rapidamente ao fim. [...] O assunto, a começar pelo homem extraordinário que inteiramente o domina [Floriano], é complexo: exige grande serenidade de observação; crítica segura; e permanentes resguardos no acompanhar o curso dos acontecimentos, que as paixões baralharam e perturbaram".

13. Carta de Euclides da Cunha a Araripe Júnior, 30 mar. 1903.
14. Conforme registrou, depois de publicado o livro, em seu diário: "Devia vir de militar, a contradita mais bem acentuada ao livro que fui obrigado a escrever sobre a lastimável campanha de Canudos", apud Eloy Pontes, op. cit., p. 204.
15. Carta de Euclides da Cunha a José Veríssimo, 3 dez. 1903. Essa carta foi, muito provavelmente, pelas razões já expostas, escrita dias depois da data assinalada.
16. Apud Eloy Pontes, op. cit., pp. 205-6.
17. Carta de Euclides da Cunha a Francisco Escobar, 26 abr. 1903.
18. Carta de Euclides da Cunha ao pai, Manuel Rodrigues Pimenta da Cunha, 25 fev. 1903.
19. Afonso D'Escragnolle Taunay, apud Olímpio de Sousa Andrade, *História e interpretação de* Os sertões, op. cit., p. 314.
20. Eloy Pontes, op. cit., p. 207.

8. Rio Branco [pp. 195-211]

1. Carta de Euclides da Cunha a Egas Moniz Barreto, 6 fev. 1903.
2. Era filho do visconde de Ouro Preto, último primeiro-ministro do Império. Ouro Preto, aliás, considerou Os sertões "o único livro digno de tal nome que se publicou no Brasil depois de 15 de novembro". Carta de Euclides da Cunha ao pai, Manuel Rodrigues Pimenta da Cunha, 25 fev. 1903.
3. *Juízos críticos*, 1904, p. 102.
4. Já sem o jacobinismo da juventude, Euclides adotaria uma postura prudente e tolerante no manejo da discussão monarquia versus república, postura essa que passava pela evocação da dedicação à pátria acima dos regimes políticos — na linha do discurso adotado pelo barão do Rio Branco. Ao monarquista Afonso Celso, em carta de 17 jul. 1903, Euclides diria: "Somos dois homens igualmente conscientes dos princípios que adotam; e embora estes nos separem, ligamo-nos num plano mais alto: o mesmo amor à nossa terra. [...] penso que este apego ao Brasil nos fraterniza na única política séria destes tempos".
5. Carta de Euclides da Cunha a Max Fleiuss, 29 maio 1903.
6. Ibid., 12 mar. 1904.
7. Carta de Euclides da Cunha ao pai Manuel Rodrigues Pimenta da Cunha, 12 jun. 1903.

8. Carta de Euclides da Cunha a José Veríssimo, 12 jun. 1903.
9. Carta de Euclides da Cunha a Lúcio de Mendonça, 20 jun. 1903.
10. Carta de Euclides da Cunha ao barão do Rio Branco, 9 jul. 1903.
11. Ibid., 17 jul. 1903.
12. Luís Cláudio Villafañe G. Santos, op. cit., pp. 150-1.
13. Votaram em Euclides, além de Rio Branco, os seguintes acadêmicos: Machado de Assis, Artur Azevedo, João Ribeiro, José Veríssimo, Lúcio de Mendonça, Afonso Celso, Coelho Neto, Filinto de Almeida, Araripe Júnior, Raimundo Correia, Garcia Redondo, Oliveira Lima, Afonso Arinos, Salvador de Mendonça, Inglês de Sousa, Silva Ramos, Luís Murat, Joaquim Nabuco, Sílvio Romero, barão de Loreto, Graça Aranha, Clóvis Bevilácqua e Medeiros e Albuquerque.
14. Carta de Rio Branco a Frederico Abranches, apud Álvaro Lins, *Rio Branco (Biografia)*. São Paulo: Alfa Ômega, 1996, p. 477.
15. Sobre a campanha de Rio Branco contra a candidatura de Domingos Olímpio em 1905, ver Luís Cláudio Villafañe G. Santos, op. cit., pp. 370-1.
16. Carta de Euclides da Cunha ao pai, Manuel Rodrigues Pimenta da Cunha, 22 set. 1903.
17. Carta de Euclides da Cunha a Max Fleiuss, 22 out. 1903.
18. O discurso de posse foi publicado na *Revista do IHGB*, tomo LXVI, v. II, pp. 289-92, 1903.
19. Carta de Euclides da Cunha a Francisco Escobar, 27 nov. 1903.
20. Carta de Euclides da Cunha a Coelho Neto, 22 nov. 1903.
21. Carta de Euclides da Cunha a Machado de Assis, 15 fev. 1904.
22. Ventura (*Retrato interrompido da vida de Euclides da Cunha*, op. cit., pp. 228-9) indica que o problema teria decorrido, na verdade, de um despacho do diretor-geral da Secretaria de Agricultura, Comércio e Obras Públicas contrariando uma orientação de Euclides em um processo sobre o fornecimento de água a uma casa de banhos. A versão, bem documentada, não exclui a possibilidade de desentendimento com Rebouças, talvez sobre o mesmo caso, registrado em várias fontes.
23. Henrique Maximiliano Coelho Neto, "Euclydes da Cunha, feições do homem", op. cit., p. 215.
24. Está muito claro, por exemplo, que ele recusara o oferecimento feito por Floriano Peixoto para um cargo de maior projeção (algo de que depois se arrependeu); em contraste, já havia pedido a interferência política do sogro no sentido de obter uma posição de engenheiro na Bahia.
25. Carta de Euclides da Cunha a Coelho Neto, 22 abr. 1904.
26. Carta de Euclides da Cunha a Vicente de Carvalho, 27 abr. 1904.
27. Sylvio Rabello, *Euclides da Cunha*. 2. ed. Rio de Janeiro: Civilização Brasileira, 1966, pp. 231-2.
28. Apud Francisco Venâncio Filho, *Rio-Branco e Euclides da Cunha*. Rio de Janeiro: Ministério das Relações Exteriores, 1946, pp. 16-8.

29. Carta de Euclides da Cunha a José Veríssimo, 24 jul. 1904.
30. "Euclides da Cunha". *Revista da Academia Brasileira de Letras*, ano 18, v. 25, n. 72, pp. 444-7, dez. 1927.

9. Conflito inevitável [pp. 212-28]

1. Os seringueiros brasileiros extraíam o látex das árvores da espécie *Hevea brasiliensis* fazendo incisões nos troncos das árvores por onde escorria o látex, que depois era recolhido e processado. A rotina era retomada diariamente, pois as árvores podiam manter produção regular sem graves prejuízos. Assim, a atividade dos seringueiros se restringia a determinada área da floresta, que eles ocupavam de forma permanente. Na selva peruana e no alto dos rios Purus e Juruá prevalecia outra espécie de árvore produtora de borracha natural: a *Castilloa elastica*. Essa árvore não resiste à extração do látex, e era destruída no processo pelos caucheiros. Portanto, ao contrário dos seringueiros, os caucheiros praticavam uma exploração predatória em sua atividade essencialmente nômade: chegavam a uma área, localizavam as árvores, destruíam-nas, extraíam e processavam a borracha e passavam para uma nova região. É de supor que quando atingissem as áreas onde predominava a *Hevea brasiliensis* viessem a adaptar seus métodos, mas o fato não chegou a ocorrer.
2. Trato o assunto em detalhe em Luís Cláudio Villafañe G. Santos, op. cit., pp. 308-37.
3. José Maria da Silva Paranhos do Rio Branco, *Obras do barão do Rio Branco V: Questões de limites, exposições de motivos*. Brasília: Ministério das Relações Exteriores/ Funag, 2012, p. 61.
4. Na República Velha cabia ao governo federal receber — entre outras taxas — os impostos sobre as importações. Em compensação, o grosso da arrecadação obtida pela taxação das exportações ia para as arcas dos estados produtores, situação que está na raiz do continuado apoio do governo estadual do Amazonas à expansão das atividades dos seringueiros brasileiros, inclusive em território então boliviano. A borracha de lá extraída era tributada na alfândega de Manaus como se fosse brasileira. A tentativa boliviana de estabelecer uma alfândega em seu território e taxar a borracha lá produzida foi o estopim da tentativa secessionista.
5. Ver Luís Cláudio Villafañe G. Santos, op. cit., pp. 338-63.
6. O canal do Panamá ainda não fora construído e havia a hipótese de que o canal que uniria o oceano Atlântico ao Pacífico fosse construído atravessando a Nicarágua.
7. José Maria da Silva Paranhos do Rio Branco, *Cadernos de notas*, caderneta 43, entrada de 27 maio 1904. Arquivo Histórico do Itamaraty, Rio de Janeiro.
8. Essa ideia não se confunde com o argumento do *uti possidetis* da doutrina brasileira sobre os limites. O *uti possidetis* (*de facto*) se refere à ocupação

efetiva de um território em determinado momento no passado, no caso, quando das independências. Os tratados com o Peru (1851) e com a Bolívia (1867) haviam definido as fronteiras com base nesse princípio, mas a posterior expansão da população de brasileiros além das linhas então acordadas não dava margem à invocação do *uti possidetis*.

9. A ideia de viajar à Amazônia já vinha de antes. No postscriptum de carta para Luís Cruls datada de 20 de fevereiro de 1903, Euclides fazia a seguinte observação: "Alimento há dias o sonho de um passeio ao Acre. Mas não vejo como realizá-lo. Nesta terra, para tudo faz-se mister o pedido e o empenho, duas coisas que me repugnam. Elimino por isto a aspiração — em que talvez pudesse prestar alguns serviços". Era uma indireta — pouco sutil — a Cruls, que voltava de uma missão na Amazônia com o objetivo de conferir as coordenadas geográficas da nascente do Javari. No caso da ida ao Purus, houve "pedido" e "empenho", mas certamente Euclides reunia os méritos, como engenheiro, para realizar a tarefa.

10. A odisseia do Purus [pp. 229-61]

1. Carta de Euclides da Cunha a Coelho Neto, 7 ago. 1904.
2. Ainda que Oliveira Lima na prática pouco tenha influído — o verdadeiro padrinho da nomeação foi Domício —, o pernambucano não deixou de capitalizar o sucesso junto a Euclides.
3. Carta de Euclides da Cunha ao pai, Manuel Rodrigues Pimenta da Cunha, 8 ago. 1904.
4. Carta de Euclides da Cunha a José Veríssimo, 6 set. 1904.
5. Carta de Euclides da Cunha ao pai, Manuel Rodrigues Pimenta da Cunha, 25 ago. 1904.
6. Carta de Euclides da Cunha a Manuel de Oliveira Lima, 10 set. 1904.
7. Carta de Euclides da Cunha a Plínio Barreto, set. 1904.
8. Carta de Euclides da Cunha a Domício da Gama, 28 set. 1904.
9. Coelho Neto reproduz o comentário de Euclides sobre essa casa: "Um paraíso, meu velho! Rua Indiana. Sabes onde é? Na aba do Corcovado. Um casarão de fazenda: chácara, águas vivas, salas enormes onde se pode passear como em praças... E o silêncio!!! Vai ver-me". Aparentemente, a casa também tinha seus inconvenientes. Coelho Neto acrescentou: "Fui. Era realmente um paraíso, com tudo o que havia no outro, inclusive a serpente". Henrique Maximiliano Coelho Neto, "Euclydes da Cunha, feições do homem", op. cit., pp. 221-2.
10. Carta de Euclides da Cunha ao pai, Manuel Rodrigues Pimenta da Cunha, 10 out. 1904.
11. Carta de Euclides da Cunha a Arnaldo Pimenta da Cunha, 4 out. 1904.
12. A complexa relação entre Rio Branco e Oliveira está bem descrita em "O barão do Rio Branco e Oliveira Lima — vidas paralelas, itinerários

divergentes", de Paulo Roberto de Almeida, em Carlos Henrique Cardim e João Almino (Orgs.), *Rio Branco: A América do Sul e a modernização do Brasil*. Rio de Janeiro: EMC, 2002, pp. 233-78.
13. Carta de Euclides da Cunha a Manuel de Oliveira Lima, 16 jan. 1905.
14. Carta de Euclides da Cunha ao pai, Manuel Rodrigues Pimenta da Cunha, 30 dez. 1904. Na carta, Euclides dizia: "Em todos os pontos onde saltei fui gentilmente recebido graças à influência de seu grande neto — *Os sertões*. Realmente nunca imaginei que ele fosse tão longe. No Pará tive uma lancha especial oferecida pelo senador Lemos e alguns rapazes de talento. Passei ali algumas horas inolvidáveis — e nunca esquecerei a surpresa que me causou aquela cidade. Nunca S. Paulo e Rio terão as suas avenidas monumentais largas de 40 metros e sombreadas de filas sucessivas de árvores enormes. Não se imagina no resto do Brasil, o que é a cidade de Belém, com os seus edifícios desmesurados, as suas praças incomparáveis e com a sua gente de hábitos europeus, cavalheira e generosa".
15. Goeldi atuou como espião do barão do Rio Branco junto aos técnicos suíços que analisavam a disputa entre o Brasil e a França pelo território do Amapá. Ver Luís Cláudio Villafañe G. Santos, op. cit., pp. 234-5, 237-9.
16. Carta de Euclides da Cunha ao pai, Manuel Rodrigues Pimenta da Cunha, 30 dez. 1904.
17. Cartas de Euclides da Cunha a Afonso Arinos e a José Veríssimo, ambas de 12 jan. 1905. A palavra "sucuruiúba" parece ser uma variação de "sucurujuba", uma serpente também conhecida como "sucuri-verde".
18. Carta de Euclides da Cunha a José Veríssimo, 12 jan. 1905.
19. Carta de Euclides da Cunha a Domício da Gama, sem data, em Walnice Nogueira Galvão e Oswaldo Galotti, op. cit., pp. 255-6.
20. Carta de Euclides da Cunha a Domício da Gama, 17 mar. 1905.
21. Não procede, portanto, a versão de que Euclides teria deixado Saninha e os filhos desamparados financeiramente no Rio de Janeiro.
22. Carta de Euclides da Cunha a Coelho Neto, 10 mar. 1905. Na mesma data, em carta a José Veríssimo, repetiu o pedido. Passou um telegrama a Domício para que verificasse pessoalmente se estava tudo bem com a família. Em carta de 17 de março, agradeceu a providência tomada.
23. Carta de Euclides da Cunha a Alberto Rangel, 20 mar. 1905.
24. José Veríssimo informou Euclides da desistência de Vicente de Carvalho e pediu seu voto para Sousa Bandeira. Ver carta de Euclides da Cunha a Coelho Neto, 10 mar. 1905.
25. Carta de Euclides da Cunha a Domício da Gama, sem data, em Walnice Nogueira Galvão e Oswaldo Galotti, op. cit., pp. 255-6.
26. Carta de Euclides da Cunha a Afonso Arinos, 14 jan. 1905.
27. Carta de Euclides da Cunha ao barão do Rio Branco, 1 fev. 1905.
28. É importante notar que a presença, apenas em 1905 ou poucos anos antes, de brasileiros ou peruanos na região não se enquadra no conceito de

uti possidetis. A noção se aplica a uma posse continuada em determinado momento no passado mais longínquo — no caso das negociações com os países limítrofes com o Brasil, no momento da independência (1822 ou no ano da independência do vizinho). Invadir e ocupar uma área não cria imediatamente esse direito. A região começara a ser povoada por seringueiros brasileiros e caucheiros peruanos apenas em fins do século XIX. Além do mais, o Brasil assinara, em 1867, um tratado de limites com a Bolívia em que aceitava o território como boliviano, situação revertida pelo Tratado de Petrópolis (1903), que, obviamente, não se aplicava ao Peru. Em todo caso, os locais onde predominavam brasileiros ou peruanos acabariam servindo a Rio Branco como principal critério da negociação que conduziu ao Tratado de Limites de 1909 com o Peru.
29. A confirmação de que o Purus, o Ucayali e o Madre de Dios (também no Peru) formavam diferentes bacias era então recente, e isso fazia grande diferença para as questões de limites pelo princípio geral de que o país que dominasse inteiramente a foz de um rio teria, em tese, o direito de estender sua soberania até as nascentes do mesmo. O próprio Relatório da Comissão Mista (Ministério das Relações Exteriores, 1906) deixou consignada a separação entre as bacias: "Como quer que seja, em 1900, ultimara-se a grande questão geográfica: os três grandes rios eram de todo independentes, mas tinham algumas de suas origens tão próximas que a passagem de uma para outras podia efetuar-se, conduzindo-se não já as ubás aligeiradas dos selvagens senão as mesmas lanchas dos exploradores".
30. Carta de Euclides da Cunha a Coelho Neto, 10 mar. 1905.
31. Carta de Euclides da Cunha a Alberto Rangel, 20 mar. 1905.
32. Conforme depoimento de Arnaldo da Cunha a Sylvio Rabello, em *Euclides da Cunha*. 2. ed. Rio de Janeiro: Civilização Brasileira, 1966, p. 353.
33. Euclides pensou inicialmente em batizar a lancha com o nome de *Chandless*, mas preferiu afinal homenagear o militar brasileiro.
34. Ministério das Relações Exteriores, 1906, p. 11.
35. Carta de Euclides da Cunha a José Veríssimo, 19 mar. 1905.
36. Ibid.
37. Carta de Euclides da Cunha ao barão do Rio Branco, 1 nov. 1905.
38. *Diário da marcha da Comissão Brasileiro-Peruana de Reconhecimento do Alto Purus*, 5 maio 1905.
39. Carta de Euclides da Cunha ao barão do Rio Branco, 1 nov. 1905.
40. Ibid.
41. No acordo final de limites com o Peru que Rio Branco viria a assinar em 1909, seria confirmada a posse do Peru sobre o rio Purus a partir do encontro deste com o rio Santa Rosa, sendo cedido, portanto, o trecho entre o Santa Rosa e o Catai, até então sob administração brasileira.
42. Apud Sylvio Rabello, op. cit., p. 299.
43. Carta de Euclides da Cunha ao barão do Rio Branco, 1 nov. 1905.

44. Sylvio Rabello, op. cit., pp. 277-8.
45. *Diário da marcha da Comissão Brasileiro-Peruana de Reconhecimento do Alto Purus*, 24 jun. 1905.
46. *Obra completa*, op. cit., v. 1, pp. 433-4.
47. Ibid., p. 434.
48. Há diferentes versões para o episódio. Aqui, utilizo o relato do próprio Euclides em "Sucedeu em Curanjá" (sic). Ibid., v. 1, p. 532.
49. Carta de Euclides da Cunha ao barão do Rio Branco, 1º nov. 1905.
50. Ibid.
51. Ibid.
52. *Diário da marcha da Comissão Brasileiro-Peruana de Reconhecimento do Alto Purus*, 3 ago. 1905.
53. Fac-símile da carta, de 17 de março de 1906, reproduzida em Dilermando Cândido de Assis, *A tragédia da Piedade: Mentiras e calúnias da "A vida dramática de Euclides da Cunha"*. 2. ed. Rio de Janeiro: O Cruzeiro, 1952, p. 122. Grifo no original.
54. Aparentemente, Euclides se indispôs com praticamente todos os membros da Comissão. Em carta a Firmo Dutra de 25 de março de 1906, descreveu o segundo-comissário, tenente Alexandre Argolo Mendes, como um homem "de fisionomia morta e olhos parados de consumado Tartufo, que eu tive a infelicidade de admitir na minha comissão".
55. Cartas de José Pimenta da Cunha e Manuel Pimenta da Cunha para Euclides da Cunha, reproduzidas em Dilermando Cândido de Assis, *A tragédia da Piedade: Mentiras e calúnias da "A vida dramática de Euclides da Cunha"*, op. cit., pp. 124-6.
56. Apud Sylvio Rabello, op. cit., pp. 277-8.
57. Carta de Euclides da Cunha a Francisco Escobar, 18 abr. 1906.
58. Apud Célio Leandro da Silva, *Terra sem história: Identidade e história na Amazônia de Euclides da Cunha*. Porto Alegre: PUC-RS, 2015. Dissertação (Mestrado), p. 56. O trecho citado é parte de relatório que Plácido de Castro, na qualidade de prefeito do Alto Acre, enviou ao governo federal em 1906. Está citado mais extensamente na nota de rodapé n. 38 em Adelino Brandão, *Paraíso perdido: Euclides da Cunha, vida e obra*, op. cit., pp. 366-7. Brandão argumenta, com razão, que o aborrecimento de Plácido de Castro — proprietário de vastos seringais — fica muito mais por conta da denúncia das más condições de trabalho dos seringueiros. Nesse sentido, é indicativo o comentário do caudilho acriano: "Torceu-nos por completo o dr. Euclides da Cunha as nossas informações, para vir a despertar a piedade do público com as vivas cores do quadro em que pretende descrever o proletariado, os indivíduos desfigurados, os cadáveres ambulantes, torpemente explorados pelos proprietários — cruéis esbanjadores do suor dos desgraçados seringueiros".
59. José Carlos Barreto de Santana, *Ciência & arte*, op. cit., p. 175.

60. Um exemplar da carta do rio Purus desenhada por Euclides da Cunha e Pedro Buenaño na escala de 1: 500 000 se encontra na Biblioteca Nacional. A imagem pode ser vista em: <http://objdigital.bn.br/objdigital2/acervo_digital/div_cartografia/cart233508/cart233508.jpg>. Acesso em: 31 mar. 2021.

11. No Itamaraty [pp. 262-94]

1. O vapor *Tennyson* aportou no Rio de Janeiro em 27 de dezembro de 1905, partindo para Santos no dia seguinte. Não procede, portanto, a informação, disponível em várias fontes, de que Euclides teria desembarcado na capital em 1º ou 5 de janeiro de 1906. Ver mais em: <http://memoria.bn.br/DocReader/161993/8015>. Acesso em: 3 mai. 2021.
2. Decreto nº 181, de 24 jan. 1890. O Código Civil de 1916 trouxe a expressão "desquite" para caracterizar essa situação em que se mantinha o vínculo matrimonial, mas com separação de corpos e bens. O divórcio, com a possibilidade legal de um novo casamento, somente foi instituído oficialmente no Brasil em 1977.
3. Autos do inquérito policial, em Walnice Nogueira Galvão (Org.), *Euclides da Cunha: Autos do processo sobre sua morte*, op. cit., p. 127.
4. Carta de Euclides da Cunha a Dilermando de Assis, 23 jan. 1906.
5. Autos do inquérito policial, em Walnice Nogueira Galvão (Org.), *Euclides da Cunha: Autos do processo sobre sua morte*, op. cit., p. 66.
6. Carta de Euclides da Cunha ao pai, Manuel Rodrigues Pimenta da Cunha, 14 fev. 1906.
7. Henrique Maximiliano Coelho Neto, "Euclydes da Cunha, feições do homem", op. cit., p. 236.
8. Carta de Euclides da Cunha a Francisco Escobar, 13 jun. 1906.
9. Em carta a Domício da Gama de 9 dez. 1906, Euclides comenta que: "Já recebi comunicação verbal do Frederico [Afonso de Carvalho — que substituiria Cabo Frio, àquela altura já muito doente] sobre o termo da minha comissão no fim deste mês".
10. Segundo o próprio depoimento de Ana em juízo (autos do inquérito policial, em Walnice Nogueira Galvão (Org.), *Euclides da Cunha: Autos do processo sobre sua morte*, op. cit., p. 128).
11. A discussão sobre quando Euclides teve certeza de que estava sendo traído tinha consequências jurídicas. Pelo artigo 279 do Código Penal então vigente (aprovado em 1891), a "mulher casada" que cometesse adultério estava sujeita a três anos de prisão (só aplicável ao "homem casado" se ele mantivesse uma "concubina teúda e manteúda"). Mas a acusação não poderia ser feita caso o marido tivesse "por qualquer modo [...] consentido no adultério". Assim, também para afastar a criminalização de Ana, um dos pontos da defesa de Dilermando foi estabelecer que Euclides tinha — desde o nascimento e morte de Mauro — ciência da infidelidade da esposa, o que segue parecendo o mais provável. Observe-se que o adultério

só deixou de ser crime no Brasil em 2005, pela lei nº 11.106, que revogou o dispositivo até então vigente do Código Penal de 1940.

O artigo 82 do decreto nº 181/1890, que instituiu o casamento civil, estabelecia o adultério como uma das justificativas para um processo de divórcio. O artigo 83 do mesmo instrumento ressalvava, porém, que caso o cônjuge ofendido "perdoasse" a falta, o divórcio já não seria possível. O artigo 84 esclarecia como se constatava esse "perdão", definição que deixaria Euclides em dificuldades: "Presume-se perdoado o adultério quando o cônjuge inocente, depois de ter conhecimento dele, houver coabitado com o culpado".

Em todo caso, era possível o divórcio por mútuo acordo dos cônjuges, mas esse caminho exigiria algum tipo de arranjo entre Euclides e Ana.

12. As evidências documentais provam conclusivamente que, ao contrário de algumas versões, Mauro Ribeiro da Cunha não foi enterrado no jardim da casa da família. Tampouco parece se sustentar, inclusive pelo laudo do atestado de óbito e pelo esforço de Ana em provocar um aborto, a tese de que a morte fora devida ao fato de Euclides ter impedido a mãe de amamentar a criança.
13. Carta de Euclides da Cunha a Domício da Gama, 14 jul. 1906.
14. Carta de Euclides da Cunha a Henrique Coelho, 30 jul. 1906.
15. Carta de Euclides da Cunha ao pai, Manuel Rodrigues Pimenta da Cunha, 24 jul. 1906.
16. A resposta, datada de 28 de julho de 1906, de Manuel da Cunha ao filho, foi transcrita por Dilermando de Assis (*A tragédia da Piedade: Mentiras e calúnias da "A vida dramática de Euclides da Cunha"*, op. cit., p. 52): "Tu acabas de voltar desses sertões bem atingido em tua saúde pelo impaludismo (o que é bem visível) e não trepidas em arriscar a vida, voltando a essas paragens! Entretanto, eu estou velho e gasto e ficarei aqui labutando sem poder mais, tendo um filho que podia me ajudar a carregar essa cruz para o meu Calvário e que aqui encontraria repouso e bem-estar para os seus trabalhos intelectuais. Com certeza, se fores, nunca mais nos veremos, eu porque me extinguirei aqui, sozinho e abandonado, e tu, porque não resistirás ao mal que te invadiu. Será pois um verdadeiro desastre. Lembra-te que estou quase com 64 anos, não viajo mais para parte alguma e não sei se neste ano melhorarei de condições financeiras. Não deves, pois, contar muito comigo para guarda dos meninos que ficam no colégio, como eu tanto desejaria".
17. Carta de Euclides da Cunha a Firmo Dutra, 30 set. 1906. Na verdade, parece haver algo de autoilusão na versão que Euclides contou ao pai, sobre um convite firme de Lauro Müller para servir de fiscal da obra. É de supor que o pai não fizesse distinção se a separação de Euclides da família se desse porque ele se encontrava ao sul ou ao norte da Amazônia. Se decidisse contrariar o pai, faria muito pouco sentido recusar uma comissão de cinco anos, com pagamento certamente superior, em favor de um trabalho de demarcação de limites também na região amazônica, cujas condições estavam por se definir e que poderia não acontecer. Na verdade, o gênio pouco conciliador

de Euclides prenunciava muitos problemas para uma atuação como fiscal de uma obra daquele porte. Em todo caso, o tema era urgente e não poderia esperar pelas vacilações de Euclides; a licitação para a construção da Madeira-Mamoré foi ganha pelo engenheiro Joaquim Catrambi e o contrato assinado em 14 nov. 1906 — no último dia do governo Rodrigues Alves. Catrambi, contudo, não conseguiu dar início à obra e repassou o contrato, em novembro do ano seguinte, para a Madeira-Mamoré Railway Company, do estadunidense Percival Farquhar. A ferrovia seria entregue em 1912.
18. Em carta a Oliveira Lima, de 15 de fevereiro de 1907, Euclides diz ter recusado uma oferta do presidente Afonso Pena para chefiar a Comissão de Obras Federais do Acre, cujo comando acabou sendo entregue a Antônio Bueno de Andrada, ex-deputado federal por São Paulo. Uma vez mais, atribuiu a suposta recusa à oposição do pai: "Mas como voltar já, tão cedo, outra vez, à monotonia acabrunhadora da Amazônia? Além disto teria de contrariar ao meu velho, e cometer o pecado de dar-lhe um desgosto numa idade em que lhos devo poupar".
19. Carta de Euclides da Cunha ao pai, Manuel Rodrigues Pimenta da Cunha, 22 out. 1906.
20. Carta de Manuel Pimenta da Cunha ao filho, Euclides da Cunha, 13 dez. 1906. Apud Dilermando de Assis, *A tragédia da Piedade: Mentiras e calúnias da "A vida dramática de Euclides da Cunha"*, op. cit., pp. 119-20.
21. Pelo decreto nº 5.536, de 25 de maio de 1905, a lotação da Secretaria de Estado do Ministério das Relações Exteriores ficava composta, além do ministro, de: um diretor-geral, um consultor jurídico, cinco diretores de seção, cinco primeiros-oficiais, cinco segundos-oficiais, dez amanuenses, um porteiro, um ajudante de porteiro, quatro contínuos, dois correios, dois oficiais de gabinete e um auxiliar do diretor-geral.
22. Não há — naturalmente — documentação que comprove essa "contratação" pela verba reservada. Sabe-se, contudo, que em 1907, 1908 e parte de 1909, Euclides efetivamente trabalhou no Itamaraty. Em investigação feita pelo pesquisador Rogério de Souza Farias — a quem muito agradeço —, no arquivo dos maços pessoais dos funcionários do ministério naquele período há uma notável ausência de qualquer registro relativo a Euclides. Se houvesse contratação por qualquer partida orçamentária que não a "verba reservada", seria obrigatória a existência de algum tipo de registro.
23. Frederic Amory, op. cit., pp. 285-6.
24. Carta de Euclides da Cunha a Domício da Gama, 15 ago. 1907. Domício era o discípulo mais íntimo de Rio Branco, com quem já trabalhava havia décadas, e conhecia o Barão como ninguém. Euclides mostra uma boa dose de ingenuidade — ou de cinismo — ao imaginar que Domício pudesse acreditar em sua alegada motivação para escrever a obra.
25. Henrique Maximiliano Coelho Neto, "Euclydes da Cunha, feições do homem", op. cit., p. 208.

26. Para outro exemplo da avidez de Graça Aranha em bajular Rio Branco — a quem atacava pelas costas —, ver Luís Cláudio Villafañe G. Santos, op. cit., pp. 418-9, 507-8.
27. Manuel de Oliveira Lima, *Memórias (estas minhas reminiscências...)*. Rio de Janeiro: José Olympio, 1937, p. 208.
28. Henrique Maximiliano Coelho Neto, "Euclydes da Cunha, feições do homem", op. cit., pp. 249-50.
29. Carta de Euclides da Cunha a Vicente de Carvalho, 18 set. 1908.
30. Henrique Maximiliano Coelho Neto, "Euclydes da Cunha, feições do homem", op. cit., p. 263. A citação completa é expressiva:
    De repente, porém, atirando os papéis que tinha às mãos à mesa, encarou-me mui de fito, sombrio, e perguntou-me de chofre:
    — Que impressão te causou esse pequeno?
    — Boa. É um robusto menino.
    — Sim, é... Mas compara-o com os outros.
    — Não te compreendo...
    Realmente... E sacudindo a cabeça, com o sorriso que lhe repuxava o rosto em caramunhas, disse: Não reparaste. O quarto estava escuro. É louro. Os outros são morenos, caboclos como eu. Esmoeu como se rilhasse nervos e, em voz surda, rangeu: Pois a mim ele causa a impressão de um pé de milho num cafezal. E riu de novo, trágico.
    E eu não percebi o horror contido naquela frase amarga. Era a suspeita que lhe subia do coração à cabeça desvairando-o, como uma serpe remonta da raiz da árvore tronco acima, insinuando-se nas ramas.
    Quando nos retiramos, à porta, despedindo-se, ele fez a mesma pergunta à minha mulher:
    — Então, d. Gaby, como achou o pequeno?
    — Lindo. Meus parabéns.
    Ele respondeu com uma gargalhada sinistra como o chirriado lúgubre da coruja. Deixamo-lo estatelado diante da noite.
31. Na transcrição feita por Walnice Nogueira Galvão (*Euclides da Cunha: Autos do processo sobre sua morte*, op. cit., p. 129), a expressão seria "canhorça", uma palavra inexistente. Pelo contexto, a expressão deve ser "cangorça". Segundo o dicionário Priberam, corresponde a "mulher considerada feia ou velha" ou "égua velha".
32. Carta de Euclides da Cunha a Domício da Gama, 16 nov. 1907.
33. Jeferson de Andrade, op. cit., p. 43.
34. Carta de Euclides da Cunha a José Veríssimo, 6 jan. 1908.
35. Carta de Euclides da Cunha a Manuel de Oliveira Lima, 13 nov. 1908.
36. A determinado candidato à carreira diplomática, Rio Branco teria dito: "Eu só deixo entrar na carreira homens de talento que sejam também belos homens. A diplomacia exige isso". Ver Luís Cláudio Villafañe G. Santos, op. cit., pp. 294-5.

37. Para detalhes da competição entre Brasil e Argentina no período, ver Luís Cláudio Villafañe G. Santos, op. cit., pp. 398-402, 422-47.
38. Carta de Euclides da Cunha a Manuel de Oliveira Lima, 20 mar. 1907. Ele retomaria a questão de um possível conflito com a Argentina em outra carta a Oliveira Lima, de 13 de março do ano seguinte, na qual fala do medo de uma guerra, o "pavor argentino", que estaria se disseminando no Brasil.
39. Carta de Euclides da Cunha a Francisco Escobar, 8 abr. 1908.
40. Ibid., 10 abr. 1908.
41. Ibid., 27 maio 1908. Em uma mancha de tinta no rodapé da carta, Euclides assinalou: "Não repares: foi uma lágrima negra/ que me espirrou dos olhos, em/ cima da defunta candidatura!/ Que a terra lhe seja leve...".
42. Carta de Euclides da Cunha a Manuel de Oliveira Lima, 25 maio 1908.
43. Essa questão, conhecida como a crise do "Telegrama nº 9", está mais detalhada em Luís Cláudio Villafañe G. Santos, op. cit., pp. 425-8. Entre outros autores, Álvaro Lins (op. cit., pp. 381-9) também trata do tema e, inclusive, traz os textos completos das duas versões do Telegrama nº 9.
44. Apud Eloy Pontes, op. cit., p. 250.
45. A conclusão de Euclides nos artigos sobre a ilha Martín García não deixa margem à dúvida: "A jurisdição do Uruguai sobre as águas platinas, nos limites normais do direito, imposta vigorosamente pelos antecedentes históricos e pelas próprias leis naturais, é dessas causas superiores, que para triunfar dispensam a fragilidade das espadas, amparando-se exclusivamente na fortaleza eterna e tranquila da justiça".
46. O desconhecido, na época com dezoito anos incompletos, era Astrojildo Pereira Duarte da Silva, que em 1922 seria um dos fundadores do Partido Comunista do Brasil. O texto da crônica de Euclides está reproduzido em Euclides da Cunha, *Obra completa*, op. cit., v. 1, pp. 457-8.
47. Walnice Nogueira Galvão ("Editar Euclides da Cunha". *Vereda*, Porto Alegre, n. 8, pp. 204-5, 2007) analisou as mudanças feitas por Euclides nas diversas edições: "Para dar uma síntese dessas emendas, antes de passar a uma análise daquelas estilisticamente mais relevantes, podemos dizer que elas não são de vasto âmbito, ou seja, deixam intacto o arcabouço do livro. Não há supressão ou acréscimo de unidades maiores como capítulos, parágrafos ou mesmo frases. As emendas situam-se antes ao nível da microestrutura que da macroestrutura, incidindo sobre o miúdo: a grande figura não é nem a supressão nem o acréscimo, mas a *substituição*: Euclides está sem cessar substituindo uma palavra, ou uma construção, por outra — e já veremos com que propósito. Em segundo lugar na ordem de frequência posta-se a modificação parcial da palavra, que adquire, em seu caso, uma importância estilística considerável".
48. Euclides da Cunha, *Obra completa*, op. cit., v. 1, pp. 453-6.
49. Carta de Euclides da Cunha a Alberto Rangel, 20 set. 1908.

50. Ibid., 24 out. 1908.
51. Carta de Euclides da Cunha a Otaviano da Costa Vieira, 3 nov. 1908.
52. Carta de Euclides da Cunha a Manuel de Oliveira Lima, 13 nov. 1908.
53. A partir de 1908 o colégio Pedro II deixou de ser chamado de Ginásio Nacional, como fora estabelecido logo após a proclamação da República, e retomou o nome original. Por alguns anos ainda, contudo, o internato (onde estudaram os filhos de Euclides) manteve a denominação de Internato Nacional Bernardo de Vasconcelos.

12. A tragédia da Piedade [pp. 295-314]

1. Henrique Maximiliano Coelho Neto, "Euclydes da Cunha, feições do homem", op. cit., p. 252.
2. Estes e os seguintes são trechos do ensaio *Impressões gerais*.
3. Carta de Euclides da Cunha a Francisco Escobar, 1º jan. 1909.
4. Dilermando negou até o fim da vida ter recebido auxílio financeiro vindo de Ana. É de notar, contudo, que somente o aluguel da casa na Piedade excedia o valor do soldo que ele então recebia do Exército.
5. Segundo seu depoimento à polícia, Ana de Almeida não recebia salário, apenas "retribuição que lhe dava o denunciado [Dilermando] do modo que entendia" (Autos do inquérito policial, em Walnice Nogueira Galvão (Org.), *Euclides da Cunha: Autos do processo sobre sua morte*, op. cit., p. 137). No Brasil recém-saído da escravidão, trabalhar por casa e comida era uma situação que nada tinha de atípica.
6. Henrique Maximiliano Coelho Neto, "Euclydes da Cunha, feições do homem", op. cit., p. 245.
7. Carta de Euclides da Cunha a Manuel de Oliveira Lima, 5 maio 1909.
8. Henrique Maximiliano Coelho Neto, "Euclydes da Cunha, feições do homem", op. cit., pp. 259-60.
9. Ibid., p. 260.
10. Arquivo Histórico do Itamaraty. Reproduzido em Francisco Venâncio Filho, *Rio-Branco e Euclides da Cunha*, op. cit., pp. 71-2.
11. Carta de Euclides da Cunha a Manuel de Oliveira Lima, 28 jul. 1909.
12. Raymundo Faoro, em *Os donos do poder* (7. ed. Rio de Janeiro: Globo, 1987, p. 628) define a situação em uma frase elegante: "Na base, o *bico de pena* substituiu a eleição, no alto a *degola* ocupou o lugar das apurações". O que não quer dizer que não houvesse competição real em alguns casos.
13. Euclides tinha toda a razão, o presidente Afonso Pena chegou a anotar no cartão pelo qual Coelho Neto pedia pelo amigo a palavra "Atendido". Agradeço ao acadêmico Alberto Venâncio Filho pela informação.
14. Carta de Euclides da Cunha a Manuel de Oliveira Lima, 18 jun. 1909.
15. Ibid., 28 jun. 1909.
16. Carta de Euclides da Cunha a Otaviano da Costa Vieira, 3 jul. 1909.

17. Como em muitos outros episódios, há controvérsia sobre a data exata da nomeação de Euclides para o colégio Pedro II, com versões que variam de 7 a 17 de julho. Pelo teor da carta a Gastão da Cunha (de 8 ago. 1909), comprova-se que ela ocorreu depois da divulgação do laudo do presidente Alcorta, cuja data, 9 de julho, é incontroversa, o que elimina a hipótese de a decisão ter sido tomada em 7 de julho. As variantes depois dessa data — 14, 15 ou 17 de julho — são irrelevantes em termos da presente narrativa. Registro no jornal *O Paiz*, na edição de 16 de julho, confirma que a nomeação ocorreu no dia 15: <http://memoria.bn.br/DocReader/178691_03/20142>. Acesso em: 3 mai. 2021.
18. Carta de Euclides da Cunha a Miguel Gastão da Cunha, 8 ago. 1909.
19. Depoimento de Lucinda e Angélica Ratto à polícia, *Correio da Manhã*, 18 ago. 1909.
20. Em alguns relatos o episódio é situado próximo ao nascimento de Luís, mas parece mais provável que tenha ocorrido em 1909, quando Euclides sofria uma longa crise de hemoptise e o casal vivia o auge do desgaste da vida conjugal. Em todo caso, que tenha ocorrido em fins de 1907 ou meados de 1909, não afeta substancialmente a narrativa.
21. Dilermando de Assis, *A tragédia da Piedade: Mentiras e calúnias da "A vida dramática de Euclides da Cunha"*, op. cit., p. 186.
22. Em longa nota de rodapé em seu livro de 1952 (pp. 215-7), Dilermando conta que as tias se aproveitavam da amizade de Ana — "o lucro de uma joia hoje, de um vestido amanhã, de um passeio" —, razão pela qual no começo do romance acobertaram os amantes. Ele sugere que em 1909, contudo, elas preferiram intrigar Saninha para se aproximar diretamente de Euclides. Chega a propor que elas teriam incentivado o escritor a assassinar a esposa.

Em compensação, no depoimento à polícia, as irmãs Ratto afirmaram que Ana "não só lhes pagava [aos Assis] a casa da Estrada Real de Santa Cruz, onde residem, como até lhes pagava contas de fornecimento de gêneros, e roupas e outras mercadorias".

Ainda segundo elas: "Em princípios do corrente mês [agosto de 1909], d. Ana da Cunha recebeu uma carta de Dilermando, acompanhada de uma relação das despesas de aluguel da casa, do armazém de secos e molhados, de dois ternos cáqui e de outras compras, pedindo a ela que efetuasse o pagamento das mesmas despesas, montando estas à soma de 620 mil-réis". *Correio da Manhã*, 18 ago. 1909.
23. Jeferson de Andrade, op. cit., p. 51. Mais provavelmente tratava-se de ilusões da torturada Ana, pois não consta que tivesse recursos para comprar as passagens e tampouco soubesse como tramitar um processo de anulação do casamento em um tribunal eclesiástico.
24. Reitere-se o comentário de que Dilermando sempre negou receber qualquer ajuda financeira de Ana. Nas brigas de casal, Euclides muitas vezes reclamava dos problemas financeiros por estar sustentando algumas pessoas

indevidamente. Essa acusação poderia referir-se a Lulu ou mesmo a Dilermando. Por outro lado, parece certo que Euclides jamais acolheu Dilermando como seu dependente, filho de criação ou coisa pelo estilo, acusação de suposta ingratidão que lhe foi feita em várias oportunidades.

25. Depoimento de Dilermando de Assis à polícia, *Correio da Manhã*, 28 ago. 1909.
26. Conforme narrado por Quidinho em "A verdade sobre a morte de meu pai", artigo publicado originalmente em 2 jul. 1916 e republicado em *Dom Casmurro*, n. 10, pp. 60-1, 1946. Parte das referências que se seguem provém desse relato.
27. Euclides teria entregado mil-réis a Sólon para as despesas que tivesse na tarefa, o que é confirmado em vários depoimentos. Por outro lado, há versões que sustentam que naquela ocasião Sólon teria discutido com o pai e chegado a ponto de ameaçar romper relações com ele.
28. Segundo depoimento de Lucinda Ratto no inquérito policial, apenas em 11 de agosto elas teriam sabido da natureza sexual da relação entre Ana e o sobrinho. Naquele dia, Saninha teria recebido uma carta de Dilermando na qual ele lhe pedia que cobrisse despesas suas no valor de 620 mil-réis. Segundo Lucinda, na ocasião Ana lhes contara que "há muito tempo mantinha relações com Dilermando e Dinorá, aos quais fornecia dinheiro em quantia superior a quinhentos réis mensais; que presentemente, tendo o doutor Euclides lhe prevenido que não poderia dar mais que seiscentos mil-réis mensais para as despesas da casa e isso por motivo de não poder acumular empregos, se via embaraçada para satisfazer aquela conta e outros compromissos; que assim passaram dona Ana, sua irmã Angélica e a declarante [Lucinda], até as quatro horas da madrugada, contando dona Ana nessa intimidade de que tinha forte paixão por Dilermando, de quem não podia mais se esquecer nem afastar-se, pois, Dilermando, jurava-lhe vingança, caso se visse abandonado por ela" (Autos do inquérito policial, em Walnice Nogueira Galvão (Org.), *Euclides da Cunha: Autos do processo sobre sua morte*, op. cit., pp. 79-80).
29. Há uma versão em que Sólon ficou no pátio e a empregada se escondeu debaixo da cama. Na prática, não faz nenhuma diferença.
30. Dilermando afirma ter dado dois tiros de advertência. O fato é que houve dois disparos da arma de Dilermando que não atingiram Euclides. Como se tratava de um exímio atirador e a distância era curta, a versão parece sólida.
31. Há diversas variações nos relatos sobre os eventos que culminaram na morte de Euclides. Utilizo como principal fonte as declarações que constam do inquérito policial (que, de todo modo, contêm contradições). Em algumas versões, por exemplo, Sólon teria saído em defesa do pai e fora neutralizado por Dinorá. Como dado fundamental, há pouca dúvida de que Euclides foi o autor dos primeiros disparos, ainda que o delegado que investigou o caso cogite que Dilermando tivesse atirado em Euclides antes e que o escritor teria sido "atraído para uma emboscada". Há, igualmente,

citações mais ou menos coincidentes de frases que teriam sido ditas pelos protagonistas do incidente. Do ponto de vista da narrativa biográfica mais ampla, esses pontos perdem relevância. São, contudo, exaustivamente discutidos em livros que procuram julgar, incriminar ou inocentar as pessoas envolvidas, o que — definitivamente — não é o enfoque adotado por mim.

32. Um desses mapas é o que vem reproduzido nas páginas 184 e 185 do caderno de imagens deste livro (mapas 1, 2, 3 e 4), o qual teve áreas destacadas nas diferentes versões para realçar os territórios em disputa entre Brasil, Bolívia e Peru.

Misto de celta, de tapuia e grego [pp. 315-36]

1. Carta de Euclides da Cunha a Agustín de Vedia, 13 out. 1908.
2. Walnice Nogueira Galvão, "O rito de passagem". *Folha de S.Paulo*, São Paulo, 9 jul. 2000. Caderno *Mais!*.
3. A discussão sobre a predominância do caráter literário ou do científico em *Os sertões* é antiga e as opiniões variam muito. Vão desde a caracterização feita por Afrânio Coutinho, já em 1952, do livro como uma "obra de ficção" (Euclides da Cunha, *Obra completa*, op. cit., v. 1, pp. 57-62), até a posição de Luiz Costa Lima, que entende que "*Os sertões* se divide em uma parte central, movida por uma explicação científica, e uma borda, a ornamentação literária" (*Terra ignota: A construção de* Os sertões. Rio de Janeiro: Civilização Brasileira, 1997, p. 209). Não é o caso de resenhar esse debate, uma vez que este livro está focado no aspecto biográfico do autor e não na análise da obra. Em todo caso, vale dizer que predomina a interpretação da dupla inscrição de *Os sertões* nos âmbitos científico e literário, que é a posição que adoto aqui.
4. Walnice Nogueira Galvão (em Academia Brasileira de Letras, *Ciclo comemorativo do centenário da publicação de* Os sertões. Rio de Janeiro: ABL, 2002, p. III) resume: "A dificuldade em lidar com uma tal avalanche de saberes é patente, e se resolve em paráfrases discordantes que se sucedem. Na impossibilidade de realizar uma síntese, ou mesmo sínteses parciais, o texto avança jogando com todo tipo de antinomias e contradições. Estas podem tomar o aspecto de uma figura frequentemente privilegiada, o oximoro, isto é, uma aproximação violenta de contrários: 'Troia de taipa' para definir o arraial, 'Hércules-Quasímodo' para definir o sertanejo".
5. O argumento está bem desenvolvido em "Cientificismo e aporias em *Os sertões*", em Leopoldo M. Bernucci (Org.), *Discurso, ciência e controvérsia em Euclides da Cunha*. São Paulo: Edusp, 2008, pp. 23-39.
6. José Carlos Barreto de Santana, *Ciência & arte*, op. cit., p. 132.
7. Gilberto Freyre, "Euclides da Cunha". In: Id., *Perfil de Euclides e outros perfis*. Rio de Janeiro: José Olympio, 1944, pp. 25-6.
8. Uma discussão sobre a relação de Gilberto Freyre com o modernismo pode ser encontrada em Mariza Veloso ("Gilberto Freyre e o horizonte do modernismo". *Sociedade e Estado*, Brasília, v. 15, n. 2, pp. 361-86, jun.-dez. 2000).

A recepção de Euclides pelos modernistas é um tema muito mais complexo, tratado no âmbito da crítica literária e, portanto, fora do enfoque deste livro. Uma primeira aproximação, de grande qualidade, foi feita por Walnice Nogueira Galvão (*No calor da hora*. 3. ed. São Paulo: Ática, 1994). A despeito das críticas recebidas pelos modernistas, Euclides foi para estes "um abridor de caminhos" ao abrasileirar a linguagem e antecipar muitos dos temas que seriam explorados por autores posteriores a 1922.

9. Gilberto Freyre, apud Euclides da Cunha, *Obra completa*, op. cit., v. 1, pp. 17-8.
10. Autodefinição encontrada na "Dedicatória a Lúcio de Mendonça": "Em falta de um *postkarte*, iluminura/ Que enquadre do que penso ou sinto a imagem,/ Em relevo, na artística moldura/ De um trecho fugitivo de paisagem —// Aí vai, para saudá-lo no remanso/ De um lar, onde terá digno aconchego,/ Este caboclo, este jagunço manso/ — Misto de celta, de tapuia e grego...".
11. A historiografia sobre o episódio da destruição de Belo Monte é vasta e abarca distintas vertentes. Aqui se vai apenas comentar, e brevemente, o papel de *Os sertões* nessa discussão.
12. "Apontamentos dos preceitos da Divina Lei de Nosso Senhor Jesus Cristo" (1895) e "Tempestades que se levantam no Coração de Maria por ocasião do Mistério da Anunciação".
13. José Carlos de Ataliba Nogueira, op. cit., p. 212.
14. Marco Antonio Villa, *Canudos: O povo da Terra*. São Paulo: Ática, 1995, p. 239.
15. Em 1963 saiu publicada a obra póstuma de Rui Facó, *Cangaceiros e fanáticos* (Rio de Janeiro: Civilização Brasileira, 1963), que inaugurou uma linha de interpretação marxista do tema. A questão da posse da terra e da busca de melhores condições materiais como móvel da migração em massa da população pobre do sertão é indiscutivelmente um fator crucial, talvez mais importante do que o fator religioso sob qualquer forma. Parecem-me, contudo, bastante discutíveis as abordagens que atribuem uma intencionalidade e um projeto socialista para o qual não há evidências concretas. Edmundo Moniz (*Canudos: A luta pela terra*. 9. ed. São Paulo: Global, 2001), por exemplo, viu Belo Monte como uma expressão da luta camponesa no Brasil, pessoas que lutavam *conscientemente* em prol de uma sociedade igualitária na qual a terra seria propriedade coletiva.
16. Consuelo Novais Sampaio, op. cit.
17. Uma crítica nem tão contemporânea assim, essa ausência é notada desde, pelo menos, a década de 1960. Ver Olímpio de Sousa Andrade, *História e interpretação de* Os sertões, op. cit., p. 290.
18. Apud Álvaro Pinto Dantas de Carvalho Júnior, em Instituto Moreira Salles, *Cadernos de Literatura*, n. 13 e 14, pp. 272-3, dez. 2002.
19. Renato Ortiz, *Cultura brasileira & identidade nacional*. 5. ed. São Paulo: Brasiliense, 2005, p. 13.

20. Essa ideia de *Os sertões* como instrumento para uma catarse coletiva está presente em vários comentadores, especialmente em Walnice Nogueira Galvão.
21. Emídio Dantas Barreto, op. cit., p. 230.
22. Regina Abreu, *O enigma de* Os sertões. Rio de Janeiro: Rocco/ Funarte, 1998, pp. 303-4.
23. Nicolau Sevcenko (*Literatura como missão*. São Paulo: Brasiliense, 1989) é autor do texto paradigmático dessa aproximação entre Euclides da Cunha e Lima Barreto.
24. Autos do inquérito policial, em Walnice Nogueira Galvão (Org.), *Euclides da Cunha: Autos do processo sobre sua morte*, op. cit., p. 78. Grifo meu.
25. Artigo 84 do decreto nº 181/1890, que instituiu o casamento civil.

Fontes e bibliografia

Referências bibliográficas

ABREU, Regina. *O enigma de Os sertões.* Rio de Janeiro: Rocco/ Funarte, 1998.
ACADEMIA BRASILEIRA DE LETRAS. *Ciclo comemorativo do centenário da publicação de Os sertões.* Rio de Janeiro: ABL, 2002.
ALONSO, Angela. *Ideias em movimento: A geração 1870 na crise do Brasil-Império.* São Paulo: Paz e Terra, 2002.
AMORY, Frederic. *Euclides da Cunha: Uma odisseia nos trópicos.* Cotia: Ateliê Editorial, 2009.
ANDRADE, Jeferson de. *Anna de Assis: História de um trágico amor: Euclides da Cunha, Anna e Dilermando. Judith Ribeiro de Assis em depoimento a Jeferson de Andrade.* Rio de Janeiro: BestBolso, 2009.
ANDRADE, Olímpio de Souza. *História e interpretação de* Os sertões. 2. ed. São Paulo: Edart, 1962.
____. "Euclides da Cunha sem *Os sertões* e os outros livros". *Revista do IHGB*, Rio de Janeiro, v. 271, pp. 201-20, abr.-jun. 1966.
ASSIS, Dilermando Cândido de. *Um Conselho de Guerra. A morte do aspirante de Marinha Euclides da Cunha Filho. Defesa do tenente Dilermando Cândido de Assis.* Rio de Janeiro: Tipografia dos Annaes, 1916.
____. *A tragédia da Piedade: Mentiras e calúnias da "A vida dramática de Euclides da Cunha".* 2. ed. Rio de Janeiro: O Cruzeiro, 1952.
ATALIBA NOGUEIRA, José Carlos de. *Antônio Conselheiro e Canudos: Revisão histórica. A obra manuscrita de Antônio Conselheiro e que pertenceu a Euclides da Cunha.* 2. ed. São Paulo: Editora Nacional, 1978 (Brasiliana, v. 355).
ATHAYDE, Hélio. *Atualidade de Euclides da Cunha: Vida e obra.* Rio de Janeiro: Presença, 1987.
AZEVEDO, Sílvia Maria. "Manuel: Um correspondente da Guerra de Canudos". *Revista USP*, São Paulo, n. 54, pp. 82-95, jul.-ago. 2002.
BARBOSA, Francisco de Assis. "Euclides da Cunha: A marca de um drama". *Revista do IHGB*, Rio de Janeiro, v. 271, pp. 181-200, abr.-jun. 1966.
BARRETO, Emídio Dantas. *Última expedição a Canudos.* Porto Alegre: Franco & Irmão, 1898.
BARTELT, Dawid Danilo. *Sertão, república e nação.* São Paulo: Edusp, 2009.

BENÍCIO, Manuel. *O rei dos jagunços: Chronica histórica e de costumes sertanejos sobre os acontecimentos de Canudos*. Ed. fac-similar. Brasília: Senado Federal, 1997 [1899].

BERNUCCI, Leopoldo M. *A imitação dos sentidos: Prógonos, contemporâneos e epígonos de Euclides da Cunha*. São Paulo: Edusp, 1995.

____ (Org.). *Discurso, ciência e controvérsia em Euclides da Cunha*. São Paulo: Edusp, 2008.

BERNUCCI, Leopoldo M.; HARDMAN, Francisco Foot (Orgs.). *Euclides da Cunha: Poesia reunida*. São Paulo: Unesp, 2009.

BRANDÃO, Adelino. *A sociologia de Os sertões*. Jundiaí: Tipografia Jundiaí, 1974.

____. *Paraíso perdido: Euclides da Cunha, vida e obra*. São Paulo: Ibrasa, 1996.

CALASANS, José. "Algumas fontes de *Os sertões*". *Revista do Instituto de Estudos Brasileiros*, São Paulo, n. 14, pp. 91-125, 1973.

____. "Euclides da Cunha e Siqueira Menezes". Disponível em: <http://josecalasans.com/downloads/artigos/03.pdf>. Acesso em: 30 mar. 2021.

____. "Relatório de Frei João Evangelista". Disponível em: <http://josecalasans.com/downloads/artigos/35.pdf>. Acesso em: 30 mar. 2021.

CARDIM, Carlos Henrique; ALMINO, João (Orgs.). *Rio Branco: A América do Sul e a modernização do Brasil*. Rio de Janeiro: EMC, 2002.

CARDIM, Elmano. "Presença de Euclides da Cunha". *Revista do IHGB*, Rio de Janeiro, v. 271, pp. 239-58, abr.-jun. 1966.

CARONE, Edgard. *A República Velha (evolução política)*. 2. ed. São Paulo: Difel, 1974.

CARVALHO, José Murilo de. "As Forças Armadas na Primeira República: O poder desestabilizador". In: FAUSTO, Boris (Org.). *História geral da civilização brasileira: O Brasil republicano, sociedade e instituições (1889-1930)*. v. 9. São Paulo: Difel, 1985, pp. 181-234.

____. *A formação das almas: O imaginário da República no Brasil*. São Paulo: Companhia das Letras, 1990.

CAVALCANTI, Dirce de Assis. *O pai*. 5. ed. São Paulo: Ateliê Editorial, 1998.

COELHO NETO, Henrique Maximiliano. "Euclydes da Cunha, feições do homem". *Livro de Prata*, São Paulo: Livraria Liberdade, 1928, pp. 195-266.

____ et al. *Juízos críticos: Os sertões: Campanha de Canudos*. Rio de Janeiro: Laemmert, 1904. Disponível em: <https://digital.bbm.usp.br/handle/bbm/4778>. Acesso em: 30 mar. 2021.

DEL GUERRA, Rodolpho J. "O italiano morto na montagem da ponte". Disponível em: <http://www.proteton.com.br/euclides/ler.php?id=1628&secao=117>. Acesso em: 30 mar. 2021.

DEL PRIORI, Mary. *Matar para não morrer: A morte de Euclides da Cunha e a noite sem fim de Dilermando de Assis*. Rio de Janeiro: Objetiva, 2009.

FACÓ, Rui. *Cangaceiros e fanáticos*. Rio de Janeiro: Civilização Brasileira, 1963.

FAORO, Raymundo. *Os donos do poder*. 7. ed. Rio de Janeiro: Globo, 1987.

FILHO, Lacerda. *Euclydes da Cunha: Sua vida e sua obra*. João Pessoa: A União, 1936.
FRANCO, Afonso Arinos de Melo. *Os jagunços*. São Paulo: Tipografia de *O Commercio de São Paulo*, 1898. Disponível em: <https://digital.bbm.usp.br/handle/bbm/6699>. Acesso em: 30 mar. 2021.
FREYRE, Gilberto. "Introdução". In: CUNHA, Euclides Pimenta da. *Canudos (Diário de uma expedição)*. Rio de Janeiro: José Olympio, 1939.
____. "Euclides da Cunha". *Revista do Brasil*, Rio de Janeiro, v. 2, n. 7, jan. 1939.
____. *Atualidade de Euclides da Cunha*. Rio de Janeiro: Casa do Estudante do Brasil, 1941.
____. "Euclides da Cunha". In: FREYRE, Gilberto. *Perfil de Euclides e outros perfis*. Rio de Janeiro: José Olympio. 1944.
____. "Euclides da Cunha, revelador da realidade brasileira". In: CUNHA, Euclides Pimenta da. *Obra completa*. v. 1. Rio de Janeiro: Nova Aguilar, 1966.
GALVÃO, Walnice Nogueira. *Saco de gatos: Ensaios críticos*. São Paulo: Duas Cidades, 1976.
____. *No calor da hora*. 3. ed. São Paulo: Ática, 1994.
____. "Euclides da Cunha". In: PIZARRO, Ana (Org.). *América Latina: Palavra, literatura e cultura*. São Paulo: Memorial da América Latina; Campinas: Ed. da Unicamp, 1994.
____. "O rito de passagem". *Folha de S.Paulo*, São Paulo, 9 jul. 2000. Caderno Mais!.
____. "Editar Euclides da Cunha". *Veredas*, Porto Alegre, n. 8, pp. 200-14, 2007.
GARCIA, Lúcia. *De olho em Euclides da Cunha: Escritor por acidente e repórter do sertão*. São Paulo: Claro Enigma, 2009.
GICOVATE, Moisés. *Euclides da Cunha: Uma vida gloriosa*. São Paulo: Melhoramentos, 1952.
GUIMARÃES, Argeu. *Cafarnaúm*. Rio de Janeiro: Organização Simões Editora, 1956.
HARDMAN, Francisco Foot. "Pai, filho: Caligrafias do afeto". *Revista USP*, São Paulo, n. 23, pp. 92-101, 1994.
HORCADES, Alvim Martins. *Descrição de uma viagem a Canudos*. Salvador: Litotipografia Tourinho, 1899.
INSTITUTO MOREIRA SALLES. *Cadernos de Literatura Brasileira: Edição comemorativa de* Os sertões, n. 13 e 14, dez. 2002.
JOFFILY, Geraldo. *O encontro de Euclides da Cunha com Plácido de Castro*. Brasília: Thesaurus, 1979.
LIMA, Luiz Costa. *Terra ignota: A construção de* Os sertões. Rio de Janeiro: Civilização Brasileira, 1997.
LINS, Álvaro. *Rio Branco (Biografia)*. São Paulo: Alfa Ômega, 1996.
MACEDO SOARES, Henrique Duque Estrada de. *A guerra de Canudos*. Rio de Janeiro: Tipografia Altiva, 1902. Disponível em: <https://archive.org/details/guerradecanudos00soar>. Acesso em: 30 mar. 2021.

MANGABEIRA, Francisco. *Tragédia épica: Guerra de Canudos*. Apresentação de Aleiton Fonseca. Rio de Janeiro: ABL, 2010.

MANIF, Zacharias. *A lexicologia de Os sertões: O vocabulário de Euclides da Cunha*. Florianópolis: Garapuvu, 2001.

MASCHIETTO, Cármen C. Trovatto. *A tradição euclidiana: Uma ponte entre história e memória*. São Paulo: Arte & Ciência, 2002.

MEYER, Augusto. *Preto & branco*. Rio de Janeiro: MEC/ INL, 1956.

MONIZ, Edmundo. *Canudos: A luta pela terra*. 9. ed. São Paulo: Global, 2001.

MONTE MARCIANO, João Evangelista de. *Relatório apresentado pelo revd. Frei João Evangelista de Monte Marciano ao Arcebispado da Bahia sobre Antônio Conselheiro e seu séquito no arraial de Canudos*. Bahia: Tipografia do Correio de Notícias, 1895. Disponível em: <http://ufdc.ufl.edu/ AA00009770/00001/2j>. Acesso em: 30 mar. 2021.

MOTA, Lourenço Dantas. *Euclides da Cunha*. São Paulo: Três, 1974.

MOURA, Clóvis. *Introdução ao pensamento de Euclides da Cunha*. Rio de Janeiro: Civilização Brasileira, 1964.

NEVES, Edgard de Carvalho. *Afirmação de Euclides da Cunha*. Rio de Janeiro: Francisco Alves, 1960.

_____ (Org.). *Euclides da Cunha: Ensaio e crítica*. Rio de Janeiro: Francisco Alves, 1960.

OLIVEIRA LIMA, Manuel de. *Memórias (estas minhas reminiscências...)*. Rio de Janeiro: José Olympio, 1937.

ORTIZ, Renato. *Cultura brasileira & identidade nacional*. 5. ed. São Paulo: Brasiliense, 2005.

PASIN, José Luiz. *O outro Euclides: O engenheiro Euclides da Cunha no vale do Paraíba: 1902 a 1903*. Lorena: Unisal, 2002.

PEIXOTO, Afrânio. *Discurso de posse na Cadeira n. 7 da Academia Brasileira de Letras*. Disponível em: <http://www.academia.org.br/academicos/afranio-peixoto/discurso-de-posse>. Acesso em: 30 mar. 2021.

PEREGRINO, Umberto. "Euclides e a Escola Militar da Praia Vermelha". *Dom Casmurro*, Rio de Janeiro, pp. 21-3, maio 1946.

_____. *Euclides da Cunha e outros estudos*. Rio de Janeiro: Record, 1968.

PONTES, Eloy. *A vida dramática de Euclydes da Cunha*. Rio de Janeiro: José Olympio, 1938.

PONTES, Kassius Diniz da Silva. *Euclides da Cunha, o Itamaraty e a Amazônia*. Brasília: Funag, 2005.

RABELLO, Sylvio. *Euclides da Cunha*. 2. ed. Rio de Janeiro: Civilização Brasileira, 1966.

RIBEIRO, Fabrício Leonardo. "Cartas da Selva: Algumas impressões de Euclides da Cunha acerca da Amazônia". *História: Questões & Debates*, Curitiba, v. 44, n. 1, jun. 2006. Disponível em: <https://revistas.ufpr.br/historia/article/view/7937/5582>. Acesso em: 30 mar. 2018.

RIO BRANCO, José Maria da Silva Paranhos do. *Obras do barão do Rio Branco V: Questões de limites, exposições de motivos*. Brasília: Ministério das Relações Exteriores/ Funag, 2012.

SAMPAIO, Consuelo Novais. *Canudos: Cartas para o barão*. 2. ed. São Paulo: Edusp/ Imprensa Oficial, 2001.

SAMPAIO, Teodoro. "À memória de Euclides da Cunha no décimo aniversário de sua morte". In: NEVES, Edgard de Carvalho (Org.). *Euclides da Cunha: Ensaio e crítica*. Rio de Janeiro: Francisco Alves, 1960, pp. 143-8.

SANTANA, José Carlos Barreto de. "Cotidiano e geologia em Euclides da Cunha". *Cadernos IG — Unicamp*, Campinas, v. 5, n. 2, pp. 140-57, 1995.

____. "Euclides da Cunha e a Escola Politécnica de São Paulo". *Estudos Avançados*, São Paulo, v. 10, n. 26, pp. 311-27, abr. 1996. Disponível em: <http://www.scielo.br/scielo.php?script=sci_arttext&pid=S0103-40141 996000100026&lng=en&nrm=iso>. Acesso em: 30 mar. 2021.

____. *Ciência & arte: Euclides da Cunha e as ciências naturais*. São Paulo: Hucitec; Feira de Santana: Universidade Estadual de Feira de Santana, 2001.

SANTOS, Luís Cláudio Villafañe G. *Juca Paranhos, o barão do Rio Branco*. São Paulo: Companhia das Letras, 2018.

SENA, Davis Ribeiro de. "Vidas marcadas: Euclides, Ana e Dilermando." Disponível em: <http://www.proteton.com.br/euclides/ler.php?id=791&secao=III>. Acesso em: 30 mar. 2021.

SEVCENKO, Nicolau. *Literatura como missão*. São Paulo: Brasiliense, 1989.

SILVA, Célia Mariana Franchi Fernandes da Silva. "Os sertões e o noventa e três". Disponível em: <http://www.proteton.com.br/euclides/ler.php?id=1655&secao=III>. Acesso em: 30 mar. 2021.

SILVA, Célio Leandro da. *Terra sem história: Identidade e história na Amazônia de Euclides da Cunha*. Porto Alegre: PUC-RS, 2015. Dissertação (Mestrado).

SCHWARCZ, Lilia Katri Moritz. *O espetáculo das raças: Cientistas, instituições e questão racial no Brasil — 1870-1930*. São Paulo: Companhia das Letras, 1993.

SODRÉ, Nelson Werneck. "Revisão de Euclides da Cunha". *Revista do Livro*, n. 4, pp. 15-53, 1959.

TOLEDO, Francisco Sodero. "Euclides da Cunha em Lorena". In: PASIN, José Luís. *O outro Euclides: O engenheiro Euclides da Cunha no vale do Paraíba: 1902 a 1903*. Lorena: Unisal, 2002, pp. 149-62.

TOLEDO, Marleine Paula M. e F. *Relações internacionais em Euclides da Cunha: Cartas de Sete Léguas*. São Paulo: Nankin/ ESPM, 2012.

TOCANTINS, Leandro. *Euclides da Cunha e o paraíso perdido*. Rio de Janeiro: Civilização Brasileira, 1978.

TOSTES, Joel Bicalho; BRANDÃO, Adelino. *Águas de amargura: O drama de Euclides da Cunha e Ana*. 3. ed. Rio de Janeiro: Rio Fundo, 1990.

VARGAS LLOSA, Mario. *La guerra del fin del mundo*. México: Biblioteca de bolsillo, 2016.

VASCONCELLOS, Pedro Lima. "Antônio Conselheiro e Belo Monte: Entre promessas cumpridas e esperadas". Disponível em: <http://docplayer.com.br/34658100-Antonio-conselheiro-e-belo-monte-1-entre-promessas-cumpridas-e-esperadas.html>. Acesso em: 30 mar. 2021.

____. "Remédio santo: Rezas e curas no Belo Monte de Antônio Conselheiro". Disponível em: <http://www.proteton.com.br/euclides/ler.php?id=1656&secao=111>. Acesso em: 30 mar. 2021.

____. "Antônio Conselheiro, Montano e outros heresiarcas do século II em *Os sertões*". Disponível em: <http://www.proteton.com.br/euclides/ler.php?id=583&secao=111>. Acesso em: 30 mar. 2021.

VELOSO, Mariza. "Gilberto Freyre e o horizonte do modernismo". *Sociedade e Estado*, Brasília, v. 15, n. 2, pp. 361-86, jun.-dez. 2000.

VENÂNCIO FILHO, Alberto. "Euclides da Cunha e seus amigos". *Revista do IHGB*, Rio de Janeiro, v. 271, pp. 221-38, abr.-jun. 1966.

____. "Carlos Peixoto e o 'Jardim de Infância'". *Revista do IHGB*, Rio de Janeiro, v. 297, pp. 161-88, out.-dez. 1972.

VENÂNCIO FILHO, Francisco (Org.). *A glória de Euclides da Cunha*. São Paulo: Companhia Editora Nacional, 1940.

____. *Rio-Branco e Euclides da Cunha*. Rio de Janeiro: Ministério das Relações Exteriores, 1946.

VENTURA, Roberto. "Euclides da Cunha e a República". *Estudos Avançados*, São Paulo, v. 10, n. 26, pp. 275-91, 1996. Disponível em: <http://www.scielo.br/scielo.php?script=sci_arttext&pid=S0103-40141996000100024>. Acesso em: 30 mar. 2021.

____. "Euclides da Cunha no Vale da Morte". *Revista USP*, São Paulo, n. 54, pp. 16-29, jun.-ago. 2002.

____. *Retrato interrompido da vida de Euclides da Cunha*. São Paulo: Companhia das Letras, 2003.

VILLA, Marco Antonio. *Canudos: O povo da Terra*. São Paulo: Ática, 1995.

ZAMA, César. *Libelo republicano acompanhado de comentários sobre a campanha de Canudos*. Salvador: Tipografia do Diário da Bahia, 1899. Disponível em: <https://pt.wikisource.org/wiki/Libelo_republicano>. Acesso em: 30 mar. 2021.

Fontes impressas

CUNHA, Euclides Rodrigues Pimenta da. *Peru versus Bolívia*. Rio de Janeiro: Livraria Francisco Alves, 1907.

____. *Contrastes e confrontos*. Porto: Companhia Portuguesa Editora, 1919 [1907].

____. *Obra completa*. Org. de Afrânio Coutinho. 2 v. Rio de Janeiro: José Aguilar, 1966.

____. *À margem da história*. Porto: Editora Lello Brasileira, 1967 [1909].
____. *Diário de uma expedição*. Org. de Walnice Nogueira Galvão. São Paulo: Companhia das Letras, 2000.
____. *Um paraíso perdido: Reunião de ensaios amazônicos*. Seleção e coordenação de Hildon Rocha. Brasília: Senado Federal, 2000.
____. *Diário de marcha: Extrato do diário da Comissão Mista Brasileiro-Peruana de Reconhecimento do Alto Purus*. Rio Branco, Acre: Printac, 2006.
____. *Caderneta de campo*. Introdução, notas e comentário de Olímpio de Sousa Andrade. Rio de Janeiro: Fundação Biblioteca Nacional, 2009.
____. *Ensaios e inéditos*. Org. de Leopoldo M. Bernucci e Felipe Pereira Rissato. São Paulo: Unesp, 2018.
____. *Os sertões (campanha de Canudos)*. Edição, prefácio, cronologia, notas e índice de Leopoldo M. Bernucci. 5. ed. Cotia: Ateliê Editorial; São Paulo: Sesi-SP, 2018 [1902].
GALVÃO, Walnice Nogueira (Org.). *Euclides da Cunha: Autos do processo sobre sua morte*. Consultoria de Domício Pacheco e Silva Neto. 2. ed. São Paulo: Terceiro Nome, 2009.
GALVÃO, Walnice Nogueira; GALOTTI, Oswaldo. *Correspondência de Euclides da Cunha*. São Paulo: Edusp, 1997.
MINISTÉRIO DAS RELAÇÕES EXTERIORES. *Relatório da Comissão Mista Brasileiro-Peruana de Reconhecimento do Alto Purus*. Rio de Janeiro: MRE, 1906.
NASCIMENTO, José Leonardo do; FACIOLI, Valentim (Orgs.). *Juízos críticos: Os sertões e os olhares de sua época*. São Paulo: Nankin/Unesp, 2003.
TRAVASSOS, Renato (Org.). *Cartas de Machado de Assis e Euclides da Cunha*. Rio de Janeiro: Waissman, Reis & Cia., 1931.
VENÂNCIO FILHO, Francisco (Org.). *Euclides da Cunha a seus amigos*. São Paulo: Companhia Editora Nacional, 1938.

Sites

Academia Brasileira de Letras — Euclides da Cunha. Disponível em: <http://www.euclidesdacunha.org.br>. Acesso em: 30 mar. 2021.
Biblioteca Brasiliana Guita e José Mindlin. Disponível em: <https://digital.bbm.usp.br>. Acesso em: 30 mar. 2021.
Brasiliana Eletrônica — UFRJ. Disponível em: <https://letras.biblioteca.ufrj.br/brasiliana-eletronica/>. Acesso em: 30 mar. 2021.
Dicionário histórico-biográfico da Primeira República (Fundação Getulio Vargas). Disponível em: <https://cpdoc.fgv.br/dicionario-primeira-republica>. Acesso em: 30 mar. 2021.
Euclidesite. Disponível em: <https://euclidesite.com.br>. Acesso em: 30 mar. 2021.
Hemeroteca Digital — Biblioteca Nacional (Brasil). Disponível em: <https://bndigital.bn.gov.br/hemeroteca-digital>. Acesso em: 30 mar. 2021.

Internet Archive. Disponível em: <https://archive.org>. Acesso em: 30 mar. 2021.

Sítio do professor José Calasans. Disponível em: <http://josecalasans.com>. Acesso em: 30 mar. 2021.

Jornais e revistas

A Província de S. Paulo/O Estado de S. Paulo (1888-1909)
Correio da Manhã (1901-9)
Democracia: Órgão de Orientação Republicana (1890-1)
Dom Casmurro (1946)
Gazeta de Notícias (1888-1909)
Jornal do Brasil (1897-1909)
Jornal do Commercio (1900-9)
Revista da família acadêmica (1887-9)
O Paiz (1888-1909)

Arquivos

Arquivo da Academia Brasileira de Letras (Rio de Janeiro)
Arquivo Histórico do Itamaraty (Rio de Janeiro)
Arquivo do Instituto Histórico e Geográfico Brasileiro (Rio de Janeiro)
Arquivo Nacional (Rio de Janeiro)
Biblioteca Nacional (Rio de Janeiro)

Cronologia

1866   Em 20 de janeiro nasce Euclides Rodrigues Pimenta da Cunha na fazenda Saudade, em Cantagalo, localidade da província do Rio de Janeiro. Filho de Manuel Rodrigues Pimenta da Cunha e Eudóxia Alves Moreira da Cunha.

1868   Em 9 de agosto nasce Adélia Pimenta da Cunha, irmã de Euclides.

1869   Em 1º de agosto falece a mãe de Euclides, Eudóxia Alves Moreira da Cunha. Euclides e Adélia passam a morar com os tios maternos Rosinda e Urbano Gouveia em Teresópolis, na província do Rio de Janeiro.

1871   Morre a tia Rosinda. Euclides e Adélia vão viver com os tios maternos Laura e Antônio José Garcez, na fazenda São Joaquim, em São Fidélis, na província do Rio de Janeiro.

1877   Euclides vive durante pouco mais de um ano na casa da avó paterna, Teresa Maria, em Salvador, na província da Bahia.

1879   Euclides se muda para a casa do tio paterno Antônio Rodrigues Pimenta da Cunha, na cidade do Rio de Janeiro.

1883   Depois de estudar em várias escolas do Rio de Janeiro, Euclides é matriculado no colégio Aquino.

1885   Euclides presta exames para o curso de engenharia da Escola Politécnica do Rio de Janeiro, que frequenta por um ano.

1886   Ingressa na Escola Militar da Praia Vermelha.

1888   Abolição da escravidão no Brasil em 13 de maio. Em 4 de novembro, Euclides protagoniza o chamado "incidente do sabre". Tem sua matrícula na Escola Militar suspensa. Em 22 de dezembro publica no jornal *A Província de S. Paulo* seu primeiro artigo em veículo de ampla circulação.

1889   Euclides continua a publicar artigos em *A Província de S. Paulo*. Tenta retomar os estudos de engenharia na Escola Politécnica. Em 15 de novembro é proclamada a República, e Deodoro da Fonseca se torna chefe do governo provisório. Em 16 de novembro Euclides vai à casa do major Frederico Sólon e conhece a filha deste, Ana Emília, Saninha. Ainda em novembro é readmitido na Escola Militar. Em 21 de novembro é promovido a alferes-aluno.

1890   Euclides completa o curso de artilharia. Matricula-se na Escola Superior de Guerra. É promovido a segundo-tenente em 14 de abril.

	Colabora com o jornal *Democracia*, de Vicente de Souza. Em 10 de setembro, casa-se com Ana Emília Sólon Ribeiro.
1891	Em 25 de fevereiro Deodoro da Fonseca é eleito pelo Congresso presidente constitucional do Brasil. Morre, com poucos dias de vida, Eudóxia, filha de Euclides e Ana. Em 3 de novembro Deodoro da Fonseca dissolve o Congresso. Euclides apoia a conspiração contra Deodoro. Em 23 do mesmo mês, o presidente renuncia e Floriano Peixoto assume o poder.
1892	Em 8 de janeiro Euclides conclui os cursos de Estado-Maior e de engenharia militar da Escola Militar. Recebe os títulos de engenheiro e de bacharel em Matemática e Ciências Físicas e Naturais. Defende o governo Floriano Peixoto em sucessivos artigos em *O Estado de S. Paulo*. O presidente inicia forte repressão contra seus inimigos políticos. Em julho, começa a trabalhar como auxiliar de ensino na Escola Militar da Praia Vermelha. Em 11 de novembro nasce Sólon Ribeiro da Cunha, filho de Euclides e Ana.
1893	Em fevereiro tem início a Revolução Federalista no Rio Grande do Sul. Em agosto Euclides começa o estágio na construção do trecho Caçapava-São Paulo da Estrada de Ferro Central do Brasil. Saninha e o filho Sólon ficam morando em Palmeiras (RJ). Antônio Conselheiro funda a cidade de Belo Monte no interior da Bahia. Em setembro se deflagra a Revolta da Armada na Baía de Guanabara. O sogro de Euclides, general Sólon, é preso. Euclides é transferido de volta ao Rio de Janeiro para trabalhar na fortificação da cidade contra os navios dos revoltosos. Saninha e Sólon são enviados à fazenda do pai de Euclides, em Descalvado (SP), mas retornam a Palmeiras em dezembro.
1894	Euclides tem uma audiência com Floriano Peixoto para pedir pelo sogro. Em fevereiro, mantém polêmica pela imprensa com o senador João Cordeiro. Em março, termina a Revolta da Armada e Euclides é transferido para Campanha (MG). Em 18 de julho nasce Euclides Ribeiro da Cunha Filho, o Quidinho, filho de Euclides e Ana. Termina o governo Floriano Peixoto. Em 15 de novembro assume Prudente de Morais. Em dezembro, o general Sólon, que já passara ao regime de prisão domiciliar, é inocentado.
1895	Em maio Euclides deixa Campanha, entra em licença médica no Exército. Depois de três meses na fazenda do pai, em Descalvado, passa a morar com a família na cidade de São de Paulo. Começa a trabalhar como engenheiro, provisoriamente, na Superintendência de Obras Públicas do estado de São Paulo. Em 24 de junho ocorre a última batalha da Revolução Federalista em Campo Osório (RS). A paz é assinada em 23 de agosto.
1896	Em julho, reforma-se definitivamente do Exército, por problemas de saúde. Assume em agosto o cargo de engenheiro ajudante de

primeira classe na Superintendência de Obras Públicas do estado de São Paulo. Em 24 de novembro, a Primeira Expedição contra Belo Monte é repelida pelos seguidores de Antônio Conselheiro.

1897 Em 18 de janeiro, a Segunda Expedição contra Belo Monte é repelida pelos seguidores de Antônio Conselheiro. Em 3 de março, a Terceira Expedição também é derrotada. Em 4 de março, Euclides retoma sua colaboração com o jornal *O Estado de S. Paulo*, interrompida em 1892, com a publicação de "Distribuição dos vegetais no estado de São Paulo". Entre outros artigos, em 14 de março e 17 de julho publica dois comentários com o título "A nossa Vendeia". Em fins de julho, é convidado a ir para a Bahia como correspondente do jornal. Parte do Rio de Janeiro em 3 de agosto. Depois de mais de um mês em Salvador, chega a Belo Monte em 16 de setembro. Doente, deixa a frente de batalha, provavelmente no dia 1º de outubro. Em 5 daquele mês, os últimos habitantes da cidade são exterminados e o que restava de Belo Monte, incendiado. Euclides desembarca de volta no Rio de Janeiro em 20 de outubro, retorna a São Paulo e pede licença por motivo de saúde na Superintendência de Obras. Vai para a fazenda do pai, em Descalvado, onde estavam a esposa e os filhos. Em 5 de novembro ocorre o malogrado atentado contra a vida do presidente Prudente de Morais. Euclides dá início à redação de *Os sertões* ainda em Descalvado.

1898 Na madrugada de 22 para 23 de janeiro desaba a ponte metálica recém-construída na cidade de São José do Rio Pardo. Em março, Euclides e a família se mudam para São José, onde o engenheiro irá supervisionar a reconstrução da ponte e, em paralelo, redigir *Os sertões*. Em 15 de novembro começa o governo do presidente Campos Sales.

1900 Euclides conclui a redação do manuscrito de *Os sertões*. Deixa o texto com Júlio de Mesquita, que prometera publicá-lo.

1901 Em 31 de janeiro nasce Manuel Afonso Ribeiro da Cunha, filho de Euclides e Ana. A ponte sobre o rio Pardo é reinaugurada em 18 de maio. É nomeado chefe de distrito na Superintendência de Obras. Muda-se para a cidade de São Carlos, onde passa poucos meses. Resgata o manuscrito de *Os sertões* da redação de *O Estado de S. Paulo*, onde não teria sido nem ao menos lido. Em novembro é nomeado chefe do 2º Distrito, com sede em Guaratinguetá. Vai residir com a família na cidade de Lorena. Em 17 de dezembro, assina contrato com a editora Laemmert para a publicação de *Os sertões*.

1902 Euclides se empenha na correção das provas de *Os sertões* e na promoção do novo livro. Em 15 de novembro começa o governo do presidente Rodrigues Alves. Em 2 de dezembro, *Os sertões* (*campanha de Canudos*), volume de 637 páginas e ilustrações, é lançado, com rápida e contundente recepção pela crítica e pelo público.

1903 Em 24 de abril é eleito sócio correspondente do Instituto Histórico e Geográfico Brasileiro. Candidata-se à Cadeira nº 7 da Academia Brasileira de Letras e em 21 de setembro é eleito. Em 31 de dezembro demite-se da Superintendência de Obras Públicas do estado de São Paulo.

1904 Em 15 de janeiro assume o cargo de engenheiro fiscal na Comissão de Saneamento do município de Santos (SP). Muda-se com a família para a cidade de Guarujá (SP). Em 24 de abril demite-se do novo emprego. Busca ser aproveitado em uma das Comissões Mistas Brasil-Peru, criadas para explorar os rios Purus e Juruá. Entrevista-se com Rio Branco. Em setembro regressa ao Rio de Janeiro com a família. Em novembro a capital brasileira é palco da Revolta da Vacina. Em 28 de novembro é publicada sua nomeação como primeiro comissário brasileiro da Comissão Mista Brasileiro-Peruana de Reconhecimento do Alto Purus. Em 13 de dezembro parte para a Amazônia, deixando Ana e os filhos instalados no Rio de Janeiro.

1905 Sobe o rio Purus até suas nascentes como primeiro comissário brasileiro da Comissão Mista Brasileiro-Peruana de Reconhecimento do Alto Purus. Saninha deixa os dois filhos mais velhos internados em São Paulo e se muda para uma pensão no Rio de Janeiro, acompanhada apenas de Manuel Afonso, ainda bebê. Ana encontra o jovem Dilermando de Assis e inicia um romance com o cadete. Muda-se para uma casa na rua Humaitá, onde hospeda Dilermando e uma de suas tias. Os filhos Sólon e Quidinho passam a estudar, internos, no colégio Anchieta, em Friburgo (RJ). Euclides retorna ao Rio de Janeiro em fins de dezembro.

1906 Ana propõe que o casal se separe, o que não é aceito por Euclides. Euclides começa a trabalhar diretamente com o barão do Rio Branco, ainda com base no contrato para chefiar a Comissão Mista de Reconhecimento do Alto Purus. Em 11 de julho nasce Mauro Ribeiro da Cunha, que sobreviveu por poucos dias, filho de Ana e Dilermando, mas cuja paternidade foi assumida por Euclides. Em 15 de novembro começa o governo do presidente Afonso Pena.

1907 Em janeiro, publica *Contrastes e confrontos* pela editora Chardron, da cidade do Porto, Portugal. Continua a trabalhar no Itamaraty, em caráter precário, contratado pela verba reservada manejada diretamente por Rio Branco. Entre julho e agosto publica no *Jornal do Commercio* os artigos que, reunidos, darão origem ao livro *Peru versus Bolívia*, publicado em setembro. Em 16 de novembro nasce Luís Ribeiro da Cunha, filho de Ana e Dilermando, mas cuja paternidade seria assumida por Euclides. Em dezembro faz a conferência *Castro Alves e seu tempo*, publicada no mesmo mês pela Imprensa Nacional em um folheto de 44 páginas.

1908 Quidinho é expulso do colégio Anchieta, e os dois filhos mais velhos de Euclides e Ana vão morar com os pais no Rio de Janeiro. Depois de passarem pelo colégio Latino-Americano, são matriculados no semi-internato do colégio Pedro II. Euclides é envolvido involuntariamente no episódio do Telegrama nº 9, entre Zeballos e Rio Branco. Em 19 de dezembro Euclides se inscreve no concurso para professor de lógica no colégio Pedro II.

1909 Em 7 de junho é conhecido o resultado do concurso para o Pedro II: Euclides se classifica em segundo lugar. No mesmo mês, muda-se para uma casa na praia de Copacabana. Em 14 de junho falece o presidente Afonso Pena e começa o governo do presidente Nilo Peçanha. Em 15 de julho, o novo presidente, Nilo Peçanha, escolhe Euclides em prejuízo do candidato classificado pela banca como primeiro colocado. Em 15 de agosto, Euclides morre durante a tentativa de assassinar Dilermando de Assis. O livro *À margem da história* é publicado postumamente.

Lista de pessoas

Adélia Pimenta da Cunha, depois Adélia da Cunha Vieira (1867-?): Irmã de Euclides da Cunha.

Adroaldo Sampaio Ribeiro: Irmão de Ana Emília Sólon Ribeiro, cunhado de Euclides da Cunha.

Afonso Arinos de Melo Franco (1868-1916): Advogado, jornalista e escritor. Ocupou a Cadeira nº 40 da Academia Brasileira de Letras.

Afonso Augusto Moreira Pena (1847-1909): Político e advogado. Durante a monarquia, além de deputado, chefiou diversos ministérios: da Guerra (1882), Agricultura, Comércio e Obras Públicas (1883 e 1884), Justiça (1885). No período republicano, foi vice-presidente da República (1902-1906), presidente (1906-1909), senador e governador do estado de Minas Gerais.

Afonso Celso de Assis Figueiredo Júnior (1860-1938): Político, historiador e escritor. Recebeu o título de conde de Afonso Celso da Santa Sé. Membro fundador da Academia Brasileira de Letras, ocupou a Cadeira nº 36.

Afonso Celso de Assis Figueiredo, visconde de Ouro Preto (1836-1912): Político. Foi deputado, senador, ministro da Marinha e da Fazenda e chefe do último gabinete do Império (1889).

Afonso D'Escragnolle Taunay (1876-1958): Engenheiro, biógrafo, historiador e escritor. Foi professor da Escola Politécnica de São Paulo. Ocupou a Cadeira nº 1 da Academia Brasileira de Letras.

Agustín de Vedia (1843-1910): Jornalista e escritor uruguaio. Radicou-se em Buenos Aires, tornando-se voz influente na imprensa argentina.

Alberto do Rego Rangel (1871-1945): Engenheiro, militar, escritor e diplomata. Publicou em 1908 o livro *Inferno verde (cenas e cenários do Amazonas)*, prefaciado por Euclides da Cunha.

Alexandre Argolo Mendes: Militar, oficial da Marinha, membro da Comissão Mista Brasileiro-Peruana de Reconhecimento do Alto Purus, comandada por Euclides da Cunha.

Alexandrino Faria de Alencar (1848-1926): Militar e político. Participou da Revolta da Armada contra Floriano Peixoto. Foi ministro da Marinha na gestão de cinco presidentes.

Alfred Dreyfus (1859-1935): Militar. Capitão do Exército francês, de origem judaica, foi injustamente acusado e condenado por espionagem. Posteriormente teve comprovada sua inocência e ficou patente que a acusação e a má condução do caso foram movidas por sentimentos antissemitas.

Alfredo Maria Adriano d'Escragnolle Taunay, visconde de Taunay (1843--1899): Engenheiro militar, professor, político, historiador, romancista, teatrólogo, biógrafo, etnólogo e memorialista. Membro fundador da Academia Brasileira de Letras, ocupou a Cadeira nº 13.

Alfredo Rodrigues Fernandes Chaves (1844-1894): Político e engenheiro. Foi deputado, ministro da Marinha e ministro da Guerra.

Alfredo Silva: Jornalista. Foi correspondente do jornal *A Notícia* durante a Quarta Expedição contra Belo Monte.

Alquimena Sólon Sampaio Ribeiro: Religiosa. Irmã de Ana Emília Sólon Ribeiro, cunhada de Euclides da Cunha.

Álvaro Moreira Pena (?-1909): Filho do presidente Afonso Pena.

Álvaro Pimenta da Cunha (1883-?): Farmacêutico e bancário. Gerente do Banco Mercantil Sergipense de Salvador. Filho de José Pimenta da Cunha e primo de Euclides da Cunha.

Alvim Martins Horcades: Médico. Ainda estudante de medicina, participou do corpo médico da Quarta Expedição contra Belo Monte.

Amaro Lélis Piedade: Jornalista e político. Diretor do *Jornal de Notícias* de Salvador entre 1886 e 1908. Defensor da abolição, da República e, depois da destruição de Belo Monte, líder de um movimento em prol das vítimas da guerra. Atuou no Comitê Patriótico da Bahia. Foi deputado estadual.

Américo Brasiliense de Almeida Melo (1833-1896): Político e advogado. Foi governador das províncias do Rio de Janeiro e da Paraíba, primeiro governador do estado de São Paulo e ministro do Supremo Tribunal Federal.

Ana Emília Sólon Ribeiro, depois Ana Emília Ribeiro da Cunha e Ana Emília Ribeiro de Assis, Saninha (1872-1951): Esposa de Euclides da Cunha e, depois da morte deste, de Dilermando de Assis.

Angélica Ratto: Tia materna de Dilermando e Dinorá de Assis.

Antônio Carlos Cavalcanti de Carvalho: Militar. Alferes do Exército, membro da parte brasileira da Comissão Mista Brasileiro-Peruana de Reconhecimento do Alto Purus, chefiada por Euclides da Cunha.

Antônio Constantino Neri (1859-1926): Político e militar. Foi senador e governador do estado do Amazonas (1904-1908).

Antônio de Barros Barreto: Militar. Oficial da Marinha e depois professor da Escola Politécnica de São Paulo.

Antônio de Sena Madureira (1841-1889): Militar. Participou da Guerra da Tríplice Aliança, chegando a ser aprisionado pelas tropas paraguaias. Tornou-se um dos protagonistas da Questão Militar que contribuiu para a derrubada da monarquia brasileira.

Antônio Ferreira de Sousa Pitanga (1850-1918): Jurista. Foi vice-presidente e orador do IHGB.

Antônio Francisco de Paula Souza (1846-1917): Engenheiro e político. Republicano histórico, dirigiu a Superintendência de Obras Públicas do estado de São Paulo, foi deputado estadual entre 1892 e 1894, presidente da Assembleia Legislativa do Estado (1892-1893), ministro das Relações Exteriores, ministro de Indústria, Viação e Obras Públicas, fundador e diretor da Escola Politécnica de São Paulo.

Antônio Gonçalves Dias (1823-1864): Poeta, romancista e teatrólogo. Grande nome do romantismo brasileiro na literatura, em especial da corrente indigenista, que conferia ao elemento indígena papel central na identidade brasileira.

Antônio Luís von Hoonholtz, barão de Tefé (1837-1931): Militar, diplomata, geógrafo, político e escritor. Almirante da Marinha brasileira, destacou-se durante a Guerra da Tríplice Aliança.

Antônio Moreira César (1850-1897): Militar. Governador de Santa Catarina (1894). Comandou a Terceira Expedição contra Belo Monte.

Antônio Rodrigues Pimenta da Cunha: Tio paterno de Euclides da Cunha.

Antônio Valentim da Costa Magalhães (1859-1903): Jornalista e escritor. Membro fundador da Academia Brasileira de Letras, ocupou a Cadeira nº 7.

Antônio Vicente Mendes Maciel, Antônio Conselheiro (1830-1897): Líder espiritual e fundador da comunidade de Belo Monte.

Aristides César Spínola Zama (1837-1906): Médico, político e escritor. Foi deputado constituinte pela Bahia.

Arnaldo Pimenta da Cunha (1881-1956): Engenheiro e professor da Escola Politécnica da Bahia. Foi prefeito de Salvador entre fevereiro de 1931 e julho do ano seguinte. Filho de José Pimenta da Cunha e primo de Euclides da Cunha. Participou da Comissão Mista Brasileiro-Peruana de Reconhecimento do Alto Purus.

Arnulfo Sólon Ribeiro: Irmão de Ana Emília Sólon Ribeiro, cunhado de Euclides da Cunha.

Artur Guimarães de Araújo Jorge (1884-1977): Diplomata e historiador. Dirigiu a *Revista Americana* (1909-1919) e organizou a publicação das *Obras completas do barão do Rio Branco* como parte dos festejos pelo centenário do nascimento do Barão em 1945.

Artur Nabantino Gonçalves de Azevedo (1855-1908): Jornalista e teatrólogo. Membro fundador da Academia Brasileira de Letras, ocupou a Cadeira nº 29.

Artur Oscar de Andrade Guimarães (1850-1903): Militar. Comandou as operações táticas da Quarta Expedição contra Belo Monte.

Artur Pio Deschamps de Montmorency: Engenheiro. Estudou na Bélgica e na Escola Politécnica do Rio de Janeiro.

Augusto da Cunha Gomes: Militar. Definiu em 1898 as coordenadas geográficas da nascente do rio Javari.

Augusto Tavares de Lira (1872-1958): Político e advogado. Ministro da Justiça e Negócios Interiores do presidente Afonso Pena.

Baptiste-Louis Garnier (1823-1893): Vindo da França, de uma família de editores franceses, estabeleceu-se no Brasil e dirigiu uma das casas editoriais brasileiras mais importantes do século XIX. Na época da publicação de *Os sertões*, com Baptiste já falecido, a editora brasileira havia sido assumida pelo irmão Hippolyte, que, de Paris, comandava o negócio.

Belarmino Augusto de Mendonça Lobo (1850-1913): Militar, engenheiro e político. Foi deputado na Constituinte de 1891. Lutou na Guerra da Tríplice Aliança e se reformou do Exército como general. Foi o primeiro comissário brasileiro da Comissão Mista Brasileiro-Peruana de Reconhecimento do Alto Juruá.

Benjamin Constant Botelho de Magalhães (1836-1891): Militar, engenheiro e professor. Foi um dos influentes divulgadores do positivismo no meio militar brasileiro e figura de grande importância nos anos iniciais da República.

Borges Leitão: Militar. Chefe da parte brasileira da Comissão Mista Brasileiro-Peruana de Administração do Alto Purus.

Brasiliana Laurentina de Lima: Primeira esposa de Antônio Vicente Mendes Maciel.

Caldas Brito: Militar. Oficial da Marinha, membro da parte brasileira da Comissão Mista Brasileiro-Peruana de Reconhecimento do Alto Purus, chefiada por Euclides da Cunha.

Camilo Ratto: Tio materno de Dilermando e Dinorá de Assis.

Cândido Moreira Garcez: Filho de Laura Alves Moreira e primo de Euclides da Cunha.

Carl Friedrich Philipp von Martius (1794-1868): Botânico alemão que esteve no Brasil entre 1817 e 1820. Colaborou com a obra (quarenta dos 130 fascículos) *Flora brasiliensis*.

Carlos Machado de Bittencourt (1840-1897): Militar. Participou da Guerra da Tríplice Aliança, foi governador interino do estado do Rio Grande do Sul (1890) e ministro da Guerra (1897).

Carlos Maria da Silva Teles: Militar. Comandante da quarta brigada durante a Quarta Expedição contra Belo Monte.

Carlos Peixoto de Melo Filho (1871-1917): Político e advogado. Deputado estadual e federal, presidiu a Câmara dos Deputados entre 1907 e 1909, chegando a ser reeleito, mas renunciando ao cargo em seguida.

Carlos Rodolfo Tobar y Guarderas (1853-1920): Político, diplomata e escritor equatoriano. Foi ministro do Equador no Rio de Janeiro. Subscreveu, em 1904, com Rio Branco, um tratado de limites entre o Equador e o Brasil para o caso em que os dois países viessem a ser fronteiriços depois da resolução da questão territorial Equador-Peru.

Carolina Augusta Miranda, depois Carolina Augusta Miranda da Cunha. Casada com Antônio Rodrigues Pimenta da Cunha, tio paterno de Euclides da Cunha.

Carolina Florentina Mendes: Avó materna de Euclides da Cunha.

Charles Robert Darwin (1809-1882): Biólogo e geólogo. Com Alfred Wallace, criou a teoria evolucionista.

Claude-Henri Gorceix (1842-1919): Geólogo e mineralogista. Nascido na França, fundou e dirigiu a Escola de Minas de Ouro Preto (MG).

Cláudio do Amaral Savaget (1845-?): Militar. Chefiou a segunda coluna da Quarta Expedição durante o primeiro ataque contra Belo Monte.

Custódio José de Melo (1840-1902): Militar. Oficial da Marinha, liderou as revoltas da Armada de 1891 e de 1893. Entre esses dois eventos foi ministro da Marinha do governo Floriano Peixoto.

David Moretzsohn Campista (1863-1911): Advogado, político e diplomata. Dono de longa e exitosa carreira política, em 1910 foi designado ministro do Brasil na Noruega e na Dinamarca, falecendo quando estava por assumir a representação em Paris.

Dilermando Cândido de Assis (1888-1951): Militar e engenheiro. Foi diretor do Departamento de Estradas de Rodagem.

Dinorá Cândido de Assis (1889-1921): Atleta. Jogador de futebol, conquistou o campeonato paulista de 1907 e o carioca de 1910. Atuou pelo Internacional de São Paulo, América Futebol Clube e Botafogo de Futebol e Regatas.

Domício Afonso Forneiro, Domício da Gama (1862-1925): Diplomata, jornalista e escritor. Maior e mais íntimo discípulo de Rio Branco, a quem conheceu em Paris, em 1889. Trabalhou sob as ordens do Barão no Serviço de Migração em Paris e, depois, nas arbitragens de Palmas e do Amapá. De 1902 a 1906 foi o principal assessor do chanceler no Itamaraty, sendo depois ministro em Lima e Buenos Aires e embaixador em Washington e Londres. Foi ministro das Relações Exteriores (1918-1919). Membro fundador da Academia Brasileira de Letras, ocupou a Cadeira nº 33.

Domingos Olímpio Braga Cavalcanti (1851-1906): Advogado, diplomata e escritor. Trabalhou sob as ordens de Rio Branco na arbitragem sobre o território de Palmas. Sua obra mais importante, *Luzia-Homem*, foi publicada em 1903.

Edgar Sampaio: Sobrinho de Frederico Sólon de Sampaio Ribeiro.

Edmundo da Veiga (1869-1946): Advogado e político. Casado com Maria da Conceição Pena, filha do presidente Afonso Pena, de quem foi secretário particular. Exerceu o mesmo cargo durante o mandato de Artur Bernardes (1922-1926).

Eduardo e Henrique Laemmert: Editores. Irmãos nascidos na Alemanha que dirigiam uma das principais editoras brasileiras da época.

Eduardo Paulo da Silva Prado (1860-1901): Advogado, jornalista e escritor. Membro fundador da Academia Brasileira de Letras, ocupou a Cadeira nº 40.

Egas Chaves Florence: Fotógrafo. Participou da primeira etapa dos trabalhos da Comissão Mista Brasileiro-Peruana de Reconhecimento do Alto Purus.

Egas Moniz Barreto de Aragão (1870-1924): Médico e poeta. Adotou o nome literário de Péthion de Villar.

Eliodoro Villazón (1848-1939): Político boliviano. Foi ministro das Relações Exteriores, vice-presidente e presidente da Bolívia (1909-1913).

Emerenciana de Carvalho: Madrinha de batismo de Euclides da Cunha. Dona da fazenda Saudade.

Emídio Dantas Barreto (1850-1931): Militar e político. Foi ministro da Guerra (1910-1911), senador e governador de Pernambuco (1911-1915).

Émil August Goeldi (1859-1917): Naturalista suíço-brasileiro. Diretor do Museu Paraense de História Natural e Etnografia, mais tarde rebatizado como Museu Paraense Emílio Goeldi.

Emílio Lobo: Religioso e educador. Diretor do colégio Bahia, em Salvador, foi diretor-geral da Instrução Pública da província da Bahia.

Emílio Nunes Correia de Meneses (1866-1918): Jornalista e poeta. Em 1914 foi eleito à Cadeira nº 20 da Academia Brasileira de Letras, mas não tomou posse.

Ernesto Augusto da Cunha Matos: Militar e político. Foi governador da província do Mato Grosso (1889). Protagonizou episódio da Questão Militar.

Ernesto Carneiro Ribeiro (1839-1920): Médico, educador, gramático. Diretor do colégio Bahia e autor do livro *Serões gramaticais*.

Ernst Heinrich Philipp August Haeckel (1834-1919): Biólogo, médico e filósofo. Propagou uma versão simplificada das ideias de Charles Darwin.

Estanislao Severo Zeballos (1854-1923): Político, diplomata e intelectual argentino. Foi três vezes ministro das Relações Exteriores de seu país.

Euclides Ribeiro da Cunha Filho, Quidinho (1894-1916): Cadete da Marinha. Filho de Euclides da Cunha e Ana Ribeiro da Cunha.

Eudóxia Alves Moreira, depois Eudóxia Moreira da Cunha (1842-1869): Mãe de Euclides da Cunha.

Eudóxia Ribeiro da Cunha (1891): Filha de Euclides da Cunha e Ana Ribeiro da Cunha. Sobreviveu poucos dias.

Firmo Dutra: Amigo de Alberto Rangel, que o apresentou a Euclides da Cunha.

Floriano Vieira Peixoto (1839-1895): Político e militar. Primeiro vice-presidente e segundo presidente do Brasil (1891-1894).

Francisco Cavalcanti Mangabeira (1879-1904): Médico e poeta. O livro *Tragédia épica: Guerra de Canudos* (1900) teve uma reedição em 2010 pela Academia Brasileira de Letras. Depois da guerra contra Belo Monte, Mangabeira se engajou, também como médico, na campanha de Plácido de Castro contra os bolivianos no Acre. Contraiu malária e outras enfermidades e morreu aos 25 anos.

Francisco de Castro (1857-1901): Médico e poeta. Eleito em agosto de 1899, não chegou a tomar posse na Academia Brasileira de Letras.

Francisco de Paula Argolo (1847-1930): Militar. Combateu na Revolução Federalista. Foi ministro da Guerra em duas ocasiões (1897 e 1902-1906).

Francisco de Paula Cisneiros Cavalcanti (?-1897): Militar e jornalista. Foi correspondente do jornal *A Notícia* durante a Quarta Expedição contra Belo Monte, falecendo no combate de 18 de julho.

Francisco de Paula Oliveira: Geólogo. Aluno da primeira turma da Escola de Minas de Ouro Preto, trabalhou na Comissão Geográfica de São Paulo, no Museu Nacional, na Comissão do Planalto Central e no Serviço Geológico e Mineralógico do Brasil.

Francisco de Paula Rodrigues Alves (1848-1919): Político e advogado. Presidente da República (1902-1906). Foi deputado, senador e governador do estado de São Paulo em três ocasiões: 1887-1888, 1900-1902 e 1912-1916. Eleito para um segundo mandato como presidente da República em 1918, não chegou a assumir por doença e morte subsequente, em janeiro de 1919.

Francisco Escobar (1865-1924): Político. Atuou como advogado (embora não tenha chegado a se graduar). Mesmo não deixando nenhuma obra significativa publicada, era dono de inquestionável erudição. Além de Euclides da Cunha, foi amigo de Rui Barbosa e Monteiro Lobato, entre outros intelectuais.

Francisco Filinto de Almeida (1857-1945): Jornalista e poeta. Membro fundador da Academia Brasileira de Letras, ocupou a Cadeira nº 3.

Francisco Franco Pereira Passos (1836-1913): Político e engenheiro. Foi prefeito do Distrito Federal entre 1902 e 1906.

Francisco Glicério de Cerqueira Leite (1846-1916): Político. Republicano histórico, foi ministro da Agricultura, deputado e senador.

Francisco Lemos: Militar. Alferes do Exército, membro da parte brasileira da Comissão Mista Brasileiro-Peruana de Reconhecimento do Alto Purus, chefiada por Euclides da Cunha.

Francisco Luís da Veiga: Advogado e político. Amigo de juventude de Rio Branco, exerceu importante papel de ligação entre o então presidente eleito Afonso Pena e Rio Branco, contribuindo com relevância para a recondução do Barão à chefia da Chancelaria brasileira, em 1906.

Francisco Silviano de Almeida Brandão (1848-1902): Político e médico. Foi governador do estado de Minas Gerais entre 1892 e 1902. Eleito vice-presidente na chapa de Rodrigues Alves, não chegou a tomar posse por ter falecido em setembro de 1902.

Francisco Venâncio Filho (1894-1946): Educador e engenheiro. Fundador da Associação Brasileira de Educação, catedrático do colégio Pedro II e do Instituto de Educação do Rio de Janeiro.

Francisco Xavier Ferreira Marques (1861-1942): Jornalista, político e escritor. Eleito em 1919 para a Cadeira nº 28 da Academia Brasileira de Letras.

Frederico Afonso de Carvalho: Diplomata. Diretor-geral do Ministério das Relações Exteriores (1910-1915).

Frederico Sólon de Sampaio Ribeiro (1840-1900): Militar e político. Foi deputado constituinte e governador do estado do Mato Grosso (1891). Sogro de Euclides da Cunha.

Gabriel Prestes (1867-1911): Educador. Diretor da Escola Normal Caetano de Campos. Pai adotivo de Ludgero Prestes.

Garibaldo Trecoli: Operário. Trabalhou na reconstrução da ponte sobre o rio Pardo na equipe liderada por Euclides da Cunha.

Gaspar da Silveira Martins (1835-1901): Político e advogado. Foi deputado, senador, ministro da Fazenda e governador da província do Rio Grande do Sul (1889).

Gregório Taumaturgo Azevedo (1853-1921): Militar e historiador. Reformou-se no posto de marechal. Foi governador dos estados do Piauí (1889-1890) e do Amazonas (1891-1892).

Gregório Taumaturgo Pecegueiro do Amaral (1869-?): Funcionário de carreira da Secretaria de Estado do Itamaraty. Foi chefe de gabinete do barão do Rio Branco.

Guillermo Alejandro Seoane Avellafuertes (1848-1924): Diplomata, político e jurista peruano. Foi ministro do Peru no Rio de Janeiro entre 1904 e 1908.

Guillermo Blake: Militar peruano. Oficial da Marinha, chefiou a parte peruana da comissão de demarcação da fronteira estabelecida pelo tratado de 1851 com o Brasil.

Henri de la Tour d'Auvergne, visconde de Turenne (1611-1675): Militar francês. Marechal a serviço de Luís XIII.

Henri Raffard (1851-1906): Comerciante e industrial. Na época da admissão de Euclides, ocupava o cargo de primeiro-secretário do Instituto Histórico e Geográfico Brasileiro.

Henrique Duque Estrada Macedo Soares (1870-1906): Militar e escritor.

Henrique Maximiliano Coelho Neto (1864-1934): Escritor. Foi um dos autores de maior sucesso de seu tempo; depois, seu estilo barroco seria execrado pelos modernistas. Membro fundador da Academia Brasileira de Letras, ocupou a Cadeira nº 2.

Henrique Trindade Coelho: Jurista, político e escritor. Autor de *A Constituição de 1891 e a constituinte de 1901*.

Heráclito de Alencastro Pereira da Graça (1837-1914): Advogado, político, jornalista e filólogo. Autor de um único livro, *Fatos da linguagem* (1904), ocupou a Cadeira nº 30 da Academia Brasileira de Letras.

Herbert Spencer (1820-1903), filósofo e antropólogo. Buscou aplicar os princípios da teoria evolucionista ao desenvolvimento social e histórico. Suas ideias foram distorcidas por correntes que pregavam o chamado "darwinismo social".

Hermes Rodrigues da Fonseca (1855-1923): Militar e político. Sobrinho do marechal Deodoro da Fonseca, foi ministro da Guerra na gestão de Afonso Pena e presidente da República (1910-1914).

Hernán Verlarde Díez-Canseco (1863-1935): Diplomata, jornalista e escritor peruano. Foi ministro do Peru no Rio de Janeiro entre 1903-1904 e 1909--1915. Subscreveu com Rio Branco o tratado que definiu os limites entre Brasil e Peru em 1909.

Hippolyte Adolphe Taine (1828-1893): Filósofo e historiador francês. Taine argumentava que o estudo das sociedades deveria atentar para três elementos fundamentais: meio ambiente, raça e momento histórico.

Honoré de Balzac (1799-1850): Escritor francês. Um dos grandes nomes da literatura francesa, considerado fundador da escola realista.

Honória Pimenta da Cunha: Esposa de José Rodrigues Pimenta da Cunha. Tia paterna de Euclides da Cunha.

Inácio Wallace da Gama Cochrane (1836-1912): Engenheiro e político. Em curta carreira política durante o Império, foi vereador em Santos, deputado provincial e chegou a atuar como deputado-geral. Durante a República, concentrou-se na carreira de engenheiro, participando de importantes projetos, em especial na área ferroviária.

Isidore Auguste Marie François Xavier Comte (1798-1857): Filósofo. Formulador da doutrina positivista, também visto como fundador da sociologia.

Jacques Huber (1867-1914): Botânico suíço-brasileiro. Dirigiu o Museu Paraense Emílio Goeldi de 1907 a 1914.

Joana Batista de Lima, Joana Imaginária: Segunda esposa de Antônio Vicente Mendes Maciel.

João Carneiro de Sousa Bandeira (1865-1917): Advogado, diplomata e ensaísta. Ocupou a Cadeira nº 13 da Academia Brasileira de Letras.

João César Bueno Bierrembach (1872-1907): Jornalista e advogado.

João Cordeiro (1842-1931): Empresário e político. Durante o Império, atuou no movimento abolicionista em seu estado, o Ceará; na República, foi deputado e senador.

João da Silva Barbosa (1835-?): Militar. Participou da Quarta Expedição contra Belo Monte.

João Evangelista de Monte Marciano (1843-1921): Religioso italiano. Visitou Belo Monte em 1895.

João Luís Alves (1870-1925): Advogado e político. Foi prefeito de Campanha de 1898 a 1900, depois deputado estadual, deputado federal, senador e ministro do Supremo Tribunal Federal. Em 1923 foi eleito para a Cadeira nº 11 da Academia Brasileira de Letras.

João Manuel Pereira da Silva (1817-1897): Político, romancista e historiador. Membro fundador da Academia Brasileira de Letras, ocupou a Cadeira nº 34.

João Maria de Bragança, João VI (1767-1826): Rei de Portugal, Brasil e Algarves (1816-1822) e rei de Portugal e Algarves (1822-1826).

João Pedro de Aquino: Educador. Diretor do colégio Aquino, estabelecimento de ensino com ênfase em estudos científicos.

João Pinheiro da Silva (1860-1908): Político e advogado. Foi senador e governador de Minas Gerais.

João Severiano da Fonseca (1836-1897): Militar, médico e escritor. Participou da Guerra da Tríplice Aliança e foi diretor de Saúde do Exército. Tornou-se patrono do serviço de Saúde do Exército.

Joaquim Alves Moreira: Avô materno de Euclides da Cunha.

Joaquim Aurélio Barreto Nabuco de Araújo (1849-1910): Político, diplomata, jornalista e escritor. Atuou com destaque na campanha abolicionista. Foi o primeiro embaixador do Brasil nos Estados Unidos. Membro fundador da Academia Brasileira de Letras, ocupou a Cadeira nº 27.

Joaquim Francisco de Assis Brasil (1857-1938): Advogado, político, escritor e diplomata. Um dos líderes republicanos do Rio Grande do Sul, entrou na diplomacia com a proclamação da República e chefiou as legações em Washington e Buenos Aires.

Joaquim Maria Machado de Assis (1839-1908): Escritor, jornalista e funcionário público. Considerado um dos maiores nomes da literatura brasileira, produziu obras em praticamente todos os gêneros literários. Membro fundador e primeiro presidente da Academia Brasileira de Letras, ocupou a Cadeira nº 23.

Joaquim Pereira Barreto: Segundo marido da avó paterna de Euclides da Cunha, Teresa Maria de Jesus Viana.

Joaquim Tomás do Amaral, visconde do Cabo Frio (1818-1907): Diplomata. Sobre o visconde, disse Argeu Guimarães (em *Cafarnaúm*, pp. 49-50): "Cabo Frio era onímodo e onisciente. Zelava pela pontualidade dos funcionários, como pelo respeito às nossas tradições. Concentrava em suas mãos a vida do ministério, que acompanhara desde o palácio Bahia, no antigo cais da Glória, até o Itamaraty, onde instalou o seu *bureau* na hoje denominada 'sala verde'".

Joaquina Carolina Ratto, depois Joaquina Carolina de Assis (1858-1904): Mãe de Dilermando e Dinorá de Assis.

Johan Albert Constantin Löfgren, Alberto Löfgren (1854-1918): Botânico sueco radicado no Brasil, descreveu e estudou a flora brasileira.

John Milton (1608-1674): Poeta e intelectual inglês. Autor do poema *Paraíso perdido* (1667).

José Antônio de Magalhães Garcez: Fazendeiro. Marido de Laura Alves Moreira, tia de Euclides da Cunha.

José Cardoso de Almeida (1867-1931): Político e advogado. Deputado estadual, deputado federal, secretário de Justiça, secretário da Fazenda e chefe da polícia do estado de São Paulo.

José Carlos do Patrocínio (1853-1905): Jornalista, poeta e romancista. Mulato, filho natural de um padre e de uma quitandeira, foi um dos grandes publicistas da campanha abolicionista. Membro fundador da Academia Brasileira de Letras, ocupou a Cadeira nº 21.

José da Penha: Jornalista. Cursou a Escola Militar e colaborou com o jornal *Gazeta de Notícias*.

José de Campos Novais (1860-1932): Advogado. Ainda que formado em direito, notabilizou-se pelos estudos de botânica e religiões comparadas.

José Figueroa Alcorta (1860-1931): Político e advogado argentino. Foi presidente da Argentina (1904-1906).

José Francisco da Rocha Pombo (1857-1933): Jornalista, historiador, advogado e escritor. Além de membro do Instituto Histórico e Geográfico Brasileiro, foi eleito para a Academia Brasileira de Letras em 1933, mas faleceu antes de assumir a Cadeira nº 39.

José Gomes Pinheiro Machado (1851-1915): Político, advogado e militar. Foi senador entre 1891 e 1915 e presidente interino do Senado entre 1902 e 1903. Dos bastidores, exerceu grande influência política, especialmente durante os governos de Nilo Peçanha e Hermes da Fonseca.

José Isidoro Martins Júnior (1860-1904): Jurista, político e poeta. Eleito para a Academia Brasileira de Letras em maio de 1902, tomou posse por carta da Cadeira nº 13, mas morreu antes da sessão solene de posse.

José Joaquim de Campos da Costa Medeiros e Albuquerque (1867-1934): Jornalista, político, educador, ensaísta e memorialista. É o autor do Hino da República. Membro fundador da Academia Brasileira de Letras, ocupou a Cadeira nº 22.

José Joaquim Seabra (1855-1942): Político e advogado. Foi deputado, ministro da Justiça e dos Negócios Interiores, ministro de Viação e Obras Públicas e duas vezes governador da Bahia (1912-1915 e 1920-1924).

José Leopoldo de Bulhões Jardim (1856-1928): Advogado, político e financista. Foi deputado e senador. Comandou o Ministério da Fazenda entre 1902 e 1906 e entre 1909 e 1910.

José Lopes da Silva Trovão (1848-1925): Político, médico e jornalista. Abolicionista e republicano histórico, foi deputado e senador.

José Manuel Inocencio Pando Solares (1849-1917): Militar e político boliviano. Foi presidente da Bolívia (1899-1904).

José Maria da Silva Paranhos Júnior, barão do Rio Branco (1845-1912): Diplomata, político e jornalista. Ministro das Relações Exteriores (1902-1912), deputado, cônsul-geral em Liverpool, ministro em Berlim, advogado brasileiro nas arbitragens sobre os territórios de Palmas e do Amapá. Ocupou a Cadeira nº 34 da Academia Brasileira de Letras e presidiu o Instituto Histórico e Geográfico Brasileiro.

José Maria Moreira Guimarães (1864-1940): Militar, político e jornalista. Foi contemporâneo (em turma diferente) de Euclides da Cunha na Escola Militar da Praia Vermelha e encerrou a carreira como general de brigada. Foi deputado federal entre 1912 e 1914.

José Pereira da Graça Aranha (1868-1931): Escritor, jurista e diplomata. Membro fundador da Academia Brasileira de Letras, ocupou a Cadeira nº 38.

José Pereira Rebouças: Engenheiro. Filho do político e advogado Antônio Pereira Rebouças e irmão dos também engenheiros André Pinto Rebouças e Antônio Pereira Rebouças Filho. A família, de ascendência negra, teve importante papel na campanha pelo abolicionismo. O pai foi deputado em cinco legislaturas. André e Antônio Filho estão entre os mais importantes engenheiros brasileiros do século XIX. A atuação de José Rebouças é menos conhecida.

José Plácido de Castro (1873-1908): Político e militar. Lutou na Revolução Federalista e depois liderou a revolta dos brasileiros na região do Acre contra as autoridades bolivianas. Proclamou a República do Acre e, depois de a região ser incorporada ao território brasileiro, foi nomeado governador do Território do Acre.

José Rodrigues Pimenta da Cunha: Tio paterno de Euclides da Cunha.

José Siqueira (de) Meneses (pseud. Hoche) (1852-1931): Militar e engenheiro. Retirou-se do Exército com a patente de marechal.

José Teixeira de Carvalho: Padrinho de batismo de Euclides da Cunha. Dono da fazenda Saudade.

José Veríssimo Dias de Matos (1857-1916): Escritor, crítico e historiador da literatura brasileira. Dirigiu a *Revista Brasileira*. Membro fundador da Academia Brasileira de Letras, ocupou a Cadeira nº 18.

Joseph Ernest Renan (1823-1892): Filósofo e historiador francês. Autor, dentre muitas obras, de *Marc-Aurèle et la fin du monde antique*, volume de sua coleção sobre a história do cristianismo, citado amplamente por Euclides da Cunha.

Juan Gutiérrez (c. 1860-1897): Fotógrafo. Acompanhou a Quarta Expedição contra Belo Monte.

Júlia Valentina de Silveira Lopes de Almeida (1862-1934): Escritora. Publicou romances, contos, poesia, teatro e manteve durante muitos anos uma coluna no jornal *O Paiz*.

Júlio Afrânio Peixoto (1876-1947): Médico, escritor e político. Sucedeu Euclides da Cunha na Cadeira nº 7 da Academia Brasileira de Letras.

Julio Argentino Roca (1843-1914): Político e militar argentino. Foi presidente da Argentina em duas ocasiões (1880-1886 e 1898-1904).

Júlio Bueno Brandão (1858-1931): Médico. Residente da cidade mineira de Campanha, tornou-se amigo de Euclides da Cunha.

Júlio César de Noronha (1845-1923): Militar. Ministro da Marinha entre 1902 e 1906.

Júlio César Ferreira de Mesquita (1862-1927): Jornalista, político e advogado. Em 1890 assumiu a direção do jornal *O Estado de S. Paulo* (antes de 1889, *A Província de S. Paulo*), do qual se tornou proprietário a partir de 1902.

Júlio Prates de Castilhos (1860-1903): Jornalista e político. Importante líder positivista gaúcho, foi duas vezes governador do estado do Rio Grande do Sul (1891 e 1893-1898).

Júlio Procópio Fávila Nunes (1854-1903): Jornalista, militar, comerciante e funcionário público. Foi correspondente do jornal *Gazeta de Notícias* durante a Quarta Expedição contra Belo Monte.

Laura Alves Moreira, depois Laura Moreira Garcez: Tia materna de Euclides da Cunha.

Lauro Nina Sodré e Silva (1858-1944): Militar e político. Líder republicano, foi deputado constituinte (1891), senador e duas vezes governador do estado do Pará.

Lauro Severiano Müller (1863-1926): Político, militar e engenheiro. Foi deputado e senador e governou o estado de Santa Catarina em três ocasiões.

Sucedeu Rio Branco na chefia do Itamaraty (1912-1917) e também na Cadeira nº 34 da Academia Brasileira de Letras.

Leopoldo de Freitas (1865-1940): Jurista, ensaísta, jornalista, historiador e professor. Autor de obras como *Literatura nacional* (1919) e *Romantismo brasileiro* (1904). Foi membro do Instituto Histórico e Geográfico Brasileiro.

Liberato de Castro Carreira (1820-1903): Médico e político. Foi senador do Império, sendo escolhido por d. Pedro II em 1882. Seu mandato, que seria vitalício, encerrou-se com a proclamação da República.

Lino de Andrade: Médico militar. Atendeu Euclides da Cunha depois do chamado incidente do sabre.

Louis Ferdinand Cruls, Luís Cruls (1848-1908): Astrônomo e cartógrafo.

Lucinda Ratto: Tia materna de Dilermando e Dinorá de Assis.

Lúcio Eugênio de Meneses e Vasconcellos Drummond Furtado de Mendonça (1854-1909): Advogado, jornalista e escritor, com atuação destacada na campanha pela República, em companhia do irmão, Salvador de Mendonça. Membro fundador da Academia Brasileira de Letras, ocupou a Cadeira nº 11.

Ludgero Prestes (1890-1934): Professor. Sobrevivente da destruição de Belo Monte, foi levado para São Paulo por Euclides da Cunha e deixado aos cuidados de Gabriel Prestes, que o adotou como filho.

Ludwig Gumplowicz (1839-1909): Sociólogo e jurista polonês. Seu principal livro foi *Der Rassenkampf* [A luta de raças], de 1883. Partindo do ponto de vista do darwinismo social, Gumplowicz explicava a história e o Estado a partir da luta entre as raças.

Luís Alves de Lima e Silva, duque de Caxias (1803-1880): Militar e político. Liderou as tropas brasileiras na Guerra da Tríplice Aliança, senador e três vezes presidente do Conselho de Ministros durante o Império. Patrono do Exército brasileiro.

Luís Filipe de Saldanha da Gama (1846-1895): Militar. Oficial da Marinha. Participou na Guerra da Tríplice Aliança e foi um dos líderes da Revolta da Armada (1893).

Luís Ribeiro da Cunha, depois Luís Ribeiro de Assis (1907-?): Filho de Dilermando de Assis com Ana Ribeiro da Cunha, teve a paternidade assumida por Euclides da Cunha.

Luís Viana (1846-1920): Político e magistrado. Foi senador e governador da Bahia.

Luís XI (1423-1483): Rei da França (1461-1483).

Manuel Afonso Ribeiro da Cunha (1901-1932): Contador. Filho de Euclides da Cunha e Ana Ribeiro da Cunha.

Manuel Bedoya: Militar peruano. Chefe da parte peruana da Comissão Mista Brasileiro-Peruana de Administração do Alto Purus.

Manuel Benício: Professor e jornalista. Foi correspondente de guerra do *Jornal do Commercio* durante a Quarta Expedição contra Belo Monte. Antes havia sido correspondente do jornal *O Tempo*, de Porto Alegre, durante a Revolta da Armada (1893).

Manuel da Cunha: Traficante de escravos. Avô paterno de Euclides da Cunha.

Manuel da Silva Leme (?-1905): Agrônomo. Membro da Comissão Mista Brasileiro-Peruana de Reconhecimento do Alto Purus, chefiada por Euclides da Cunha.

Manuel de Figueiredo: Militar e jornalista. Foi correspondente de *A Notícia* durante a Quarta Expedição contra Belo Monte.

Manuel de Oliveira Lima (1867-1928): Diplomata, historiador e escritor. Considerado um dos mais importantes historiadores brasileiros. Membro fundador da Academia Brasileira de Letras, ocupou a Cadeira nº 39.

Manuel Deodoro da Fonseca (1827-1892): Militar e político. Uma das figuras centrais da proclamação da República, foi o primeiro presidente do Brasil (1889-1891).

Manuel Ferreira Garcia Redondo (1854-1916): Escritor e engenheiro. Membro fundador da Academia Brasileira de Letras, ocupou a Cadeira nº 24.

Manuel Luís Osório, marquês do Herval (1808-1897): Militar e político. Uma das principais lideranças do Exército brasileiro durante a Guerra da Tríplice Aliança, depois foi senador e ministro da Guerra.

Manuel Rodrigues Pimenta da Cunha (1842-1909): Pai de Euclides da Cunha.

Manuel Urbano da Encarnação (?-1897): Navegador prático. A ocupação por brasileiros de terras no território que hoje é o Acre começou em 1861, quando Manuel Urbano viajou até a nascente do rio Acre.

Manuel Vitorino Pereira (1853-1902): Médico e político. Foi senador, governador da Bahia, vice-presidente e assumiu a presidência por quatro meses durante a licença para tratamento de saúde de Prudente de Morais.

Marcelino Bispo de Melo (1875-1898): Militar. Matou o ministro da Guerra Carlos Machado de Bittencourt quando da tentativa frustrada de assassinar o presidente Prudente de Morais.

Mário Cochrane de Alencar (1872-1925): Jornalista, advogado e escritor. Filho de José de Alencar, ocupou a Cadeira nº 21 da Academia Brasileira de Letras.

Mateus Volota (?-1903): Militar e operário. Nascido na Itália. Participou da campanha contra Belo Monte e trabalhou sob as ordens de Euclides da Cunha no reerguimento da ponte sobre o rio Pardo, em São José do Rio Pardo. Terminada a obra, foi contratado como guarda da ponte por indicação de Euclides.

Mauro Ribeiro da Cunha (1906): Filho de Dilermando de Assis e Ana Ribeiro da Cunha, teve a paternidade assumida por Euclides da Cunha. Viveu poucos dias.

Max Fleiuss (1868-1943): Historiador, jornalista e escritor. Foi secretário perpétuo do Instituto Histórico e Geográfico Brasileiro. Quando da eleição de Euclides da Cunha, exercia o cargo de segundo-secretário do Instituto.

Miguel Arrojado Lisboa (1872-1932): Geólogo. Formado pela Escola de Minas de Ouro Preto, participou da Comissão Schnoor, de reconhecimento do traçado da Estrada de Ferro Noroeste do Brasil.

Miguel Calmon Du Pin e Almeida (1879-1935): Engenheiro e político. Como deputado, analisou a produção de borracha na Amazônia e recomendou que se passasse a um sistema de cultivo racional e que se implantassem garantias trabalhistas para os seringueiros. Foi ministro de Viação e Obras e, posteriormente, da Agricultura, Indústria e Comércio. Sobrinho do homônimo marquês de Abrantes.

Miguel Gastão da Cunha (1863-1927): Político, diplomata e advogado. Como presidente da Comissão de Diplomacia e Tratados da Câmara dos Deputados, teve papel importante na aprovação do Tratado de Petrópolis naquela casa.

Montano (século II d.C.): Profeta herético que viveu na Ásia Menor.

Múcio Scevola Lopes Teixeira (1857-1926): Escritor, jornalista, diplomata e poeta. No início da década de 1870, cursou a Escola Militar de Porto Alegre com Moreira César.

Nestor Pimenta da Cunha: Filho de Antônio Rodrigues Pimenta da Cunha e primo de Euclides da Cunha.

Nilo Procópio Peçanha (1867-1924): Político. Foi deputado, senador, duas vezes governador do estado do Rio de Janeiro, vice-presidente e presidente da República (1909-1910).

Olavo Brás Martins dos Guimarães Bilac (1865-1918): Jornalista, cronista e poeta. Membro fundador da Academia Brasileira de Letras, ocupou a Cadeira nº 15. Foi considerado pela revista *Fon-Fon* o "príncipe dos poetas brasileiros".

Orville Adalbert Derby (1851-1915): Geólogo e geógrafo estadunidense naturalizado brasileiro. Dirigiu a Comissão Geográfica e Geológica de São Paulo (1886-1904) e o Serviço Geológico e Mineralógico do Brasil.

Osvaldo Gonçalves Cruz (1872-1917): Médico, cientista, sanitarista. Fundou em 1900 o Instituto Soroterápico Federal no bairro de Manguinhos, hoje Instituto Osvaldo Cruz.

Otaviano da Costa Vieira (?-1923): Advogado. Foi ministro do Tribunal de Justiça de São Paulo. Casado com Adélia Cunha Vieira, cunhado de Euclides da Cunha.

Paschoal Artese: Morador de São José do Rio Pardo durante a estada de Euclides da Cunha naquela cidade. Socialista, fundador do jornal *O Proletário*.

Pedro Alejandro Buenaño Arbulú (1871-1929): Militar peruano. Oficial da Marinha, primeiro comissário peruano da Comissão Mista Brasileiro-Peruana de Reconhecimento do Alto Purus. Chefiou o Estado-Maior da Armada do Peru.

Pedro de Alcântara Habsburgo-Lorena e Bragança, d. Pedro II (1825-1891): Segundo e último imperador do Brasil (1831-1889).

Plínio Barreto (1882-1958): Jornalista, advogado e político.

Prudente José de Morais Barros (1841-1902): Advogado e político. Foi governador de São Paulo, senador, presidente da Assembleia Nacional Constituinte de 1891 e presidente da República (1894-1898).

Quintino Antônio Ferreira de Sousa Bocaiuva (1836-1912): Jornalista e político. Líder republicano durante o Segundo Reinado, foi o primeiro ministro das Relações Exteriores da República (1889-1891) e governador do estado do Rio de Janeiro (1900-1903).

Raimundo de Farias Brito (1862-1917): Escritor e filósofo. Autor de várias obras filosóficas. Em 1909 já publicara uma trilogia sobre o tema *Finalidade do mundo* e o primeiro tomo de sua segunda trilogia, *Ensaios sobre a filosofia do espírito*. Com a morte de Euclides, assumiu a cadeira de lógica do colégio Pedro II.

Raimundo Nina Rodrigues (1862-1906): Médico, psicólogo e antropólogo. Fundador da antropologia criminal brasileira e — a partir de uma perspectiva racista — dos estudos sobre a cultura e os problemas sociais dos negros no Brasil.

Raul Paranhos Pederneiras (1874-1953): Caricaturista, pintor, teatrólogo e compositor. Foi um dos mais importantes caricaturistas brasileiros do início do século XX, tendo publicado suas charges nos principais jornais e revistas ilustradas da época.

Reinaldo Porchat (1868-1953): Jurista, político e professor. Foi o primeiro reitor da Universidade de São Paulo.

Rodolfo Nunes Pereira: Militar. Oficial do Exército, membro da parte brasileira da Comissão Mista Brasileiro-Peruana de Reconhecimento do Alto Purus, chefiada por Euclides da Cunha.

Rodrigo Otávio de Langgaard Meneses (1866-1944): Advogado, jurista e escritor. Chefiou as delegações brasileiras em diversas conferências internacionais sobre temas jurídicos. Membro fundador da Academia Brasileira de Letras, ocupou a Cadeira nº 35.

Rosinda Alves Moreira, depois Rosinda Moreira de Gouveia (?-1871): Tia materna de Euclides da Cunha.

Rui Barbosa de Oliveira (1849-1923): Jurista, jornalista, político e escritor. Foi ministro da Fazenda, ministro da Justiça e senador. Chefiou a delegação brasileira na II Conferência da Haia e foi juiz da Corte Internacional de Justiça.

Silvino Gurgel do Amaral (1874-1961): Diplomata. Entrou na carreira em 1896, notabilizando-se como um dos assessores mais próximos de Joaquim Nabuco.

Sólon Ribeiro da Cunha (1892-1916): Delegado de polícia. Filho de Euclides da Cunha e de Ana Ribeiro da Cunha.

Teodoro Fernandes Sampaio (1855-1937): Engenheiro, geógrafo e geólogo. Foi um dos fundadores do Instituto Histórico e Geográfico de São Paulo e sócio do Instituto Histórico e Geográfico Brasileiro e do Instituto Histórico e Geográfico da Bahia, que presidiu.

Teófilo das Neves Leão: Educador. Professor do colégio Aquino no Rio de Janeiro.

Teresa Maria de Jesus Viana, depois Teresa Maria da Cunha, depois Teresa Maria Barreto: Avó paterna de Euclides da Cunha.

Thomas Carlyle (1795-1881): Escritor e historiador escocês, célebre por sua obra *História da Revolução Francesa*. Carlyle privilegiava o entendimento da história pela ação dos grandes líderes, tese que teve forte influência sobre Euclides da Cunha.

Thomas Henry Huxley (1825-1895): Biólogo e antropólogo inglês. Divulgador das ideias de Charles Darwin.

Tomás Catunda: Médico. Membro e farmacêutico da Comissão Mista Brasileiro-Peruana de Reconhecimento do Alto Purus. Foi diretor clínico da Santa Casa da cidade de Santos.

Tomás José Coelho de Almeida (1838-1895): Proprietário rural, político e advogado. Foi deputado, senador, ministro da Marinha e ministro da Guerra.

Trajano Moreira Garcez: Filho de Laura Alves Moreira e primo de Euclides da Cunha.

Tristão de Alencar Araripe Júnior (1848-1911): Jurista, escritor e jornalista. Membro fundador da Academia Brasileira de Letras, ocupou a Cadeira nº 16.

Túlia Tecla Teixeira, depois Túlia Teixeira Ribeiro: Esposa de Frederico Sólon de Sampaio Ribeiro. Mãe de Ana Emília Sólon Ribeiro e sogra de Euclides da Cunha.

Urbano de Gouveia Júnior: Militar. Filho de Rosinda de Gouveia e primo de Euclides da Cunha.

Urbano de Gouveia: Fazendeiro. Casado com Rosinda Alves Moreira, tia de Euclides da Cunha.

Venceslau Brás Pereira Gomes (1868-1966): Advogado e político. Foi deputado, prefeito de Belo Horizonte, governador de Minas Gerais e vice-presidente da República.

Vicente de Carvalho (1866-1924): Poeta, advogado e político. Foi deputado na Constituinte paulista. Euclides prefaciou seu livro *Poemas e canções* (1907). Era cunhado de Júlio de Mesquita. Ocupou a Cadeira nº 29 da Academia Brasileira de Letras.

Vicente de Souza (1852-1908): Médico, professor e jornalista. Abolicionista, republicano e socialista, foi um ativo militante dessas causas.

Victorino de la Plaza (1840-1919): Político, militar, diplomata e advogado argentino. Foi presidente da República Argentina (1914-1916).

Victor-Marie Hugo (1802-1885): Romancista, poeta, dramaturgo francês. Um dos grandes nomes da literatura francesa.

Vitorino Ribeiro Carneiro Monteiro (1859-1920): Político e diplomata. Governador do Rio Grande do Sul (1892).

William Chandless (1829-1896): Explorador inglês. Mapeou e estudou a bacia do Purus na década de 1860, reportando suas descobertas para a Royal Geographical Society.

Índice remissivo

A sigla EC *indica Euclides da Cunha*

20 Regimento de Artilharia, São Cristóvão, RJ, 38
III Conferência Pan-americana, 265, 279
"IV Centenário do Brasil, O", artigo para *O Rio Pardo*, 112
"89" (artigo para *A Província de S. Paulo*), 32

A

À margem da História (Cunha), 241, 254, 260, 281, 295-7, 315, 328
Academia Brasileira de Letras, 118, 151, 198-201, 203, 210, 270, 273, 281, 332
Acre, 166, 236, 312
    disputa entre Brasil, Bolívia e Peru, 196, 209, 212-7, 219-26, 276, 306
Acre, rio, 244
Afonso Arinos (de Melo Franco), 121
Afonso Celso (de Assis Figueiredo Júnior), 196-7, 199
Afonso de Carvalho, Frederico, 273
Alagoas, navio, 236
Alcorta, José Figueroa, 286, 288
Alencar, Alexandrino de, 285
Alencar, Mário de, 239
Almeida, Ana de, 299, 310
Almeida, Filinto de, 32, 199

Alto Purus, expedição de EC ao, 245-56
Alves Moreira, Eudóxia (mãe), 24
Alves Moreira, Joaquim (avô), 24
Alves, João Luís, 68, 107, 285, 302
Amazonas, 214, 218, 223
Amazonas, rio, 215, 237
Amory, Frederic, 277
anarquismo, 113
Andrade Guimarães, Artur Oscar de, 85, 88, 90, 100, 105, 146-7
Andrade, Lino de, 18
antropologia, 317
Apontamentos para a história da geografia brasílica (Sampaio), 108
Apóstolo, O (jornal), 82
Aquino, S. Tomás de, 301
Aracaju, SE, 85
Araripe Júnior, Tristão de Alencar, 158-60, 164, 199
Araújo Jorge, Artur Guiomarães, 279
"arcádia da Alemanha, A", artigo para *O Estado de S. Paulo*, 206
Argentina, 226
    como árbitro na questão de fronteiras entre Brasil, Bolívia e Peru, 216, 276, 289, 305
    questão de fronteira com o Brasil, 196, 200, 217
    rivalidade entre Brasil e, 286
    tensão nas relações com o Brasil, 286, 288-9
Argolo Mendes, Alexandre, 234, 247
Argolo, Francisco de Paula, 85, 195

Artese, Pascoal, 114
assalto à artilharia, O, canto de *Tragédia épica* (Mangabeira), 123
Assembleia Constituinte (1890), 41, 47
Assembleia Legislativa de São Paulo, 115
Assis Brasil, Joaquim Francisco, 290
Assis, Dilermando de, 250, 256-7, 262-3, 270, 274, 305, 309-11, 334
   assassinato de Quidinho, 313
   baleado por EC, 311
   correspondência com Saninha, 283
   encontros com EC, 275, 301
   julgamento de, 312
   muda para a casa de Saninha, 257
   mudança para Porto Alegre, 266
   primeiro filho com Saninha, 269
   relação com Saninha, 299, 308
   retorna ao Rio de Janeiro, 275, 298
   segundo filho com Saninha, 282
   separação de Saninha, 313
Assis, Dinorá de, 250, 298, 310-1, 313
   baleado por EC, 311
   carreira futebolística, 313
   suicídio de, 313
"Atos e palavras", série de rtigos para *A Província de S. Paulo*, 33
Azevedo, Artur, 292
Azevedo, Gregório Taumaturgo de, 196, 214

B

Balzac, Honoré de, 256, 257
Barbosa, Rui, 39, 40, 50, 280, 291, 299, 300, 304, 314
Barreto, Plínio, 32
Barros Barreto, Antônio de, 73
Barros, Flávio de, 91
Barros, Olívio (pseudônimo de Afonso Arinos), 121
Bedoya, Manuel, 248
Belo Monte, 12, 13, 44, 80, 86, 105, 139, 141, 148-9, 292, 325
   como polo de atração para os pobres da região, 322
   concepção de EC para, 323
   descrição da cidade arrasada, 91
   descrição de EC em *Os sertões*, 135, 136, 148
   EC em, 316
   fundação de, 78
   habitantes retratados em *Os sertões*, 134
   habitantes tratados como jagunços por EC, 88, 95, 99-100, 135-6, 146, 335
   mulheres descritas por EC, 323
   organização social em, 322
   presença de negros ignorada por EC, 323
   sitiada, 148
Belo Monte, guerra de, 76-102, 109, 121-2, 126, 140
   avanço final sobre Belo Monte, 100, 150
   cobertura da imprensa, 90, 91
   como catástrofe invitável segundo *Os sertões*, 326
   como grande massacre da história do Brasil, 325, 329
   como vitória de Prudente de Morais, 102
   desconforto geral com o desfecho, 124
   explicações de EC para as derrotas do governo na, 84
   historiografia sobre, 321
   massacre como acesso de loucura, 327
   não apuração de responsabilidades em *Os sertões*, 327

número de baixas, 101, 148
ocupação final, 101
origem imediata da, 136-7
Primeira Expedição contra, 78, 137
primeiros movimentos, 137-8
Quarta Expedição contra, 85-6, 106, 123, 144-9
questões da política baiana e, 324
repercussão, 104-6
Segunda Expedição contra, 79-80, 139-40
suspeita de apoio externo aos conselheiristas, 83, 99, 147
teoria de conspiração antirrepublicana, 80, 82-3, 99, 123-5, 136, 138, 325, 326
Terceira Expedição contra, 81-2, 85, 141-3
violência injustificada contra os vencidos, 149
Bendegó, meteorito, 84
Benício, Manuel, 88, 90-1, 121
Bernucci, Leopoldo, 130, 329
Bibliografia analítica da geologia do Brasil, 318
Bibliografia mineral e geológica do Brasil, 318
Bierrembach, César, 151-2
Bilac, Olavo, 80
Bispo de Melo, Marcelino, 103
Bittencourt, Carlos Machado de, 86, 88, 95, 97, 99-100, 103
Blake, Guillermo, 214
Bocaiuva, Quintino, 40, 198, 200
Bolívia, 32, 120, 196, 217, 279, 306
questão de fronteiras com o Brasil, 210, 212-26, 276, 286
Borges Leitão, 248
borracha, mercado da, 120, 215, 218, 296
botânica, 317
Brandão, Silviano, 120

Brás, Venceslau, 304
"Brasil mental", artigo para *O Estado de S. Paulo*, 112
"Brasil no século XIX, O", artigo para *O Estado de S. Paulo*, 112
brasilidade, 128
Brasiliense, Américo, 49-50
Brito, Febrônio de, 79, 138
"Brutalidade antiga" capítulo perdido de *À margem da história*, 295
Buenaño, Pedro, 243-4, 247-8, 251, 253-6, 261, 265, 277
Bueno Brandão, Júlio, 67, 75
Bulhões Jardim, 195

C

Cabo Frio, visconde de, 232, 234, 273
café, mercado do, 120, 195, 202
Calasans, José, 321
Caldas Brito, 246
Calmon, Miguel, 285, 294, 304-5
Campanha, MG, 67
Campista, David, 268, 285, 299-300
Campos Novais, José de, 152, 162-4, 317, 323
Campos Sales, Manuel Ferraz de, 72, 87, 101, 103, 120, 195
Canaã (Graça Aranha), 199
Cansanção, BA, 96
Canudos *ver* Belo Monte
Caras y Caretas (revista), 280
Cardoso de Almeida, José, 208
Carlyle, Thomas, 63
Carvalho, José Murilo de, 127
Carvalho, Vicente de, 119, 232, 239
Casa grande & senzala (Freire), 319
Castilhos, Júlio de, 56
Castro Alves, Antônio Frederico de, 201, 273, 283
Castro Alves e seu tempo (palestra de EC), 283

Castro Carreira, Liberato, 196
Castro, Plácido de, 258, 260
catolicismo, 43, 44
Catunda, Tomás, 234, 247-8
Cavalcanti de Carvalho, Antônio Carlos, 235, 247
Cavalcanti, Francisco de Paula Cisneiros, 91
Caxias, duque de, 197
celtas, 130
Centro Acadêmico XI de Agosto, 283
Centro de Ciências, Letras e Artes de Campinas, 152
Chandless, William, 240, 242, 256
Chaves, Alfredo, 20
Chile, 219, 226, 306
cientificismo, 26
"Civilização", artigo para *O Estado de S. Paulo*, 206
"clima caluniado, Um" (Cunha), 241
Cochrane, Inácio Wallace da Gama, 111, 116
Coelho de Almeida, Tomás, 16, 17, 18
Coelho Neto, Henrique Maximiliano, 241, 295, 302
   amizade com EC, 199, 203, 205, 238, 264, 282, 301
   conselhos literários a EC, 296
   descrição de EC, 151, 279
   estilo de, 320
   reação à morte de EC, 312
   resenha de *Os sertões*, 157, 158
   visita de EC a, 151-2
Coelho, Henrique Trindade, 32, 208
Colômbia, 226
"comédia histórica, Uma", artigo para *O Estado de S. Paulo*, 206
Comércio de São Paulo, O (jornal), 82, 121, 207
Comissão Geográfica e Geológica de São Paulo, 108

Comissão Mista Brasileiro-Peruana de Administração do Alto Purus, 248, 251
Comissão Mista Brasileiro-Peruana de Reconhecimento do Alto Purus, 230, 248
Comte, Auguste, 29, 61, 72, 107, 108, 300
comunismo, 113
Conferência da Haia, 280
"Conflito inevitável", artigo para *O Estado de S. Paulo*, 207, 220-1
Conselheiro, Antônio (Antônio Vicente Mendes Maciel), 109, 127, 134, 138, 150, 292
   análise sociológica por EC, 93-4
   antipatia de EC por, 101
   apelido de, 77
   como católico tradicional, 322-3
   como grande figura histórica, 321
   concepção de EC para, 323
   fanatismo por, 82-3
   fundação de Belo Monte, 78
   história de, 76
   imagem criada por EC, 321
   morte de, 149
   pesquisa de EC em Salvador sobre, 104-5
   pregação contra novos impostos, 78
   retratado por EC em *Os sertões*, 133-5
   retratado por Manuel Benício, 121
   simpatia de Machado de Assis por, 80
   suspeito de antirrepublicanismo, 80, 136
Constant, Benjamin, 26, 29, 36-7, 39-41, 43, 45, 47
Constituição de 1891, 44, 48
"Contra os caucheiros", artigo para *O Estado de S. Paulo*, 207, 222

Contrastes e confrontos (Cunha), 63, 108, 207, 272, 295
"Contrastes e confrontos", artigo para *O Paiz* 207
Cordeiro, João, 66, 72
Correia, Viriato, 292
Correio da Manhã, 155, 161, 231
crise do Encilhamento, 39, 45
Cruls, Luís, 235
Cruz, Osvaldo, 196, 236
Cunha Gomes, Augusto da, 214
Cunha Matos, Ernesto Augusto da, 19-20, 32
Cunha, Carolina da (tia), 26
Cunha, Euclides da
AMIZADES/POSIÇÕES POLÍTICAS/RELIGIOSAS
amizade com Araripe Júnior, 164
amizade com Coelho Neto, 152
amizade com Domício da Gama, 211
amizade com Francisco Escobar, 111, 113
amizade com Teodoro Sampaio, 108-10
apoio a Floriano Peixoto, 52, 54, 56, 61, 66
assiste à missa no interior baiano, 97
candidatura a vereador, 115
como jacobino, 107
como positivista, 32-4, 43-4, 58, 61
como sócio da Sociedade de Geografia do Rio de Janeiro, 281
como sócio do Instituto Histórico e Geográfico de São Paulo, 110
condena violência injustificada contra os vencidos em Belo Monte, 149
contato com o barão do Rio Branco, 199
crítico à Argentina, 286
desencanto com a República, 43, 45, 66
desentendimento com Estanislao Zeballos, 290
dúvidas sobre a Revolução Federalista, 64
elogios ao socialismo de Karl Marx, 207
mais spencerista do que positivista, 320
mudança de posição quanto à justiça da guerra contra Belo Monte, 125-6, 144
omissão quanto à Revolta da Vacina, 236
polêmica com João Cordeiro, 66
polêmica com Paula Souza, 59
proclamação da República e, 36
projeto de candidatura a deputado por Minas Gerais, 287
proximidade com o Barão do Rio Branco, 279
recurso a padrinhos políticos, 331
retratado por Coelho Neto, 151
rompimento com José Veríssimo, 283
sobre a exploração dos seringueiros na Amazônia, 296-7, 328, 335
sobre a Revolta da Armada, 64
sobre Antônio Conselheiro, 133-4
sobre o conflito Brasil-Peru, 220
sobre o marechal Bittencourt, 95-6
sobre o sertanejo, 96
sobre os habitantes de Belo Monte, 134
CARREIRA PROFISSIONAL/ EXPEDIÇÕES
ata de encerramento da expedição ao Alto Purus, 261
atritos com Buenaño durante expedição ao Alto Purus, 253-5

boas relações com Buenaño no início da expedição, 248
como primeiro-comissário brasileiro da expedição ao Alto Purus, 234
como engenheiro, 67-8, 70-1, 73-4, 110, 116, 119
como engenheiro *freelancer*, 206, 208
contratado para lecionar no colégio Pedro II, 306
desejo de lecionar na Escola Politécnica (SP), 59, 68, 73, 117, 119, 208, 231
elabora no Rio de Janeiro o relatório da expedição ao Alto Purus, 265
empregado no Itamaraty, 265-94, 301, 314, 316
emprego na Comissão de Saneamento de Santos, 204
emprego na diretoria de Obras Militares, 63
emprego na Escola Militar da praia Vermelha, 53, 58
emprego na Superintendência de Obras Públicas (SP), 70, 73-4, 111
estágio na Estrada de Ferro Central do Brasil, 61
expedição a Belo Monte, 90-102
expedição ao Alto Purus, 244-56
missão cumprida na expedição ao Alto Purus, 256
na frente de batalha em Belo Monte, 100
proposta de uma Escola Politécnica em São Paulo, 58
se demite da Superintendência de Obras Públicas, 202
viagem à Amazônia, 227-61
viagens a trabalho, 74

ESCRITOR/JORNALISTA/ARTICULISTA
apoio do barão de Rio Branco para a candidatura à Academia Brasileira de Letras, 200
artigos atacando a religião, 43-4
artigos com verniz cientificista, 54-5
artigos recusados pelo *Estado de S. Paulo*, 62
artigos sobre a disputa entre Argentina e Uruguai, 289
busca por um editor para *Os sertões*, 117
candidato à Academia Brasileira de Letras, 198-200
colaborador de *O Estado de S. Paulo*, 53
colaborador de *O Paiz* 206
coluna "Divagando" no *Democracia*, 43
começa a redação de *Os sertões*, 104
como adido ao Estado-Maior em Belo Monte, 89
como articulista, 206
como cientificista, 108
como cientista acima de literato, 125-6
como colunista, 32-3, 315
como jornalista, 54-5, 57-8, 84, 87, 89-102, 107
contribui para o jornal *Democracia*, 42
contribuições para a *Revista do Instituto Histórico e Geográfico Brasileiro*, 281
discurso de recepção a Rui Barbosa após a Conferência de Haia, 280
divulgação da obra de, 330
eleito para a Academia Brasileira de Letras, 201, 203

equívocos científicos em *Os sertões*, 128, 130
escreve a apresentação do livro *Poemas e canções* de Vicente de Carvalho, 292
escreve contra Belo Monte, 84, 87
escreve para *A Província de S. Paulo*, 31-2
exposição no Instituto Histórico e Geográfico de São Paulo, 110
falta de crédito às fontes em *Os sertões*, 328-9
hábito de utilizar trechos de outros autores, 260
influenciado por Victor Hugo em *Os sertões*, 55
inspirado em Spencer, 54-5
longevidade da perspectiva euclidiana, 324
"O sertanejo é, antes de tudo, um forte", 133
orgulhoso pela repercussão de *Os sertões*, 164
palestra *Castro Alves e seu tempo*, 283
pesquisa de fontes para *Os sertões*, 104-6, 108
posse na Academia Brasileira de Letras, 273
posse no Instituto Histórico e Geográfico do Brasil, 202-3
prefácio para *Inferno verde* de Alberto Rangel, 281
primeira obra traduzida, 279
primeiros escritos de *Os sertões*, 109
projeto de livro, *Um paraíso perdido*, 238, 241, 272, 295
projeto de obra sobre a Revolta da Armada, 160, 165
primeiras publicações, 26
pseudônimo José D'Ávila, 54
pseudônimo Proudhon, 32

questão racial e, 321
"raças" e, 108, 126, 128, 130-2
racismo em *Os sertões*, 132
redação de *Os sertões*, 107-15
rendimento com as vendas de *Os sertões*, 165
retoma colaboração com *O Estado de S. Paulo*, 206
romaria anual em São José do Rio Pardo em memória de, 330
segundo livro irrealizado, 315
sócio do Instituto Histórico e Geográfico Brasileiro, 196
venda dos direitos de *Os sertões*, 204-5

FORMAÇÃO/CARREIRA MILITAR
afastado da Escola Militar, 23
baixa do exército, 31
como cadete, 17-8, 21-2
conhecimentos em áreas diversas, 317
dificuldades na Escola Militar, 27-8
estudos, 26
graduação como engenheiro, 46
interesse por astronomia, 58
na Escola Superior de Guerra, 38
preso por insubordinação, 23
promovido a alferes-aluno, 38
promovido a primeiro-tenente, 46
promovido a segundo-tenente, 38
reformado do exército, 73
retorno ao exército após a proclamação da República, 37

PROBLEMAS DE SAÚDE
adoece na expedição ao Alto Purus, 251
contrai malária na Amazônia, 259
saúde de, 28, 46, 58, 62, 70, 75, 100-1, 110-1, 118, 259, 305
sofre de impaludismo, 259

VIDA PESSOAL
alegada retidão de caráter, 205-6

ausências de casa, 119
autodefinido como mestiço, 320
cartas ao pai, 44, 165, 198, 201,
   205, 229-30, 233, 264, 271-2
casa na rua Humaitá, RJ, 264
casamento com Saninha, 45
chegada ao Rio de Janeiro após
   expedição amazônica, 262
conhece Saninha, 37
decide separar-se de Saninha,
   309
desentendimento com o sogro,
   65, 69
discutível capacidade de
   liderança de, 245
dividido entre a engenharia e
   a literatura, 112, 160, 166, 198, 204
elegância incongruente em
   Monte Santo, 98
encontros com Dilermando, 275
espiritualidade de, 114, 203
infância, 24-6
hábitos alimentares de, 110
morte da mãe, 25
morte de, 310-1
mudança para Campanha, MG, 67
mudança para Copacabana, 303
mudança para Lorena, SP, 117
mudança para o Guarujá, SP, 204
mudança para o Rio de Janeiro, 232
mudança para Palmeiras, RJ, 62
mudança para São Carlos, SP, 116
mudança para São José do Rio
   Pardo, SP, 111
personalidade difícil, 332
preconceitos de, 243
proteção à própria reputação como
   justificativa para o crime, 333-4
rancor contra os peruanos, 243
relação com o pai, 264, 273-4
repercussão da morte de, 312
rigidez de posições, 61
Saninha confessa traição, 263
Saninha pede a separação, 262
temperamento difícil de, 151-2,
   154-5, 204
tentativa de assassinar
   Dilermando, 333
trajetória trágica pessoal, 331
vida conjugal com Saninha, 59,
   62, 67, 120, 264, 282, 308, 333
visões da "dama de branco", 114,
   241, 250, 259

OBRAS
À margem da História, 241, 254,
   260, 281, 295-7, 315, 328
artigos:
"89", 32
"A arcádia da Alemanha", 206
"A esfinge", 63
"A guerra das caatingas", 118
"A guerra no sertão", 112
"A nossa Vendeia", 84
"A nossa Vendeia II", 87
"A vida das estátuas", 207
"As secas do Norte", 112
"Brasil mental", 112
"Civilização", 206
"Conflito inevitável", 207, 220-1
"Contra os caucheiros", 207, 222
"Contrastes e confrontos", 207
"Da corte", 35
"Entre o Madeira e o Javari", 207,
   223-5
"Entre ruínas", 207
"Entre seringais", 260
"Excerto de um livro inédito", 109
"Fronteira sul do Amazonas", 112
"Heróis e bandidos", 207
"Homens de hoje", 35
"Numa volta ao passado", 292
"O IV Centenário do Brasil", 112
"O Brasil no século XIX", 112
"O Marechal de Ferro", 206
"Olhemos para nossa terra", 207
"Olhemos para os sertões", 118

"Pátria e dinastia", 32
"Plano de uma cruzada", 207
"Primeiro de maio", 57
"Sejamos francos", 43
"Solidariedade sul-americana", 207, 225-6
"Temores vãos", 207
"Um velho problema", 207
"Uma comédia histórica", 206
"Vida das estátuas", 207
clima caluniado, Um, 241
crônica "A última visita", 291
séries de artigos:
"Atos e palavras", 33
"Da penumbra", 54
"Revolucionários", 32
coluna "Dia a dia", 54
Contrastes e confrontos, 63, 207
Ondas (caderno de poemas), 26
Peru versus Bolívia, 277-8, 287, 289-90, 306-7
sertões, Os *ver* sertões, Os
ver também Os sertões
Cunha, Gastão da, 267, 279, 281, 284, 307
Cunha, José da, 293
Cunha, Manuel da (avô), 24
Cunha-Buenaño, expedição ao Alto Purus, 245-56

D

D. João VI no Brasil (1808-1821) (Oliveira Lima), 197-237
D'Ávila, José (pseudônimo de EC), 54
d'Eu, conde, 34, 83
"Da corte", artigo para *A Província de S. Paulo*, 35
"Da penumbra", artigos n'*O Estado de S. Paulo*, 54
"dama de branco", visão de EC, 114, 241, 250, 259

Dantas Barreto, Emídio, 106, 122, 328-9
Darwin, Charles, 108
de La Plaza, Victorino, 289
Democracia (jornal), 42, 45, 236
Democrata, O (jornal), 26
Departamento Nacional de Produção Mineral, 318
Derby, Orville, 108
Descalvado, SP, 42, 46, 62, 70, 74, 89, 102, 275, 307
Descrição de uma viagem a Canudos (Horcades), 122
"Dia a dia", coluna n'*O Estado de S. Paulo*, 54
Diário de marcha da expedição de EC no Alto Purus, 253
Diário Popular, 157
"Divagando" coluna no jornal *Democracia*, 43
Dr. Euclides da Cunha, avenida em São José do Rio Pardo, SP, 116
Dreyfus, Alfred, 290
Dutra, Firmo, 238, 241, 259, 269, 271

E

Efemérides brasileiras (Rio Branco), 200
Engenheiro Euclides da Cunha, praça em Campanha, MG, 70
"Entre o Madeira e o Javari", artigo para *O Estado de S. Paulo*, 207, 223-5
"Entre ruínas", artigo para *O Paiz*, 207
"Entre seringais", artigo para a *Kosmos*, 260
Equador, 219, 306
Escobar, Francisco, 111, 114, 153, 202, 259, 264, 268-9, 286-7, 298
ajuda EC em *Os sertões*, 113

Escola de Minas de Ouro Preto, 73
Escola Militar da praia Vermelha,
  16, 20, 34, 53, 236
  antimilitarismo na, 30
  EC graduado em engenharia na, 27
Escola Politécnica, RJ, 27, 34, 36
Escola Politécnica, SP, 58-9, 68, 73,
  117, 119, 208, 231
Escola Superior de Guerra, 38
escravidão, abolição da, 16, 30
"esfinge, A" artigo de *Contrastes e confrontos*, 63
Espinosa, Baruch, 300, 301
Estado de S. Paulo, O, 53, 55, 58, 61, 84, 87, 89, 93, 97-8, 100-2, 109-10, 112, 115-8, 123, 134, 136, 138, 144-5, 157, 206-8, 220, 223, 272, 295, 332
Estado e Igreja, separação entre, 44
Estrada de Ferro Central do Brasil, 61
evolucionismo, 26
spenceriano, 29
"Excerto de um livro inédito", artigo para *O Estado de S. Paulo*, 109

F

Faculdade de Direito de São Paulo, 283
Falência, A (Lopes de Almeida), 199
Farias Brito, Raimundo, 302, 304, 306
Fávila Nunes, Júlio Procópio, 91
Figueiredo Júnior, Afonso Celso, 164, 167
Figueiredo, Manuel de, 91
"Filhos do Trabalho", manifesto socialista, 114
filosofia, 317
Fleiuss, Max, 196, 197
Florence, Egas Chaves, 233, 247

Fonseca, Manuel Deodoro da, 20, 32, 36, 41, 48, 50, 263
  desgaste do governo de, 40, 47
  eleito presidente, 47
  morte de, 51
  proclamação da República, 36
  recebe EC, 37
  renúncia de, 48
  Rui Barbosa e, 39
Fonseca, Hermes da, 285, 299, 300, 304, 314
Fonseca, Severiano da, 20
Fragoso, Augusto Tasso, 27, 37
França, questão de fronteira com o Brasil, 196, 200, 217
Freyre, Gilberto
  sobre Coelho Neto, 320
  sobre *Os sertões*, 319-20
Freitas, Leopoldo de, 157
"Fronteira sul do Amazonas", artigo para *O Estado de S. Paulo*, 112

G

Galvão, Walnice, 317
Gama, Domício da, 210-1, 228-9, 231, 233, 238, 270, 273, 279, 282
Garcez, Laura e Antônio (tios), 25, 34
Garnier, Baptiste Louis, 118
Gazeta da Tarde, 82
Gazeta de Notícias, 20-2, 66, 80-2, 91, 102, 122, 156, 338
geografia física, 68, 71, 85, 96, 108, 128-9, 317
geologia, 68, 70, 73, 84, 96, 108, 128-9, 317-8
Glicério, Francisco, 113
Goeldi, Emílio, 237, 260
Gonçalves Dias, Antônio, 131
Gorceix, Claude-Henri, 73
Gouveia, Rosinda e Urbano (tios), 25
Gouveia, Urbano de (primo), 27

Graça Aranha, José Pereira, 199, 280, 292
Graça, Heráclito da, 239
Grêmio Euclides da Cunha, 330
Guarujá, SP, 204, 208, 229
"guerra das caatingas, A" artigo para *O Paiz*, 118
Guerra de Canudos, A (Macedo Soares), 123
Guerra do Pacífico (Chile e Peru), 219
Guerra do Paraguai, 19
"guerra no sertão, A", artigo para *O Estado de S. Paulo*, 112
guerra no sertão, A (segundo título provisório de *Os sertões*), 109
Gumplowicz, Ludwig, 108, 126, 128, 159
Gurgel do Amaral, Silvino, 201
Gutiérrez, Juan, 91

H

"Heróis e bandidos", artigo para *O Paiz*, 207
história, 317
História da Literatura Brasileira (Veríssimo), 284
Homens bons (projeto de obra de EC), 165
"Homens de hoje", artigo para *A Província de S. Paulo*, 35
Homero, 256
homo afer (africanos), 130
homo americanus (indígenas), 130
Horcades, Alvim Martins, 122
Huber, Jacques, 237
Hugo, Victor, 55

I

IHGSP *ver* Instituto Histórico e Geográfico de São Paulo

imigrantes italianos, 111, 113
Inferno verde (Rangel), 281
Instituto Histórico e Geográfico Brasileiro (IHGB), 196, 332
Instituto Histórico e Geográfico de São Paulo (IHGSP), 110
"Instituto Politécnico", artigos n'*O Estado de S. Paulo*, 54
Itamaraty, 232, 265-94, 301, 314, 316

J

jacobinismo, 52, 55, 66, 76, 79, 82, 86, 103
jagunços, Os (Arinos), 121
Javari, rio, 215
Jeremoabo, BA, 88
"Joana Imaginária" (Joana Batista de Lima), 77
João VI, dom, 197
Jornal de Notícias, 90
Jornal do Brasil, 81, 82, 154, 158, 230-1
Jornal do Commercio, 69, 88, 90, 121, 158, 259, 273, 278, 281, 289-91, 295, 332
Juazeiro, BA, 137
Juruá, rio, 209, 215

K

Kant, Immanuel, 300
Kosmos (revista), 260, 292

L

Laemmert, irmãos (editores), 118, 153-4, 198, 205
Lello & irmão, editora, 295
Lemos, Francisco, 235, 247

Libelo republicano acompanhado de comentários sobre a campanha de Canudos (Zama), 122
Liberdade (jornal), 82
Lima Barreto, Afonso Henriques de, 332
Lima, Brasiliana Laurentina de, 77
Lisboa, Arrojado, 318
Livraria Francisco Alves, 205
Löfgren, Alberto, 108, 110
Lopes de Almeida, Júlia, 199
Lopes Trovão, José, 16, 18, 21
Lorena, SP, 117
Lucena, barão de, 39
Luiza-homem (Olímpio), 201

M

Macedo Soares, Henrique Duque Estrada, 123
Machado de Assis, 80, 202, 204, 232, 239, 291
Madeira, rio, 215
Madeira-Mamoré, ferrovia, 216, 269, 271
Magalhães, Valentim, 198
Mangabeira, Francisco, 123
Manifesto Republicano (1870), 16
Marciano, frei *ver* Monte Marciano, frei João Evangelista
"Marechal de Ferro, O", artigo para *O Estado de S. Paulo*, 206
Marinho, Joaquim Saldanha, 41
Martín García y la jurisdicción del Plata (Vedia), 289
Martín García, ilha, 289
Martins Júnior, José Isidoro, 239
Marx, Karl, 207
Maudsley, Henry, 327
Medeiros de Albuquerque, José Joaquim, 156, 199
Melo Franco, Afonso Arinos de, 121
Melo, Custódio de, 48, 51
Mendes Maciel, Antônio Vicente *ver* Conselheiro, Antônio
Mendes, Carolina Florentina (avó), 24
Mendonça Lobo, Belarmino, 228
Mendonça, Lúcio de, 61, 118, 151, 199
Meneses, Emílio de, 292
Meneses, Rodrigo Otávio, 200, 279
Mesquita, Júlio de, 31, 49, 53, 62, 87, 89, 104, 109, 115, 208, 272
mestiçagem e a questão racial na Primeira República, 128
México, 226
Ministério das Relações Exteriores, 281
monarquia, risco de restauração da, 82
Moniz, Egas, 112, 196
Montano, 134, 136, 163
Monte Marciano, frei João Evangelista de, 105, 323
Monte Santo, BA, 85, 88, 95, 97, 100-1, 138
Monteiro, Vitorino, 56
Montmorency, Arthur Pio Dechamps de, 110
Morais, Prudente de, 47, 76, 79, 81-2, 87-9, 96, 100, 102, 106, 122
  posse de, 72
  sofre atentado, 103, 124, 325
Moreira César, Antônio, 81-2, 141, 143-5
Moreira Guimarães, José Maria, 161-2
movimento republicano em São Paulo, 31
mulher de trinta anos, A (Balzac), 256-7
Muller, Lauro, 195, 205, 271

N

Nabuco, Joaquim, 22, 267, 338
Néri, Antônio Constantino, 123
Neves Leitão, Teófilo das, 26
Nina Rodrigues, Raimundo, 150
Nogueira, Ataliba, 321
Noronha, Júlio César de, 195
"nossa Vendeia II, A", artigo n'*O Estado de S. Paulo*, 87
nossa Vendeia, A (primeiro título provisório de *Os sertões*), 107
"nossa Vendeia, A", artigo n' *O Estado de S. Paulo*, 84
Notícia, A, 83, 91, 97, 156
Novais Sampaio, Consuelo, 323, 324
noventa e três, O (Hugo), 55
"Numa volta ao passado", artigo para a *Kosmos*, 292
Nunes, Rodolfo, 235, 246-7

O

"Olhemos para nossa terra", artigo para *O Paiz*, 207
"Olhemos para os sertões", artigo para *O Estado de S. Paulo*, 118
Oliveira Lima, Manuel de, 153, 197, 201, 208, 210, 228-9, 231, 236-7, 239, 267, 284, 286, 288, 293, 300, 304
Oliveira, Francisco de Paula, 73
Ondas (caderno de poemas de EC), 26
Ortiz, Renato, 325
Osório, general, 197
Ouro Preto, visconde de, 36

P

País, O, 82, 90, 92, 105-6, 118, 154, 206-7, 225, 329
Palácio do Catete, 79
Palma, Estrada, 231
Palmeiras, RJ, 62
Panamá, 226
Pando, Manuel, 214
Paradise Lost (Milton), 241
Paraguai, 226
paraíso perdido, Um (projeto de livro de EC), 241, 272, 295
Paranhos, Juca, 275
Partido Federalista do Rio Grande do Sul, 56
Partido Republicano Federal (PRF), 39
Partido Republicano Mineiro, 287
Partido Republicano Paulista, 39, 115
"Pátria e dinastia" (artigo em *A Província de S.Paulo*), 31-2
Patrocínio, José do, 239
Paula Souza, Antônio Francisco de, 58, 208
Paulo de Frontin, RJ, 62
Peçanha, Nilo, 303, 304, 306, 314
Pecegueiro do Amaral, Gregório, 279
Pederneiras, Raul, 35
Pedro II, colégio, 294, 298, 300, 304, 306-7, 309, 330, 332
Pedro II, dom, 19, 23, 35, 41, 56, 196
Peixoto, Afrânio, 292
Peixoto, Carlos, 285, 294, 302, 304-5
Peixoto, Floriano, 47-73
  apoiado pelas oligarquias, 52
  assume a presidência, 48
  atitudes antidemocráticas de, 50-1, 56, 65
  fim do governo, 69
  morte de, 64
  popularidade de, 52
Pena, Afonso, 202, 267, 272-3, 285, 299-300, 302-3
Penha, José da, 156
Pereira Barreto, Joaquim, 24
Pereira da Silva, João Manuel, 200
Pereira Passos, Francisco Franco, 196, 235, 265

Peru, 32, 120, 196, 229, 240, 242-3, 277, 279, 282, 306, 314
questão de fronteiras com o Brasil, 209, 212-26, 314, 273, 276, 285, 298
Peru versus Bolívia (Cunha), 277-8, 287, 289-90, 306-7
Piedade, Lélis, 90
Pimenta da Cunha, Adélia (irmã), 25, 28, 42, 45, 117, 233
Pimenta da Cunha, Antônio (tio), 24, 26
Pimenta da Cunha, Arnaldo (primo), 93, 234, 246-7, 251, 259, 307, 311
Pimenta da Cunha, Honória (tia), 93
Pimenta da Cunha, José (tio), 24, 93, 259
Pimenta da Cunha, Manuel (pai), 24-5, 45, 250, 259, 269, 271, 273, 278, 283
  compra de fazenda em Descalvado, SP, 42
  morte de, 312
  mudança para o Rio de Janeiro, 307
  reação à morte do filho, 312
  recusa-se a hospedar nora e netos na fazenda, 233
  relação com o filho, 264, 273-4
  saúde de, 305
Pinheiro Machado, José Gomes, 195, 285, 299-300, 302, 304
Pinheiro, João, 285
Pires Ferreira, Manuel da Silva, 137
"Plano de uma cruzada", artigo para *O Paiz*, 207
Poemas e canções (Carvalho), 292
"Política dos Governadores", 72, 107, 120, 195
Porchat, Reinaldo, 31, 59, 64, 68, 70, 116
Porque me ufano de meu país (Afonso Celso), 197
Porto Velho, RO, 218
positivismo, 26, 29, 32-3, 43-5, 57, 71, 107
Prado, Eduardo, 82
Prestes, Gabriel, 102
Prestes, Ludgero, 102
proclamação da República, 36
Província de S. Paulo, A, 20-1, 31-2, 34
psicologia, 317
Purus, rio, 209, 215, 240, 242

Q

Quarta Expedição contra Canudos, A (Néri), 123
Queimadas, BA, 96, 138
Queiroz, José Clarindo de, 16, 18, 21

R

Rabello, Sylvio, 207
"raças" humanas, 108
Raffard, Henri, 196-7
Rangel, Alberto, 238, 281, 293, 330
Ratto, Angélica e Lucinda, 250, 256-7, 305, 308-10
Ratto, Camilo, 264
Rebouças, José, 204
Redondo, Garcia, 117, 119, 151, 199, 208, 229
rei dos jagunços, O (Benício), 121
Renan, Ernest, 134, 136, 163, 323
República, cidadania e, 128
Revista brasileira, 110
Revista da família acadêmica, 30
Revista do Centro de Ciências, Letras e Artes de Campinas, 162
Revista do Instituto Histórico e Geográfico Brasileiro, 281, 295
Revolta da Armada, 52-3, 62, 64, 66, 69

intervenção dos Estados Unidos, 51
Revolta da Vacina, 195, 235-6
Revolução Federalista (1893), 51-2, 57, 61, 64, 69, 76
Revolução Francesa, 30, 32
"Revolucionários", artigos para *A Província de S. Paulo*, 32
Ribeiro da Cunha Filho, Euclides (Quidinho, filho), 117, 119, 257, 283, 293, 298-9, 309-10
   morte de, 313
   nascimento de, 67
   tentativa de vingar a morte do pai, 313
Ribeiro da Cunha, Ana Emília (Saninha, esposa), 37, 42, 233, 238, 250, 256, 334
   carta de despedida de Dilermando e, 266
   casamento com Dilermando, 312
   casamento com EC, 45
   confessa traição a EC, 263
   correspondência com Dilermando, 266, 283
   Dilermando e, 257, 270, 275, 310
   encontro com Dilermando, 256
   gravidez e parto, 59, 65
   gravidez oculta, 263, 266, 270
   inadaptação a São José do Rio Pardo, 111
   inadaptação ao clima de São Paulo, 72
   internação dos filhos em São Paulo, 250
   parto de Mauro, 269
   pedido de separação, 262
   relação com Dilermando, 299, 308
   saúde de, 293
   separação de Dilermando, 313
   sinais de infidelidade, 111
   vida conjugal com EC, 59, 62, 67, 120, 264, 282, 308
Ribeiro da Cunha, Eudóxia (filha), 59
Ribeiro da Cunha, Luís (Lulu, filho), 299, 309-11
   nascimento de, 282
Ribeiro da Cunha, Manuel Afonso (filho), 116, 250, 299
   nascimento de, 114
Ribeiro da Cunha, Mauro (filho), 269
   morte de, 270
Ribeiro da Cunha, Sólon (filho), 62,
   morte de, 312
   nascimento de, 59
   relação com Dilermando, 257, 274
Ribeiro da Cunha, Sólon (filho), 62, 67, 117, 119, 283, 298-9, 305, 307-11
Ribeiro, João, 199
Rio Branco, barão do, 210, 232, 271, 273, 293
III Conferência Pan-americana, 265
Academia Brasileira de Letras e, 239
acordo com o Uruguai, 314
apoio a EC na candidatura à Academia brasileira de Letras, 201-2
assinatura de acordo com o Peru, 314
assume o ministério das relações exteriores, 154, 196, 215
bom relacionamento com EC, 279
cogitado para ser candidato a presidente, 299, 304
como acadêmico, 200
como protetor de EC, 298, 302, 307, 332
contato de EC com, 199
caricaturado em revista argentina, 280
eleição presidencial e, 300
encomenda a EC o livro *Peru versus Bolívia*, 306

expedição de EC ao Alto Purus e, 229, 234, 238, 240, 242, 244, 245, 248, 249, 261, 265, 266
influência no *Jornal do Commercio*, 278, 281
litígio entre Peru e Bolívia e, 276-7
mantém EC empregado no Itamaraty, 269, 275
mantido no Itamaraty por Afonso Pena, 267, 272, 304
morte de, 314
Oliveira Lima e, 209
pedido de emprego de EC, 228
promessa de cargo para EC no Itamaraty, 284
questão do Acre, 215-8, 222, 224, 227
questões com a França e a Argentina, 216-7
tratado de limites com o Uruguai, 290-1
visita de EC a, 210, 211
vitórias no Itamaraty, 307
Zeballos e, 286, 289-90
Rio de Janeiro, reforma urbana (1904), 235
Rio Pardo, O (jornal), 112
Rocha Pombo, José Francisco de, 196
Rodrigues Alves, Francisco de Paula, 120, 154, 195-6, 202
Romero, Silvio, 273
Rondon, Cândido Mariano da Silva, 27, 37, 312
Rosa e Silva, Francisco de Assis, 103
Roscelin de Compiègne, 301

S

Saldanha da Gama, Luís Filipe, 51
Sampaio Ribeiro, Adroaldo (cunhado), 65
Sampaio Ribeiro, Alquimena (cunhada), 276
Sampaio Ribeiro, Frederico Sólon de (sogro), 36-8, 41-2, 44, 48-50, 56, 59-61, 65, 69-70, 72, 79, 138
morte de, 114
oposição a Floriano Peixoto, 60
prisão de, 62-3
Sampaio, Edgar, 37
Sampaio, Teodoro, 70, 84, 87, 108, 110, 321
Santana, José Carlos, 260
Santos, SP, 74, 204
São Carlos, SP, 74
São José do Rio Pardo, SP, 110-6
imigrantes italianos em, 111, 113
tradição republicana, 113
Savaget, Cláudio do Amaral, 85, 90, 146
Schwarcz, Lilia, 108
Seabra, José Joaquim, 195
"secas do Norte, As", artigo para *O Estado de S. Paulo*, 112
"Sejamos francos" artigo para o *Democracia*, 43
Sena Madureira, Antônio de, 19, 20, 32
Seoane, Guillermo Alejandro, 240
sertões, Os (Cunha), 55, 68, 315-28
como clássico nacional, 331
como esboço dos traços das sub-raças sertanejas do Brasil, 125
como obra principal de EC, 315
condenação à violência injustificada contra os vencidos em, 149
crítica às barbaridades cometidas contra os sertanejos de Belo Monte em, 136
críticas à superficialidade científica de, 317-8
críticas aos erros táticos dos militares nos ataques a Belo Monte em, 136, 139-41, 143-5, 148

descrição da origem imediata da guerra de Belo Monte, 137
descrição de Belo Monte em, 135-6, 148, 135-6
discussão da nacionalidade em, 127, 130
EC começa a redação de, 104
esquema *A terra/O homem/A luta*, 84
influência do meio sobre o homem e, 160
lançamento, 151, 154
mescla de discurso cientificista e imagens de valor literário, 129
mestiçagem e a questão racial em, 130-2
Moreira César retratado em, 141
permanência de, 316
Primeira Expedição contra Belo Monte em, 137
primeira parte, "A terra", 128-30
propósito da obra, 126-8
Quarta Expedição contra Belo Monte em, 144-9
questões antropológicas/geológicas/sociológicas em, 318
racismo em, 132
rejeitado pelo *O Estado de S. Paulo*, 117
repercussão de, 155-6
resenha de Moreira Guimarães, 161-2
resenha desfavorável de José de Campos Novais, 162-4
resenha favorável de Araripe Júnior, 159-60
resenha favorável de Coelho Neto, 157-8
resenha favorável de José da Penha, 156
resenha favorável de José Veríssimo, 155-6
resenha favorável de Leopoldo de Freitas, 157
resenha favorável de Medeiros de Albuquerque, 156
resenha favorável de Múcio Teixeira, 158
resultado financeiro, 165
retrato de Antônio Conselheiro em, 133-4
retrato dos habitantes de Belo Monte em, 134
segunda edição, 198
Segunda Expedição contra Belo Monte em, 138-41
segunda parte, "O homem", 130-3
sucesso comercial, 164
sucesso imediato, 155
Terceira Expedição contra Belo Monte em, 141, 143
terceira parte, "A luta", 136-49
título definitivo, 118, 124
títulos provisórios, 107, 109, 124-5
Scharf, Carlos, 254
Silva Barbosa, João da, 85
Silva Leme, Manuel da, 234, 244, 247, 258
Silva, Alfredo, 91, 97
Silveira Martins, Gaspar da, 17, 21-2, 36, 56-7, 338
Silveira Sampaio, família, 34
Síntese subjetiva (Comte), 54
Siqueira de Meneses, José, 105-6, 240, 329
socialismo, 57, 114
Sociedade de Geografia do Rio de Janeiro, 281
Sociedade Literária da Família Acadêmica, 30
sociologia, 317
Sodré, Lauro, 49, 103
"Solidariedade sul-americana", artigo para *O Paiz*, 207, 225, 226
Sousa Andrade, Olímpio de, 35, 74, 93

Sousa Bandeira, João Carneiro de, 239
Sousa Pitanga, Antônio Ferreira de, 196
Souza, Vicente de, 42, 43, 236, 321
Spencer, Herbert, 34, 54, 108, 300
spencerismo, 26
Superintendência de Obras Públicas, SP, 111, 202
Superintendência-geral dos Serviços contra as Secas, 272

T

Taine, Hippolyte, 125
Tamarindo, coronel, 144
Taunay, Afonso de, 165
Tefé, barão de, 214
Teixeira de Carvalho, Emerenciana e José, 25
Teixeira Ribeiro, Túlia (sogra), 37, 42, 60, 63, 65, 233, 299, 309-10
Teixeira, Múcio, 158
Telles, Carlos, 90
"Temores vãos", artigo para *O Paiz*, 207
Tempo, O (jornal), 66
Tennyson, navio, 262
Tiradentes, 43
Tobar, Carlos Rodolfo, 219
Toledo, Francisco Sodero, 120
Tragédia épica — Guerra de Canudos (Mangabeira), 123
Tratado de Limites com o Uruguai (1851), 290
Tratado de Petrópolis (1903), 212, 216-7, 219, 276, 306
Trecoli, Garibaldo, 114

U

Uauá, BA, 137
Ucayale, rio, 240, 242, 254-5

Última expedição a Canudos (Dantas Barreto), 122
"última visita, A", crônica para o *Jornal do Commercio*, 291
Uruguai, 226, 291
 questão de fronteira com o Brasil, 291, 298

V

Vedia, Agustín de, 289-90, 315
Veiga, Edmundo da, 302
Veiga, Francisco Luís da, 302
Velarde, Hernán, 217-8, 227
"velho problema, Um", artigo para *O Estado de S. Paulo*, 207
Venâncio Filho, Francisco, 330
Veríssimo, José, 118, 151, 155, 164, 198-9, 209-10, 228, 230, 238-9, 243, 283, 316
Viana, Luís, 79, 122, 137-8
Viana, Teresa Maria de Jesus (avó), 24-5
"Vida das estátuas", artigo para *O Paiz* 207
Vieira, Otaviano (cunhado), 117, 275, 277, 293
Villa, Marco Antonio, 322
Villazón, Eliodoro, 279
Vitorino, Manuel, 76, 79, 81, 85, 87, 89, 103, 122
Volota, Mateus, 116
Von Martius, Carl, 163

X

Xavier Marques, Francisco, 201

Z

Zama, César, 122
Zeballos, Estanislao, 40, 286, 288-91, 293

Crédito das imagens

p. 167: Acervo Casa de Cultura Euclides da Cunha, São José do Rio Pardo/ SP
p. 168: Acervo Casa de Cultura Euclides da Cunha, São José do Rio Pardo/ SP
p. 169: Acervo Casa de Cultura Euclides da Cunha, São José do Rio Pardo/ SP
p. 170: Acervo Casa de Cultura Euclides da Cunha, São José do Rio Pardo/ SP
p. 171: Acervo Casa de Cultura Euclides da Cunha, São José do Rio Pardo/ SP
p. 172: [acima] Caricatura por Raul Pederneiras; [abaixo] Acervo Coleção Foto Araújo Campanha/MG
p. 173: [acima] Acervo Casa de Cultura Euclides da Cunha, São José do Rio Pardo/ SP; [abaixo] Wikimedia Foundation
p. 174: Acervo da Fundação Biblioteca Nacional
p. 175: Acervo Casa de Cultura Euclides da Cunha, São José do Rio Pardo/ SP
p. 176: Acervo Casa de Cultura Euclides da Cunha, São José do Rio Pardo/ SP
p. 177: Acervo Casa de Cultura Euclides da Cunha, São José do Rio Pardo/ SP
p. 178: Acervo da Biblioteca Nacional
p. 179: Acervo: Casa de Cultura Euclides da Cunha, São José do Rio Pardo/ SP
p. 180: Wikimedia Commons
p. 181: Foto Luiz Musso/Acervo Casa de Cultura Euclides da Cunha, São José do Rio Pardo/ SP
p. 182: Acervo Coleção Pedro Corrêa do Lago
p. 183: Foto Egas Florence e Alferes Antonio Cavalcanti de Carvalho/ Acervo Casa de Cultura Euclides da Cunha, São José do Rio Pardo/ SP
p. 184: Acervo da Biblioteca Nacional/ Imprensa Nacional
p. 185: Acervo da Biblioteca Nacional/ Imprensa Nacional
p. 186: Acervo Casa de Cultura Euclides da Cunha, São José do Rio Pardo/ SP
p. 187: Coleção Arquivo Histórico do Itamaraty
p. 188: Acervo Casa de Cultura Euclides da Cunha, São José do Rio Pardo/ SP
p. 189: [acima] Reprodução Fon-Fon/ Acervo Casa Euclides da Cunha; [abaixo] Wikimedia Commons
p. 190: Acervo Casa de Cultura Euclides da Cunha, São José do Rio Pardo/ SP
p. 191: Revista *O Malho*/ Euclidesite
p. 192: Revista *O Malho*/ Euclidesite
p. 193: Acervo Casa de Cultura Euclides da Cunha, São José do Rio Pardo/ SP
p. 194: Reprodução *Revista da Semana*

© Luís Cláudio Villafañe G. Santos, 2021

Todos os direitos desta edição reservados à Todavia.

Grafia atualizada segundo o Acordo Ortográfico da Língua Portuguesa de 1990, que entrou em vigor no Brasil em 2009.

capa
Daniel Trench
tratamento de imagens
Carlos Mesquita
pesquisa iconográfica
Cassiana Der Haroutiounian
composição
Manu Vasconcelos
preparação
Heloisa Jahn
checagem
Érico Melo
índice remissivo
Marco Mariutti
revisão
Jane Pessoa
Ana Maria Barbosa

Dados Internacionais de Catalogação na Publicação (CIP)
——
Santos, Luís Cláudio Villafañe G. (1960-)
Euclides da Cunha: Uma biografia: Luís Cláudio Villafañe G. Santos
São Paulo: Todavia, 1ª ed., 2021
432 páginas

ISBN 978-65-5692-142-6

1. Biografia 2. Perfil biográfico 3. Euclides da Cunha I. Título

CDD 928
——
Índice para catálogo sistemático:
1. Biografia: Perfil biográfico 928

todavia
Rua Luís Anhaia, 44
05433.020 São Paulo SP
T. 55 11. 3094 0500
www.todavialivros.com.br

fonte
Register*
papel
Pólen soft 80 g/m²
impressão
Geográfica